A FÁBULA MÍSTICA

O GEN | Grupo Editorial Nacional reúne as editoras Guanabara Koogan, Santos, Roca, AC Farmacêutica, Forense, Método, LTC, E.P.U. e Forense Universitária, que publicam nas áreas científica, técnica e profissional.

Essas empresas, respeitadas no mercado editorial, construíram catálogos inigualáveis, com obras que têm sido decisivas na formação acadêmica e no aperfeiçoamento de várias gerações de profissionais e de estudantes de Administração, Direito, Enfermagem, Engenharia, Fisioterapia, Medicina, Odontologia, Educação Física e muitas outras ciências, tendo se tornado sinônimo de seriedade e respeito.

Nossa missão é prover o melhor conteúdo científico e distribuí-lo de maneira flexível e conveniente, a preços justos, gerando benefícios e servindo a autores, docentes, livreiros, funcionários, colaboradores e acionistas.

Nosso comportamento ético incondicional e nossa responsabilidade social e ambiental são reforçados pela natureza educacional de nossa atividade, sem comprometer o crescimento contínuo e a rentabilidade do grupo.

A FÁBULA MÍSTICA

SÉCULOS XVI E XVII

volume I

Michel de Certeau

Tradutor: Abner Chiquieri
Revisão técnica: Manoel Barros da Motta

Rio de Janeiro

A EDITORA FORENSE se responsabiliza pelos vícios do produto no que concerne à sua edição, aí compreendidas a impressão e a apresentação, a fim de possibilitar ao consumidor bem manuseá-lo e lê-lo. Os vícios relacionados à atualização da obra, aos conceitos doutrinários, às concepções ideológicas e referências indevidas são de responsabilidade do autor e/ou atualizador.

As reclamações devem ser feitas até noventa dias a partir da compra e venda com nota fiscal (interpretação do art. 26 da Lei n. 8.078, de 11.09.1990).

Traduzido de:
La Fable mystique, 1: XIe – XVIIe siècle
Copyright © Éditions Gallimard, 1982
All rights reserved.

A FÁBULA MÍSTICA SÉCULOS XVI e XVII – volume 1
ISBN 978-85-309-6419-1
Direitos exclusivos para o Brasil na língua portuguesa
Copyright © 2015 by
FORENSE UNIVERSITÁRIA um selo da EDITORA FORENSE LTDA.
Uma editora integrante do GEN | Grupo Editorial Nacional
Travessa do Ouvidor, 11 – 6º andar – 20040-040 – Rio de Janeiro – RJ
Tels.: (0XX21) 3543-0770 – Fax: (0XX21) 3543-0896
bilacpinto@grupogen.com.br | www.grupogen.com.br

O titular cuja obra seja fraudulentamente reproduzida, divulgada ou de qualquer forma utilizada poderá requerer a apreensão dos exemplares reproduzidos ou a suspensão da divulgação, sem prejuízo da indenização cabível (art. 102 da Lei n. 9.610, de 19.02.1998). Quem vender, expuser à venda, ocultar, adquirir, distribuir, tiver em depósito ou utilizar obra ou fonograma reproduzidos com fraude, com a finalidade de vender, obter ganho, vantagem, proveito, lucro direto ou indireto, para si ou para outrem, será solidariamente responsável com o contrafator, nos termos dos artigos precedentes, respondendo como contrafatores o importador e o distribuidor em caso de reprodução no exterior (art. 104 da Lei n. 9.610/98).

1ª edição brasileira – 2015

Tradução de: *Abner Chiquieri*
Revisão Técnica: *Manoel Barros da Motta*
Crédito: *Photo by: Imagno/Getty Images*

CIP – Brasil. Catalogação-na-fonte.
Sindicato Nacional dos Editores de Livros, RJ.

C411f
v.1

Certeau, Michel de, 1925-1986

A fábula mistica séculos XVI e XVII: volume 1/Michel de Certeau; tradução Abner Chiquieri; revisão técnica Manoel Barros da Motta. – 1. ed. – Rio de Janeiro: Forense, 2015.

il. (La fable mystique)
Tradução de: La fable mystique
Inclui índice
ISBN 978-85-309-6419-1

1. Filosofia – História. I. Motta, Manoel Barros da. II. Título. III. Série.

15-21695

CDD: 190
CDU: 1

ÍNDICE

Lista de Abreviaturas... VII

INTRODUÇÃO 1
  1. Quadratura da mística 4
  2. Uma formação histórica 30

PRIMEIRA PARTE

UM LUGAR PARA SE PERDER

CAPÍTULO 1. *O mosteiro e o lugar: loucuras na multidão*............... 49
  1. A idiota (século IV).. 50
  2. Risos de loucos (século VI) 60

CAPÍTULO 2. *O Jardim: delírios e delícias de Jérôme Bosch*........... 75
  1. Um paraíso subtraído 75
  2. Enciclopédias criadoras de ausências............................ 85
  3. Caminhos para parte alguma....................................... 94
  4. Caligrafias de corpos.. 105

SEGUNDA PARTE

UMA TÓPICA

CAPÍTULO 3. *A ciência nova*.. 119
  1. *Corpus mysticum*, ou o corpo que falta 119
  2. O adjetivo de um segredo 142
  3. O substantivo de uma ciência 155

VI   A Fábula Mística ✤ Michel de Certeau

CAPÍTULO 4. *Maneiras de falar* 179
  1. Pressupostos: uma pragmática da linguagem 181
  2. As "frases místicas": Diego de Jésus, introdutor de João da Cruz 206

TERCEIRA PARTE

A CENA DA ENUNCIAÇÃO

CAPÍTULO 5. *O "conversar"* 249
  1. O "diálogo" 250
  2. Uma prévia: o *volo* (de Mestre Eckhart à Senhora Guyon)........ 260

CAPÍTULO 6. *A instituição do dizer* 281
  1. De onde falar? 282
  2. O "eu", prefácio de *La Science Expérimentale* (J.-J. Surin)....... 284
  3. A ficção da alma, fundamento das *Moradas* (Teresa de Ávila). 297

QUARTA PARTE

FIGURAS DO SELVAGEM

CAPÍTULO 7. *O iletrado esclarecido* 233
  1. Disseminações textuais (1630-1690)................................ 330
  2. O anjo do deserto.. 358
  3. O lendário do pobre 373

CAPÍTULO 8. *Os "pequenos santos" da Aquitânia* 385
  1. Os "déficits" da Companhia (1606) 387
  2. A caça às "devoções extraordinárias" (1615-1645)................... 403
  3. "Uma espécie de iluminados" 418

CAPÍTULO 9. *Labadie, o nômade* 437
  1. Um espírito em busca de um lugar.................................. 442
  2. A invenção da extensão... 468

ABERTURA A UMA POÉTICA DO CORPO.......................... 476

ÍNDICE ONOMÁSTICO.. 483

LISTA DE ABREVIATURAS

AHG   *Archives historiques du département de la Gironde* (Bordeaux, depois Paris)

AHSJ   *Archivum historicum societatis Iesu* (Roma)

ARSJ   *Archivio romano societatis Iesu* (Roma)

BSBG   *Bulletin de la société des bibliophiles de Guyenne* (Bordeaux)

Budé   Paris, Belles Lettres, coll. des universités de France publiée sous le patronage de l'Association Guillaume Budé

DHGE   *Dictionnaire d'histoire et de géographie ecclésiastique* (Paris)

DS   *Dictionnaire de spiritualité* (Paris)

DTC   *Dictionnaire de théologie catholique* (Paris)

EC   *Ephemerides carmeliticae*

EE   *Estudios eclesiásticos* (Madri)

GW   Freud, *Gesammelte Werke*, Londres, Imago, 18 vol., 1940-1952

MGH   *Monumenta Germaniae historica* (Berlim)

OCP   *Orientalia christiana periodica* (Roma)

OGE   *Ons Geestelijk Erf*

PG   Migne (éd.), *Patrologie grecque* (Paris)

PL   Migne (éd.), *Patrologie latine* Paris

Pléiade   Paris, Gallimard, coll. Bibliothèque de la Pléiade et Encyclopédie de la Pléiade

RAM	*Revue d'ascétique et de mystique* (Toulouse)
REG	*Revue des études grecques* (Paris)
RHB	*Revue historique de Bordeaux* (Bordeaux)
RHE	*Revue d'histoire ecclésiastique* (Louvain)
RHEF	*Revue d'histoire de l'Église de France* (Paris)
RHLF	*Revue d'histoire littéraire de la France* (Paris)
RHR	*Revue de l'histoire des religions* (Paris)

INTRODUÇÃO

Este livro se apresenta em nome de uma incompetência: ele está afastado daquilo de que trata. A escrita que eu dedico aos discursos místicos de (ou sobre) a presença (de Deus) tem como *status o fato de não o ser*. Ela se produz a partir desse luto, mas um luto não aceito, transformado na doença de estar separado, análogo, talvez, ao mal que já constituía no século XVI uma mola secreta do pensamento, a *Melancolia*. Uma ausência provoca a escrita. Ela não para de escrever-se em viagens num país de que estou distante. Precisando o lugar de sua produção, eu gostaria de evitar, inicialmente, nesse relato de viagem o "prestígio" (impudico e obsceno, em seu caso) de ser tomado por um discurso confirmado por uma presença, autorizado a falar em seu nome, em suma, supostamente sabendo o que é feito dele.

O que deveria estar aí não está: sem ruído, quase sem dor, essa constatação está na ação. Atinge um lugar que não sabemos localizar, como se fôssemos surpreendidos pela separação bem antes de o saber. Quando essa situação consegue dizer-se, ela ainda pode ter como linguagem a antiga oração cristã: "Que eu não fique separado de ti." Não sem ti. *Nicht ohne*.[1] Mas o necessário, tornado impro-

---

1   Essa categoria heideggeriana me havia parecido permitir uma reinterpretação do cristianismo. Cf. M. de Certeau, La rupture instauratrice. In: *Esprit*, p. 1177-1214, jun 1971.

vável, é, de fato, o impossível. Tal é a figura do desejo. Ela se liga evidentemente a essa longa história do *Único* cuja origem e os avatares, sob sua forma monoteísta, tanto intrigavam Freud. Um só vindo a faltar, e tudo falta. Esse novo começo comanda uma sequência de errâncias e de perseguições. Fica-se doente com a ausência porque se está doente do único.

O Uno não está mais aí. "Eles o retiraram", dizem tantos cantos místicos que começam pelo relato de sua perda a história de seus retornos em outra parte e de outra forma, em modos que são o efeito mais que a refutação de sua ausência. Não estando mais vivo, esse "morto" não deixa, no entanto, descanso à cidade que se constitui sem ele. Ele assombra nossos lugares. Uma teologia do fantasma seria, sem dúvida, capaz de analisar como ele ressurge em outra cena que não aquela de onde desapareceu. Ela seria a teoria desse novo *status*. Outrora, o fantasma do pai de Hamlet tornava-se a lei do palácio de que ele não era mais. Da mesma forma, o ausente que não está mais no céu nem na Terra habita a região de uma terceira estranheza (nem um nem outro). Sua "morte" o colocou nesse entre-dois. A título de aproximação, é a região que nos designam hoje os autores místicos.

De fato, esses autores antigos introduzem em nossa atualidade a linguagem de uma "nostalgia" relativa a essa outra região. Eles criam aí e guardam um lugar para algo como a *saudade* brasileira, um mal do país, se é verdade que esse outro país continua também o nosso, mas do qual estamos afastados. O que eles arriscam não é, pois, redutível a um interesse pelo passado, nem mesmo a uma viagem em nossa memória. Estátuas erigidas em limites instauradores de um além que não está em outro lugar, eles o produzem e o defendem ao mesmo tempo. Eles formam com seus corpos e com seus textos uma fronteira que divide o espaço e transforma seu leitor em morador de

Introdução 3

campos ou subúrbios, longe da atopia onde eles acomodam o essencial. Eles articulam assim uma estranheza de nosso próprio lugar, e, portanto, um desejo de partir para o país. Por minha vez, semelhante ao "homem do campo", em Kafka,[2] eu lhes pedi que entrassem. No começo, o vigia respondia: "É possível, mas não agora." Vinte anos de estagnação "junto à porta" me fizeram conhecer, "de tanto examinar", o preposto da soleira até nos mínimos detalhes, "até as pulgas do seu casaco". Assim meu guarda Jean-Joseph Surin e muitos outros, diante de quem se exorbitava uma paciência erudita e cujos textos não paravam de vigiar minha observação. O de Kafka ainda diz: "Sou apenas o último dos vigias. Diante de cada sala, há vigias cada vez mais poderosos, não posso nem suportar o aspecto do terceiro atrás de mim." Ele é estranho, também ele, ao país que ele traça, marcando um limiar. Será preciso dizer o mesmo desses místicos?

A espera laboriosa diante desses vigias permite entrever, enfim, "uma luz gloriosa que brota eternamente da porta da lei"? Essa claridade, alusão kafkiana à *Sekina* de Deus na tradição judia,[3] seria, talvez, o próprio brilho de um desejo vindo de outra parte. Mas ela não se dá ao trabalho nem à idade. Ela é testamentária: é um beijo da morte. Ela só aparece no momento em que a porta se fecha diante do moribundo, isto é, no momento em que a pergunta se cala, não por ela mesma, mas por falta de for-

---

2   Franz Kafka, Devant la loi. In: *Œuvres complètes*, Cercle du livre précieux. Gallimard-Tchou, 1964. t. 4, p. 165-166.

3   Sobre a importância moderna desse motivo teológico, cf. Geneviève Javary, *Recherches sur l'utilisation du thème de la Sekina dans l'apologétique chrétienne du XVe au XVIIIe siècle*. Université de Lille III et libr. H. Champion, 1978. A *Sekina* implica uma inabitação, uma presença, uma glória e, ulteriormente, uma feminidade de Deus, temas que exercem também um grande papel na mística cristã da época.

ças vitais para sustentá-la. Então, cumpre-se a separação. Então, o guarda se inclina para gritar ao extenuado qual é a natureza de sua espera: "Essa entrada só era feita para você. Agora vou embora e fecho a porta." Esperando essa última hora, a escrita permanece. Seu trabalho, na região de entre-dois, exerce sobre a inaceitável e intransponível divisão. Ele dura (ele durará) todos os anos que se estendem desde a primeira pergunta que o homem do campo dirige ao guarda de seu desejo, até o instante em que o anjo se retira deixando a palavra que põe fim à paciência. Por que se escreve, com efeito, perto da soleira, na mesinha designada pelo relato de Kafka, senão para lutar contra o inevitável?

1. QUADRATURA DA MÍSTICA

A cor se expande para fora de seu lugar. Lava do vermelho, para Ucello, por meio dos quadros que distribuem em cenas a *Lenda da profanação da hóstia*: o sangue da pintura atravessa os compartimentos do relato. As pulsões da cor, em Miró, furam também com suas flechas o espaço criado para seus jogos. Há hemorragia desses fluxos para fora de seus corpos. Um vazamento análogo ridiculariza meus esforços para recortar, na espessura de nossas informações e de nossos aparelhos de análise, as sequências de um relato que teria como assunto a mística cristã dos séculos XVI e XVII. Só é preciso um lugar onde possa aparecer o que o ultrapassa. Eu gostaria, pois, de indicar as algumas interrogações a partir das quais se desenham as frentes ultrapassando quatro modos de abordagem, como quatro lados de um enquadramento: as relações dessa mística "moderna" com uma nova erótica, com uma teoria psicanalítica, com a própria historiografia, enfim, com a "fábula" (que remete simultaneamente à oralidade e à ficção). Essas quatro práticas discursivas organizam um projeto de quadratura. Necessária, a composição de lugar se revelará incapaz de "parar" seu assunto. Ela coloca em torno da linguagem mística codificações que ela ultrapassa. É uma forma que sua matéria excede. Pelo menos, a explicação de meus "interesses", circunscrevendo o quadro onde produzir uma representação, permitirá ver de que maneira o sujeito atravessa a cena, foge dela e desliza para outro lugar.

Uma erótica do Corpo de Deus

Ao mesmo tempo que a mística se desenvolve, depois declina na Europa moderna, uma erótica aparece. Não é simples coincidência. As duas decorrem da "nostalgia" que responde ao apagamento progressivo de Deus como Único objeto de amor. Elas são também os efeitos de uma separação. Apesar de todas as invenções e conquistas que marcaram esse Ocidente do Único (a queda do antigo Sol do universo instaurou o Ocidente moderno), apesar da multiplicação das artes que permitem trabalhar com presenças doravante todas em desaparecimento, apesar da substituição da falta por uma série indefinida de produções efêmeras, o fantasma do Único volta sempre. As próprias posses se articulam em alguma coisa de *perdido*. Assim Don Juan, continuando com energia suas conquistas, *mille e tre*, sabe que elas repetem a ausência da única e inacessível "mulher". Ele vai, corre para o espectro do desaparecimento, estátua do comandante, em um gesto de desafio que tem o alcance de um suicídio e que enfrenta, enfim, a absolvição do outro. Não sem você, Morte.

Desde o século XIII (o Amor cortês etc.), uma lenta banalização religiosa parece acompanhar-se de uma progressiva mitificação amorosa. O único muda de cena. Não é mais Deus, mas o outro e, numa literatura masculina, a mulher. À palavra divina (que tinha também valor e natureza físicas) se substitui o corpo amado (que não é menos espiritual e simbólico, na prática erótica). Mas o corpo adorado foge tanto quanto o Deus que se apaga. Ele assombra a escrita: ela canta sua perda sem poder aceitá-lo; nisso mesmo, ela é erótica. A despeito das mudanças de cena, o Único não cessa de organizar por sua ausência uma produção "ocidental" que se desenvolve em duas direções, ora a que multiplica as conquistas destinadas a satisfazer uma falta originária, ora a que faz retorno ao postulado dessas conquistas e se interroga sobre a "vacância" de que elas são os efeitos.

Ligada e hostil a uma tecnização da sociedade, a configuração mística que se estende do século XIII ao século XVII se inscreve principalmente na segunda perspectiva. Ela leva até o radicalismo a confrontação com a instância que desaparece do cosmo. Ela rejeita seu luto enquanto ele parece aceitável a outros, que pensam poder se arrumar com essa perda. Ela destaca o desafio do único. Sua literatura tem, pois, todos os traços do que ela combate e postula: ela é a prova, pela linguagem, da passagem ambígua da presença à ausência; ela atesta uma lenta transformação da cena religiosa em cena amorosa, ou de uma fé em uma erótica; ela conta como um corpo "atingido" pelo desejo e gravado, ferido, escrito pelo outro, substitui a palavra reveladora e que ensina. Os místicos lutam assim com o luto, esse anjo noturno. Mas a propedêutica medieval de uma assimilação à verdade torna-se para eles um corpo a corpo.

Com certeza, seus procedimentos são algumas vezes contraditórios, visto que, multiplicando as técnicas mentais e físicas que precisam as condições de possibilidade de um encontro ou de um diálogo com o Outro (métodos de oração, de recolhimento, de concentração etc.), eles acabam, ao mesmo tempo que estabelece o princípio de uma absoluta gratuidade, produzindo aparências de presença. Essa preocupação técnica já é, por outro lado, o efeito do que ela combate: sem o conhecimento até de alguns de seus promotores, a fabricação de artefatos mentais (composições imaginárias, vazio mental etc.) assume o lugar da atenção ao advento de um Imprevisível. Assim os "verdadeiros" místicos suspeitam particularmente e são críticos a respeito do que acontece com "presença". Eles defendem a inacessibilidade com a qual se confrontam. A questão essencial diz respeito à possibilidade de ouvir e de se fazer ouvir: questão da oração, ou da contemplação. Nenhum mensageiro conseguiria substituir-se ao Único:

> *Acaba de entregarte ya de vero;*
> *no quieras enviarme*
> *de hoy más ya mensajero,*
> *que no saben decirme lo que quiero.*

> Entrega-te finalmente de verdade;
> Não queiras mais enviar-me
> Ainda outro mensageiro.
> Eles não sabem dizer-me o que eu quero.[4]

O próprio Verbo diz nascer no vazio que o espera. Era a teologia dos Renanos dos séculos XIII e XIV. Ela sobrevive ainda em João da Cruz, um intelectual que se tornou muito escolástico. Mas já com ele, ou com Teresa de Ávila (mais "moderna" que ele) e depois dele, a abordagem assume formas físicas, relativas a uma capacidade simbólica do corpo mais que a uma encarnação do Verbo. Ela acaricia, ela machuca, ela aumenta a gama das percepções, ela atinge seu extremo, que ela excede. Ela "fala" cada vez menos. Ela se traça em mensagens ilegíveis num corpo transformado em emblema ou em memorial gravado pelas dores de amor. A palavra é deixada fora desse corpo, escrita, mas indecifrável, para o qual um discurso erótico se coloca doravante em busca de palavras e de imagens.

---

4   João da Cruz, *Cántico espiritual*, estrofe 6.

Enquanto a eucaristia (lugar central desse deslocamento) fazia do corpo uma efetuação da palavra, o corpo místico deixa de ser transparente ao sentido, ele se torna opaco, torna-se a cena muda de um "não sei o quê" que altera, um país perdido igualmente estranho aos sujeitos falantes e aos textos de uma verdade.

Aliás, apesar da diferença entre os tipos de experiência, a palavra aparece cada vez menos segura à medida que as gerações passam. No meio do século XVII, Angelus Silesius, cujos poemas aspiram à palavra paterna que o chamará de "filho", afeta por toda parte o condicional e essa Nominação fundadora, como se, por essa modalização suspensiva, ele confessasse já saber que o que ele espera não pode mais vir, e que ele tem somente a "consolação" substitutiva de estrofes musicais que repetem uma esperança, acalentando um luto. Sem dúvida, por razões a elucidar, a experiência feminina resistiu melhor à ruína das simbólicas, teológicas e masculinas, que mantinham a presença por uma vinda do Logos. Mas precisamente a presença que atestam essas Mães e essas Senhoras se destaca do Verbo. Até o "puro amor" de Madame Guyon é um eco de vozes num "sono" do espírito, uma vigilância difusa com rumores sem nome, um in-finito de Outro cujas certezas, noites do corpo, não têm mais referências nos significantes.

Figuras de passagem: mística e psicanálise

Através das mutações da palavra, esses místicos exploram todos os modos possíveis (teóricos e práticos) da comunicação, questão colocada como formalmente destacável da hirarquização dos saberes e da validade dos enunciados. Isolando uma problemática onde podemos reconhecer hoje a da enunciação e que se traduzia então pelo divórcio entre o amor e o conhecimento, pelo privilégio

Introdução 9

da relação sobre a proposição etc.,[5] eles deixam o universo medieval. Passam para a modernidade. Essa transformação se efetua, no entanto, no interior do mundo que "declina". Ela respeita globalmente a linguagem religiosa recebida, mas ela a trata de outra maneira. Assim também, ela visa ainda geralmente os membros e produtores desse universo (clérigos, fiéis) nos termos de sua tradição, mas ela desconstrói a partir de dentro os valores que eles têm como essenciais: desde a certeza em um Locutor divino cujo cosmo é a linguagem até a verificabilidade das proposições que compõem o conteúdo revelado, a partir da prioridade que o Livro detém sobre o corpo até a supremacia (ontológica) de uma ordem dos seres sobre uma lei do desejo, não há nenhum postulado desse mundo medieval que não seja alcançado ou minado pelo radicalismo desses místicos.[6]

Sua "ciência experimental" introduz assim uma série de problemas novos que, nem por serem elaborados ainda no âmbito do campo que eles metamorfoseiam, são menos ligados entre eles. A questão do sujeito, as estratégias da interlocução, uma "patologia" nova dos corpos e das sociedades, uma concepção da historicidade fundada no

---

5 Cf. *infra*, IIIe partie: La scène de l'énonciation.

6 A curva dessa evolução pode ser comparada ao modelo sociológico apresentado por Jean-Pierre Deconchy: a "misticização" da crença assume a vez das regulações ortodoxas (o magistério ou a teologia) quando uma informação científica os desmistifica; ela defende a pertença subtraindo-a de um questionamento crítico; assim, ela continua evidentemente um fenômeno *interno* do campo religioso (*Orthodoxie religieuse et sciences humaines*. Paris e La Haye, Mouton, 1980. p. 165-192). Relativa a uma consciência geral da "corrupção" institucional (e não somente às conquistas do saber), a "misticização" tem, nos séculos XVI e XVII, a função de uma defesa. Mas, sua história o mostra, essa "estratégia" possui também sua dinâmica própria: o que retira da crítica externa seus objetos os esmaece também no interior.

instante presente, as teorias da ausência, do desejo ou do amor etc., formam, por seus entrelaçamentos, um conjunto coerente. Mas seu desdobramento em um campo que lhes é epistemologicamente estranho é instável e limitado. Ele vai ceder ao mundo que ele supunha. Com certeza, as problemáticas assim elaboradas vão dar lugar a movimentos importantes, mas cujas figuras se desorbitam da constelação mística e seguem evoluções definidas por novas configurações. Muitos "motivos" místicos se encontrarão, mas mudados, por sua vez, em outras disciplinas (psicológicas, filosóficas, psiquiátricas, romanescas etc.). Tudo acontece como se o trabalho de apuração negativa operado por essa mística terminasse, no fim do século XVII, com o desmoronamento do sistema que o sustentava e cujas contradições ele carregou até o extremo. Restam mil fragmentos estilhaçados, que remetem às inovações permitidas ou exigidas por um período de trânsito.

Não se exclui que se possa comparar com o destino dessa figura epistemológica a história atual da psicanálise. Dirigida ela também aos produtores e clientes do sistema "burguês" que a leva ainda, ligada aos seus "valores" e às suas nostalgias em um tempo que substitui o burguês pelo técnico ou tecnocrata, a psicanálise deteriora seus postulados: o *a priori* da unidade individual (sobre o qual repousam uma economia liberal e uma sociedade democrática), o privilégio da consciência (princípio da sociedade "esclarecida"), o mito do progresso (uma concepção do tempo) e seu corolário, o mito da Educação (que faz da transformação de uma sociedade e de seus membros a ética de uma elite) etc. Mas essa erosão se pratica no interior do campo que ela desfaz interrogando suas condições de possibilidade. A psicanálise não se sustenta, aliás, senão por meio das "resistências" que ela encontra aí e, definido ainda pela ideologia de uma cultura, no "suposto saber" com que ela se autoriza para exercer com o que ela faz acreditar.

Essa analogia de funcionamento entre a mística e a psicanálise pode parecer reforçada pelo papel que desempenha, para Freud, a referência religiosa e judia, ou, para Lacan, pontuando os momentos estratégicos do discurso, a instância mística. Mas, mais que uma afinidade das fontes, sempre discutível, são os procedimentos característicos de uma e outra partes, que apresentam uma estranha similaridade. Nos dois campos, as atitutes consistem: 1. em ater-se radicalmente nos princípios fundadores do sistema histórico no interior do qual elas são ainda praticadas; 2. em autorizar uma análise crítica por um espaço ("místico" ou "inconsciente") colocado como diferente, mas não distante da configuração organizada por esses princípios; 3. em especificar a teoria e a prática por uma problemática da enunciação (a "oração" ou a "transferência") que foge à lógica dos enunciados e deve permitir a transformação dos "contratos" sociais, partindo de relações que estruturam sujeitos; 4. em supor que o corpo, muito longe de ter que obedecer ao discurso, é ele próprio uma linguagem simbólica e que é ele que responde com uma verdade (desconhecida); em procurar nas representações os vestígios dos afetos ("intenções" e "desejos" etc. ou *motivos* e pulsões) que os produzem, e em identificar as astúcias (os "rodeios" de uma retórica) que constroem os quiproquós de um oculto e de um mostrado...

Haveria muitos outros exemplos. Eles poderiam ser ilustrados ainda pela reiteração de "conceitos" que, de ambos os lados, focalizam o léxico: "o Outro" ou "a alteridade", o "desejo", a "clivagem" do sujeito, a "estranha familiaridade", a duplicidade do próprio, o espelho narcísico, o vocabulário da sexualidade e da diferença etc. O que se repete assim nas práticas e nas palavras, do século XVI ao século XX, não poderia ser uma pura coincidência.

Essas homologias autorizam pelo menos confrontações entre os dois campos. O interesse que analistas tiveram por fenômenos ou por textos místicos, inscrevendo-se, aliás, em uma longa tradição psiquiátrica, permitiu a elaboração de instrumentos teóricos relativos a esse encontro. Mas tentando, por minha vez, essa prática dual, não suponho na atualidade freudiana e lacaniana um *corpus* de conceitos aptos para dar conta de um "objeto" passado. Dezessete anos de experiência na Escola freudiana de Paris não criaram uma competência que bastaria "aplicar" num terreno histórico, mas uma atenção a procedimentos teóricos (lacanianos e freudianos) capazes de colocar em jogo o que já tinha articulado a linguagem dos místicos, de deslocar ou redobrar seus efeitos, e de ficarem presos também nas reviravoltas que eles produzem no dia de hoje. Essa captação recíproca apresenta o risco de fazer "esquecer" ("não quero sabê-lo") as distinções fundamentais que devem ser mantidas. Mas ela dá lugar, por um movimento das fronteiras, ao que chamamos de *leitura*, isto é, mil maneiras de decifrar nos textos o que já nos escreveu.

Dizer o outro: histórias de ausências

Os grupos e os livros místicos não deixam de constituir uma realidade *histórica*. Embora, assim, eles se apresentem hoje sob a formalidade da ausência – um passado –, eles dependem de uma análise que os inscreve num conjunto de correlações entre dados econômicos, sociais, culturais, epistemológicos etc. Estabelecer essas coerências (a correlação é o instrumento do historiador) é preservar a diferença do passado contra a sedução de semelhanças parciais, contra as generalizações que uma impaciência filosófica sugere ou contra as continuidades que uma piedade genealógica postula. Começado com anos de peregrinação nos Arquivos franceses ou estrangeiros (grutas onde a tenacidade da pesquisa camufla os prazeres solitários da descoberta), meu trabalho sobre a escrita mística passou por desvios labirínticos (e, finalmente, tão astu-

Introdução 13

ciosos) da edição crítica;[7] resultam estadas nesses cantos perdidos que descobrem para o historiador o infinito de uma singularidade local.

Esses caminhos não podem ser esquecidos. Eles iniciam em uma estranheza que não cessa de surpreender e de dominar a espera. Eles comportam também regras. Uma resistência técnica é o sofrer da diferença. Por meio disso efetua-se um "trabalho do negativo" na dupla "ficção" das imagens do passado e dos modelos científicos; aí ele escava, aí ele escultura uma historiografia. É preciso que os documentos, acumulados e correlacionados, adquiram a capacidade de alterar, por sua resistência, o *corpus* de hipóteses e de codificações a partir do qual tentamos interpretá-los.

A essas particularidades que interrompem as demonstrações do sentido, os místicos nos conduzem também. Eles delimitam seus relatos com o "quase nada" de sensações, de encontros ou de tarefas diárias. O fundamental é para eles indissociável do insignificante. É o que dá relevo ao anódino. Algo muda no quotidiano. O discurso místico transforma o detalhe em mito; ele se agarra nisso, ele o exorbita, ele o multiplica, ele o diviniza. Ele faz disso sua historicidade própria. Esse *pathos* do detalhe (que se junta às delícias e aos tormentos do apaixonado ou do erudito) marca-se inicialmente no fato de que o minúsculo recorta uma suspensão de sentido no *continuum* da interpretação. Um brilho mantém a atenção em pausa. Instante extático, clarão de insignificância, esse fragmento de desconhecido introduz um silêncio na proliferação hermenêutica. Assim, pouco a pouco, a vida comum se torna a ebulição de uma inquietante familiaridade – uma frequentação do Outro.

---

7   Cf. as edições de Pierre Favre, *Mémorial* (Paris: Desclée De Brouwer, 1960), Jean-Joseph Surin, *Guide spirituel* (*ibidem*, 1963) e *Correspondance* (*ibidem*, Bibliothèque Européenne, 1966) etc.

Seria preciso que uma historiografia dedicada a alguns desses místicos se convertesse em sua prática do tempo. Que, por exemplo, ela se perdesse no detalhe erudito. Mas seria apenas aparência, mimetismo. Pelo menos, parece possível colocar no centro de um estudo sobre esses relatos a loucura de Surin (1600-1665), ao mesmo tempo disseminada em mil fragmentos por meio dos acervos de arquivos e provocada pela colocação em peças da arquitetura cosmológica sobre a qual João da Cruz se apoiava ainda. É um radicalismo originário da desagregação. Contam-se em uma "ciência experimental" singularidades onde se desenvolve um essencial. Ele fornece seu ponto cego, foco noturno, na história que vai de Teresa de Ávila a Johannes Scheffler o Silesiano (Angelus Silesius). Certamente, outras razões podem, mais tarde, justificar essa escolha. O Bordelês (onde Surin nasce e morre) é o lugar de trânsito (e de tradução) da Espanha mística do século XVI à França mística do século XVII. O meio, o período e os escritos de Surin manifestam, aliás, as tensões e as inovações que, como uma barra, levantam a onda mística chegando à terra onde ela vai se lançar. A partir desse momento, pode-se voltar para o horizonte de onde ele vem e analisar, enfim, os lugares decisivos onde o movimento se dissolve, violento ou calmo, nas praias de uma outra figura da história.[8]

---

8 Este trabalho deve evidentemente muito aos grandes estudos históricos sobre o assunto, desde a *Histoire littéraire du sentiment religieux en France*, de Henri Bremond (cf. M. de Certeau, *L'Absent de l'histoire*. s. l., Mame, 1973, cap. 3. "H. Bremond, historien d'une absence"), até *Chrétiens sans Église*, de Leszek Kolakowski, trad., Paris, Gallimard, 1969 (cf. M. de Certeau, op. cit., cap. 4, "La mort de l'histoire globale, L. Kolakowski"), nas obras de história moderna das mentalidades religiosas, dentre estas, essenciais, de Michel Vovelle (cf. M. de Certeau, Christianisme et modernité dans l'historiographie contemporaine. In: *Recherches de science religieuse*, 1975. t. 63, p. 243-268) ou na reflexão de

Nada disso, no entanto, faz uma reconstituição. Algo se perdeu que não voltará. A historiografia é uma maneira contemporânea de praticar o luto. Ela se escreve a partir de uma ausência e só produz simulacros, por mais científicos que sejam. Ela coloca uma representação no lugar de uma separação. Sem dúvida, não é certo que nós saibamos mais sobre o presente que sobre o passado, nem que o equívoco seja menor na comunicação contemporânea. Pelo menos, conservemos, no presente, a ilusão de transpor o que o passado torna intransponível. Assim o historiador dos místicos, chamado como eles a *dizer o outro*, redobra sua experiência estudando-o: um exercício de ausência define ao mesmo tempo a operação pela qual ele produz seu texto e a que construiu o deles. Estrutura em espelho: como Narciso, o ator historiador observa seu duplo, que o deslocado de outro elemento torna inatingível. Ele procura um desaparecido, que procurava um desaparecido etc.

De fato, a simetria depende em parte da aparência enganosa. Certamente, há uma evidente continuidade da religião (ou da mística) na historiografia, visto que uma

---

Michel Foucault (cf. M. de Certeau, *L'Absent de l'histoire*, cap. 5, "Le noir soleil du langage, M. Foucault"). Devo mais ainda ao meu antigo mestre, Jean Orcibal, cuja modéstia exata e sutil alia uma imensa erudição a uma "metafísica positiva" herdada de Jean Baruzi (cf. *La Rencontre du carmel thérésien avec les mystiques du Nord*. Paris: PUF, 1959; *Saint Jean de la Croix et les mystiques rhéno-flamands*. Paris: Desclée De Brouwer, 1966; M. de Certeau, De Saint-Cyran au Jansénisme. In: *Christus*, 1963. t. 10, p. 399-417. Entre as obras recentes cujo aporte metodológico abre caminhos na história moderna da espiritualidade cristã, cf. principalmente Bernard Gorceix, *Flambée et agonie*, Sisteron, Présence, 1977; Walter Sparn, *Wiederkehr der Metaphysik*. Stuttgart, Calwer, 1976 (em especial p. 61-92, "Die Begründung einer Logik mystischer Prädikationen"); Daniel Vidal, *L'Ablatif absolu*. Paris: Anthropos, 1977; Charles Webster, *The Great Instauration*. Londres: Duckworth, 1975.

por vez elas se encarregaram da relação que uma sociedade mantém com seus mortos e as reparações que exige incessantemente o discurso do sentido, rompido pela violência dos conflitos ou do acaso. Mas o historiador "acalma" os mortos e luta contra a violência, produzindo uma razão das coisas (uma "explicação") que supera sua desordem e certifica permanências; o místico, fundando a existência em sua própria relação com o que lhe escapa. O primeiro se interessa pela diferença como por um instrumento de distinção em seu material; o segundo, como numa clivagem que instaura a questão do sujeito.

Suas práticas do tempo divergem igualmente. O primeiro faz disso, pela cronologia, um meio de classificar os dados. Ela toma, aliás, a precaução de colocar entre parênteses todo problema de nascimento no passado. Jamais uma historiografia pode realmente pensar um começo: ela o "reduz" tecnicamente a cruzamentos de séries, ou então ela o constata como um lapso da explicação; ela só trata das regularidades e de suas modificações. Esse evitamento, limite imposto por um propósito científico, tem como corolário um evitamento paralelo, relativo às questões concernentes ao sujeito do saber e ao lugar da produção do texto, isto é, o começo atual e o postulado presente do trabalho: dessas questões, a instituição se faz garantidora; elas são reguladas por seu recrutamento e por sua "disciplina".

Ao contrário, o místico é pego pelo tempo como pelo que faz irrupção e transforma; também o tempo é para ele a questão do sujeito tomado pelo seu outro, num presente que não deixa de ser a surpresa de um nascimento e de uma morte. O interminável de instantes que são começos cria, portanto, uma historicidade onde as continuidades perdem sua pertinência, assim como as instituições. Esses acontecimentos, que só deveriam advir de uma eternidade (impossível?) ou de um fim (retardado), não cessam de contradizer o tempo produzido pela historiografia. Mas em que medida podem eles insinuar aí uma outra duração?

O que resta da fábula

Esse entrelaçamento de semelhanças e diferenças compõe, talvez, um lugar. Aí se encontra este livro, nascido de cruzamentos sedutores (ora enganosos, ora criativos) entre a historiografia e a mística.[9] Ele é o produto de tensões que não têm solução. Uma última interrogação o habita, que se refere aos precedentes, se é verdade que, em princípio, a historiografia começa onde se faz seu luto da *voz*, onde se trabalha com documentos escritos (gravados, traçados, impressos). Desde que uma lenta revolução atribuiu à escrita o poder novo de re-formar o mundo e de refazer a história, em suma, de produzir outra sociedade, a cultura oral foi pouco a pouco abandonada nos acostamentos do progresso, como um conjunto de "resistências" e de "superstições" (isto é, de excessos), quando ela não se tornava o objeto visado pela conquista escriturária. A historiografia seguiu os caminhos dessa evolução. Hoje ainda, mesmo se as transformações que aí introduzem os métodos de etnologia e da *Oral history* mudam um pouco essa determinação, ela permanece dominante, sintoma de sociedades tornadas escriturárias.

A *palavra*, em particular, tão ligada às tradições religiosas, foi alterada a partir do século XVI naquilo que seus "examinadores" ou "observadores" científicos chamaram há três séculos de "fábula". Esse termo é relativo inicialmente aos relatos encarregados de simbolizar uma sociedade e, portanto, concorrentes em relação aos discursos historiográficos. Para o *Aufklärung*, se a "fábula" fala (*fari*), ela não sabe o que diz, e é preciso esperar que

---

9   Cf. M. de Certeau, *L'Absent de l'histoire*, op. cit., cap. 7, "Histoire et mystique".

18   A Fábula Mística ❖ Michel de Certeau

o escritor interprete o saber do que ela diz sem seu conhecimento. Ela é, pois, relançada ao lado da "ficção", e, como toda ficção, supondo camuflar ou desviar o sentido que ela detecta. O que quer que seja da progressiva formação do que, desde o século XVIII, assume a figura de uma antropologia das "fábulas" antigas ou contemporâneas, a transformação que atinge o *status* epistemológico e cultural da palavra remete também ao que aconteceu no campo religioso e o confunde. As Escrituras, com efeito, abrem, a partir da Reforma, os caminhos da escrita e da alfabetização. O primado do livro se impõe.[10] No cosmo falado por Deus e pelas instituições eclesiais se substituem a produção e a aprendizagem metódicas de um saber elementar ou teológico, uma "clericalização" das instâncias religiosas, uma tecnicização administrativa das Igrejas etc.[11] Uma questão cresce ao mesmo tempo: o que *sobra* da palavra sem a qual não há fé? Onde ainda existe palavra? Os Reformados pensavam que se as instituições, corrompidas, estavam destinadas ao mutismo, era possível ouvir a Palavra ensinando nas Escrituras. A exegese, desde o século XVI, mina essa confiança. Assim, os espirituais procuram em outra parte e diferentemente o que pode, o que *deve* falar. Eles se fundamentam na promessa que foi feita: o Espírito falará. Mas eles se encontram numa situação análoga à que descreve a própria Bíblia, quando se

---

10   Muitos trabalhos o mostraram, desde o capítulo que Emmanuel Le Roy Ladurie consagrou, em *Les Paysans du Languedoc* (Paris: SEVPEN, 1966), aos "caminhos da escrita", até a tese, decisiva e polêmica, de Elizabet L. Eisentein sobre a revolução sociocultural provocada pela imprensa, *The printing press as an agent of change*. Cambridge University Press, 1979. 2 vol.

11   É a história dessa escrita conquistadora que era consagrada *L'Écriture de l'histoire* (2. ed. Gallimard, 1978). Cf. também M. de Certeau, D. Julia, J. Revel, *Une politique de la langue*. Paris: Gallimard, 1975. A esse respeito, *La Fable mystique* seria sua contrapartida, a história de um "resto".

Introdução 19

estende, depois do Exílio na Babilônia, o sentimento que as vozes proféticas de outrora não falam mais.

Já a partir do século XIII, isto é, desde que a teologia se profissionalizou, os espirituais e os místicos levantam o desafio da palavra. Eles são por isso deportados para o lado da "fábula". Eles se solidarizam com todas as línguas que falam ainda, marcadas em seus discursos pela assimilação à criança, à mulher, aos iletrados, à loucura, aos anjos ou ao corpo. Eles insinuam em toda parte um "extraordinário": são citações de vozes – vozes cada vez mais separadas do sentido que a escrita conquistou, cada vez mais próximas do canto ou do grito. Seus movimentos atravessam então uma economia escriturária e se extinguem, parece, quando ela triunfa. Assim a figura passante da mística nos interroga ainda sobre o que nos sobra da palavra. Essa questão não deixa de ter, aliás, ligações com o que, em seu campo próprio, a psicanálise restaura.[12]

Minha análise de sua história gira, pois, em torno dessa *fábula mística*. Ela é apenas um relato de viagem, fragmentado pelo recurso a métodos diversos (históricos, semióticos, psicanalíticos) cujos aparelhos permitem definir sucessivamente "objetos" apreensíveis em uma realidade inapreensível. Como o quadro de Bosch que o introduz, essa realidade confunde finalmente essa investigação. Ela o domina com alguma coisa como um riso. Tal seria o "sentido" dessa história: como o vigia de Kafka, o livro defende um segredo que ele não possui.

---

12 A bolha dos apaixonados, extraída do *Jardin* de Bosch, representa esse "retiro" da palavra em um espaço de "ficção", análogo ao que utiliza a cena psicanalítica: mosteiro ou "balão" dos sujeitos falantes. Cf. a reprodução, na capa do volume em francês.

2. UMA FORMAÇÃO HISTÓRICA

A mística dos séculos XVI e XVII prolifera em torno de uma perda. Ela é uma figura histórica. Torna legível uma ausência que multiplica as produções do desejo. No limiar da modernidade, marcam-se assim um fim e um começo – uma partida. Essa literatura oferece caminhos a quem "procura uma indicação para se perder" e busca "como não chegar".[13] Nos *caminhos* ou nas *vias* de que falam tantos textos místicos, passa o itinerante marchador, *Wandersmann*.[14]

Mas tanto quanto em "errâncias" inauguradoras, essa mística se refere à história coletiva de uma passagem. Ela aparece no sol poente para anunciar um dia que ela não conhecerá. Desaparece antes da manhã, a "derrota dos místicos" que coincide com o momento em que se ergue o século das Luzes. A ambição de uma radicalidade cristã se desenha sobre um fundo de decadência ou de "corrupção", no interior de um universo que se desfaz e que é preciso reparar. Ela repete na experiência biográfica todo o vocabulário da Reforma eclesial: a divisão, as feridas, a doença, a mentira, a desolação etc. Os corpos individuais contam a história das instituições do sentido. O fim de um mundo é postulado por todas as poéticas espirituais. Suas trajetórias luminosas e riscadas riscam uma noite da qual os separou desde então uma piedade colecionadora de vestígios místicos; elas se escrevem nessa página negra onde temos que reaprender a lê-las.

---

13   Marguerite Duras, *India Song*. Paris: Gallimard, 1973. p. 25, e *Le Vice-consul*. Paris: Gallimard, 1966. p. 9, sobre a mendiga que vai finalmente para o Ganges "onde ela descobriu como se perder" (*Le Vice-consul*, p. 181).

14   É o título dado em 1675 aos *Aphorismes spirituels et sentences rimées* de Angelus Silesius (1657); ao mesmo tempo "peregrino" (trad. E. Susini), "errante" (trad. R. Munier) e principalmente marchador.

Uma maneira de proceder

Falando de "noites", os textos remetem, pois, a uma situação geral, mas também a maneiras de vivê-la como questão da existência. São relatos de "paixões" *de* e *na* história. Relativas a verdades que se escondem, a autoridades que se opacificam, a instituições divididas ou doentes, os místicos definem menos conhecimentos, topografias e instâncias complementares ou substitutivas que outro tratamento da tradição cristã. Acusadas (por justa razão) de serem "novas", presas e "ligadas" às circunstâncias, mas fundadas na fé em um Começo que deve chegar ao presente, elas instauram um "estilo" que se articula em *práticas* que definem um *modus loquendi* e/ou um *modus agendi* (duas expressões axiais em torno das quais essa produção se organiza). O essencial não é, pois, um corpo de doutrinas (será antes o efeito dessas práticas e sobretudo o produto de interpretações teológicas posteriores), mas a fundação de um campo onde se expõem procedimentos específicos: um *espaço* e *dispositivos*. Os teóricos dessa literatura colocam no cerne dos debates que os opõem então aos "teólogos" ou "examinadores" seja as "frases místicas" ("maneiras de expressão", "rodeios" de linguagem, modos de "tornear" as palavras),[15] seja "máximas" (regras de pensamento ou de ação próprias aos "santos", isto é, aos místicos). A reinterpretação da tradição tem como característica um conjunto de processos que permitem tratar de outra maneira a linguagem – toda a linguagem contemporânea, e não somente a região que aí recorta um saber teológico ou um *corpus* patrístico e escriturário. São maneiras de fazer que organizam a invenção de um corpo místico.

---

15   A. Furetière, *Dictionnaire universel*, 1690. Em Pascal, mesma focalização sobre "a maneira de escrever" e, em um campo lógico, sobre "as maneiras de tornear as coisas" ou "as proposições".

Por um lado, um trabalho de ir além se articula sobre uma tradição deteriorada e opacificada pelo tempo. Por outro, de um cosmo de mensagens (ou de "mistérios") a ouvir, passa-se a práticas atravessadoras que traçam na linguagem o trânsito indefinido de escritas. Essas duas características já especificam a modernidade das formações que foram, durante dois séculos, produzidas e teoricizadas como "místicas". Elas indicam também uma maneira de entrar hoje nesses textos antigos e de identificar o movimento que operam suas escritas no âmbito cênico imposto por novas questões.

Enfim, há uma questão prévia. Por trás dos documentos vindos até nós, pode-se supor um referente estável (uma "experiência" ou uma "realidade" fundamental) que permita selecionar os textos conforme eles dependam ou não dele? Todos esses discursos contam, com efeito, uma paixão do que é,[16] do mundo tal como ele "se encontra", ou da própria coisa (*das Ding*) – em suma, uma paixão do que se autoriza a si mesma e não depende de nenhuma garantia estranha. São praias oferecidas ao mar que vem. Elas visam a se perder no que elas mostram, como essas paisagens de Turner que o ar e a luz apagam. Sobre o modo da dor, do gozo ou de um "deixar estar" (o *gelâzenheit* eckhartiano), um ab-soluto (um desligado) habita o suplício, o êxtase ou o sacrifício da linguagem que indefinidamente só pode dizê-lo apagando-se. Esse absoluto não tem dívidas em relação à linguagem que assombra. Ele está absolvido disso. Mas que nome ou que identidade atribuir a essa "coisa", independentemente do trabalho, cada vez local, de a deixar vir? O Outro que organiza o texto não é um fora do texto. Não é o objeto (imaginário) que se distinguiria do movimento pelo

---

16   Cf. Ludwig Wittgenstein. *Tractatus logico-philosophicus*, 6.44: "Nicht wie die Welt ist, ist das Mystische, sondern *dass* ist"; trad. Pierre Klossowski, Paris: Gallimard, coll. Idées, 1972. p. 173: "o que é místico, não é *como* é o mundo, mas o *fato* de ser".

qual isso (*Es*) se traça. Localizá-lo à parte, isolá-lo dos textos que se esgotam de dizê-lo é exorcizá-lo, fornecendo a ele um lugar e um nome próprios, é identificá-lo a um resto deixado por racionalidades constituídas, ou é transformar em uma representação religiosa particular (uma após outra excluída dos campos científicos ou fetichizada como substituto de uma falta) a questão que aparece sob a figura do limite;[17] é postular por trás dos documentos um algo, indizível, maleável para todos os fins, "noite em que todas as vacas são negras".

Mais vale, portanto, ater-se provisoriamente ao que acontece nos textos onde "mística" figura como o índice de seu *status*, sem se dar antecipadamente uma definição (ideológica ou imaginária) do que aí inscreve um trabalho escriturário. O que está, inicialmente, em causa é a formalidade do discurso e um traçar (um marchar, *Wandern*) da escrita: a primeira circunscreve um lugar; o segundo mostra um "estilo" ou um "passo", no sentido em que, segundo Virgílio, "a deusa se reconhece em seu passo".[18]

Uma nova "forma" epistemológica aparece com efeito, no limiar da modernidade, com os textos que se dão o título de "místicos" e se contradistinguem por isso de outros textos, contemporâneos ou passados (tratados teológicos, comentários da Escritura etc.). Sob esse viés, o problema não é saber se um tratado exegético de Gregório de Nissa depende da mesma experiência que um discurso mais tarde intitulado "místico", ou se eles se controem os dois segundo procedimentos retóricos parcialmente

---

17   Cf. Wittgenstein, *Notebooks* 1914-1916. New York: Harper Torchbooks, 1969 (25.05.1915): "A tendência (*Trieb*) ao místico vem da não satisfação (*Unbefriedigtheit*) de nossos desejos pela ciência. *Sentimos* que mesmo se todas as questões científicas *possíveis* são resolvidas, *nosso problema não foi ainda absolutamente atingido.*"

18   Virgílio, *Eneida*, I, 405: "Vera incessu patuit dea." Era o momento de sua partida: a deusa se reconhece quando vai embora.

análogos, mas determinar o que acontece no campo que recorta um *nome próprio* ("místico") e onde se efetua um trabalho submetido a um conjunto pertinente de *regras*. Um *corpus* pode ser tido como o efeito dessa relação entre um nome (que simboliza a circunscrição de um espaço) e regras (que especificam uma produção), mesmo se, como em muitos outros casos, o nome é utilizado também para arrolar formações anteriores ou diferentes na unidade que ele isola (no século XVI ou no XVII, chamar-se-ão "místicos" discursos preexistentes e formar-se-á assim uma tradição mística), e mesmo se as regras da construção "mística" organizam textos bem antes que elas deem lugar a uma combinação própria (constata-se, com efeito, que os procedimentos qualificados como "místicos" na época moderna se encontram sob outras denominações em documentos anteriores ou contemporâneos). No início da análise, há, portanto, o isolamento de uma unidade "mística" no sistema de diferenciação dos discursos que articula um novo espaço de saber.[19] Uma maneira de praticar *de outra maneira* a linguagem recebida objetiva-se em um conjunto de delimitações e de processos.

Seria possível, certamente, perguntar-se que contaminações de disciplinas, a partir do século XIII, tornaram possível a configuração onde a mística recebe forma própria; e que deslocamentos, a partir do fim do século XVII, provo-

---

19 O isolamento dessa verdade aparece já sob um modo linguístico com a mutação que faz passar a palavra "místico" do *status* de adjetivo ao de substantivo. Cf., cap. 3, e as notas de Gotthold Müller, Ueber den Begriff der Mystik. In: *Neue Zeitschrift f. System. Theologie*, 1971. t. 13, p. 88-98. É preciso esclarecer que, no vocabulário do tempo, "místico" designa essencialmente um tratamento da *linguagem*; é "espiritualidade" que remete à *experiência*. Cf. os dois grandes intérpretes que são M. Sandaeus, *Pro Theologia mystica clavis*. Cologne, 1640, Dédicace, e Honoré de Sainte-Marie, *Tradition des Pères et des Auteurs ecclésiastiques sur la contemplation*. Paris, 1708. t. 2, p. 601 segs.

Introdução 25

caram a distribuição da mística em outras unidades. Seria preciso remontar aos instauradores, Mestre Eckhart (1260-1327) e, meio século antes,[20] Hadewijch d'Anvers, para compreender a constituição progressiva de uma formalidade mística; ou seguir, a partir de Madame Guyon (1648-1717), Fénelon (1651-1715), Gichtel (1638-1710) ou Arnold (1666-1714), as etapas que marcam um trânsito para outros gêneros (filosóficos, psicológicos ou pietistas). Pareceu preferível instalar-se inicialmente no centro desse campo nas fronteiras históricas moventes e considerá-lo no momento de sua maior formalização e de seu fim – de Teresa de Ávila até Angelus Silesius. Modos de funcionamento aí são mais legíveis, e, portanto, a determinação de um *lugar*, o que torna possíveis em seguida uma história regressiva de sua formação e um estudo de seus avatares ulteriores.

Encarar assim processos, "interpretar" no sentido musical do termo essa escrita mística como outra enunciação, é tomá-la por um passado de que estamos separados, e não supor que nos encontramos no mesmo lugar que ela; é tentar praticar por nossa vez o movimento, repassar, ainda que de longe, sobre os vestígios de um trabalho, e não identificar a um objeto de saber essa coisa que, de passagem, transformou grafes em hieróglifos. É ficar no interior de uma experiência escriturária e conservar essa espécie de pudor que respeita as distâncias. Esses percursos nos subúrbios textuais da mística ensinam já caminhos para se perder (mesmo se é somente para perder um saber). Talvez sejamos conduzidos por seu rumor para a cidade mudada em mar. Uma literatura tornaria assim perceptível algo do que a constrói: um poder de fazer partir.

---

20   Cf. a explicação de [Dom Porion] sobre a datação dos Poemas, em Hadewijch d'Anvers, *Écrits mystiques*. Paris: Seuil, 1954. p. 26-29.

26   A Fábula Mística ✤ Michel de Certeau

Uma redistribuição do espaço. Da heresia ao "Refúgio"

Durante vários anos,[21] a heresia ocupou um lugar estratégico na análise do cristianismo, antes que, muito recentemente, esse tema socioideológico fosse pouco a pouco substituído pelo estudo da família e das estruturas de parentesco – influência da etnologia e da psicanálise no campo de uma história econômica e social.

Se a heresia foi e continua ainda um ponto tão decisivo, não é somente o efeito do privilégio atribuído há muito tempo ao antidogmatismo religioso (ou aos movimentos políticos progressistas e revolucionários) ou a lugares históricos mais próximos do papel que uma *intelligentsia* universitária se dava. É por razões que se atêm de mais perto à natureza do trabalho histórico. A heresia apresenta, com efeito, a *legibilidade doutrinal de um conflito social* e a *forma binária* do modo sobre o qual uma sociedade se define, excluindo aquilo de que ela faz seu outro (uma forma de que a mística recebe inicialmente sua estrutura binária, opondo um "interior" a um "exterior"). Ela oferece uma articulação do ideológico sobre o social, e a visibilidade do processo pelo qual um corpo social se instaura. É claro que, sob esse duplo aspecto, intervêm também duas outras questões corolárias, mas capitais: a modalidade do progresso (a colocar do lado "herético"?) em relação a um sistema estabelecido, e o papel do intelectual (trata-se de heresiarcas e de inovações teológicas ou filosóficas) em uma dinâmica social.

Esta pesquisa não mudou a heresia em objeto isolável e estável através dos tempos. Ao contrário, varrendo

---

21   A partir de Jacques Le Goff (éd.), *Hérésies et sociétés dans l'Europe préindustrielle, XIe-XVIIIe siècle*. Paris et La Haye: Mouton, 1968. Cf. Sh. Shavar. J. Mundy, H. Taviani, M.-D. Chenu, J. Séguy, P. Veyne, Hérésie et champ religieux. In: *Annales E. S. C.*, 1974. t. 29, p. 1185-1305.

Introdução   27

as épocas e as regiões onde se produzem essas manifestações – as heresias, é claro, mas também as seitas,[22] os mar-
ginalismos espirituais,[23] e até as exclusões coletivas que
visam os pobres e os vagabundos, os loucos,[24] as minorias
culturais ou étnicas[25] –, a análise fragmenta a imagem que
a suscitou.[26] Mas ela detecta na insuperável diversidade
intelectual e social das heresias a *repetição* do gesto de
excluir. O "mesmo" é uma *forma* histórica, uma prática da
dicotomia, e não um *conteúdo* homogêneo (que é um após
o outro religioso – uma doutrina –, social – um desvio – ou
econômico – a ociosidade). O excluído é sempre relativo

---

22 Cf. a síntese de Jean Séguy, Les non-conformismes religieux
    d'Occident. In: H.-C. Puech (éd.), *Histoire des religions*. Paris:
    Pléiade, 1972. t. 2, p. 1268-1293 (sobre a época moderna).
23 Jean-Claude Schmitt mostra como o funcionamento social e lin-
    guístico da acusação de heresia contra um movimento espiritual
    muda em dois séculos: *Mort d'une hérésie*. L'Église et les clercs
    face aux béguines et aux béghards du Rhin supérieur du XIVe au
    XVe siècle. Paris et La Haye, Mouton, 1978. A comparar com a crise
    quietista no espaço "político" do fim do século XVII: J. Le Brun, *La
    Spiritualité de Bossuet*. Paris: Klincksieck, 1972. p. 439-668.
24 Da *Histoire de la folie à l'âge classique* (Paris: Plon, 1963) a *Sur-
    veiller et punir* (Paris: Gallimard, 1975), Michel Foucault forneceu
    à historiografia instrumentos conceituais para analisar os proces-
    sos intelectuais e sociais da exclusão.
25 Entre inúmeros estudos, a notar sobretudo Jean Séguy, Possibi-
    litat e Prolèma d'una istoria religiosa occitania. In: *Annales de
    l'IEO*, 4e série, n° 1, p. 5-26, automne 1965; Robert Lafont, *Renais-
    sance du Sud*. Essai sur la littérature occitane au temps de Henri
    IV. Paris: Gallimard, 1970, e *Le sud et le Nord*. Toulouse: Privat,
    1971; e o conjunto publicado por Daniel Fabre e Jacques Lacroix,
    Communautés du Sud. Contribution à l'anthropologie des collec-
    tivités rurales occitanes. Paris: UGE, coll. 10-18, 1975. 2 vol., por
    sua qualidade metodológica, mas onde os problemas religiosos
    só são tratados por viés.
26 Cf. já Georges Duby sobre essa "hidra" que é a heresia, e sobre sua
    "transformação radical" entre a Idade Média e os tempos moder-
    nos, in J. Le Goff (éd.), *Hérésies et sociétés*, op. cit., p. 397-398.

ao que ele serve ou obriga a redefinir. O *conflito* se articula sobre a *representação* social que ele torna possível e que ele organiza. Esse processo histórico mostra como uma divisão social e uma produção ideológica se determinam reciprocamente. Ele leva a interrogar-se seja sobre o funcionamento do corte que permite a instauração da ortodoxia (ou da representação) própria a um grupo, seja sobre o conhecimento que dão de uma sociedade particular o lugar, o modo e o sujeito da divisão – passiva (estar separado) ou ativa (separar-se) – pela qual ela é atingida.

A história dos séculos XVI e XVII apresenta uma incrível multiplicação dessas divisões no campo da expressão religiosa. A heresia prolifera. Três rupturas fundamentais podem servir de marcos: a que, desde o século XV, separa cada vez mais os "clérigos" urbanos e as massas rurais, portanto, práticas intelectuais ou teológicas e práticas populares; a que, no século XVI, divide a catolicidade segundo a clivagem milenar do Norte e do Sul, e cria as mil variantes a oposição entre as Igrejas reformadas e a Reforma tridentina; enfim, a que quebra a unidade do universo em "antigo" e "novo" mundos e faz aparecer ora o privilégio *espacial* do "selvagem" americano em relação à cristandade que envelhece, ora o privilégio *temporal* do presente ocidental, bastante produtivo para mudar pouco a pouco a tradição em um "passado" completo. De fato, essas divisões se entrecruzam, e suas combinações redefinem as "nações", os partidos, as seitas, as disciplinas. A agressividade entre posições ameaçadas ou ameaçadoras cresce na medida em que elas sofrem uma reclassificação geral.

Esse "trabalho" multiforme parece obedecer a um postulado comum: o *cisma* se substitui à *heresia*, tornada impossível. Há "heresia" quando uma posição majoritária tem o poder de nomear *em seu próprio discurso* e excluir como marginal uma formação dissidente. Uma autoridade serve de âmbito de referência ao próprio grupo que dele se separa ou que ela rejeita. O "cisma", ao contrário, supõe duas posições das quais nenhuma pode impor à outra a lei de sua razão ou a de sua força. Não se trata mais de uma ortodoxia frente a uma heresia, mas de Igrejas diferentes. Tal é a situação no século XVII. Os conflitos questionam formações heterônimas. Essa "explosão fatal da antiga religião da unidade" redireciona sobre o Estado a capacidade de ser para nós a unidade referencial. Uma unidade que se desenvolve no modo da inclusão, por um jogo sutil de hierarquizações e de arbitragens, e cuja estrutura é antes do tipo ternário (as três "ordens" etc.).

Crenças e práticas se enfrentam doravante no interior de um *espaço político*, com certeza organizado ainda segundo um modelo religioso, em torno do rei, esse "bispo de fora", que tem como tarefa garantir "uma certa vigilância do exercício de religiões diferentes".[27] Cada Igreja assume a imagem de um "partido". Sua ambição fica totalizante, conforme o modelo de uma verdade universal e conquistadora, mas, de fato, ela depende das relações com um Estado que favorece, controla ou excomunga. Essa estrutura se repete em "partidos" internos das Igrejas. A reivindicação "universal" de cada grupo religioso, exacerbada pela divisão, tende a recorrer ao poder real como ao único poder global, a fazer dele o critério ou o obstáculo da verdade, a se pensar, a favor ou contra ele, nos termos que impõe pouco a pouco a política absolutista, e, portanto, a reconhecer nele o papel (positivo ou negativo) ontem exercido pela ortodoxia. O Padre Daniel, um caso extremo, é verdade, dirá logo que "a história de um Reino ou de uma Nação tem por objeto o Príncipe e o Estado; é como o centro para onde tudo deve tender e com

---

27 Alphonse Dupront, Vie et création religieuses dans la France moderne (XIVᵉ-XVIIIᵉ siècle). In: M. François (éd.), *La France et les Français*. Paris: Pléiade, 1972. p. 538 e 557-559.

que se relacionar".[28] Mas Pascal, por sua vez, teria "sacrificado com prazer sua vida" à educação do príncipe,[29] tarefa que consistia em inscrever o saber e a sabedoria no centro da ordem política. Em todo lugar politizam-se a fidelidade e o desvio religiosos.

"Estabilidade" e/ou "ruptura"? A análise de A. Dupront se desenvolvia entre esses dois polos.[30] De fato, trata-se de uma "ruptura" na disposição e utilização de elementos "estáveis". Fenômeno de reinterpretação social. Se os comportamentos e os símbolos religiosos se impõem ainda a todos, seu funcionamento muda. Os *conteúdos* permanecem, mas submetidos a um *tratamento* novo que, já detectável nos recortes operados pelas divisões, se formula logo como uma gestão política das diferenças.[31] Os móveis da herança são redistribuídos em um novo espaço, que organiza uma outra maneira de reparti-los e deles fazer uso. Remexendo nos dados, o cisma inicia o gesto político ou científico de reclassificar e de manipular. É um trabalho sobre a forma social – diferente e complementar

---

28 Histoire de France, éd. 1713, t. 1, Préface, p. XXIII, citado por Michel Tyvaert, L'Image du Roi: légitimité et moralité royales dans les Histoires de France au XVIIe siècle. In: *Revue d'histoire moderne et contemporaine*, 1974. t. 21, p. 521.

29 Blaise Pascal, *Œuvres complètes*. Paris: Hachette, coll. Grands écrivains de France, t. 9, p. 369.

30 A. Dupront, Vie et création religieuses dans la France moderne, op. cit.: por um lado, "solidez religiosa" (p. 492), "estabilidade religiosa" (p. 493), cf. p. 496, 507 etc.; por outro, "ruptura" (p. 538), "laicização", "dicotomismo entre religião e Estado" (p. 545) etc.

31 O "cisma" tem como corolários, no tempo de Richelieu, uma autonomização (ou "secularização") do pensamento político com as teorias sobre a "razão de Estado". Cf. Étienne Thuau, *Raison d'État et pensée politique à l'époque de Richelieu*. Paris: A. Colin, 1966; Friedrich Meinecke, *L'Idée de Raison d'État dans l'histoire des Temps modernes*. Trad. M. Chevallier. Genève: Droz, 1973.

Introdução   31

da evolução que, em outros casos, muda os conteúdos,
mas sem modificar a forma social onde se sucedem preen-
chimentos ideológicos heterogêneos.[32]
As divisões se tornam operações classificatórias e ma-
nipuladoras que redistribuem elementos tradicionais e que
darão lugar, mais tarde, às "figuras" teóricas que explicitam seus princípios.[33] Por trás das condutas ou das convicções religiosas, cria-se assim a possibilidade de fazer disso algo diferente e de utilizá-las a serviço de estratégias
diferentes – possibilidade cujo equivalente se encontra na
mesma época, nos campos mais manejáveis da escrita ou
da estética, com a arte (barroca ou retórica) de tratar e deslocar imagens ou ideias recebidas para tirar delas efeitos
novos. Difícil e violento, o rearranjo do espaço religioso em
Igrejas ou em "partidos" não vai, pois, somente ao lado
de uma gestão política dessas diferenças. Cada um desses
novos grupos manipula os costumes e as crenças, efetua
em seu proveito uma reinterpretação prática de situações
organizadas anteriormente segundo outras determinações, *produz* sua unidade a partir de dados tradicionais, e
se fornece os meios intelectuais e políticos que garantem
um reemprego ou uma "correção" dos pensamentos e das
condutas. Pelo controle, a unificação e a difusão catequé-
ticas, a doutrina torna-se um *instrumento* que permite a

---

32 Maurice Agulhon, *Pénitents et francs-maçons de l'ancienne Pro-
    vence*. Paris: Fayard, 1968, mostrou a estabilidade de uma forma
    provençal de sociabilidade por meio da sucessão desses conteú-
    dos ideológicos: cristãos no século XVI (confrarias de penitentes),
    franco-maçons no século XVIII, políticas sob a Revolução (as so-
    ciedades populares de 1792) ou no século XIX.

33 Evolução comparável à que analisava Pierre Francastel, *La figure
    et le lieu*. Paris: Gallimard, 1967: na arte do Quattrocento, uma
    distribuição diferente dos elementos figurativos recebidos da tra-
    dição religiosa introduz um novo funcionamento do quadro ou do
    "lugar", bem antes que Botticelli e Mantegna deem a essa revo-
    lução estética suas "figuras" próprias.

fabricação de corpos sociais, sua defesa ou sua extensão. A tarefa de *educar* e a preocupação com *métodos* caracterizam a atividade dos "partidos" religiosos, e de todas as novas congregações, nisso cada vez mais conformes ao modelo estatal. "Reformar" é refazer as formas. Esse trabalho, evocando a elaboração de técnicas transformadoras, tem, sem dúvida, também como efeito esconder as continuidades que resistem a essas operações reformadoras, e, depois de um tempo de manifestações maciças e de repressões brutais (bruxarias, revoltas camponesas etc.), torná-las cada vez menos apreensíveis sob a rede cada vez mais estreita das instituições pedagógicas.

Enfim, o lugar que tinha outrora a heresia em face de uma ortodoxia *religiosa* é doravante ocupada por uma ortoxia religiosa que se distingue de uma ortodoxia *política*. Uma fidelidade profética se organiza em minoria no Estado secularizado. Ela se constitui em "Refúgio".[34] A ambição pós-tridentina de refazer um "mundo" político e espiritual da graça desemboca com Bérulle na utopia de uma hierarquia eclesiástica que articula os segredos da vida mística,[35] mas essa reconcialiação *teórica* de uma ordem social e da interioridade espiritual é quebrada pela história *efetiva*. Ela funcionará somente em grupos secretos

---

34 Cf. a tese, esperada, de M. Beugnot (Universidade de Montréal) sobre o "refúgio" e o "retiro" no século XVII – um movimento que apresentam todas as congregações religiosas, inclusive os jesuítas (depois de um primeiro tempo de expansão, eles estabelecem a "residência", a clausura e as práticas "internas" da Ordem como a condição da atividade externa; cf., p. 341-345.

35 Heribert Bastel (*Der Kardinal Pierre de Bérulle als Spiritual des Französischen Karmels*. Vienne: Wiener dom Verlag, 1974) mostra, a propósito de seu papel no Carmelo, como Bérulle articulava a "teologia mística" sobre a "hierarquia eclesiástica", a graça interior sobre uma ordem social e sacramental. Leszek Kolakowski se engana quando ele coloca Bérulle entre os *Chrétiens sans Église* (Paris: Gallimard, 1969. p. 349-435).

Introdução   33

(como a Companhia do Santo Sacramento), no "Refúgio"
de Port-Royal ou, mais tarde, no interior dos Seminários de
Saint-Sulpice, segundo um modelo sistematizado inicialmente pela vontade, calvinista, de instaurar uma sociedade reformada (uma história e uma localização da verdade)
a partir da Escritura.[36] A definição dessa Escritura varia.
Mas o que se multiplica são microcosmos cristãos, "retiros" na França, "reduções" no Novo Mundo.[37] Port-Royal é
apenas o caso mais célebre.

O gesto de "fazer retiro" ou de "retirar-se" é o indício universal da tendência que opõe, à necessária "docilidade" ou às "complacências" das instituições religiosas
ligadas ao Estado, o *recorte de um lugar*. Para os reformistas, essa clausura é, ao mesmo tempo, a consequência
da politização triunfante a partir de 1640 e a condição de
possibilidade de um "estabelecimento" da fé. Ela define
uma "política" do sentido. A vida regular, as congregações religiosas, as associações de leigos, a pastoral dos
sacramentos, as missões populares obedecem todas à necessidade primeira de um *corte* que organiza (num modo
de uma "partida", de muros, de uma seleção social, do

---

36   Cf. M. de Certeau, *L'Invention du quotidien*. Paris: UGE, coll. 10/18,
     t. 1, p. 234-242: "Écrire. Une pratique mythique moderne".
37   A respeito das "reduções" jesuítas do Paraguai, que projetam em
     terra estrangeira o modelo utópico de uma "cidade" cristã, cf.
     Luiz Felipe Baêta Neves Flores, *O Combate dos Soldados de Cristo
     na Terra dos Papagaios*, tese mimeografada, Rio, Museu Nacional,
     1974. "Pedagogia institucional", diz justamente o autor (p. 90),
     mas ela tem como condição o corte instaurador de um lugar "es-
     colar" que abraça toda a existência dos "educados". Tem-se já o
     mesmo projeto protetor e educador dos índios em Bartolomé de
     Las Casas (1474-1566); cf. Marcel Bataillon e André Saint-Lu, *Las
     Casas et la défense des Indiens*. Paris: Julliard, coll. Archives, 1971;
     Las Casas, *Très brève relation sur la destruction des Indes*. Trad.
     J. Garavito. Paris et La Haye, Mouton, 1974; P. André-Vincent, *Las
     Casas, apôtre des Indiens*. éd. De la Nouvelle Aurore, 1975.

segredo etc.) a circunscrição de um campo para práticas próprias.[38] Dessa distribuição do espaço por e para novas práticas, os grupos e os discursos "místicos" apresentam uma variante, que coloca simultaneamente em causa a *autonomização* de uma nova figura histórica e a *passagem* de uma economia sociocultural a uma outra.

A tradição humilhada

A literatura mística se sobressai inicialmente em uma topografia. Na Europa moderna, ela tem seus lugares: regiões, categorias sociais, tipos de grupo, formas de trabalho; mais ainda, ela privilegia modos concretos de relações com o dinheiro (mendicidade, imóveis comunitários, comércio etc.), com a sexualidade (celibato, viuvez etc.) e com o poder (fidelidades a benfeitores, responsabilidades eclesiásticas, pertenças familiares e políticas etc.). É preciso inicialmente perguntar-se que constantes sobressaem dos dados fornecidos pelos trabalhos que saem de um sono "anistórico".[39] Retirei daí alguns elementos relativos

---

38   O discurso é organizado por essa prática do corte. Cf., sobre o "discurso da profecia", Daniel Vidal, *L'Ablatif absolu, théorie du prophétisme:* le discours camisard en Europe (1706-1713). Paris: Anthropos, 1977.

39   G. S. Scholem criticava justamente essa tendência "anistórica" (*La Kabbale et sa symbolique*. Paris: Payot, 1966. p. 12); cf. do mesmo, Mysticisme et société. In: *Diogène*, 58, 1967. p. 3-28. L. Kolakowski pretendia até "tratar" as ideias e os movimentos místicos "como manifestações dos conflitos sociais" (op. cit., p. 44-45), mas sem manter sua promessa. Sobre as relações entre mística e sociedade, os trabalhos de base são: Ernst Troeltsch, *Die Soziallehren der Christlichen Kirchen und Gruppen*. 3. ed. Tübingen: Mohr, 1912 (principalmente p. 848-940: "Die Mystik und der Spiritualismus"), e Ivo Höllhuber, *Sprache Gesellschaft mystik*. Munich-Bâle: Reinhardt, 1963 (cf. p. 332-333, suas três teses sobre "a conexão da linguagem, da sociedade e da mística").

Introdução 35

ao lugar dos místicos, mais precisamente a suas origens e situações sociais.

Nos séculos XVI e XVII, eles pertencem, no mais das vezes, a regiões e categorias em via de recessão socioeconômica, desfavorecidas pela mudança, marginalizadas pelo progresso ou arruinadas pelas guerras. Esse empobrecimento desenvolve a memória de um passado perdido. Ele conserva modelos, mas privados de efetividade e disponíveis para um "outro mundo". Orienta para os espaços da utopia, do sonho ou da escrita as aspirações diante das quais se fecham as portas das responsabilidades sociais. A propósito de Port-Royal, L. Goldmann tentava explicar a espiritualidade jansenista pela situação dos seus autores, magistrados pouco a pouco despojados de suas atribuições anteriores.[40] O fato (que não é uma explicação) se constata também, no mesmo período, entre muitos místicos franceses, ligados por sua família à decadência da pequena nobreza provinciana do Sudoeste (como Surin ou Labadie, em Guyenne), à miséria dos fidalgos do campo, à desvalorização dos "ofícios" parlamentares, e principalmente a "todo um meio de média aristocracia, rica de vitalidade e de necessidades espirituais, mas com utilidade ou com o serviço social reduzidos"[41] –, ou então, mais cedo no século, aos dissabores dos membros da Liga comprometidos (como os Acarie) ou aos dos emigrados (assim o inglês Benoît de Canfield). Os mesmos pertencimentos, com exceção dos parlamentares, se encontram, aliás, entre

---

40 Lucien Goldmann, *Le Dieu caché*. Paris: Gallimard, 1955, principalmente p. 155 e seguintes.
41 Alphonse Dupront, Vie et création religieuses dans la France moderne, op. cit., p. 535. A rede reconstituída por J. Orcibal (In: Fénelon, *Correspondance*. Paris: Klincksieck, 1973. t. 1) o mostra amplamente.

os eremitas.[42] Fora alguns místicos situados nos caminhos da promoção (assim o intendente René d'Argenson),[43] o maior número,[44] até Marguerite-Marie Alacoque,[45] se aloja nos meios ou nos "partidos" em retiro. Refluxos parecem descobrir as praias onde a mística aparece.

Na Espanha do século XVI, Teresa de Ávila pertence a uma *hidalguía* privada de cargos e de bens;[46] João da Cruz, enfermeiro nos hospitais de Salamanca, em uma aristocracia arruinada e desclassificada etc. Mas, mais que as hierarquizações sociais, contam as discriminações étnicas relativas à *raza*. Ora, próximas da tradição marrana, a das *gespaltete Seelen* (J. A. Van Praag), almas divididas, vidas clivadas pela necessidade de uma interioridade oculta, os "cristos novos", cujo rosto "convertido" fica para os contemporâneos a máscara do Judeu excluído, se encontram maciçamente entre os espirituais "iluminados", ou *alumbrados*; eles representam aí as mais altas figuras: Melchor, os Cazalla, os Ortiz, Bernardino Tovar, Pedro Ruiz de Alcaraz, S. Pedro Regalado etc., e muitas *beatas*. Eles participam desse "estilo *converso*" (J. H. Silverman) que, no modo do romance picaresco, da poesia ou da espiritualidade, inquieta a literatura da idade de ouro com a ironia crítica ou o lirismo insaciável que Américo Castro ligava a um "semitismo atormentado". No cristianismo, eles articulam a experiência de um *alhures*, mas no *interior* da tradição que eles adotam. Neófitos distantes das maneiras

---

42 Jean Sainsaulieu, *Les Ermites français*. Paris: Cerf, 1974. p. 47-93: entre os anacoretas do século XVII, a espada vence a roupa. Há também muitos membros da Liga.

43 Cf. o tomo 2 desta obra, a ser publicada.

44 Cf., parte IV.

45 Jacques Le Brun, Politique et spiritualité: la dévotion au Sacré-Coeur. In: *Concilium*, n° 69, 1971, p. 25-36.

46 Cf. Marie du Saint-Sacrement, *Les parents de Sainte Thérèse*. Paris, 1914.

Introdução　　　　　　　　　　　　　　37

de pensar ou de fazer seculares no catolicismo espanhol, frequentemente levados a se liberarem do formalismo da Sinagoga e pouco desejosos de cair no da Igreja, membros de uma *intelligentsia* escriturária que seduz a concepção erasmiana de um "corpo" evangélico e rejeitados pelo racismo doutrinal que subentende a hierarquização segundo a *limpieza de sangre*, leitores de uma Bíblia que eles abordam independentemente de preliminares escolásticas ou institucionais, eles introduzem na "letra" o jogo técnico e/ou místico de um "espírito" outro.[47]

Proibidos em certas Ordens (primeiro os hieronimitas, os beneditinos etc.), suspeitos pelos dominicanos, esses "desprezados" se tornam os grandes espirituais franciscanos (Francisco de Osuna, Diego de Estella), agos-

---

47 Marcel Bataillon, *Erasmo y España*, México, 1966, cap. 4, e sobretudo Antonio Dominguez Ortiz, *Los Judeoconversos en España y América*. Madrid: ISTMO, 1971. p. 149-166. Cf. também, do mesmo, *Las clases privilegiadas en la España del antiguo Régimen*. Madri: ISTMO, 1973, cap. 13, "Las ordenes femeninas", p. 321-336; a obra de Francisco Cantera Burgos (Alvar Garcia de Santa Maria, Madri, 1952, e seus artigos sobre os "convertidos" em *Sefarad*, 4 (1944), p. 295-348; 27 (1967), p. 71-111; 28 (1968), p. 3-39 etc.); Albert A. Sicroff, *Les Controverses des statuts de pureté de sang en Espagne du XVe au XVIIe siècle*. Paris, 1960; e o caso curioso analisado por Francisca Vendrell de Millas, Retrato ironico de un funcionario converso. In: *Sefarad*, 28 (1968), p. 40-44. sobre os trabalhos, inovadores e fundamentais, de Américo Castro, cf. *Américo Castro*, University of California Press, 1976, principalmente J. H. Silverman, The Spanish Jews, p. 137-165. Importante, enfim, do ponto de vista do papel exercido pela "loucura" em uma liberdade "mística", a comunicação de M. F. Marquez Villanueva ("Jewish fools in the 15th century Spain", colóquio de Toronto sobre o marranismo, 1º de maio de 1979) sobre os *"fous de cour"* originários dos meios *conversos*, irônicos fabulistas de uma liberdade no próprio campo do poder. Sobre os "alumbrados", cf. Alvaro Huerga, *Historia de los Alumbrados* (1570-1630). Madri: Fundación Universitaria Española, 1978. 2 vol.; e Antonio Márquez, *Los alumbrados.* Orígenes y filosofía (1525-1559). Madri: Taurus, 1980.

tinianos (Luis de León), jesuítas (Lainez, Polanco, Ripalda etc.), carmos ou carmelitas. O avô de Teresa de Ávila, de volta ao judaísmo de seus antepassados, não tinha sido submetido, com seus três filhos (dentre os quais Alonso, o pai querido de Teresa), à humilhante cerimônia pública de abjuração prevista para os "renegados" (1485)?[48] Uma recordação de família, determinando, mas "indizível", como para muitos outros. De João de Ávila (que faz da Universidade de Baeza o asilo dos "cristos novos") até Molinos, uma estranha aliança junta a palavra "mística" e o sangue "impuro". O encontro das duas tradições religiosas, uma expulsa a um retiro interior, a outra triunfante, mas "corrompida", permitiu aos cristos novos serem, em grande parte, os criadores de um discurso novo, liberado da repetição dogmática e estrutura, como um marranismo espiritual, pela oposição entre a pureza do "dentro" e a mentira do "fora". Como a adoção maciça da cultura alemã pelos Judeus, no século XIX, tornou possíveis inovações teóricas e uma excepcional produtividade intelectual, o desenvolvimento místico dos séculos XVI e XVII é frequentemente um efeito da diferença judia no exercício de uma língua católica.

Na Alemanha, a mística do século XVII é também o fato de homens originários de uma nobreza rural empobrecida (Theodor von Tschech, Abraham von Franckenberg, Friedrich von Spee, Catharina von Greiffenberg, Johannes Scheffler) ou de um pequeno artesanato urbano (Jacob Boehme, Quirinus Kuhlmann, Johann Georg Gichtel, Friedrich Ludwig Gifftheil etc.), isto é, os dois grupos mais desfavorecidos pelo progresso de outras categorias (a bur-

---

48   Cf. Efrén de La Madre de Dios, Tiempo y vida de Santa Teresa. In: Sta. Teresa de Jesus, Obras completas. Madrid: BAC, 1951. t. I, p. 162-171; Narciso Alongo Cortes, In: Boletin de la Real Academia de España, 1947; e Gerald Brenan, St John of the Cross. Cambridge, 1973. p. 91-95.

Introdução 39

guesia urbana em particular).[49] A decadência da nobreza camponesa e do artesanato urbano se acompanha de uma independência maior em relação a autoridades religiosas, e de uma denegação da ordem nova. Assim também, terra privilegiada dos místicos (Boehme, Franckenberg, Czepko, Silesius), asilo para os heréticos expulsos de Saxe, a Silésia, austríaca a partir de 1526, é no leste do Império a província que a guerra de Trinta Anos mais duramente sofreu (60% a 70% de perdas) e que oprimem a deterioração social da condição camponesa, a concorrência econômica da Polônia e da Curlândia, a alienação política de seus direitos sob Carlos VI. Seitas, teosofias e místicas proliferam nesse país deserdado pela história.

Essa topografia, que não se poderia sistematizar nem generalizar,[50] já indica pontos de particular instabilidade e de formas de desapropriação. Em uma sociedade onde é preciso "dar adiantamento a seus parentes em tudo o que se pode", como escreve Philippe Hurault de Cheverny,[51] onde a conservação do patrimônio familiar exige o domínio das paixões assim como uma boa gestão dos bens, "derrogar" é uma perda. A regressão social e familiar lesa uma ordem vivida como luta contra uma perda incessante em relação a origens. Ela é impotente para proteger a herança contra a usura do tempo.

Uma tradição se distancia: ela se altera em um passado. Eis o que experimentam, mais do que outros, esses gru-

---

49 Cf. Friedrich Lütge, *Deutsche Sozial-und Wirtschaftsgeschichte*. 3. ed. Berlim, 1966; J. B. Neveux, *Vie spirituelle et vie sociale entre Rhin et Baltique au XVIIe siècle*. Paris: Klincksieck, 1967. p. 330-359, 503-523 etc.; e principalmente Bernard Goirceix, *Flambée et Agonie, Mystiques du XVIIe siècle allemand*. Sisteron: Présence, 1977. p. 33-36 etc.

50 A Inglaterra, nesse sentido, se diferencia do continente.

51 Cit. in René Pillorget, *La Tige et le rameau*. Paris: Calmann-Lévy, 1979. p. 108.

pos habitados pela certeza de que vem um fim. Ao extremo, eles oscilam entre o êxtase e a revolta – *Mysticism and Dissent*.[52] As garantias que eles "tinham" recebendo-as das gerações precedentes se desagregam, deixam-nos sozinhos, sem bens herdados e sem garantias para o futuro, reduzidos a esse presente que doravante está casado com a morte.[53] O presente não é, pois, o lugar perigoso que seguranças sobre o futuro e aquisições do passado lhes permitiram esquecer. Ao contrário, ele é o palco exíguo sobre o qual se interpreta seu fim, escrito nos fatos (uma lei da história) e no qual se reduz a possibilidade de um começo diferente (uma fé em um mundo diferente). Para o presente eles só têm um exílio.

Se os místicos se fecham no círculo de um "nada" que pode ser "origem", é primeiramente que eles são aí acuados por uma situação *radical* que eles levam a sério. Eles a marcam, aliás, em seus textos não somente pela relação que uma verdade inovadora aí mantém sempre com a dor de uma perda, mas, mais explicitamente, pelas figuras sociais que dominam seus discursos, as do louco, da criança, do iletrado, assim como se, hoje, os heróis epônimos do conhecimento fossem os decaídos de nossa sociedade, as pessoas idosas, os emigrantes, ou o "idiota do vilarejo" de que Simone Weil diz que ele "gosta realmente da

---

52   Steven E. Ozment, *Mysticism and Dissent. Religious ideology and social protest in the 16th century*. New Haven (Conn.), 1973, análise dos "*mystical writings in protest against establisched Christendom*", os que Williams coloca entre os "*revolutionary spiritualists*".

53   Que o presente esteja "casado com a morte tem a ver com uma experiência mais ampla que ilustram a iconografia e a literatura dos séculos XVI e XVII". Cf. A. Tenenti, *La vie et la mort à travers l'art du XVe siècle*. Paris: A. Colin, 1952; M. Vovelle, *Mourir autrefois*. Paris: Gallimard-Julliard, coll. Archives, 1974; P. Ariès, *Essais sur l'histoire de la mort en Occident*. Paris: Seuil, 1975.

Introdução   41

verdade" porque, em vez dos "talentos" favorecidos pela educação, ele tem esse "gênio" que "não é outra coisa senão a virtude sobrenatural da humildade no domínio do pensamento".[54] Para os "espirituais" dos séculos XVI e XVII, o nascimento tem como lugar o humilhado.

Essa situação se redobra numa outra, que dela é indissociável para os crentes do período: a humilhação da tradição cristã. Na cristandade rompida em pedaços, eles fazem a experiência de uma defecção fundamental, a das instituições do sentido. Eles vivem a decomposição de um cosmo e são exilados dele. São expulsos de seu país pela história que os degrada. *Super flumina Babylonis*: temática indefinidamente repetida, um luto os habita, de que não os consolam as ebriedades de ambições novas. Uma permanência referencial falta. Com a instituição, opaca reserva do crer e do fazer crer, suas garantias tácitas desmoronam. Eles procuram um solo. Mas, finalmente, as Escrituras aparecem tão "corrompidas" quanto as Igrejas. Umas e outras são igualmente deterioradas pelo tempo. Elas obscurecem a Palavra da qual deveriam manter a presença. Certamente, elas marcam sempre seu lugar, mas sob a forma de "ruínas" – uma palavra que povoa o discurso dos reformistas. Elas indicam ainda os lugares onde esperar *agora* um nascimento de um Deus que se deve distinguir de todos os seus sinais, destinados à deterioração, e que não poderia ser atingido pela usura do tempo, já que está morto. Nascimento e morte, tais são, pois, os dois polos da meditação evangélica.

Da mesma forma os místicos não rejeitam as ruínas que os cercam. Eles aí permanecem. Vão para lá. Gesto simbólico, Inácio de Loyola, Teresa de Ávila, muitos outros desejaram entrar em uma Ordem "corrompida". Não que

---

54   Simone Weil, *Écrits de Londres et dernières lettres*. Paris: Gallimard, 1957. p. 31.

eles simpatizem com a decadência. Mas esses lugares desfeitos, por assim dizer deserdados – lugares de abjeção, de provação (como outrora os "desertos" para onde os monges partiam para combater os maus espíritos) e não lugares que garantem uma identidade ou uma salvação – representam a situação efetiva do cristianismo contemporâneo. Eles são os teatros das lutas presentes. Como a gruta da rejeição em Belém, como Jerusalém destruída pelos séculos, eles indicam o próprio lugar onde esperar uma instauração presente que seja uma restauração, onde "sofrer" os avatares e os despertares da história. Aliás, imposta por circunstâncias, mas querida, procurada como prova de verdade, uma solidariedade com a miséria histórica e coletiva indica o lugar de uma "ferida" indissociável de uma desgraça social. Aqui, uma inteligência nasce por ser atingida. "O deciframento da história", dizia Albert Béguin, "é reservado a alguns seres de dor".[55]

A essa experiência religiosa e social, é preciso ligar o movimento que conduz sábios e teólogos "espirituais" para testemunhas que humilham sua competência, servas, vaqueiras, aldeões etc. Esses personagens, reais ou fictícios, são como as peregrinações de uma "iluminação" diferente. Enquanto os "eruditos" constituem as ilhotas científicas a partir das quais refazer uma cena do mundo, esses intelectuais convertidos aos "bárbaros" atestam a angústia de seu saber diante da desgraça que atinge um sistema de referências; eles confessam, talvez, também, uma traição dos clérigos. Eles entram no pensamento que consolava Ockham: *promissum Christi per parvulos bap-*

---

55 Louis Massignon faz dessa "solidariedade" entre uma miséria social e uma "dor reparadora e salvadora" a hipótese central de seu estudo sobre Hallâj (*La Passion de Husayn Ibn Mansûr Hallâj.* Gallimard, 1975. t. 1, p. 25-28).

tizatos posse salvari.[56] Como Bérulle subindo ao sótão de uma criada, esses reis magos vêm aos "pequenos" ouvir o que fala ainda. Seu saber deixa suas "autoridades" textuais para se transformar na glosa de vozes "selvagens". Ele produz inúmeras biografias de pobres "meninas" ou de "iletrados esclarecidos" que constituem um fundo prolífico da literatura espiritual do tempo. Em particular, clérigos se fazem os exegetas dos corpos femininos, corpos falantes, Bíblias vivas disseminadas nos campos ou nas lojinhas, fragmentos efêmeros do Verbo outrora enunciado por um mundo. Uma teologia humilhada, depois de ter exercido por muito tempo sua magistratura, espera e recebe de seu outro as certezas que lhe escapam.

---

56   "A promessa do Cristo pode ser salva pelos pequenos, que são batizados" (*Dialogus*, in M. Goldast, Monarchia Sancti Romani Imperii, II, Francfort, 1614. p. 506). Sobre essa posição de Ockham, cf. F. Rapp, *L'Église et la vie religieuse en Occident à la fin du Moyen Âge*. Paris: PUF, 1971. p. 359, e Y. Congar, in *Dogmengeschichte*. Herder, 1971. p. 191.

PRIMEIRA PARTE

Um Lugar para se Perder

A literatura mística não começa no século XVI, mesmo se ela não se recorta um nome e uma formalidade próprias senão durante a segunda metade desse século. Seria, entretanto, irrisório traçar as preliminares que, *a posteriori*, uma vez definido esse lugar, permitiram constituir-lhe uma "tradição". Pareceu preferível sugerir dois dos motivos que a organizam – a loucura e as delícias – por dois fragmentos. Fragmentos de tradição, como se diz: fragmentos de vidro. Duas citações, das quais uma vem da margem do cristianismo, e a outra, da margem do século XVI.

Por elas, trata-se também de indicar duas práticas de que essa literatura é o efeito: uma *subtração* (extática) operada pela sedução do Outro, e uma *virtuosidade* (técnica) para fazer confessar pelas palavras o que eles não podem dizer. Arrebatamento e retórica. Essas duas práticas aparentemente contraditórias se referem ao que a linguagem se tornou no limiar da Renascença. Sintoma de uma evolução mais vasta, o ockhamismo exilou do discurso sua verificação última. Donde a separação progressiva que se operou entre um absoluto irreconhecível do Querer divino e uma liberdade técnica capaz de manipular palavras que não estão mais ancoradas no ser. Então, a tradição mais antiga de que testemunha a "loucura do Cristo" encontra um instrumento linguístico para dar lugar a uma teoria "moderna", a mística.

Capítulo 1

O MOSTEIRO E O LUGAR: LOUCURAS NA MULTIDÃO

A mendiga fica invisível em *India Song*. Sem nome e sem rosto. Somente sua sombra atravessa a imagem, enquanto vai e vem, longe das outras vozes, seu canto de Savannakhet, inocente, interminável. É a passante por meio dos textos de Marguerite Duras. Ela não fala. Ela faz falar. Carregando a fome nela, ela vem à soleira das cozinhas. "Ela, magreza de Calcutá durante essa noite gorda, ela está sentada entre os loucos. Ela está aí, com a cabeça vazia, o coração morto, espera sempre a comida." Ela se mantém aí, com os restos. Esquecida. Desligada, isto é, absoluta.[1]

A encantada seduz. Ela assusta também. Eu me ponho a segui-la, por histórias que não têm (quase) idade, em uma parte da minha memória que me tornou a terra estranha, outrora familiar, das origens cristãs. Eu a procuro em seu Oriente, quando pela primeira vez passa no deserto do Egito a mulher que se chama *salê*, a idiota. No começo da tradição que traça uma loucura às margens do cristianismo, há essa mulher. Sua aparição data do século IV, contada pela *História lausíaca* de Palladios. A louca erra numa cozinha, no interior de uma verdadeira república de mulheres

---

1 Marguerite Duras, *India Song*. Paris: Gallimard, 1973. p. 25, e *Le Vice-consul*. Paris: Gallimard, 1966. p. 9, 105, 149, 181 etc.

50 A Fábula Mística ❖ Michel de Certeau

(elas são 400), convento egípcio que Pacômio estabelece em Mêné ou Tismênai, perto de Panópolis. Forma primeira do que se tornará "loucura para o Cristo". Uma mulher sem nome, que desaparece assim que reconhecida, precede outras figuras, de homens que têm nomes: Marcos o louco (*salos*), na cidade de Alexandria (século VI); Simeão o louco, de Êmeso, na Síria (século VI); André Salos, em Constantinopla (século IX) etc.[2] Com os séculos, essa loucura sobe para o norte e se faz numerosa.

A essas testemunhas antigas e disseminadas, de onde sairão os grupos dos "loucos de Cristo" (*yourodivyj*) que circulam nas praças de Moscou do século XIV ao século XVI, eu pergunto que desvio eles produzem. Não para captar o segredo de sua sedução (há outro além de seu próprio arrebatamento?), mas para tentar circunscrever o ponto de fuga por onde eles nos desviam para um absoluto. Trata-se de um afastamento para outro país, onde a louca (a mulher que se perde) e o louco (o homem que ri) criam o desafio de um desligado.[3]

1. A IDIOTA (SÉCULO IV)

A passagem da *História lausíaca* que introduz a primeira idiota (*salê*) foi mais tarde intitulada: "A que simulava a loucura (*môrian*)." O título, e a primeira frase de onde

---

2   Cf. principalmente José Grosdidier de Matons, Les thèmes d'édification dans la vie d'André Salos. In: *Travaux et Mémoires* (Centre de Recherche d'Histoire et de Civilisation Byzantines), 1970. vol. 4, p. 277-328; e também, entre as obras consultadas, E. Benz, Heilige Narrheit. In: *Kyrios*, 1938. vol. 3, p. 1-55; G. Fedotov, *The Russian religious Mind*. New York, 1960 (Harvard, 1966), 2 vol.; I. Kologrilof, *Essai sur la sainteté en Russie*. Bruges: Beyaert, 1953. p. 261-273; Th. Spidlik, Fous pour le Christ., In: *Dictionnaire de spiritualité*, 1964. t. 5, c. 752-761 etc.

3   Agradeço a Michèle Montrelay, Évelyne Patlagean e Joseph Paramelle que, de maneiras diferentes, esclareceram minha pesquisa.

Primeira Parte – Um Lugar para se Perder ❖ Capítulo 1 – O Mosteiro e o Lugar:... 51

ela é tirada, resolvem bem rapidamente um indecidido: essa loucura é real ou simulada? Ou real porque simulada? Ou feita de várias espécies de loucura? O relato se fecha sem responder a essas questões. Ei-lo primeiramente, em sua integralidade:

> Nesse mosteiro houve uma virgem que simulava a loucura e o demônio. As outras ficaram com nojo dela, tanto que ninguém comia com ela, o que ela tinha julgado preferível. Errando através da cozinha, ela fazia qualquer serviço. Era, como se diz, a esponja do mosteiro. De fato, ela cumpria o que está escrito: "Se alguém tem o propósito de ser sábio entre nós nesta vida, que ele se torne louco para tornar-se sábio." Ela tinha amarrado um pano em volta de sua cabeça – todas as outras raspadas e usam capuzes –, e é com essa postura que ela fazia o serviço. Das 400 [irmãs], nenhuma jamais a viu mastigar alguma coisa durante os anos de sua vida; jamais ela se sentou à mesa; jamais ela repartiu o pão com as outras. Ela se contentava das migalhas de mesa que ela limpava e da água das panelas que ela areava, sem fazer injúria a ninguém, sem resmungar, sem falar de modo nenhum, ainda que atingida por golpes, injuriada, carregada de maldições e tratada com desgosto.
>
> Eis que um anjo se apresentou ao santo homem Pitéroum, anacoreta que tinha feito suas provas e residia no [Monte] Porfirita. Ele lhe diz: Por que tu tens boa opinião de ti, por causa de tua vida religiosa e do lugar onde moras? Queres ver uma mulher mais religiosa que ti? Vai ao mosteiro das mulheres Tabennesiotas e lá tu encontrarás uma com uma faixa na cabeça. Ela é melhor que ti. Às voltas com essa multidão, ela jamais afastou seu coração de Deus, enquanto tu, que moras aqui, em pensamento vagabundeias pelas cidades."
>
> Ele que jamais tinha saído, partiu para lá. Pede aos superiores que entre no mosteiro das mulheres. Como era ilustre e já velho, eles não hesitaram em deixá-lo entrar. Uma vez dentro, ele pede que veja todas. Mas ela não se mostrava. Ao fim, ele lhes disse: "Tragam-me todas. Falta uma." Elas lhe dizem: "Temos uma idiota (*salê*) dentro, na cozinha" – é assim que chamamos as doentes. Ele lhes diz: "Façam-na vir também, para que eu a veja." Elas foram chamá-la. Ela se recusa, talvez porque se dava conta do que acontecia, ou

até porque ela tinha tido essa revelação. Elas a arrastam à força e lhe dizem: "O santo homem Pitéroum quer vê-la." Ele tinha muita fama. Quando ela chegou, ele viu o trapo em sua cabeça e, caindo aos seus pés, disse-lhe: "Abençoa-me [Mãe (*Amma*)]." Como ele, ela caiu também aos seus pés dizendo: "Abençoa-me tu, senhor (*kurie*)." Ei-las todas fora de si. Elas dizem ao santo homem: "Pai (*Abba*), não entenda como injúria: é uma idiota (*salê*)." Pitéroum disse a todas: "Vocês é que são idiotas (*salai*), porque ela é para mim e para vocês nossa mãe (*Ammas*) – chamam-se assim os guias espirituais – e eu rezo para achar-me digno dela no dia do julgamento." A essas palavras, elas caíram aos pés do monge, confessando todos os tipos de coisas: uma tinha jogado nela a água da cozinha, a outra a tinha enchido de murros, a outra tinha inchado seu nariz... Enfim, elas todas tinham muitas injúrias a confessar. Tendo rezado por elas, ele foi embora.

Alguns dias depois, não podendo suportar a estima e a admiração de suas irmãs, abatida com suas desculpas, ela saiu do mosteiro. Para onde ela foi, onde ela se enterrou, como ela acabou, ninguém o soube.[4]

Uma mulher, portanto. Ela não sai da cozinha. Ela não deixa de ser algo que concerne ao esmigalhamento e aos detritos de alimentos. Ela faz disso seu corpo. Ela se sustenta sendo somente esse ponto de abjeção, o "nada" que causa repulsa. Eis o que ela "prefere": ser a esponja. Em seus cabelos, um trapo de cozinha. Nenhuma descontinuidade entre ela e esses detritos: ela não "mastiga"; nada separa de seu corpo os detritos. Ela é esse resto, sem fim – infinito. Ao inverso da imaginária que idealiza a Virgem Mãe, unificada pelo Nome do Outro, sem relação

---

4   Tradução original do texto editado por C. Butler, *Texts and Studies*, VI, 2, Cambridge, 1904. p. 98-100 (com aparato crítico) e reeditado (sem aparato crítico) em Palladios, *Histoire lausiaque*, éd. e trad. A. Lucot. Paris: A. Picard, 1912. p. 228-233. Uma versão longa e mais tardia, que dá à "idiota" o nome de Isidora, se encontra em Migne PG. vol. 34, c. 1106-1107.

com o real do corpo, a idiota está inteiramente na coisa não simbolizável que resiste ao sentido. Ela assume para si as mais humildes funções do corpo, e se perde num insustentável, abaixo de toda linguagem. Mas esse rejeito "nojento" permite às outras mulheres a repartição das refeições, a comunidade dos signos vestimentares e corporais de eleição, a comunicação das palavras; a excluída torna possível toda uma circulação.

Um desafio

O relato organiza um espaço, construído a partir de duas extremidades: o lugar nobre que é o Monte Porfirita, símbolo e instituição da heroicidade eremítica, "residência" de um homem que é "pai" e tem "grande renome"; por outro lado, a cozinha, um "dentro" e um embaixo, onde erra essa moça sem nome, a idiota. Entre esses dois polos, a zona mediana de uma "multidão" (400 mulheres) que constitui o teatro da troca, a uma só vez sua condição e uma cena circunscrita por um coro feminino. Com o Pai no alto e uma mulher embaixo, tem-se, em suma, um pequeno cosmo, susceptível de ser invertido por meio da transformação da mulher em Mãe (*Ammas*) que assume o lugar do Pai (*Abbas*). Na maior parte dos relatos posteriores que pertencem à mesma série, a multidão é masculina (é uma coletividade de homens em um convento ou nas praças de uma cidade), e o polo inferior é então mantido por um homem (o louco), mas permanece o desafio de uma reviravolta por assim dizer carnavalesca que coloca o baixo no mais alto.

Aqui, a troca, *inverossímil* segundo a ordem das coisas, é introduzida no *possível* pelo anjo atravessador de fronteiras. Sua palavra (a palavra) supera a divisão dos lugares que opõe o cume e o sopé, o homem e a mulher, o renome e o nojo, o domínio e a errância etc. É uma palavra que, primeiramente, atravessa. Ela dá "base mística" à aproximação de duas solidões estranhas uma à outra. Um dizer deve "autorizar" a ação para que ela se produza. Assim, outrora, "no limiar de toda ação de Roma em relação a um povo estrangeiro", prepostos, os *fētiāles*, procediam a um circuito verbal que "abria um espaço" de legitimidade a operações militares ou diplomáticas. Essa "fala" precedia os combates ou os contratos; ela os permitia.[5] Da mesma forma, o anjo mensageiro, *shifter* que risca a ordem hierárquica, autoriza antecipadamente a transgressão que vai reunir os contrários. Já seu dizer inverte o alto e o baixo. No limiar de uma operação destinada a transformar a disposição dos lugares, ele é ao mesmo tempo *palavra de desafio* em relação ao presente (há "mais que ti") e "*ficção teórica*" em relação a uma história por vir. Ele "repete" o evento a produzir, como a *repetitio rerum* dos *fētiāles* romanos. Ele próprio tem aqui, em relação com o resto do relato, o papel que têm os relatos de abrir outros espaços em um sistema histórico de fatos.

Essa palavra destacada (análoga à do poeta ou do analista), atravessadora (ela atravessa), vinda de mais longe que seu locutor (é uma mensagem), é a única a permitir-se nomear "Deus" (não há outra menção no texto), é para a mulher designada por "uma faixa na cabeça" (e não por sua idiotice) a possibilidade de que sua abjeção, efeito de escândalo, se articule como efeito de verdade ("ela é melhor") e como efeito de amor ("ela jamais afastou seu coração de Deus"). Mas a linguagem angélica permanece nesse possível.

Todas as ações narradas pelo relato são saídas ou entradas. Começando com a primeira saída de Pitéroum ("ele jamais tinha saído"), elas terminam com a saída definitiva da louca ("ela foi embora", para sempre). Elas se

---

5   Cf. Georges Dumézil, *Idées romaines*. Gallimard, 1969. p. 61-78, "Ius *fētiāle*".

efetuam ao mesmo tempo num espaço geográfico e em seu dublê semântico. Esse tópico segundo é identificável a uma constelação de palavras-chave: o louco (*môros*) e o idiota (*salos*), é claro, mas também o *hubris* (que chama tradicionalmente o excesso, antes de designar a injúria), o ato de "sair de si" (como as irmãs "fora delas mesmas", estupefatas) ou o *status* dos dois personagens, fora do comum. Essas práticas de espaço (entradas e saídas) modalizam o ato de *exceder* e se destacam numa base de competição ou de *desafio*.

É tradicional na cena monástica antiga: todas as formas do excesso aí são representadas, desde o ardor exagerado dos iniciantes (*thermotês*), ou a exaltação que quer "transpor os limites da natureza" e "se dirigir" contra eles (*éparsis*), até o abandono (*enkataleipsis*) que é o preço da temeridade. Encontram-se, pois, aí muitos "desequilibrados" (*strebloumenoi*), doidos e inclinados "ao excesso". Nessa cena, com efeito, teatraliza-se ou "acontece" a oscilação da alma entre duas "paixões contrárias" – ou duas "desmesuras", como diz Théodoret –, a do desejo (*epithumia*) e a do "irascível" (*thumos*), que o espírito (*noûs*) tenta controlar uma pela outra.[6] É em termos de fronteiras a manter ou a ultrapassar, isto é, em termos de excesso, que o relato da *História lausíaca* parece procurar o ponto onde entrar e sair se identificam – onde adiantar em sabedoria e perder sentido coincidente. O indicativo dado desde o início com a citação de São Paulo precisa o programa do texto: "Tornar-se louco para tornar-se sábio."[7]

---

6   Cf. Pierre Canivet, Erreurs de spiritualité et troubles psychiques. In: *Recherches de science religieuse*, 1962. t. 50, p. 161-205.

7   São Paulo, 1ª carta aos Coríntios, 3, 18.

A sedução

Na cena assim dividida, as condutas se opõem, embora os atores sejam os dois obrigados, um pelo anjo e o outro pelo monge, a mudar do lugar que eles haviam escolhido. A oposição entre eles pode dar-se em duas palavras: Pitéroum *avança*; a idiota *se retira*. O primeiro deixa seu lugar nobre, ultrapassa as soleiras, ordena, interroga, lança-se de joelhos, dirige elogios ou censuras, abençoa etc. Ele tem a iniciativa (exceto a primeira, que vem do anjo). Ele não para de "sair" dele mesmo em ações multiplicadas. Ao contrário, "ela" se subtrai. Ela se abstém das refeições comunitárias, dos sinais identificativos da coletividade, e até da linguagem. Ela se aterra e se cala, perdida nela mesma e nos outros. Enquanto ele vai "ver" uma melhor que ele (mas, seus pensamentos, já, vagabundeiam pelas cidades), ela não cede ao nome, ela não tem nada para ver lá fora, ela está no interior, num excesso de que nada a distrai. Ela não funciona nesse ideal do eu, de onde o sujeito se percebe "como visto pelo outro".[8]

Vem o momento da palavra. O monge o marca ajoelhando-se. Como um ritual, seu gesto traça o espaço de um dizer diferente entre eles. Ele recorta uma soleira, como por um círculo de giz, para o ato dual de uma troca. "Abençoa-me [Mãe]."[9] Seu papel era de abençoar. Ele sai, excêntrico, para confessar a exterioridade (a superioridade) do outro. Ele a tira assim da indistinção em que ela estava. Ele a destaca de seu infinito só dela. Ele lhe fixa o lugar que ele ocupava, o de abençoar e de ser "pai" (primeiro numa ordem). Pelo próprio ato que é essencial a todo exorcismo, ele nomeia o inominável. Ele quer extraí-la

---

8   Jacques Lacan, *Les Quatre Concepts fondamentaux de la psychanalyse*. Paris: Seuil, 1973. p. 241.

9   O termo *Amma*, isto é, "Mãe" ou mais exatamente, como esclarece o texto, "mãe espiritual", não é citado por todos os manuscritos.

Primeira Parte – Um Lugar para se Perder ❖ Capítulo 1 – O Mosteiro e o Lugar:... 57

do indeterminado, isto é, dela mesma, para que ela esteja no lugar do pai.

Ela se subtrai uma vez mais. "Tu, abençoa-me, senhor." Ela se contenta em reproduzir o gesto e as palavras do outro. Ela é corajosa. Ela só fala, então, fazendo-lhe eco, ficando ela mesma silenciosa em suas palavras que ela repete. Assim a sibila muda de Memling. Uma variante se introduz, no entanto. Ela não responde "*abbas*" (pai), como ela deveria, dirigindo-se a um monge. Ela não nega também esse título (os contrários são do mesmo gênero). Ela fica de lado, diferente. Ela diz: *kurie*, senhor. Termo ambíguo.[10] O uso da palavra já tende a fazer dela o equivalente a "Senhor". Nesse caso, a idiota designa o homem-mestre: é você, "homem", que tem que "abençoar"; é você que tem o poder institucional, viril e paterno, de articular por um significante (a bênção) a exterioridade divina sobre a exterioridade dos fiéis. Fique no seu lugar, que é o poder ministerial do significante, a ob-jetivação linguística. Desse ponto de vista, ela "se recusa" a tomar o lugar que ele ocupa na instituição simbólica. Assim, ele vai continuar seu ministério, censurar, falar, abençoar, retomar seu posto. Ela fica no outro, no infinito de uma abjeção sem linguagem.

---

10   Da própria *História lausíaca*, é difícil concluir alguma coisa exata. Dois jovens esposos se dizem *Kurie* (senhor), *Kuria* (senhora). *Kuria mou* (minha senhora) (C. Butler, op. cit., p. 27); Evagro, um diácono mundano, é interpelado como *Kuri diakone* (senhor diácono) (*ibidem*, p. 118) etc. O que deduzir, senão um sentido *possível*? Títulos de respeito aí são algumas vezes utilizados no modo de derrisão, por exemplo o título de "Grande" (*o megas*, o grande), dirigido a Antonio com um sentido enfraquecido, senão irônico (*ibidem*, p. 65), ou a um enfermo sem braço nem perna e que só tem intacta a língua ("Você quer, meu grande – o *megas* –, que eu te leve comigo?", *ibidem*, p. 64)... O jogo sutil com os títulos e com sua instabilidade é, em todo caso, central aqui.

Mas, por *kurie*, "Senhor", ela pode querer dizer o Deus do qual "ela jamais afastou seu coração". Nesse caso, ela responde ainda menos a Pitéroum. *Ela não se dirige a ele*, mas ao Outro. Sem dúvida, é impossível para ela falar a um homem como ao seu pai, participar da circulação do significante. Com palavras que não são dela e que ela desvia, ela se dirige a Deus. Dessa maneira também, ela fica em seu mundo, no infinito absoluto (desligado) do outro. Como "no sono", dentro de um nada sem limites: subtraída aí, em alguma coisa que não forma palavra, mas que é desvio e distração em relação ao diálogo. Talvez ela seja realmente "louca" porque ela está aí perdida no Outro.

Efeitos de desvio

As irmãs não se enganam (e ele?). Já, interrogadas a propósito da "falta" sobre a qual se organiza a representação do convento, elas tiveram essa frase: "Nós temos uma louca aqui dentro (*endon*)." O que também quer dizer: é nosso segredo interior, uma loucura dentro de nós. O objeto de "desgosto" permite à instituição, como a uma família, constituir-se e manifestar-se segundo uma lei que teria como fórmula: "todas menos uma", mas "uma" que sustenta a abjeção ou a loucura interior de "todas". O monge toca nessa "coisa" muda entre elas. Ele quer fazer disso um "objeto" para ver, mudando assim o postulado de sua comunicação em um elemento *a mais*. Entre elas e ele, há equívoco sobre o *status* da "faltosa".

Quando, retirado da cozinha, o segredo interior se exprime, elas "saem delas próprias" (*exestêsan*). Termo difícil de traduzir. Mas aqui o grau dessa "saída" (estão elas extasiadas, excitadas, excedidas, exasperadas?) importa menos ao relato que o próprio movimento de estar "fora de si". Elas compreendem. A resposta fictícia da idiota causa injúria (*hubris*) à instituição monástica. Ela aí se subtrai. Ela não depende dele. É o excesso (*hubris*) por excelência. É preciso

Primeira Parte – Um Lugar para se Perder ❖ Capítulo 1 – O Mosteiro e o Lugar:... 59

que elas apaguem logo a injúria, e reparem o pai. Gesto de cuidadoras, lúcidas e reparadoras, em relação à posição simbólica: não é nada, é apenas uma idiota! Reerguendo-se, ele faz então o papel que elas reconhecem nele e que elas apoiam. Ele as censura, como "pai" que responde à sua suposta pergunta. Elas lhe dão satisfação confessando o ordinário da vida comunitária. Ele as abençoa. Tudo volta à ordem. Ele mudou? Ele vai embora. Ele só tem isso a fazer. Retoma seu posto, com um saber que o texto não diz.

De fato, algo aconteceu. Vocês são, nós somos, diz ele, os filhos dessa idiota. Nós temos, vocês e eu, não somente a loucura, mas *essa* louca como mãe. Esse ponto *cego* e *particular* é, em uma genealogia dos sábios, seu perpétuo *começo*: singular e irreconhecível, eis nossa "mãe espiritual". A sabedoria nasce daí sem que seja possível dizer mais nada, senão por uma referência ao que domina por último toda sabedoria, no clarão ou no "dia" do julgamento, em um para além da linguagem que corresponde ao não lugar da louca. Então cada uma dessas mulheres toma sobre si um pouco da loucura de que a idiota se tinha carregado. Elas trazem seus pedacinhos – suas migalhas – de loucura: eu também, eu também... Cada uma está "fora de si". Água de cozinha e detritos são repartidos. O objeto de desgosto, elas não o rejeitam mais, elas os levam em conta.

Não mais que a morte, a loucura da idiota entra no discurso da comunicação. Ela não é simbolizável. O refugo não poderia converter-se em "santa". A operação monástica malogra. A loucura da louca consiste em não (poder) participar da circulação do significante; em ser apenas, em relação à própria loucura, sua "simulação"; em ter apenas do verbo a experiência de uma traição; em se salvaguardar do valor constituinte da palavra; em recusar que "assim seja feito segundo tua palavra".[11] Essa

---

11   Cf. François Perrier In: *Psychanalyse*, n° 2, 1956. p. 187, citando o Evangelho de Lucas, 1, 38.

mulher não poderia estar *aí* – aí onde a coloca o discurso comunitário. Perdida no outro, onde "ninguém sabe", ela desaparece. "Coisa caída", e "arrebatada". Conhecê-la é não saber nada dela, "saber dela menos ainda, cada vez menos".[12] Assim o relato: ele fica em suspense, ele não sabe. Com "ela" não há nada a dizer nem a fazer. Volte a casa com o segredo que o desvia sem que você saiba para onde: a sabedoria é sempre "não isso".

O leitor, seduzido por esse "nada", tornar-se-á louco, por sua vez, ou então, voltado para ele, procurará, se é possível, esquecer o que lhe é retirado? Por não estar jamais *aí onde* se poderia dizer (que ela estava), a louca falsificou o contrato que a instituição garante[13] e que protege contra a "vertigem" de não saber "em que me agarrar no desejo do outro, no que eu sou para ele".[14] Finalmente, nenhum contrato, mesmo que fosse o primeiro e último de todos, o da linguagem, é por ela honrado. Repetindo nossas palavras e nossas histórias, ela insinua aí sua mentira. Talvez, enquanto o *sym-bolos* é ficção produtora de união, ela é, então *dia-bolos*,[15] dissuasão do simbólico pelo inominável dessa coisa.

2. RISOS DE LOUCOS (SÉCULO VI)

Seguem loucos (*môroi*), idiotas (*saloi*) e doidinhos (*exêcheuomenoi*). Da idiota de Mênê, eles parecem reter apenas o que tem figura de brazão e provocação crísticos: a auréola de seu trapo, os golpes e as injúrias, a mutação final da derrisão em "ascensão". Fora uma mulher anônima

---

12   Marguerite Duras, *Le Ravissement de Lol V. Stein*. Paris: Gallimard, coll. Folio, 1976. p. 81. Cf. Michèle Montrelay, *L'Ombre et le nom*. Paris: Minuit, 1977. p. 9-23.

13   Cf. Claude Reichler, *La Diabolie*. La séduction, la renardie, l'écriture. Paris: Minuit, 1979. p. 41-46.

14   Roland Barthes, *Roland Barthes*. Paris: Seuil, 1975. p. 149.

15   Cf. C. Reichler, op. cit., p. 11, n° 5.

Primeira Parte – Um Lugar para se Perder ❖ Capítulo 1 – O Mosteiro e o Lugar:... 61

que, em um convento perto de Hermópolis, na Tebaida (século VI), "simula" a ebriedade perto das latrinas e, reconhecida como santa pelo monge Daniel, desaparece também, uma manhã,[16] trata-se de homens: Marcos, Simeão, André etc.

Depois das loucas do convento, vêm os loucos da cidade. Para eles como para elas, a loucura é o modo de um isolamento na multidão. É uma forma que assume o eremitismo quando tem como lugar não mais o deserto, mas uma coletividade: *elas* fazem disso o meio de "preservar em plena comunidade monástica a solidão do anacoreta";[17] *eles* estendem essa experiência à cidade, onde a idiotice os isola mais que uma cela. Para umas e outros, a *loucura* vai ao lado da *multidão*. Os homens a transformam em fenômeno urbano, mas paralelo, sem dúvida às figuras de mendigas, prostitutas e "belas da tarde" cuja história foi excomungada dessa literatura.

Desses loucos, destaca-se no século VI um personagem pitoresco, Simeão de Êmese (na Síria), descido de sua solidão eremítica para desafiar a cidade: "Parto para explorar o mundo", dizia ele. Conforme a *História eclesiástica* de Evagro, ele tinha experimentado bastante o deserto por ter atingido a *apatheia* (impassibilidade) e para que tudo lhe fosse permitido em Êmese, onde ele banca "o idiota" (*salos*). Ainda vestido com seu hábito monástico, ele "não hesita em arregaçá-lo ou até a tirá-lo diante de todo mundo. Ele entra completamente nu em um banho de mulheres: ele beija em plena rua menininhos e menininhas; ele finge violar uma mulher casada em seu próprio quarto; ele aceita sem protestar a acusação de ter seduzido uma criada. Ele entra até mesmo no lupanar, e veem-no

---

16   Cf. *Vie (et récits) de l'abbé Daniel le Scétiote*. Éd. Léon Clugnet. Paris, 1901. p. 22-25, e J. Grosdidier de Matons, op. cit., p. 287-288.
17   J. Grosdidier de Matons, op. cit., p. 284-285.

ora dançar abraçado a prostitutas, ora subir às costas de uma delas para se fazer fustigar por outra; ele até se presta às suas carícias... Ele se esforça em passar por um mau cristão tanto quanto por um ser sem bons costumes: monge que é, exibe um desprezo total pelos preceitos eclesiásticos. Não coloca os pés na igreja, a não ser para perturbar a liturgia; escolheu a Quinta-Feira Santa para se empanzinar ostensivamente de doces, "come carne como um sem-Deus".[18]

Excêntrico, descomposto, jovial e brutal, esse provocador quer "derrubar o edifício", segundo o narrador. Ele leva ousadamente a transgressão ao campo dos bempensantes. Ele irrita, ele diverte, atrai para si a admiração ou os golpes, mas não desvia a linguagem para o que não tem lugar. Ele não seduz. Ainda menos seu dublê tardio e moralizador em Constantinopla (séculos IX e X), André o louco, assim como o representa o romance edificante de sua *Vida* escrita por Nicéforo.[19]

Um riso

Entre eles dois e a idiota egípcia do século IV, Marcos o louco (século VI) é um intermediário. A *Vida de Daniel* o faz surgir diante do *abbas* Daniel, numa rua de Alexandria, "nu, com uma toalha em volta das nádegas", entre outros loucos:

> Ele ia e vinha como um idiota (*salos*) e um doido (*exêcheuomenos*),[20] roubando no mercado víveres que ele distribuía aos outros idiotas (*saloi*). Chamavam-no Marcos do Cavalo. *Le Cheval* é um banho público: era lá que Marcos o

---

18   *Ibidem*, p. 306.
19   *Ibidem*, p. 302-328.
20   Termo do manuscrito, a manter, apesar de L. Clugnet que o corrige para *exêchoumenos*.

Primeira Parte – Um Lugar para se Perder ❖ Capítulo 1 – O Mosteiro e o Lugar:...   63

idiota trabalhava... e que ele dormia nos bancos... Ele era conhecido em toda a cidade por suas extravagâncias.[21]

Enquanto ele é popular, o "velho" que desceu de sua ermida de Scété para visitar o patriarca, um dia de Páscoa, fica um desconhecido nas ruas de Alexandria. Aí ele não está em casa. No dia seguinte de sua visita ao patriarca,

> o velho encontrou Marcos o idiota no grande Tetrápilo. Lançou-se sobre ele e se pôs a gritar: "Cidadãos (*andres*) de Alexandria, socorro!" O idiota zombava dele. Uma grande multidão se reuniu em torno deles. Assustado, o discípulo [de Daniel] ficou à parte. As pessoas diziam ao velho: "Não o tome como uma injúria: é um idiota." O velho lhes disse: "Vocês é que são idiotas (*saloi*). Hoje eu não encontrei um homem (*anthrôpon*) nesta cidade, exceto ele." Chegaram também clérigos da igreja que conheciam o velho e lhe disseram: "O que ele ainda te fez, esse idiota?" O velho lhes disse: "Levem-no para mim ao papa."[22] Eles o levaram. O velho disse ao papa: "Não existe atualmente nesta cidade tamanho tesouro..."[23]

A grande praça, os banhos públicos e o mercado de alimentos são aqui o equivalente urbano do que era a cozinha na coletividade feminina: vestido somente com sua toalha de empregado na sujeira, prestando qualquer serviço aos idiotas da mesma corporação que ele. Marcos erra em um espaço de corpo a lavar e a alimentar. Ele se perde em uma opacidade onde se encontram os eliminados do sentido,

---

21   Texto grego in Vie et récits de l'abbé Daniel, de Scété, éd. L. Clugnet In: *Revue de l'Orient chrétien*, vol. 5, p. 60-62, 1900. Tradução original. Sobre esse relato, cf. J. Grosdidier de Matons, op. cit., p. 288-290.

22   Ou seja, o patriarca de Alexandria.

23   Vie et récits de l'abbé Daniel *ibidem*. O verossímil levaria a corrigir o texto e supondo que o idiota agredisse o velho ou, quando muito, que ele chamasse o público gritando "Socorro". Mas nada, nas variantes, permite essa modificação.

as imundícies do corpo e as loucuras da multidão. Aliás, ele só é notado por um apelido, derrisão de nome: identificado ao seu lugar "O Cavalo", como ontem a idiota o era ao seu instrumento, a "esponja". Abaixo do homem pela desrazão e pela animalidade, ele se encontra, também ele, nesse ponto de abjeção que permite à multidão toda uma circulação de bens e de palavras. É sobre ele que pivota o texto, ocupado não mais pela questão do pai (*abbas*) e da mãe (*ammas*) graças ao confronto de um homem e de uma mulher, mas pela questão do *homem* (que é *anthrôpos*, e o que é isso?) durante um debate entre homens.

O velho ataca o louco: ele corre, ele agarra, ele grita. Intervenção bizarra. Mas o relato não faz um retrato psicológico; ele desenha o perfil narrativo de um enigma. Ele começa com essa "saída". Daniel agride o idiota, como o fazia Pitéroum tirando a idiota de sua cozinha. Mas ele vai mais longe que seu predecessor: ele desce à "cozinha", ele se aventura em um entre-dois que "não é seguro" entre esses lugares seguros que constituem sua cela de Scété e o palácio do patriarca, isto é, em um lugar *público* que é também um fundo insensato e material, sem definição simbólica, onde seu Nome não tem mais valor que os sinais de sua sabedoria. Nesse in-forme dos corpos e da multidão, nessa noite do sentido, ele se precipita em um gesto ele próprio insensato. Ele se lança aí, fora da casa dele e fora de si. Ele "cai", como Pitéroum, sobre o que (lhe) falta, sobre o segredo desse Outro. Ele sai de si e de seu papel, ele imita o louco, para entrar no indefinido, como se ele fosse, por sua vez, preso por essa espécie de universal que transborda o sentido; ele é seduzido, de repente enfeitiçado, por uma ausência.

Ele provoca assim uma correlação de forças, por um corpo a corpo que se situa fora da relação simbólica. O relato multiplica, aliás, as indicações de violência: o discípulo assustado, o pedido de socorro, a populaça em torno do idiota agredido, a intervenção dos clérigos (essa polícia do símbolo) para livrar um dos seus, o mandado de levá-lo ao tribunal patriarcal etc. É o velho que recorre a essa violência nos lugares onde o nome e o renome não funcionam. Ele confessa assim a relação que a sabedoria mantém com um poder quando ela não está mais "em casa" – no mosteiro ou no patriarcado –, isto é, quando ela não é apoiada por uma instituição. Sua precipitação agressiva, como de um monge em um lugar ruim, é o lapso que trai, em sua razão, o que ela esconde ou não sabe por ela mesma.

O louco zomba. A multidão, aliás, lhe faz eco quando ela tranquiliza o monge: não é nada, é um idiota. Mas o idiota, ele, não pensa em fortalecer o sábio pela abjeção de seu interlocutor. Ele não vem ao socorro da sabedoria, afirmando a nulidade do que ela encontra do outro. Ele é esse próprio "outro". Nesse relato, como, em outra parte, na mesma série textual, o idiota é um corpo feito para os golpes e os trabalhos baixos, um corpo há muito disseminado, derrisório, que não precisa ser defendido e que não tem mais nada a defender. Sua fraqueza é a força de uma ausência, porque ele já "se tornou lixo". Ele não obedece nem resiste à lei do conflito. Caído no domínio público como a coisa de todos, ele está desligado da propriedade que funda a violência. Ele não fala nem bate. Ele ri. Como um dos loucos apresentados por essas histórias,[24] ou, mais tarde, um louco da mesma família, Jean-Joseph Surin:

> De tous les maux je ne fais plus que rire
> Je suis exempt de crainte et de désir.[25]

> De todos os males só dou risada
> Estou livre de medo e de desejo.

---

24 Sobre esse "idiota" (*salos*) que ri, em uma comunidade egípcia (século IV), cf. J. Grosdidier de Matons, op. cit., p. 285-287.

25 Jean-Joseph Surin, *Cantiques spirituels*. Bordeaux, 1662, Cantique 4: "Je veux aller courir parmi le monde".

Esse riso é um não lugar. O idiota *não está aí* onde Daniel o "procura", e ele não lhe "responde". Ele não está aí para Daniel. A quem se dirige então esse riso? A algo de diferente nele.

Em relação a isso, a multidão tem razão: não é nada, é apenas uma ausência, nada que te seja dirigido. Mas, de seu ponto de vista, Daniel é mais lúcido que a multidão, ele mede a força interrogadora desse nada. Ele responde, pois, mas àqueles que lhe falam: "São vocês os idiotas..." Seus interlocutores sabem realmente isso dele? Como as mulheres de Mêné já diziam, antes de o "confessar", a loucura que elas tinham no interior, os curiosos de Alexandria já sabem, por sua cumplicidade com o idiota, qual é seu "tesouro" e que segredo habita neles. Por outro lado, descobrindo o que ele ignorava, talvez, ou aprendendo a dizê-lo por essa troca com a multidão, o sábio que supostamente sabe – Daniel ou Pitéroum – estaria aí somente para oferecer um espaço de linguagem ao saber dos outros (isto é, à sua loucura) e para marcar seus efeitos de alteração nos lugares privilegiados do sentido (o patriarcado, o mosteiro). Essa seria sua tarefa "teológica": traçar nas instituições simbólicas uma alteridade já conhecida pela multidão e que elas sempre "esquecem".

O "homem"

O que é, pois, esse "homem" descoberto por Daniel e que ele não encontrou em nenhum outro lugar, na cidade ou no palácio papal? É o seduzido do outro. Marcos é "homem" pela loucura que o perde na multidão – na fome que lesa os contratos econômicos e linguísticos, na rapina e na sujeira que destroem o próprio, na animalidade que confunde e compromete as fronteiras de humanidade. Ele é homem por aquilo que o desvia (mas em direção a que de diferente, que não está ligado nem definido, não *aí*?). É o seduzido de um absoluto. O "homem" *é*, então, sua loucura?

Primeira Parte – Um Lugar para se Perder ❖ Capítulo 1 – O Mosteiro e o Lugar:...   67

Também não, porque ele também não está aí. Segundo o relato, Marcos "simula" a loucura, como o fazia a idiota de Mênê. Ele não é identificável e, a continuação o mostra, ele não se identifica com os nomes que a multidão lhe dá: "o idiota", "o Cavalo" etc. Ele está em outra parte. Sua loucura também é um simulacro, embora ela não esconda outra verdade. Ela faz parte de uma estratégia de aparências que funciona com o parecer sábio e com o parecer louco. Diante do papa, Marcos "confessa" que ele se converteu à loucura e assim como, mais tarde, Teresa de Ávila, vai "querer entrar numa Ordem corrompida", ele se disse: "Vamos, entre na cidade, e finja o idiota (*salos*). É um travestido. Mas é a loucura ou a sabedoria que o traveste?

Uma prática contemporânea (séculos IV-VI) dá a essa simulação um correspondente feminino. Pelágia, Marina, outras ainda na época, se disfarçam como homens e elas passam por eunucos.[26] Tanto quanto e mais do que esconder uma identidade feminina sob uma aparência masculina, trata-se para elas de abolir a diferença e de transpor a lei de "um ou outro". Um aforisma do Evangelho de Tomé declara seu objetivo: "Que o macho não seja macho e que a mulher não seja mulher".[27] Homóloga à proposição pauliniana – "tornar-se louco para se tornar sábio" – , a injunção do Evangelho visa um terceiro termo em que se abolem os dois primeiros: a multidão é o universal onde deve perder-se a diferença entre homem e mulher como entre sábio e louco. Todos travestidos, homens ou mulheres, sábios ou loucos, máscaras e derrisões de identidades, *desaparecem* em um entre-dois público e comum. O essencial não é, pois, a transgressão de uma ordem (que, com efeito,

---

26   Cf. Èvelyne Patlagean, L'histoire de la femme déguisée en moine et l'évolution de la sainteté féminine à Byzance. In: *Studi Medievali*. 3ª Série, XVII, II, 1976. p. 597-623.

27   *L'Évangile de Thomas*, ed. e trad. A. Guillaumont. Paris, 1959. p. 57 (Logion 114), cit. in È. Patlagean, op. cit., p. 607.

se impõe sempre distinguindo lugares), mas a *perda* do definido em um *não lugar* onde as identidades funcionam entre elas como semelhantes. A multidão, abismo onde as diferenças se apagam, é o eclipse do sexo (masculino ou feminino) e o eclipse do logos (sábio ou louco).

Evagro o observa a propósito dos idiotas, habituados dos banhos públicos: "eles querem ser homens com os homens e mulheres com as mulheres, e participar de um e de outro sexo sem ser eles mesmos de nenhum".[28] Sem dúvida, será necessário interrogar-se sobre o corpo que instaura esse não lugar absoluto e absolvido da diferença. Sobressai já desses textos que à maneira da mulher travestida de homem, a simulação da loucura ultrapassa a ordem do "um ou outro", para oscilar entre "nem um nem outro" e "um e outro". Enquanto ela é, por boas razões, circunscrita no derrisório pela multidão, essa loucura simulada não tem ela própria índice, na idiota, senão um desaparecimento e, no idiota, senão um riso.

Declarado santo, chamado de "pai" (*abbas*) por Daniel, diante do papa que, imediatamente, o aloja em seu palácio, Marcos vai escapar. No dia seguinte de sua identificação, é encontrado, de manhã, morto em seu quarto. Ele morava no *Cheval*, mundo suspeito, lugar rejeitado. Ele não suporta a positividade e a legitimidade de um lugar patriarcal. *Aí* ele é apenas um cadáver. A magnífica e piedosa cerimônia organizada em honra do defunto "embalsama" um morto e substitui ao "homem" um túmulo. Ela é "edificante": o lugar se constrói e reconstrói sobre o túmulo do sedutor que desviava a ordem fundada sobre a distinção. Honra aos mortos: eles garantem o palácio, o mosteiro e qualquer outra organização de sentido contra o que, vivos, eles aí introduziam *outro*. A menos que se

---

28 Évagre, Histoire ecclésiastique, I, 21, cit. In: È. Patlagean, op. cit., nº 56, p. 614.

deva encarar pior: que seu desaparecimento, cumulado pelo discurso edificante, separe definitivamente a instituição do que lhe falta.

Com toda energia

Essas histórias contam relações. Elas não tratam dos enunciados (como uma lógica) ou dos fatos (como uma historiografia). Elas narram formalidades relacionais. São relatos de transferências, ou de operações transformadoras, nos contratos enunciativos. Assim, por exemplo, não há uma alteridade faltosa e sedutora da idiota ou do idiota senão *em relação* ao sábio. O relato, ficção teórica, desenha modelos de enunciação (desafio, intimação, dual, sedução, deslocamento etc.) e não conteúdos (verdades, significações, dados etc.). É para ele, portanto, essencial o que, no modo de "golpes", transforma as relações de sujeitos nos sistemas de sentido ou de fatos – como se, no discurso, se considerassem somente as mudanças de lugares entre locutores e não as ordens semânticas ou econômicas das quais essas trocas ilocutórias recebem, entretanto, o campo e o léxico de suas operações.

É a essas problemáticas que nos remetem nossos relatos de loucuras (a incluir no gênero mais vasto das "histórias de loucos", *corpus* onde proliferam há muito tempo os caminhos e descaminhos dependentes de outra lógica, para-doxal). Eles desafiam as diferenças, transformadas em simulações sobre um fundo de ausência. Mas aqui o jogo "se sustenta", de alguma maneira, graças a uma diferença que torna possível o apagamento dos outros: a relação que a loucura simulada mantém com o corpo. Uma relação com o corpo permite *práticas* do infinito ou, se preferirmos, colocações em prática efetivas e espaciais do inanalisável. Ela margeia. Ela interrompe o desvanecimento do Outro em simulacros que se trocam indefinidamente.

Essa relação com o corpo se apresenta sob três modalidades: 1. o masculino e o feminino (não identificáveis na diferença sexual); 2. a oralidade-furo (alimentação, latrinas etc.) e o lixo-disseminação (cozinha, banhos etc.) que são correlativas com a gênese e com a perda dos corpos; 3. enfim, a ascese, encargo do outro pelo corpo. Essas três modalizações conduzem ao absoluto de uma vida "comum", isto é, ao gesto de "perder-se na multidão".

1. O eclipse do sexo não abole, ele opera, ao contrário, uma diferença entre uma prática feminina e uma prática masculina.[29] Em um primeiro tempo, os relatos tiram da multidão a idiota para declará-la "mãe" espiritual (*ammas*) atribuindo-lhe uma feminidade paterna, e o idiota, para reconhecer nele o "homem" (*anthrôpos*) fazendo dele um "tesouro", um sinal particular articulado no sentido, uma maneira de sacramento. Mas os dois anti-heróis desviam essa promoção, a idiota por seu *retiro* em um outro lugar desconhecido, o idiota por um *riso* que acompanha sua morte e seu enterro. *Ela* desvanece em um abismo que, de fato, ela contém; ela desaparece nela mesma, sem vestígios, "em um espaço onde nenhum pensamento ocorre mais":[30] o relato cai nessa ausência. *Ele*, por seu riso ou seu cadáver embalsamado, um vestígio, mas que transforma o sacramento em puro significante, marca insensata, brilho e arranhão daquilo que passa, mas não está aí: o relato cai nessa derrisão. Em suma, a mulher se faz *o Outro do significante* até esse nada sem limites onde ela se perde; o homem se faz *o significante do Outro* até se tornar esse riso que a significação não habita e esse cadáver, sinal onde ele não está mais. Duas práticas do absoluto, mas a primeira coloca em jogo um corpo in-finito, fora do alcance

---

29   Nesses textos, o sexo é uma "roupa" que se pode tirar. Cf. È. Patlagean, op. cit., p. 608.

30   Michèle Montrelay, *L'Ombre et le nom*. Paris: Minuit, 1977. p. 147.

da linguagem que falha; a segunda, um corpo separado desse in-finito e como morto, fragmento de linguagem privada daquilo a que ele visa de diferente.

2. Nos dois casos, tem-se um trabalho disperso (mil coisas, qualquer coisa: errâncias) por meio de todas as coisas destinadas ao abismo da boca e todas as coisas residuais, excedentes, sujas, eliminadas pelo corpo. Esse trabalho se esparrama em tudo o que vai ao buraco, dentro ou fora.[31] Tal como ele funciona aqui, o corpo não serve, pois, como valor de uso (um próprio) nem como valor de troca (uma comunicação). Ele é servido, buraco sem fundo, excesso sem fim, como o que, dele, não está aí, como o que está em um perpétuo movimento de confecção e de defecção. Ele é apenas o exercício interminável de sua aparição e de seu desvanecimento. As atividades servis articulam, em tarefas efetivas e disseminadas – sempre alimentar, sempre lavar – , a experiência desses corpos bem reais e, no entanto, inapreensíveis entre duas perdas – eles perdem dentro o que eles recebem de fora, e eles perdem fora o que eles possuem dentro –, então, jamais *aí*, como o corpo amado. É, com efeito, um serviço de amor esse serviço do corpo em sua defecção física, em sua mobilidade passageira, no que dele falta sempre entre os alimentos que preparam sua presença e os detritos que traçam suas partidas. Essas práticas servis seriam o exercício de uma dor de amar, um exercício físico do absoluto: tempo perdido, agir esparramado e corpo dilacerado pelo interminável dos preparativos e dos detritos.

3. Os relatos não cessam de relacionar a loucura a uma ascese que sustentaria suas práticas. A palavra soa mal. Indica que é preciso pagar com seu corpo? Esse as-

---

31 Todas essas histórias definem pelo lixo o lugar da loucura: a Tabenesiota está em sua cozinha; a bêbada, perto das toaletes; Marcos, nos banhos; Simeão, nas casas de banhos para mulheres; André, nos lixos ou nas sarjetas etc.

pecto jurídico é bem marcado pelos textos. Ele é colocado sob a instância de uma dívida (a pagar) que, no mais das vezes, está associada a um erro. Mas outra coisa aqui está em jogo, que inverte por um esvaziamento e por uma dispersão a compacidade e unicidade do indivíduo habitualmente suposto "responsável" por ser "ascético". Essa ascese diferente é hospitalidade. Não a hospitalidade que distribui presentes, mas a que pratica o hóspede quando ele "recebe": em seu corpo e seu tempo perdidos através dos mercados e da cozinha, ele toma sobre si o que falta ao outro; ele abre espaço nele para essa voracidade silenciosa, como a mendiga de Bengala dá lugar em seu corpo à insaciável fome de um *in-fans*; ele oferece nele um espaço a esse Outro plural, invasor e mudo. Seu corpo fica assim voltado e disseminado pelo exercício que faz dele um *alojamento* silencioso e um *correspondente* transferencial para o inanalisável ou o insensato do outro. Diante do papa, na hora do julgamento, Marcos conta que, depois de ter sido "dominado por 15 anos pelo demônio da fornicação", vagabundo em busca de presas, ele converteu seu corpo em habitação para a loucura da multidão: "Faze-te *salos*". Em lugar da captação que domina e enumera suas conquistas, uma acolhida física do recalcado do outro. Por dizê-lo, o idiota não pode mais senão morrer. A idiota, esta permanece muda. Essa ascese hospitaleira não fala mais.

A multidão

A multidão é assim, pelo corpo perdido que "recebe" dela a loucura, o lugar paradoxal do absoluto. É o começo e o fim dessas histórias. Evocando as características desse não lugar tais como elas sobressaem desses relatos, apenas se retraça, em termos de espaço, o funcionamento da sedução. A multidão é um corpo *neutro* (*neuter*) que é sempre o outro (o "resto") e "nem um nem outro" em relação aos lugares privilegiados onde se mantêm os dis-

Primeira Parte – Um Lugar para se Perder ❖ Capítulo 1 – O Mosteiro e o Lugar:... 73

cursos de sabedoria. É um corpo *público*: qualquer um, qualquer coisa, todos e cada um, em relação às identidades particulares que se distinguem desse fundo indeterminado. É um corpo *originário* que figura como começo indefinido em relação aos efeitos que produzem o poder e o querer de "sair dele".

Mas jamais os lugares singulares e determinados podem apagar sua relação com o universal de onde eles "saem". Sedução da origem impensável? As histórias de loucura simulada contam os desvios de lugares que provocam anti-heróis precisamente porque eles são, como a multidão, destinados às tarefas servis, a uma atividade disseminada e a uma ausência de identidade. Por sua relação corporal com a multidão sem nome, essas testemunhas fugazes se tornam os indícios enigmáticos da sedução que a multidão (diabólica e sem forma) exerce sobre as formas simbólicas da sabedoria. Da mesma forma, em sua derrisória "idiotice", eles assustam o sábio, enquanto eles divertem o público.

Seria possível detectar nessa multidão um homólogo histórico da "matéria" (*hulê*) onde Plotino reconhecia a margem noturna e o "resíduo" do avanço analítico da inteligência – uma profundidade tenebrosa das coisas que teria, ao mesmo tempo, função de origem (*a materia/mater*) e de limite (o outro) no trabalho da distinção, um indeterminado (*aoriston*) que o espírito teme como sua própria abjeção e sua queda no não ser. Esse informe, Plotino o designava "colando" ao neutro singular do artigo (uma categoria) o plural neutro do adjetivo substantivado "outro": *to alla*, o (disseminado em) outros.[32] Mas aqui esse

---

32 Plotin, *Ennéades*, II, 4, 6-13. Bréhier traduz: "Da matéria diz-se somente que ela é outra, ou talvez outras, a fim de não determiná-la muito pelo singular e indicar pelo plural sua indeterminação" (coll. Budé, p. 68). Literalmente, seria: "não determinar muito pelo [termo] outro e indicar sua indeterminação pelo [termo] *outros*".

74   A Fábula Mística ✤ Michel de Certeau

horizonte de outros, desligado da linguagem, se indica em um *fazer*, e não mais em um não saber. Um exercício contínuo traça a sedução produzida pela multidão cuja loucura falta a toda sabedoria. O absoluto se pratica com toda energia na multidão.

Dessa loucura narrada em um distante de histórias, mas da qual seria possível seguir as abordagens até as notas de Simone Weil sobre "o idiota do vilarejo",[33] o que nós fazemos glosando-a? Será ainda o trabalho discreto da sedução, a que esses textos traem? Todos esses discursos poderiam (desejariam?) ter o *status* que Sócrates já dava ao seu: "o discurso que por minha boca, enfeitiçado por ti, acabas de pronunciar...".[34] Dilaceramento, deriva, loucura de discursos exilados deles mesmos por uma falta, por um Outro... Mas são ainda textos que falam disso. Eles envolvem com palavras esse absoluto que inquieta tanto quanto seduz. Estamos mais do lado de Pitéroum ou de Daniel (só há ausência para quem mora *aí*). O velho sábio indica a posição do texto – e a que é possível aos leitores: o "segredo" reconhecido, mas logo perdido, cada um volta a casa, e para fazer o que com isso?

Trabalho de um silêncio.

---

33   Simone Weil, *Écrits de Londres et dernières lettres*. Paris: Gallimard, 1957. p. 31 e segs. ; cf. p. 167, 180 etc.
34   Platão, *Phèdre* (242 e). Trad. Mario Meunier. Paris: Albin Michel, 1960. p. 63.

Capítulo 2

O JARDIM: DELÍRIOS E DELÍCIAS DE JÉRÔME BOSCH

Durante meses, errar nesse espaço fechado chamado *O Jardim das delícias*. Perder-se aí. Não que ele se aprofunde e que se escape nessas profundezss, cavidades, grutas, canais, antros subterrâneos, esconderijos submarinos e obscuridades silvestres que ele representa. Ele está todo na superfície. Ele se mostra inteiramente aos olhos que, além do mais, ele dota de uma visão profunda, panorâmica e totalizadora, *a bird's eye view*. Ele se expõe "em perspectiva" como mais tarde os planos traçados em *Jardins de prazer*. Percorrendo-o, os encontros se multiplicam, prazeres requintados do olho em suas viagens, a rosa de um megalito, a silhueta de um colhedor de laranjas, os apaixonados em um vaso em forma de flor, mas essas delícias pontuam caminhos privados de sentido. Gozos cegos. Que lugar é esse, *locus voluptatis*, como outros jardins amorosos e místicos? O que acontece aí? O quadro se opacifica à medida que se detalha a prolífica epifania de suas formas e de suas dores. Ele se esconde, mostrando-as. Ele organiza esteticamente uma perda de sentido.

1. UM PARAÍSO SUBTRAÍDO

Por um acaso da história (existe algum?), nada vem de fora encher de linguagem essa falta de significação.

Do autor, Jérôme Van Aken, dito Bosch, toda sua vida pintor em Bois-le-Duc, membro da Confraria de Notre-Dame, morto em 1516, restam apenas alguns atos jurídicos que mencionam dívidas, contratos, encomendas ou falecimentos.[1] Nada com o que fazer uma história. Nenhuma biografia pode servir de comentário e/ou de álibi à obra (1503-1504), esse grande quadro pintado (220 cm x 195 cm) imóvel na penumbra do Prado, suas cores rachadas por cinco séculos de idade. Também, nenhum texto do pintor. Não há guia para o *Jardim* que constitui o painel central desse tríptico. Perco-me aí.

Apesar de nossos conhecimentos sobre a iconografia do fim da Idade Média, há aqui "volatilização pura e simples das significações". Wilhelm Fraenger o diz por sua vez,[2] mas, observador agudo à espreita de tudo o que poderia "dar sinal", ele quer obrigar o "oráculo mudo" a falar assim mesmo:[3] sua máquina-dicionário (isto "quer dizer" aquilo) obriga cada significante a confessar um significado e transforma assim o quadro na transcrição de um sistema textual. Para outros, e os melhores, como Dirk Bax,[4] o segredo do "Jardim" gera uma atenção exorbitada em seus detalhes. Trabalho de Sísifo. Curiosidade cativa

---

1   R. H. Marijnissen e M. Seidel, *Jheronimus Bosch*. Bruxelles: Arcade, 1975, dão essa lista e o conteúdo, p. 17-21.

2   Wilhelm Fraenger, *Le Royaume millénaire de Jérôme Bosch*. Trad. Roger Lewinter. Paris : Denoël, coll. Les lettres nouvelles, 1966. p. 17.

3   Sobre as críticas de que foi objeto a tese estrondosa de Fraenger (o *Jardim das delícias* exporia a teologia adamista dos Irmãos do livre espírito), cf. Marijnissen, op. cit., p. 50 e 99.

4   Em *Otcij van Jeroen Bosch* (Haia, 1949) e *Beschrijvingh en poging tot verklaring het Tuin der Onkuisheiddrieluik van Jeroen Bosch* (Amsterdam, 1958), Dirk Bax comparou minuciosamente cenas e imagens de Bosch com os provérbios, trocadilhos ou brincadeiras da antiga língua holandesa. Essa exegese etnológica e linguística é, sem dúvida alguma, a mais séria abordagem erudita.

do *rebus-criptograma*. Esse quadro trabalha sobre nossa necessidade de decifrá-lo. Ele se escraviza uma pulsão ocidental de *ler*. A meticulosa proliferação de suas imagens chama irresistivelmente a narrativização indefinida, folclorista, linguista, historiadora ou psicóloga, que, por 100 desvios eruditos, faz contar sentido a cada elemento icônico. Como o discurso que faz produzir explosões de sonho, a literatura sobre o "Jardim" é uma série interminável de histórias induzidas por tal ou tal detalhe do quadro: com grande reforço de fichas, de obras e de documentos *legíveis*, ela fabrica seus contos eruditos a partir de fragmentos pictóricos. Relatos letrados parecem gerados sem fim pelo Jardim das Delícias. De fato, esses contos intelectuais (as mil e uma noites da erudição) seguem, ou então atrasam, ou ainda denegam o momento em que o prazer de ver é a morte do sentido. Frequentemente, tão contraditórios quanto peremptórios, os textos de saber abundam, mas deixando, senão cobrindo o lugar de que eles falam. Do quadro que faz gozar aos comentários que fazem compreender, a diferença está inicialmente no contraste entre o espaço fechado do primeiro e a disseminação indefinida dos segundos, e na exterioridade do prazer de ver em relação ao trabalho de discorrer.

Ser expulso desse paraíso, seria isso, então, a condição do discurso? Seria necessário tê-lo perdido para fazer dele um texto. Articulando-o em uma linguagem, não cessamos de provar que não mais estamos lá. Em vão procuro aí um começo, para construir um desenvolvimento linear de sentido. Esse espaço se encurva sobre ele mesmo, como os círculos e as elipses que ele multiplica, excluindo ao mesmo tempo o quadrado.[5] Ele não comporta entrada. Problema geral, sem dúvida. "A obra plástica apresenta

---

5   Não há nem quadrado nem retângulo no *Jardim*, exceto sua própria moldura, quase quadrada.

para o profano o inconveniente de não saber onde começar, mas, para o amador avisado, a vantagem de poder abundantemente variar a ordem de leitura e de tomar assim consciência da multiplicidade de suas significações."[6] O "Jardim" não pode ser reduzido à univocidade. Ele oferece uma multiplicidade de itinerários possíveis, cujos traçados, como em um labirinto, formariam histórias até o ponto que coloca um sentido proibido. Mas há aqui algo a mais: o quadro se organiza de maneira a *provocar e a decepcionar* cada uma dessas trajetórias interpretativas. Ele não se estabelece somente em uma diferença em relação a todo sentido; ele *produz* sua diferença *fazendo crer que ele esconde* sentido.

A ilusão do escondido

"A arte de Bosch, escrevia A. Chastel a propósito de *A Tentação de Santo Antonio*, procede de uma fuga deliberada do objeto ao qual se pode dar um nome".[7] Essa "fuga deliberada" consiste em seduzir a nominação para melhor enganá-la. O quadro desorienta o nominável (e seus relatos) por sua própria familiaridade com ele, brincando com o jogo do sentido oculto. Bem longe de ser uma linguagem codificada ou uma "criptografia simbólica da Natureza",[8] ele dá a ilusão e se distancia com uma distância que cria indefinidamente cada uma das novas interpretações que ele induz. Pelo menos, é essa minha hipótese. Então, não basta mais dizer que esse paraíso é subtraído, estar aí jazendo por trás dos signos que esperariam um bom leitor. Ele não cessa de *se retirar*, graças ao *efeito de segredo* que ele produz, e essa subtração ativa é sustentada pela

---

6   Paul Klee, *Théorie de l'art moderne*. Paris, 1964. p. 39.
7   A. Chastel, La tentation de Saint Antoine ou le songe du mélancolique. In: *Gazette des beaux-arts*, XV, p. 218-219, 1936.
8   Novalis, fragment 488, citado por Fraenger, op. cit., p. 182.

atividade de decriptagem que o quadro cativa, simulando um segredo. O "oculto" é a miragem por onde a imagem se constitui em sua diferença em relação ao signo. O Jardim faz supor que ele dá a *entender* outra coisa que não o que ele dá a *ver*. Sua "mentira", tentação diabólica (fingir esconder é *seduzir* o discurso, ao mesmo tempo fazê-lo nascer e perdê-lo), é precisamente sua maneira de colocar a alteridade do quadro, de frustrar as colonizações interpretadoras e de manter, preservado do sentido, o prazer de ver. Ele produz o inominável, organizando-se como se as figuras fossem o vocabulário de um inominado, as cifras de um não dito.

O Jardim tem como segredo *fazer crer* que ele tem um, dizível, ou antes, prometer um segredo (significações ocultas ao entendimento) no lugar de outro (gozos apresentados aos olhos). Ele gera paradoxalmente seu contrário, a saber, o comentário que muda cada forma em grafo e que quer preencher com significações todo esse espaço de cores para mudá-lo em uma página de escrita, em um discurso analisante. Essas glosas têm o estilo das *Memórias* do presidente Schreber: o *delírio interpretativo* que desencadeia o desafio boschiano não tolera o *nichtsdenken* ("pensar em nada" ou "pensar o nada"). Essa produção vem do espectador, captado pela astúcia do quadro. Disse-se de Bosch que ele era "delirante". Completamente ao contrário, ele *faz delirar*. Ele "faz funcionar" nossas maquinarias produtoras de significações. Mas, subtraindo-se dos desenvolvimentos e dos trabalhos que suscita a enganosa promessa de um sentido oculto por trás da imagem, ele se torna estranho aos seus lugares e ao seu tempo, ele se torna um não lugar e um não tempo, ele se diferencia cada vez mais do que ele gera. Retirado nas histórias que falam dele, ele funciona como o paraíso dos mitos ou o das delícias. Um *começo insensato* faz produzir discursos de sentido.

Certamente, quando eu o suponho fora de sentido, não evito a lei que instaura esse começo, não estou mais perto do lugar que ele cria. Ao contrário, meu postulado não diz nada diferente do que o que, por minha vez, me faz escrever (a propósito de: *de*) e me exila (longe de: *ex*) desse quadro; nada mais que a relação que mantém a escrita com o espaço pictórico que a seduz, isto é, com o que a faz nascer escapando dele, com prazeres subtraídos das significações.

O *Jardim das delícias* de Bosch funciona precisamente sobre essa relação. Nessa época de "ditos sutis, saborosos, jogos, risos e facécias", de malabarismos e "sátiras" que viram um "equívoco generalizado",[9] nesse tempo em que uma estética refinada redobra também as suspeitas que trincam o grande relato dogmático e simbólico do universo, o assunto do quadro pode ser a vida edênica (R. H. Wilenski, 1958), o mundo antes do dilúvio (E. H. Gombrich, 1967), a festa dos sentidos (H. Rothe, 1955), a *ars amandi* dos Irmãos do livre espírito (W. Fraenger, 1947) ou uma "apoteose do pecado" (M. Friedländer, 1941), uma *Comoedia Satanica* (F. M. Huebner, 1965) ou ainda a sátira da vaidade por um "Savonarola nórdico" (H. Daniel, 1947) etc. Abundância de hipóteses. Enquanto elas procuram um referente ideológico, ficam secundárias, se é verdade que essa obra, "única na história da arte e da religião", em todo caso "sem equivalente" na produção flamenga contemporânea, coloca em cena o quiproquó entre um jardim de gozos, atopia deliciosa, e as discursividades da história, isto é, a autonomia da pintura em relação a todas as prosas do mundo.

---

9   Cf. Paul Zumthor, *Langue, texte, énigme*. Paris: Seuil, 1975. p. 23-88, e *Le Masque et la lumière*. La poétique des grands rhétoriqueurs. Paris: Seuil, 1978. p. 125-179 e 267-277.

Primeira Parte – Um Lugar para se Perder ❖ Capítulo 2 – O Jardim: Delírios... 81

O quadro olha

Que não haja nada a ler no quadro quer dizer que não há nada a procurar atrás, que tudo está aí, marcado, inclusive a distanciação da leitura. Além da derrisão que se liga por toda parte em Bosch aos leitores e falantes (pregadores tagarelas, escamoteadores convencidos, clérigos "peixes" e cavalas), várias indicações cênicas mostram essa subtração da pintura dos discursos: sem pincelada, objeto de arte. Indicarei três, uma referente à sua arquitetônica; a outra, emblemas; a última, o vocabulário icônico.

A *arquitetura* dos três painéis focaliza cada um deles numa espécie de olho, pupila que repete o globo terrestre da grisalha externa e análoga àquela onde se pintavam *Os sete pecados capitais* (1475-1480): dessa pupila, um olhar, vindo de um interior, se coloca sobre o espectador. À esquerda, do buraco redondo perfurado no centro da fonte circular, garança como a aurora, centro absoluto ao qual todo o quadro reconduz, um corujão sem orelhas, escondido na obscuridade, fixa o observador: em vez de ver, eu sou visto. O painel mediano tem também por eixo e foco central, nos dois terços de sua altura (o número de ouro), uma Fonte de vida, pupila colocada entre as curvas de madeira e redobrada por sua projeção em elipse no plano interior (a fonte das jovens nuas), globo azul venoso, olho e pedra preciosa: em sua base, inscrita na linha horizontal que atravessa a pintura, aprofunda-se uma cavidade cuja sombra deixa ver um homem que segura o sexo de uma mulher e olha o espectador.

Focalizando o painel da direita (o "Inferno") e colocado no centro de encurvações quase ciliares, a grande oval branca de um corpo de homem – ovo quebrado, árvore em ruína – forma uma elipse (em todos os sentidos do termo) conjunta com o disco da bandeja que lhe serve de chapéu, com, entre dois, essa cabeça que se vira para o espectador, o olhar enviesado. Essa figura do olhar é análoga à *Melan-*

colia I (1514) de Dürer,[10] esse "gênio" de uma sabedoria que permanece serena no meio das crises que abrem a modernidade. Seu corpo é habitado, como uma gruta, pelas desordens da taberna e seu chefe está ornado ironicamente com uma gaita de foles (tantos barulhos que são apenas "vento"). Mas sua contemplação escapa, sem esquecê-las, das atividades frenéticas e dos suplícios de um ambiente infernal (esse "Inferno" é *nosso* mundo). Força interrogadora nascida de uma "tristeza sem causa", esse olhar vê mais longe, a partir de um recuo para aquém de todas essas coisas. Ele para sobre nós, móveis. Ele me fixa.

Com esses três lugares estratégicos, "retiros" no meio do desencadeamento dos corpos alternadamente felizes ou infelizes, dever-se-ia comparar a coruja e o duque imóveis que, como colunas, enquadram as danças e jogos de amor na parte inferior do painel central. Representações tipicamente boschianas da "melancolia", essas corujas parecem representar na manifestação carnavalesca a estrutura que a organiza. Seu olhar exorbitado atravessa as festas diurnas como se fosse uma noite. Mas o importante é essa própria estrutura que articula sobre o buraco de onde vem um *outro olhar* o teatro múltiplo das formas de prazer ou de sofrimento.

Como nos contos de fadas e tantas lendas, um olhar vem do fundo desses jardins. Diabólico ou divino, provavelmente nem um nem o outro. No painel de esquerda, o Cristo unindo Adão e Eva faz parte da paisagem colocada sob a dependência do olho do mocho que, da fonte central, bunker matinal, vigia o espaço e nos "procura". Assim também, Satã só constitui um episódio no painel de esquerda, cujo foco é o homem-árvore. Os personagens divinos (o Cristo, Satã) estão, como os outros, submetidos

---

10   Cf. Raymond Klibansky, Erwin Panofsky e Fritz Saxl, *Saturn and Melancholy*. Cambridge: Nelson, 1964. p. 241-274.

Primeira Parte – Um Lugar para se Perder ❖ Capítulo 2 – O Jardim: Delírios...   83

ao olhar de um outro que organiza o quadro e visa seu destinatário. O olhar dessa sabedoria não é mais diabólico nem divino, mas, ao mesmo tempo, ele vem da representação (é uma figura) e se distancia dela (está retirado, observador): é humano (sobre-humano)? Ele é *no* quadro seu foco de estranheza. Exerce o mesmo papel em relação ao destinatário, visitante desses lugares; ele o mantém a distância. Esse ponto que é o olho,[11] objeto *visto* pelos espectadores, põe-se a *olhá-los*. Ele deixa de ser um signo para ler e nos domina. Ele fura o céu pictural e nos julga.

Emblemas/enigmas

No canto inferior direito de cada um dos painéis, três sainetes concernem também à relação do quadro com um texto explicativo, isto é, a uma citação (escrita ou dêitica) de sentido. Elas são emblemáticas.[12] À esquerda, saindo pela metade do lago onde ele nada, um ser tripartite – cauda de golfinho, busto de homem, cabeça de pato, coroado com um capuz – *lê*, solitário, um livro aberto. No centro, saindo ele também pela metade de uma caverna, um homem, o único vestido nesse painel, *aponta* uma mulher

---

11   Esse ponto de construção e de inversão, ao mesmo tempo *limite* de uma série indefinida e *princípio* de sua reorganização unitária, deveria ser comparado com o *punctus convexitatis* de Nicolas de Cues, cf. M. de Gandillac, *La Philosophie de Nicolas de Cues*. Paris: Aubier, 1941. p. 155-159, 223-227 etc.

12   Variante da assinatura (cf. A. Chastel, Signature et signe. In: *Revue de l'Art*, nº 26, em especial "L'art de la signature" (p. 8-14), o emblema, se nos referirmos às distinções de C. S. Peirce, substitui o "símbolo" pelo "ícone" (cf. J.-C. Lebensztejn, Esquisse d'une typologie, *ibidem*, p. 48-56). Ele substitui o conceito pela imagem (cf. também P. Zumthor, *Le Masque et la lumière*, op. cit., p. 213-217). Mas, mais que uma emblematização do nome, as sainetes dos três cantos constituiriam uma emblematização do quadro, em um estilo humorístico de outra parte frequente nas adivinhações desse gênero.

encostada num vidro de cristal esculpido, Eva e/ou Sibila, com uma maçã na mão e a boca fechada por um lacre. Enfim, à direita, um porco enfeitado com um véu de freira estende uma pena a um homem sentado do qual ele acaricia com o focinho o rosto e cuja perna, mesa improvisada, sustenta um documento já *escrito* e (?) a referendar; enquadrando esse estranho casal, um personagem perdido, com uma pia de água benta no ombro, leva na cabeça e na mão outros pergaminhos, enquanto um *grillo*,[13] salamandra com bico de ave, com capacete como um cavaleiro, apresenta o tinteiro e a caneta.

Ler, mostrar, escrever: esses três verbos visam ao sentido. Mas eles são desviados do sentido por sua representação icônica – irônica à esquerda, enigmática no centro, tragicômica à direita. A pintura ocupa e tira o lugar reservado à escrita que deve dar ao desenho o contraponto de uma "letra" (a "divisa") ou de uma explicação (a "glosa"), e, portanto, traçar em grafes os contratos da linguagem. Ela coloca em derrisão o lugar que ela marca. Se a escrita é uma entrada do sentido no quadro pela via do nominável, essa porta, ainda marcada no muro de cores, é a partir de então condenada. A mensagem fica sibilina, é um segredo de mulher fechada no cristal de seu ostensório, boca fechada, e visada somente pelo índice que substitui um escrito por um ver. O contrato a assinar parece um contrato com o diabo, linguagem enganosa, portanto, tanto quanto tentadora, e encadeando os cativos com um sentido destinado

---

13 Os "grylles", seres multicéfalos ou acéfalos, caras duplas, cabeças com pernas, híbridos feitos de peças heteróclitas, povoam pouco a pouco a iconografia que, nos séculos XIV e XV, inventoria todos os possíveis. Eles pululam nos quadros de Bosch que Don Felipe de Guevara, por volta de 1560 (*Comentarios de la pintura*), define mesmo como "esse gênero de pintura" que se chama *grillo*. Cf. Jurgis Baltrušaitis, *Le Moyen Âge fantastique*. Paris: A. Colin, 1955. p. 11-53.

Primeira Parte – Um Lugar para se Perder ❖ Capítulo 2 – O Jardim: Delírios... 85

a decepcionar. Talvez o olhar que o mostrador da Sibila e o escritor rebelde dirigem aos espectadores, redobrando o que, do centro de cada painel, fixa os destinatários, indica o que serve como escrita: leitor, *estão* olhando para você, sem que você saiba *quem* o vê e *o que* é mostrado.

2. ENCICLOPÉDIAS CRIADORAS DE AUSÊNCIAS

O *vocabulário* do *Jardim das delícias* remete também ele a uma problemática da significação, mas é para construir uma ficção que se diverte com ela. Como o *mappa mundi* tradicional, como os mapas contemporâneos (o de Martin Waldseemüller ou de Mathias Ringman em Saint-Dié), o jardim é um espaço que permite uma chamada enciclopédica. É o mapa do ou de um mundo. Ele reúne as formas e os signos habitualmente dispersos. Produtos próximos ou exóticos, flores, árvores, edifícios de países diversos estão reunidos nessa miniatura do universo: vocação do jardim, ontem ou hoje. Em sua profusão, o "paraíso" de Bosch colige todos os seres possíveis. Reais ou imaginários, pouco importa, eles têm a ver também com a coleção a título de significantes. Têm-se, pois, séries léxicas. Mamíferos: leão, pantera, camelo, urso, veado, cavalo, burro, boi, cabra, porco, grifo, unicórnio etc. Aves: cegonha, garça, colhereiro, galo, galinha, ganso, coruja, pato-trombeteiro, gralha, periquito, pata, pato, alcião, poupa, picanço, bico-grosso etc. Frutas: abacaxi, cereja, amoras, bagas, morango, laranja, maçã, abrunho, melão etc. Legumes: abóbora, abobrinha etc. Há também homens e mulheres, brancos e negros, sereias e *zeeridders* (cavaleiros marinhos), homens alados, *putti*, Melusina etc. Cada espécie é provida de suas variantes fantásticas. É um museu de história natural e imaginário, copiado de um museu antropológico.

Essa competência colecionadora, sempre preocupada com o detalhe exato, se estende às conchinhas, às gemas, às pedras preciosas (*v. g.*, crisólitas, esmeraldas, "saphistrans", topázios etc.), aos mármores diversos, aos metais raros (*v. g.*, ouro fundido, cobre trabalhado) e a todo o repertório da cristalomancia então tão difundida.[14] A mesma coisa para as festas contemporâneas, de que se encontram no Jardim as torres monumentais, bolos altos, pratos com mecânicas extravagantes, fontes barrocas habitadas por maquinistas, banhos destinados a amores livres,[15] assim como os bailes de clérigos mascarados ou danças de jovens nus com gestos provocantes durante as festas dos loucos.[16] Os quatro megálitos do fundo e a fonte (disposta, aliás, como no meio de uma praça de cidade), o tanque das moças nuas, o carrossel dos cavaleiros, a tenda vermelho-coral, o arco-portal com belvedere ornado, o obelisco tripartite rosa e azul que o avizinha etc. representam documentos históricos, como se tivéssemos aí um quadro de gênero de uma quermesse aristocrática. Isso se tinha visto em Lille, em 1454, ou em Bruges, em 1468. Esse museu é também uma representação jornalística da atualidade e um projeto de cidade.

A paixão entomológica desse Fabre de uma sociedade pontua também suas coleções com o vocabulário da alquimia: o Ovo filosófico (representado várias vezes e colocado no meio do carrossel, como um "ponto conceitual", no eixo mediano do quadro), o alambique, a retorta, o forno, o vaso habitado, as cucurbitáceas (abóbora etc.), as corujas, a árvore oca, os crescentes lunares, a

---

14 Cf. Peter Glum, Divine Judgment in Bosch's *Garden of Earthly Delights*. In: *The Art Bulletin* (Washington), 1976. vol. 58, nº 1, p. 47.

15 Cf. Guy Lecerf, *Les Fêtes et leurs représentations dans l'œuvre de Jérôme Bosch*, thèse de 3ª cycle. Paris, 1975, inédit, p. 87-90.

16 Cf. P. Lehmann, *Die Parodie im Mittelalter*. 2. ed. Stuttgart, 1963. p. 95 e segs.

fonte de juventude, os amantes em esferas transparentes ou no banho etc.[17]

Pela precisão de sua reconstituição, cada um dos elementos coligidos no espaço desse museu guarda seu valor de ser o *fragmento* reconhecível de uma linguagem. Ele representa aí como um pedaço de um sistema lacunar. Ele gera, pois, por sua vez, a necessidade colecionadora de completá-lo com o que o quadro não aparesenta, de devolver-lhe seu lugar na série da qual foi extraído e que se encontra fora da pintura. A variedade enciclopédica dos registros de que depende essa composição cartográfica faz, portanto, proliferar, a partir de cada detalhe, as empresas de reconstituição. Ela fomenta no espectador uma profusão de discursos nascidos da relação que esses "fragmentos" mantêm com lacunas a preencher. Estranho quadro: um excesso de significantes multiplica aí os espaços que induzem o interminável relato de suas ausências.

A alquimia de uma estética

Esse remetimento a sistemas chamados pelos extratos ou recortes que figuram na superfície da pintura poderia ter como indício geral as alusões alquímicas, compondo uma metalinguagem de Bosch. A alquimia, com efeito, se constrói sobre a diferença entre o visível e o legível; ela articula signos esotéricos (visíveis mas ilegíveis) sobre conhecimentos "cuidadosamente ocultos";[18] ela separa assim de um não saber um saber ler. A alquimia será, pois, privilegiada pelos comentários. Com efeito, além de pertencer à cultura geral da época (e não somente a al-

---

17 Cf. J. Van Lennep, *Art et Alchimie*. Bruxelles: Meddens, 1971. p. 213-222.

18 Cf. Stanilas Klossowski de Rola, *Alchimie*. Paris: Seuil, p. 7-8.

guns grupos isolados),[19] o discurso do arcano responde exatamente à situação dos exegetas, que supõem ter que decriptar "signos" icônicos a partir de um saber reservado aos "filhos da ciência". Ele identifica a pintura com a relação que um número mantém com o conhecimento das "essências" e de suas "conversões". Ele formula, pois, a ideologia do intérprete, mais que a do pintor.

Há alquimia no quadro, mas ela efetua a "conversão" (ou, como se dizia, a *putrefactio, decoctio* e *exaltatio*) desse vocabulário enciclopédico, enquanto a leitura reduz inicialmente a imagem a um grafo e faz em seguida desse a expressão de um saber oculto. Retomando os signos que alojam em seu quadro todas as curiosidades científicas de seu tempo, Bosch as faz funcionar *de outra maneira*, assim como os diversos fragmentos do mundo que ele reúne no não lugar de sua pintura. Faz deles um jardim. Assim como a máquina a vapor no quadro de Turner, os produtos de uma técnica contemporânea são destacados da prática ou do saber que eles articulavam. Eles são oferecidos a jogos, os mesmos dos corpos nus que os envolvem de guirlandas. Colhidos nas árvores do saber e nas cidades no "outono da Idade Média", eles não "significam" mais o trabalho e as mensagens de um tempo. Esse desvio se efetua no próprio vocabulário, cuidadosamente reproduzido, do discurso cultural ou erudito de uma sociedade. Uma metamorfose muda o *status* dos termos sem modificar sua singularidade fenomenal. Um outro mundo se insinua nos mesmos signos. O quadro os afeta com a ambivalente capacidade de poder ser ainda entendidos como fragmentos de sistemas de sentido enquanto eles já estão

---

19 Seria preciso levar em conta também a astrologia, de que se tem em Bosch os signos do zodíaco, o calendário circular (o carrossel), figuras essenciais (a lua, o urso etc.). Cf. Keith Thomas, *Religion and the Decline of Magic*. 2. ed. Londres: Penguin, 1973. p. 335-458.

colocados em um espaço diferente, que os "converte" em uma estética.

Comparada com o quadro das funções linguísticas de Jakobson,[20] essa "conversão" alquímica das imagens as faz passar de um funcionamento "referencial" (visando ao conhecimento de um contexto), ou ainda "conativo" (visando a uma transformação do destinatário) a um funcionamento "poético". O léxico icônico muda assim não de conteúdo, mas de *status*. Seu valor de expressão (relativo a um referente) ou de ação (relativo a um destinatário) apaga-se diante da qualidade "palpável" e "sensível" do próprio significante. Assim, um som se torna musical quando ele cessa de indicar um sentido (o rangido que conota uma porta) ou uma ação (o grito que pede socorro). Essa metamorfose é frequente entre os místicos: o critério do belo se substitui ao do verdadeiro. Ela transporta o signo de um espaço a outro, e ela produz o novo espaço. É por ela que o mapa de um saber se altera em um jardim de delícias.

Um fantástico da significação

Talvez o traço prateado ou o pontilhado colorido pelo qual Bosch desenha frequentemente contornos e substitui as indicações de sombra ou de volume marque esse transporte dos objetos, sua metáfora em pintura. Essa quase-assinatura de sua "maneira" circunscreve por um vestígio de auréola o que ele faz das coisas destacando-as do mundo para colocá-las no quadro. Em suas margens, os significantes se irisam com outro ar. Eles mudam de ser em um espaço diferente.

Essa luminosidade estranha tem valor metonímico em relação às metamorfoses que se efetuam no quadro, como em uma dessas retortas caras a Bosch. Pode-se le-

---

20 Roman Jakobson, *Essais de linguistique générale*. Trad., Paris: Minuit, 1963. p. 214-221.

90 A Fábula Mística ❖ Michel de Certeau

vantar seus procedimentos geradores de fantástico. Mas um sistema de pensamento contemporâneo, o que trabalham essas operações sobre os signos, é seu postulado. É ele que torna possíveis os efeitos que elas obtêm. Ele pertence a uma outra episteme que não a nossa.

De Cazotte a Maupassant, o fantástico literário do século XIX se instala no entre-dois que constituiu a clivagem moderna entre o "real" e o irreal. Ela supõe, entre *real* e *fictitious*, o corte que instaurou uma epistemologia da objetividade. Fazendo trabalhar um sobre o outro esses dois termos (esse barulho, essa sombra, é uma "ilusão" ou algo "real"?), ela confunde progressivamente a oposição sobre a qual se apoia a afirmação positivista de realidade. Às localizações que distinguem o objetivo do subjetivo, ela substitui a inquietante insegurança dessas determinações e, portanto, do próprio real. Esse trabalho (romanesco ou pictural) de instabilização agarra por trás a dicotomia científica do século XIX. Ele lhe é sincrônico, e, desde Kafka, desapareceu com ela.[21]

Em Bosch, há uma instabilização análoga, mas ela não visa a fronteira que, no século XIX, circunscrevia um conhecimento objetivo do real. Ela trata de um sistema de significações. O que ela perturba é o *status* que têm os significantes de serem contratos estáveis com entidades ou conceitos, de poder, distinguindo-se, nomear o pensado (uma *ratio*) que organiza os seres, e fazer sistema entre eles de maneira a soletrar o grande relato paradigmático do universo, a manifestá-lo como um conjunto concebido por um *Logos*, a lê-lo e a fazê-lo ler como a revelação "natural" que atravéspor meio da textura complexa do mundo um Locutor dirige a destinatários. Essa legibilidade é radicalmente questionada no século XV, ao mesmo tempo

---

21 Cf. Tzvetan Todorov, *Introduction à la littérature fantastique*. Paris: Seuil, 1970. p. 174-177.

por uma *crítica do signo*, isto é, da relação (suposta sólida) entre significante e significado, e pela lenta substituição de uma *problemática da produção* (criar todos os artefatos possíveis) à da decriptagem (interiorizar pela leitura – *intus legere* – os mistérios do mundo, mensagens ocultas). Esses dois movimentos se cruzam já que um insinua sob a determinação das ideias uma movimentação indefinida das singularidades, e o outro introduz, graças a "maneiras de imaginar", a ebriedade de criar uma multidão de possíveis. Eis que se desfazem as conexões de significação entre propriedades ou essências que recorta a nominação. A linguística ockhamista, as virtuosidades de uma nova labilidade intelectual, as visões apocalípticas, as retóricas inventoras de formas e de seres desenham mundos atópicos, no próprio texto de um cosmo incerto de seus postulados. Essas linguagens diferentes, artefatos produzidos por uma combinatória separada do referente tradicional, servirão, aliás bem cedo, de discursos explicativo e descritivo ("etnológico") para o Novo Mundo que Cristóvão Colombo descobre (1492-1504) no momento em que Bosch pinta seu Peru fantástico. Sua fabricação "artificial" precedeu seu emprego experimental.

A "lenda" do velho mundo (o que "se deve ler" das coisas em seus signos), Bosch a desconstrói mexendo peça por peça nas unidades significantes e confundindo, por seus híbridos ou suas mudanças de proporção, a ordem classificatória que se construía, articulando-os, como uma frase se produz articulando palavras. Ele insinua em toda parte o lapso, a desmedida, a inversão.

Mas ele o faz com tanta exatidão no detalhe e com uma arte tão metódica que ele impõe ao mesmo tempo a verossimilhança de suas figuras (isto é, o que faz crer em seu "realismo") e o simulacro da pintura (isto é, o espaço real da ficção). Por um lado, os significantes dão (a ver) o real (imaginário ou não, a questão não é essa), mas sem significação. A versossimilhança de seu existir coincide com a impossibilidade de pensá-los. Por outro, a organização das formas e das cores é tão incontestável que sua ilegibilidade se acha aumentada. Há frase e não sentido. Assim se encontra rompida a aliança, até então fundadora, entre o *sermo* e a *ratio*. Tudo acontece como se tivéssemos uma gramática, mas sem a lógica que corresponde a ela. Essa gramática "diferente" não se articula mais sobre o verdadeiro, o pensado ou o nomeado. Antes, análoga à de uma glossolalia cujos fonemas poderiam passar por palavras. Construída com um léxico "realista", essa ordem não semântica perturba os postulados que *fazem crer* em uma significação das coisas. Além do mais, elas só comportam, talvez, um *semblante* de sentido. O que se pôde chamar de "fantástico intelectual"[22] de Bosch interroga menos sobre o conhecido ou o real que sobre o indecidível de sua significação, ou sobre o desaparecimento subreptício do que tornava crível a inteligibilidade.

A produção das formas: um no outro

Essa in-quietude "fantástica" resulta de procedimentos. Como nos maiores, como em Borromini, ela é sustentada por uma ebriedade técnica. Se, do quadro de Bosch, não se pode explicar "o que ele quer dizer" (e pela mesma razão, ele se apega precisamente àquela pretensão, que, no entanto, volta sem cessar), pode-se analisar como, segundo quais regras ele se produz. Substituição também ela característica: à *ratio* da significação sucede uma *ratio* da fabricação. A esse respeito, os *Bosch-drollen*,[23] as "esqui-

---

22 Marcel Brion, in Gilberte Martin-Méry (éd.), *Bosch, Goya et le fantastisque*. Bordeaux, 1957. p. XXV.

23 Um inventário antuerpiano de 1590 designa assim os quadros de Bosch. Cf. Leo Van Puyvelde, *La Peinture flamande au siècle de Bosch et Breughel*. Bruxelas: Meddens, 1964. p. 52.

sitices" de Bosch (seus "contos droláticos"), não contam uma "história", passada ou imaginária, mas a história de sua produção. Elas encenam uma combinatória que multiplica as possibilidades de relação entre elementos e que assim desconstrói e reconstrói formas. Essa pintura é uma arte de fazer (e não uma arte de dizer) onde o artista e o artesão são o mesmo. Ela remete, aliás, às práticas da família Van Aken (o avô, o pai, três tios e o irmão de Bosch são Maelre, profissionais da pintura, e seu sobrinho, "talhador de imagens"):[24] essa arte de fazer escapa aos prestígios da mensagem; ela é antes relativa às maneiras e às sutilezas de um ofício; ela se enraíza nas referências próprias ao meio de trabalho onde o exercício estético (como se fala de exercício espiritual) não obedece a ideologias de escolas.

Nesse gênio da mutação formal, reconhece-se a habilidade de produzir fantástico graças a um pequeno número de procedimentos, mas empregados com virtuosismo. Alguns exemplos bastarão para apreender as formas no próprio movimento de sua "formação".

Primeiro procedimento: a forma (essencialmente o círculo ou a esfera) *se abre sobre seu outro* por uma transparência, um rompimento ou um buraco. Já a grisalha pintada nas janelas fechadas do tríptico indica esse movimento: na noite do tempo, o globo transparente do cosmo, cheio na metade da altura pela água dormente de onde a terra emerge como um brejo em fermentação, é verticalmente cortado pelo entre-dois dessas janelas que se vão abrir e abri-lo sobre a profusão colorida e dançante do Jardim. O círculo imóvel e trágico do começo se fende para "dar lugar" ao carnaval de delícias que se desdobra sobre os três estágios do painel central. O externo é o outro do interno. O círculo é exterioridade destinada à diferença de seu interior. Em *um*, há o *outro*.

---

24   R. H. Marijnissen, op. cit., p. 16.

Essa dinâmica de metamorfoses, passagem de uma forma a outra, se reproduz 10 vezes, 20 vezes no Jardim, com o casal que aparece no vão de uma laranja, os personagens que olham pela brecha de um morango como do balcão de um belvedere, os três jovens enlaçados pelas volutas de um cardo, os amantes na greta de uma ostra perlífera, os parceiros que se acariciam na bolha (transparente e fechada como um sonho) de uma flor de abacaxi, os que, levados por um cavalo branco, escondem seus amores sob a cúpula de um xabraque vermelho, os que uma semiesfera translúcida aureola cativa, ou ainda os que se beijam através do rasgo de uma abóbora marmorizada.

Em toda parte obcecantes: o *encerramento* no globo e seu contrário, a *efração*. Esta tem duas variantes icônicas: ou a rachadura do círculo se ele é opaco, ou sua transparência se ele é fechado. A ilha circular deixa a alteração ou romper suas bordas ou sobrevir em seu meio. A forma "perfeita" se descorna ou se aprofunda para dar lugar ao seu outro. Talvez, ovo quebrado ou bola cristalina, essa coincidência dos dois "momentos" – o fechamento e a eclosão – se refira também ao globo terrestre, o jardim do delírio-delícia, o beijo andrógino e o narcisismo da própria imagem. Sua reiteração multiplica, em todo caso, os modos pelos quais são encenadas a desconstrução-reconstituição do círculo, figura da definição (e do definitivo), e a ambivalência do movimento (abre-se ou se fecha?). Assim a amora de onde uma garça faz irrupção; a urna, abacaxi oco, onde jaz o homem sofregamente estendido para a cereja; o círculo luminoso onde se esconde um porco-espinho; o ovo quebrado aonde se precipita, como pelas portas de um templo, a multidão saída do mar; muitas outras ainda. Essas variantes orquestram a estrutura formal que colocam, no centro das fontes medianas, o buraco redondo de onde vem o olhar estranho da coruja ou de Eros, e, no lugar da assinatura, o côncavo semicircular de onde o homem soçobra, insólito porque vestido, mostra a nudez cristalina da Eva-Sibila com a boca fechada.

3. CAMINHOS PARA PARTE ALGUMA

Ao procedimento que distende o visível na ativa contradição de um interior e de um exterior, acrescenta-se o que produz, com modos igualmente variados, uma errância de formas. O definido perde seus limites. Ele deriva para as bordas e se confunde com o vicinal. Mais do que de uma flexibilidade das transições, trata-se aí de um trânsito das formas. São "metáforas" em curso. Esse deslizamento, suave hemorragia das figuras, inquieta quanto mais ele se produz com a maior nitidez do detalhe (nada oculto, sem sombra, sem vago, sem impressionismo) e num âmbito absolutamente estável, rígido até (a divisão em três zonas horizontais correspondendo cada uma a um terço da altura, o estrito paralelismo das massas esféricas entre o alto e o baixo, a arquitetura piramidal e cruzada da parte inferior etc.). As formas viajam, mas no interior de um espaço fixo. Uma revolução movimenta subrepticiamente os elementos, mas não (ainda) o mundo ou o solo, plano como um mapa, onde se inscrevem esses deslocamentos.

Detalhe característico, na zona inferior do Jardim, o deslizamento das linhas descendentes desenhadas pelos personagens, à direita e à esquerda, vem-se quebrar ao chão. Essas derivas terminam em *ângulos de parada* (posições sentadas, deitadas, ajoelhadas ou encostadas, mãos ou pés no chão) de que o solo constitui a base perpendicular. O escoamento das formas se fixa nas margens de um quadro cósmico, como se as metamorfoses, movimento interior, tivessem como condição de possibilidade a estabilidade das margens. Vigília da modernidade que vai comprometer essa circunscrição com a experiência de um universo infinito. Então, o desvanecimento dos limites externos provocará por muito tempo o trabalho de "parar" e estabilizar formas internas, de recortar, distinguir e classificar unidades. Em Bosch, os processos de metamorfose alteram os recortes internos. Eles criam um devir indefinido (uma temporalização exorbitada) dos seres no interior de um quadro imóvel. As coisas aí são passantes, elas se escoam, elas mudam.

O espaço onde se efetuam essas transformações aparece inicialmente como um esquadrinhamento abstrato construído por distinções geométricas no interior do quadrado que fornece suas margens. Tem-se assim, no painel central, uma divisão geral em três zonas superpostas (I, II, III, partindo do alto; cf. *fig. 1*); depois uma distribuição estrelada da zona inferior (III) que é dividida em três triângulos construídos sobre o mesmo pico central e cortados cada um segundo sua mediana (de onde os quartos 1 a 6, em III; cf. *fig. 2*); enfim, em cada um desses quartos, uma disposição das figuras que repete a da zona superior (I) (cf. *fig. 3*). O conjunto é um plano de lugares a construir. Ele não supõe um solo referencial, como o são os locais urbanos ou as terras semeadas em Breughel. Ele é do tipo cartográfico. Depende de uma geometria no espaço. É um quadro taxonômico que permite a projeção homogênea e a classificação (por "lugares" ou por funções) de uma informação enciclopédica. Esse mapa é uma "arte da memória". Cada seção aí serve de casa onde alojar uma variante geográfica: o bosque (III,1), o brejo (III, 2), o gramado (III, 3 e 4) etc.

CONSTRUÇÃO DO PAINEL CENTRAL

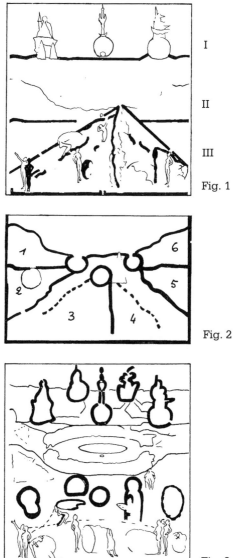

Fig. 1

Fig. 2

Fig. 3

Fig. 4. *Uma geometria bem temperada*
(painel central, metade inferior)

O todo forma uma composição de lugares oferecidos a percursos e a travessias: à colheita e à caça (atividades de nômades), mas não à agricultura ou à plantação (atividades sedentárias). Essa tomada de partido remete a

Primeira Parte – Um Lugar para se Perder ❖ Capítulo 2 – O Jardim: Delírios... 99

uma *"nomadização" do espaço* (e não somente dos seres ou das coisas), seja por uma multiplicação dos estratos cartográficos no mesmo espaço, seja pela movimentação dos limites definidos por cada um desses mapas.

Com efeito, à construção que eu isolei, outras se somam. Por exemplo, no painel central, o triângulo formado pelos três mochos (nas duas margens da zona mediana e no megálito do meio); ou a estrutura que compõem, nos quatro ângulos, os carregadores de bolas-frutas vermelhas (os dois personagens do primeiro plano e as duas figuras aladas no céu) e cujas diagonais se cruzam no meio do tanque central; ou, na zona inferior, o triângulo equilátero construído a partir das três aves doadoras de frutos etc. Esses mapas, que a observação multiplica, dão lugar cada um a classificações e tratamentos próprios (por exemplo, monumentos e atividades da cidade, ou da geografia e dos símbolos do paraíso etc.). Eles se empilham, como taxonomias diferentes e estratificadas. Eles funcionam também uns sobre os outros, como no "modelo" de espaço que Freud construía imaginando o que seria Roma se cada uma de suas configurações espaciais tivesse ficado intacta e funcionasse com todas as outras.[25] Em Bosch, o espaço produzido no mesmo quadro é uma proliferação de geometrias heterogêneas e coexistentes. Ele brilha *por excesso*, mas sem que se esmaeça cada uma das "ordens" que o compõem. É uma Babel onde os mapas se acumulam e se misturam sem se dissolver. Um poliglotismo espacial.

Por outro lado, os limites parecem não estar aí senão para serem passados, ou, mais exatamente, passageiros. Diversos procedimentos são utilizados: deslizamentos imperceptíveis (por exemplo, da água à terra firme, III, 2, e III, 3); recortes transversais (por exemplo, os apaixonados deitados através da fronteira entre III, 4 e III, 5); arabescos li-

---

25 S. Freud, *Mal estar na cultura*, § 1; Gw XIV, p. 427-428.

100   A Fábula Mística ❖ Michel de Certeau

gando duas figuras por cima da linha de demarcação entre os quartos (por exemplo, as gavinhas coroando a laranja--barquinha da zona III continuam na zona II com as curvas nervosas formadas pelas patas dos corcéis do carrossel); pontas e riscados que avançam de um lugar ao outro (por exemplo, as flechas dos megálitos, os homens-pássaros e peixes voadores que passam do horizonte ao céu) etc. O cadastro não cessa de ser lesado por esses efeitos de margens que colocam de uma maneira *igualmente* artificial o limite e sua transgressão. Sabe-se que a ponte é um esquema formal caro a Bosch, o motivo icônico da "diabolia". Ela é generalizada como princípio organizador de um espaço onde a própria distinção se torna o meio de um desvio.

Uma língua universal e teratológica

O mesmo acontece com os seres, cujas partes só são o objeto de uma aná-lise e de uma ana-tomia tão precisas para serem ou combinadas ou substituídas por outras segundo regras que desafiam as normas. Os dois procedimentos aqui majoritários consistem ou em "colar" *um ao lado do outro* elementos incoerentes, ou em colocar *um* (estranho) *no lugar do outro* ("natural"). Exemplo de colagem, o conjunto voador que une, no alto à esquerda, a ramagem verde, o estorninho (?) vermelho, o cavaleiro rosa, o grifo verde claro e o urso azul-verde: aérea síntese cujas cores contradizem as formas, essa configuração carnavalesca coloca e nega ao mesmo tempo a distinção entre as ordens. Exemplo de substituição, a ameixa azul que serve de cabeça ao apaixonado deitado, fruto oferecido à amante que ele beija. Repetidos, esses procedimentos da *coincidatio* e da *substitutio* multiplicam "monstros" indicadores de combinações e de movimentos possíveis nas espécies (uma fecundidade enorme), mas perigosamente transgressivos em relação à classificação que postula uma estabilidade das formas biológicas.[26] Eles insinuam por toda parte uma mistura dos gêneros (animal, vegetal, humano), análogo icônico de uma língua universal feita de todas as línguas.

Finalmente essas combinações "desordenadas" funcionam mais em proporções (miniaturizações, hipertrofias) do que sobre hibridações (por substituições, inversões e colagens). Certamente um imaginário do corpo humano organiza mistos (uma ave substitui a cabeça; uma flor, o tronco etc.) e face a face (homem-ave, homem-fruto etc.) que inquietam também a ordem das coisas e das proximidades. Mas a técnica mais visível consiste em modificar a escala dos seres. Ela não instaura somente, como em *Gargantua* ou *Gulliver*, uma norma arbitrária mas estável das relações de grandeza. Ela os altera constantemente, aumentando a ostra, o abacaxi, o morango, o pato, a coruja, junto a pequenos humanos; miniaturizando as garças colocadas ao lado de um monumental bico-grosso ou da borboleta aglossa; reduzindo a ave solta que se avizinha do caule incandescente do abacaxi etc. As próprias diferenças são instáveis: os "*disparates* de Bosch", já se dizia no século XVI.[27] Essa plasticidade das relações de proporção muda de lugar em lugar o postulado espacial de uma ordem, a saber a permanência de uma relação de escalas, *uma* medida.

Errâncias narrativas

"Na obra de arte, caminhos são adaptados a esse olho do espectador explorando como um animal pasta numa

---

26 Cf. Georges Canguilhem, *La Connaissance de la vie*. 2. ed. Paris: Vrin, 1965. p. 171-184, "La monstruosité et le monstrueux".

27 Citando essa opinião comum, Fray de Siguença (*Tercera Parte de la Historia de la Orden de San Gerónimo*. Madri, 1605. p. 837 e 841) estima o termo pejorativo (de "esquisitices") e indigno de Bosch.

pradaria."[28] O jardim de Bosch oferece meios de se perder. Referências aí adaptam possibilidades de errar. Desligados, como em um sonho, de significações exatas, elas vêm de longe. Suas reaparições aqui e acolá no quadro sugerem viagens demarcadas por morangos, cerejas, olhos que são esferas ou sexos, obsessões bucais ou anais. Esses caminhos de sem-sentido compõem, como uma rede de anamneses intermináveis, o alhures de um paraíso que não é o de uma doutrina esotérica, de um mito passado ou de um carnaval contemporâneo,

> Mais le vert paradis des amours enfantines...
> *Est-il déjà plus loin que l'Inde et que la Chine?*[29]

> Mas o verde paraíso dos amores de criança...
> É mais longe que a Índia e que a China?

Sim, porque as referências indianas da paisagem, suas chinesices (como seus cristais) e suas "turquices" (por exemplo, o demônio arborescente) são metáforas de outro exotismo. Enumerando esses tesouros do Oriente, como o faz admiravelmente Baltrušaitis, é um vocabulário e não a frase que se desdobra. Um dicionário, e não o poema.

Com certeza, a iconografia da Antiguidade e da Ásia medieval fornece elementos ao jardim de Bosch, e tanto quanto a herança do *Hortus Deliciarum*[30] ou a tradição teológica do *paradisus voluptatis*,[31] esse Éden que é *hortus*

---

28   Paul Klee, op. cit., p. 38.
29   Baudelaire, *Les Fleurs du mal*, "Moesta et Errabunda".
30   Cf. A. Straub e G. Keller, *Hortus Deliciarum*, Strasbourg, 1901, sobre esse texto escrito no fim do século XII por Herrade de Landsberg.
31   "Paraíso de gozo", diz Denys Le Chartreux, em seu Commentaire du Pentateuque, n° III (1534, Colônias).

voluptatis.[32] As joias assim montadas e "cidades" brilham com um brilho súbito diante do olho erudito que as reconhece na passagem. Mas sua estranha incrustação no quadro os retira de uma explicação acadêmica. Ela dá forma particular a uma delícia. As reminiscências, que já são gozos mais ou menos ocultos nas pesquisas eruditas, encontram aqui um jardim onde vagabundear. O saber encontra aí seus gazeteamentos. Mas, nem mais nem menos "verdadeiros" que os prazeres guiados pelas reaparições do morango púrpura, ou então fixados na encruzilhada da tenda vermelho-coral, clareira flamejante, centro mais autoritário dessa pintura, sol inesperado a partir do qual se desenrola todo o panorama das cores.

Pode-se "ir aos morangos", colher amoras, seguir as cerejas ou "colher a framboesa". Esse quadro, cujo primeiro nome conhecido foi *La Pintura del Madroño* (a pintura do morango), deixa vir todos os equívocos do fruto que o enfeita. Nessa terra não violada pelo arado (*immunis rastroque intacta*), os habitantes colhem ao ritmo da dança ovidiana "os brotos do medronheiro e os morangos da montanha" – *Arbuteos fetus montanaque fraga legebant*[33] –, única "progenitura" (*fetus*) nessa idade de ouro quando os adultos são ainda tão jovens. Esse fruto remete também à Criança misteriosa que oferece a Suso adolescente, num dia de "carnaval espiritual", "uma bela cestinha de frutos vermelhos parecidos com grandes morangos madu-

---

32 "Jardim de gozo": Saint Bonaventure, *Tractatus de plantatione Paradisi*. In: *Opera Omnia*, Quaracchi, 1891. t. 5, p. 574. Cf. D. Thoss, *Studien zum locus amoenus im Mittelalter*, Vienne-Stuttgart, W. Braumüller, 1972; K. Garber, *Der locus amoenus und der locus terribilis*, Vienne, Böhlau, 1974. Bosch perverte o *locus amoenus* identificando-o com um *locus terribilis*: a ambiguidade do lugar faz seu fantástico.

33 Ovide, *Les Métamorphoses*, I, 101-104; éd. G. Lafaye, Paris, coll. Budé, 1928, p. 10-11.

ros no ponto".[34] É também um "símbolo da impureza", diz redondamente o historiador,[35] objeto de posse gulosa, ou brasão desse corpo feminino que cantará Clément Marot,

> ... Au milieu duquel est assise
> Une fraise ou une cerise
> Que nul ne voit, ne touche aussi...[36]

> ... No meio do qual se assenta
> Um morango ou uma cereja
> Que ninguém vê, nem toca também...

Há também as viagens sugeridas pelas cerejas, as amoras ou as framboesas, pontuações avermelhadas ou violáceas através do jardim; o percurso triangular dos mochos; a procissão ascendente dos seis peixes,[37] ídolos extáticos que por toda parte mãos seguram ou carregam (desde o navegador exposto no chão em baixo, até o aerólito que escapa, enfim, sozinho, no extremo cume direito do quadro); as idas e vindas entre o espaço das aves, ouriçados de bicos e de picos no ocidente do quadro, e as aves estereotipadas que, como sinais de bicada (ora na frente, ora atrás), semeiam seu oriente etc. Indefinidamente se abrem essas vias que são apenas caminhos para parte alguma. Narratividades intermináveis, discursividades de prazeres.

---

34 Vie de Suso. In: *L'Œuvre mystique de Henri Suso*. Trad. B. Lavaud. Paris: Egloff, 1946. t. 1, p. 126-127.

35 E. Delaruelle, La vie religieuse populaire en Occident dans les années 1500. In: *Colloque d'histoire religieuse*. Grenoble, 1963. p. 30.

36 *Poètes du XVIᵉ siècle*, éd. A. M. Schmidt. Paris: Pléiade, 1953. p. 332. Sobre o morango, cf. também *Lexicon der christlichen Ikonographie*, t. 1, p. 656-657, art. "Erdbeere": 1. "Weltlust", 2. "alimento dos eleitos", 3. "planta do paraíso" etc.

37 Dois por zona, excetuando-se o sétimo, transformado em ave e cavalgado por um *zeeridder*, à esquerda no céu.

4. CALIGRAFIAS DE CORPOS

"A agitação jubilatória"[38] dos corpos parece obedecer a uma encenação muito regrada. Cachos e danças inscrevem no palco figuras geométricas. Assim, na zona inferior (III), um grande triângulo central é formado em sua base por um ritmo de arcos e de colunas humanas, e, dos lados deles, pelas inclinações de corpos voltados para o alto. Destacam-se espaços, também eles triangulares, que compõem não mais grupos humanos, mas entornos: passarinhada e o brejo, à direita; a clareira e o gramado, à esquerda. Nessa parte central, os corpos *fazem arquitetura*, como os anjos ou os *putti* em uma igreja barroca. A zona mediana (II) é ainda mais visivelmente construída pela elipse dos cavaleiros em torno dos três grupos de jovens nuas que desenham a elipse do tanque onde elas se banham. Contrariamente, mais alto (I), entre as massas rosa e azul de megálitos que formam um paralelograma que os bosques destacam e a água redobra, os humanos se perdem, minúsculos nessa imensa praça pública, gregários e ativos jogadores, frequentemente empalhaçados ou meio metamorfoseados, e subindo, como insetos, em galhos aéreos dos monumentos de onde eles voam para o céu.

Levados por esse turbilhão ascensional, os corpos se movem sem nome (nenhum atributo os atribui com um próprio), sem idade (não há nem crianças nem velhos), sem trabalho (assim se descreverão os "selvagens" do Novo Mundo).[39] Eles quase não têm sombra no chão (mas

---

38   Christiane Rabant-Lacôte, L'enfer des musiciens. In: *Musique en jeu*, nº 9, 1972. p. 23, citando para caracterizar a "ficção" a palavra pela qual J. Lacan designa a brincadeira da criança diante do espelho.

39   M. de Certeau, *L'Écriture de l'histoire*. 2. ed. Paris: Gallimard, 1978. p. 215-248. Ed. brasileira – A escrita da história. Forense Universitária. Grupo Gen.

reflexos na água). Seu volume é muito pouco indicado. São formas, belas ou estranhas, semelhantes a folhagens antropomórficas da Idade Média. Um anonimato de contornos elegantes.

De fato, esses corpos não se articulam senão em pequeno número de pontos (o pescoço, as nádegas, os joelhos etc.) e compõem assim um número muito pequeno de angulações, mas apresentadas em posições variáveis (cf. *fig. 4*): variações sobre alguns temas geométricos – uma geometria bem temperada. Assim (por exemplo, na zona inferior do quadro), destacada do fundo por esses corpos nus, a repetição das curvas (ângulos obtusos nos lados, ângulos agudos no centro e nas margens) e retas (corpos de pé esticados pelo paralelismo das pernas e o alongamento dos pés) se repete em cadência, traçando uma frisa por meio das partituras do espaço. Como um tratado das posturas ou um documento fílmico em câmera lenta, o quadro oferece em sua formalidade as séries possíveis de alguns belos movimentos. Ele os cruza também em figuras abstratas e complexas. É o caso do espantoso Shiva isolado em um quadro à direita, composto de dois corpos invertidos com um tronco de flor e uma cabeça de duque, malabarismo plural (como os gestos rápidos nos desenhos em quadrinhos), divindade oriental, andrógino meio manifesto, sigla enigmática, caractere chinês. Esses corpos formam hastes e letrinhas, um encadeamento de formas e de traços, em suma uma *bela escrita, mas ilegível*. Eles escrevem sem "falar". Ao inverso dos homens-símbolos de ontem, não são nem palavras nem sentidos, mas grafos silenciosos, retos, inclinados, irremovíveis e mutáveis, que se escrevem sem que se saiba o que eles escrevem. Perdidos neles mesmos, eles desenham mais uma musicalidade de formas – glossografia e caligrafia.

Hieróglifos selados, ligados entre si por relações estéticas e não semânticas, eles perdem também sua unidade de corpo. Partes se destacam, se combinam ou se substituem a outras. Tal parte se apaga (a cabeça, os pés etc.), lapsos como em um corpo sonhado ou porque o corpo biológico não tem uma organicidade estável (há quedas e perdas de membros ou de órgãos). Os pés se reúnem aqui em uma maravilhosa marchetaria de arabescos; em outra parte, eles desaparecem, eliminados sob diversos pretextos (relevos do chão, níveis de água, efeitos de perspectiva etc.). Eles saem, solitários, de uma laranja, de uma torre ou da água. Cabeças cortadas, cachos de frutos estranhos ou bolas que rolam sozinhas em um canto, fazem simetria em relação aos entrelaçamentos de pés, e contraponto em relação aos corpos sem cabeça, à cabeça de fruto ou de ave. Às vezes, a substituição da cabeça se inicia no abraço, próximo da metamorfose, do morango ou da coruja com uma cabeça de homem. Corpos decapitados e desmembrados, despedaçados, articuláveis e desarticuláveis como as bonecas de Bellmer, caindo em pedaços de que o artista se apodera para fabricar suas joias. Não efêmeras e perecíveis, mas já mortas em sua primaveril beleza da qual lá diante, retirado, um olhar mede a fragilidade.

Essa defecção da "simbólica" (ou coesão) corporal generaliza em cada indivíduo a nostalgia que só concerne ao andrógino primitivo em *O Banquete* de Platão:[40] "Nós éramos de um só pedaço." E eis que "Ele cortou os homens em dois à maneira dos que cortam os cornisos com a intenção de conservá-los, ou à maneira dos que cortam os ovos com uma crina". Em Bosch, essa metade caminhante já "mancando" se decompõe por sua vez, uma vez quebrada a "simbólica" que permitia ao cristianismo medieval manter juntos e costurar as partes. Ela revela suas contradições internas, à imagem do "Shiva" formado por

---

40   *O Banquete*, discours d'Aristophane, 189-193. In: Platon, *Œuvres complètes*. Trad. L. Robin. Paris: Pléiade, 1950. p. 715-722.

dois homens um de costas para o outro, sem outra comunicação senão um tronco de flor e uma cabeça de coruja. Sem dúvida, a dança da defecção (orgiástica? escatológica?) tem como contrapartida seu paralelo no quadro, os amantes na bolha. Mas esse sonho irisado é também ele cortado, inacessível por trás de seu vidro, decepção de uma esperança arrebatadora. Em todo caso, essa união onírica reitera por suas curvas perfeitas o que "responde" à realidade pintada pelo quadro, feita de picos, de bicos, de flechas e de pontas agudas: uma poética anal e bucal, uma maravilhosa animalidade de ânus e bocas, uma floração gulosa de amores.

Os gestos musicais desse jardim tecem os prazeres disseminados de corpos que são lábios. Uma beleza formal articula necessidades ávidas, às vezes agônicas (um imediatismo inquieto), sobre uma decomposição do sentido. Assim, ela conduz para o "inferno" que não deixa de ser nosso – nem talvez de ser delicioso, como os teatros noturnos de Sade. Aí, corpos torturados – escritos por uma lei – se agitam sob a *Melancolia* cujo olhar, destacado pela linha que atravessa os dois painéis, domina também o "paraíso" e cria a reversibilidade de um e de outro.

O *alhures* tem outras 100 formas, desde os amores a três ou as agonias do desejo, até as graças passarinheiras ou cavaleiras do carrossel. Desse país, ao termo de minhas primeiras viagens, não sei, no entanto, nada mais, avançando como um nadador para o largo. Eu "pensava ver". Na realidade, pelo efeito de uma lenta inversão, eu sou olhado. "Os quadros nos consideram."[41] Uma xilografia de 1546, reprodução ou plagiato de um Jérôme Bosch, tem a inocência (pouco boschiana) de instruir seu espectador com uma lenda: "O campo tem olhos, a floresta, orelhas." O Jardim olha. Ele está cheio de olhos que "nos consideram" (contei

---

41 Paul Klee, op. cit., p. 26.

pelo menos oito ou nove). Por toda parte o olhar do outro domina. O quadro não dá uma imagem em um espelho (os espelhos são raros e diabólicos em Bosch), mas uma inquietante privação de imagens, organizada pelo que de interrogador vem delas. Como se, completamente mudado em sibila de boca fechada, em esfinge, ele dissesse ao espectador: "Você, o que você diz do que você é acreditando dizer o que eu sou?" Mas já é muito supor o *status* de um enigma, enunciado que diz a "verdade" na medida, e somente na medida em que ele significa o que lhe fazem contar. A estética do *Jardim* não consiste em fomentar os lampejos novos de uma inteligibilidade, mas em apagá-los.

SEGUNDA PARTE

Uma Tópica

At nova res novum vocabulum flagitat." No meio do século XV, contra Bartolomeo Fazio e outros, Lorenzo Valla reivindica a possibilidade de empregar termos ausentes da Antiguidade clássica. Ele pretende para as palavras o direito de nascer: "Uma realidade nova requer uma palavra nova."[1] Pensamento novo, este, que liga a língua a uma historicidade mais do que a uma ordem. No século XVI, ele se generaliza até tornar-se um dever estender a família linguística ("Mais nós teremos palavras em nossa língua, mais ela será perfeita"), um assunto de glória para o genitor ("Eu fiz palavras novas", diz Ronsard) e um programa literário ao qual Bellay consagra um capítulo inteiro de sua *Deffence et Illustration de la langue françoyse* (II, 6: "Sobre inventar palavras").[2] Uma contracorrente malthusiana, muito cedo, procura controlar e acabará limitando esses nascimentos. Em 1640, no entanto, Sandaeus mantém ainda o propósito e quase a argumentação de Valla, mas não é mais a título pessoal, é em nome dos místicos: "Onde a coisa (*res*) o exige, nós devemos", dizem eles, "comandar as palavras e não as servir".[3] Ele já fala de um pas-

---

1   Lorenzo Valla, *Opera*. Bâle: Henricus Petrus, 1543. p. 504. Cf. W. Keith Percival, in Thomas Sebeok (éd.), *Historiography of linguistics*. La Haye: Mouton, 1975. p. 255.

2   Cf. Ferdinand Brunot, *Histoire de la langue française*. 3. ed., Paris: Armand Colin, 1967. t. 2, p. 161-173, 188-197 etc.

3   "*Debemus, inquiunt, ubi res postulat verbis imperare, non servire*" (M. Sandaeus, *Pro Theologia mystica clavis*. Colônia, 1640, preâmbulo, cap. 3, p. 6). Destaque meu.

114   A Fábula Mística ❖ Michel de Certeau

sado. Recapitula uma criatividade léxica. Faz dela a suma
e o *Lexicon*. É uma herança, tornada em parte incompreensível, que ele colaciona, explica e defende em sua *Pro theologia mystica clavis*. Ele encerra, classificando-a, a imensa
produção de uma língua "mística" durante três séculos.
Será preciso um outro século para que se reproduza, mas
em outra parte, em regiões diferentes do saber, semelhante
inventividade linguística estimulada pelo desenvolvimento
da ciência econômica, pelo recurso à terminologia das pro-
fissões ou pela "neologia mística" revolucionária.[4]

"Mística" é um caso particular, mas que nomeia precisamente uma proliferação léxica em um campo religioso.
A palavra se multiplica no fim da Idade Média. Ela designa uma operação a fazer sobre os termos a que ela diz respeito, por exemplo, "rosa", "jardim", ou "sentido". A esse
respeito, ela tem um alcance ao mesmo tempo pragmático
e metalinguístico: ela precisa uma maneira não só de utilizar mas também de entender as expressões que sobredetermina. Inicialmente, ela é adjetiva. Acrescenta-se como
um modo de emprego especial às unidades substantivas
já constituídas pela linguagem. Designa "maneiras de fazer" ou "maneiras de dizer", maneiras de praticar a língua.
Pouco a pouco, tornando-se complexa e explicitando-se,
essas práticas adjetivas são reunidas em um campo próprio que identifica, por volta do fim do século XVI, a aparição do substantivo: "a mística". A denominação marca
a vontade de unificar todas as operações até então determinadas e que vão ser coordenadas, selecionadas (na verdade, o que é "mística"?) e regradas a título de um *modus
loquendi* (uma "maneira de falar"). Então, a palavra não
se molda mais, como o fazia o adjetivo, sobre as unidades
substantivas de um grande Relato único ("bíblico") para

---

4   Cf. J.-R. Armogathe, Néologie et idéologie dans la langue française au XVIIIe siècle. In: *Dix-huitième siècle*, 1973. p. 17-28.

Segunda Parte – Uma Tópica

conotar suas múltiplas apropriações ou interiorizações espirituais.[5] Ela própria cria texto. Circunscreve a elaboração de uma "ciência" particular que produz seus discursos, especifica seus procedimentos, articula itinerários ou "experiências" próprias, e tenta isolar seu objeto. Da interferência entre práticas discursivas e a denominação de um lugar, uma nova disciplina nasceu. Ela ocupa uma outra distribuição dos campos científicos (por exemplo, a "positiva", a "escolástica" etc.), doravante distinguidos por maneiras de fazer mais do que por graus de conhecimento – por "métodos" (esse índice geral da época)[6] mais que pelos níveis hierárquicos do sentido ou do ser. Ela se inscreve em uma configuração do saber que reparte diferentemente as práticas do conhecimento, formaliza novas, que remodela as antigas ou compõe com suas resistências, segundo o critério geral de uma operatividade organizada por regras de produção. A mística depende, com efeito, de um movimento mais amplo. Identificando como ela se constituiu autônoma, encontram-se problemáticas transversais que regem igualmente os recortes e os rearranjos de campos vizinhos. Em sua singularidade, ela é o sintoma de uma mudança plural.[7]

Diferentemente de outras, nascidas ao mesmo tempo que ela, essa ciência nova não se manterá. Enquanto ela deu figura histórica e coerência teórica a um conjunto

---

5   Henri de Lubac, *Exégèse médiévale*. Paris: Aubier, 1959-1964, 4 vol. Cf. M. de Certeau, Exégèse, théologie et spiritualité. In: *RAM*, t. 36, p. 357-371, 1960.

6   Cf., p. 200-206.

7   Sob esse ângulo, poder-se-ia comparar a disciplina nova do século XVII com a "etnologia" que Ampère, no início do século XIX, "isola", nomeia e classifica em seu quadro geral das ciências. Cf. G. de Rohan-Csermak, A primeira aparição do termo "etnologia". In: *Ethnologia Europa*, vol. I, nº 14, p. 170-184, 1967. Entre essas duas "heterologias" (a mística e a etnologia), há, aliás, muitas analogias.

de práticas, ela se dispersa no fim do século XVII. Sua existência efêmera, brilhante pela riqueza das obras que ela produziu, desenha o âmbito e o objeto deste livro. Por que essa brevidade? Como se explica? Uma vez provida de uma unidade substantiva, a mística devia determinar seus procedimentos e definir seu objeto. Se, como se verá, ela conseguiu a primeira parte desse programa, a segunda lhe era uma tarefa impossível. Seu objeto não é in-finito? Não é senão jamais a metáfora instável de um inacessível. Cada "objeto" do discurso místico se inverte em vestígio de um Sujeito sempre passageiro. A mística não reúne, pois, suas práticas e não as regra senão em nome de algo de que ela não conseguiria fazer um objeto (senão místico) e que não cessa de julgá-la, dele escapando. Ela desvanece em sua origem. Seu nascimento a destina ao impossível, como se, doente do absoluto desde o começo, ela morresse finalmente da questão que a formou.

Durante um tempo, essa ciência só é sustentada pelo poema (ou por seus equivalentes: o sonho, o êxtase etc.). O poema tem para ela lugar de objeto científico. Aliança paradoxal. Na medida em que elas foram separadas do poema de que a sombra lhes desenhava um espaço, as práticas místicas, derivas geradoras de discursos intermináveis, elas até desfizeram a unidade de que tinham, no entanto, fornecido o princípio. Esses procedimentos continuarão seu trabalho em outros campos, sobretudo literários. No lugar ocupado pela mística, só sobraram estoques de fenômenos psíquicos ou somáticos logo passados sob o controle da psicologia ou da patologia; "exercícios" do sentido, colonizados pela teologia que as transforma em "aplicações" práticas; e questões radicais, esquecidas desde então ou retomadas por filosofias.

Dessa ciência passageira e contraditória, sobreveio seu fantasma que, desde então, obceca a epistemologia

Segunda Parte – Uma Tópica

ocidental. Como lembrança, por piedade ou por hábito, chamamos ainda "mística" o que se traça dela nas formações contemporâneas. Rechaçado durante os períodos seguros de seus saberes, esse fantasma de uma passagem reaparece nas brechas de certezas científicas, como se, cada vez, ele voltasse aos lugares onde se repete a cena de seu nascimento. Ele evoca, então, um para além dos sistemas verificáveis ou falsificáveis, uma estranheza "interior" que se dá doravante como representações os longínquos do Oriente, do Islã ou da Idade Média. Nas orlas e nos vazios de nossas paisagens, esse passante fantástico constrói também a radicalidade necessária aos itinerários que fazem fugir ou perdem as instituições provedoras de saber ou de sentido. Assim, de mil maneiras dispersas, mas onde se reconhecem ainda os contornos "místicos" do antigo *modus loquendi*, o enunciável continua a ser ferido por um indizível: uma voz atravessa o texto, uma perda transgride a ordem ascética da produção, um gozo ou uma dor grita, o traçado de uma morte se escreve nas vitrines de nossas aquisições. Esses ruídos, fragmentos de estranho, seriam de novo adjetivos, esparsos como maneiras de memórias, e desorbitados, mas ainda relativos à figura substantiva de outrora que lhes fornece a referência e o nome do que desapareceu.

Capítulo 3

A CIÊNCIA NOVA

Resumindo essa história, eu adianto a apresentação das análises que a fundam. É preciso, pois, voltar ao indício frágil que lhe serve de primeira posição. Na terra da linguagem, a evolução da palavra "mística" desenha, com efeito, uma forma nova, à maneira como uma velha lenda nos conta que outrora um anjo traçou na neve os contornos da basílica a edificar. Mas essa palavra, recortada pelo dedo do anjo na neve, vai reunir práticas no interior de um mesmo espaço. Um nome (cap. 3) e práticas (cap. 4): essa combinação permitirá precisar o lugar onde se constrói "a" mística (cap. 5)

1. *CORPUS MYSTICUM*, OU O CORPO QUE FALTA

A complexa evolução de "mística", nós a tomamos para o fim da Idade Média, depois que a palavra já fez muitas viagens.[8] De sua carreira medieval, bastará lem-

---

8   Cf. as notas de Sophrone (Le mot *"mystique"*. In: *Revue pratique d'apologétique*, t. 28, p. 547-556, 1919) e de Louis Bouyer (*Mystique*. Essai sur l'histoire d'un mot. In: *Supplément de la Vie spirituelle*, n° 9, p. 3-23, 15 de maio de 1949). O primeiro já indicava a diferença semântica entre o adjetivo e o substantivo (op. cit., p. 554). Cf. também A. Fonck, art. Mystique. In: *DTC*, t. 10/2, col. 2599-2674, 1929; e, mais preciso, mas em um campo mais estreito, Lucy Tinsley, *The French expression for spiritua-*

brar uma etapa, relativa à expressão *"corpus mysticum"* (corpo místico). É apenas um "caso" entre outros, mas ele apresenta a vantagem de ter sido o objeto de uma minuciosa análise teológica[9] da qual minha história poderia ser a sequência. Principalmente, esse "corpo místico" recortado pela doutrina chama imediatamente a atenção sobre a busca da qual ele é o objetivo: a procura de um corpo. Ele designa o objetivo de uma marcha que vai, como toda peregrinação, para um local marcado por uma desaparição. Há discurso (um *Logos*, uma teologia etc.), mas falta-lhe um corpo – social e/ou individual. Que se trate de reformar uma Igreja, de fundar uma comunidade, de edificar uma "vida" (espiritual) ou de (se) preparar um "corpo glorioso", a produção de um corpo exerce um papel essencial na mística. O que se formula como rejeição do "corpo" ou do "mundo", luta ascética, ruptura profética, não é senão a elucidação necessária e preliminar de um estado de fato a partir do qual começa a tarefa de oferecer um corpo ao espírito, de "encarnar" o discurso e de dar lugar a uma verdade. Contrariamente às aparências, a falta se situa não do lado do que faz ruptura (o texto), mas do lado do que "se faz carne" (o corpo). *Hoc est corpus meum*, "Isto é o meu corpo": esse *logos* central lembra um desaparecido e chama uma efetividade. Os que levam a sério esse discurso são os que experimentam a dor de uma ausência de corpo. O "nascimento" que eles todos esperam, de uma maneira ou de outra, deve inventar para o verbo um corpo de amor. Donde sua busca de "anunciações", de palavras que façam corpo, de partos pela orelha.

Essa busca concerne a uma questão sempre em suspense malgrado a enganosa evidência de nossas respostas:

---

lity and devotion. Washington (D. C.): Catholic Univ. of America Press, 1953.

---

9   Henri de Lubac, *Corpus mysticum*. 2, ed. Paris: Aubier, 1949.

o que é o corpo? A interrogação obseca o discurso místico. Aquilo de que ele trata é a questão do corpo. Ele obsedia os subúrbios do corpo, e se ele entra, é à maneira dos hebreus que outrora andavam com suas trombetas em torno de Jericó, antes que a cidade se abrisse por ela mesma. O corpo não é ainda alterado em uma colônia da medicina ou da mecânica. A título de modelo hipotético, esse enigmático foco pode ser figurado por um centro construído a partir de três pontos que se deslocam e cujas relações variam: um polo incidental (a surpresa de dores, gozos ou percepções que instauram uma temporalidade); um polo simbólico (discursos, relatos ou signos que organizam sentido ou verdades); um social (uma rede de comunicações e de práticas contratuais que instituem um "estar-aí" ou um "habitar"). Donde um esquema triangular:

Esses três polos podem ser analisados em níveis diferentes, segundo o tipo de experiência representado, seu conteúdo, a unidade de base à qual ele remete, sua função e a referência que ele introduz:

	eventos	discursos	práticas
conteúdo	dor/gozo	sentido	comunicação
unidade-base	a surpresa (o que acontece)	o significante (o que nomeia)	a relação (o que liga)
função	uma historicidade	uma simbolização	uma socialidade
referência	o tempo	a verdade	o lugar

A procura de um corpo vai colocar em jogo esses três elementos segundo modalidades e insistências variáveis. A mística, como literatura, compõe roteiros de corpo. Desse ponto de vista, ela é cinematográfica.

Mas, sob seu regime cristão, um prejuízo ou um postulado comum a afeta inteiramente, que exclui a priori toda generalização apressada em outras áreas religiosas. Com efeito, o cristianismo se instituiu sobre a perda de um corpo – perda do corpo de Jesus, copiada da perda do "corpo" de Israel, de uma "nação" e de sua genealogia. Desaparição fundadora, com efeito. Ela especifica a experiência cristã em relação com a certeza que mantém o povo judeu ancorado em sua realidade biológica e social, portanto, com um corpo presente, distinto e localizado, separado dentre os outros pela eleição, ferido pela história e gravado pelas Escrituras. A palavra cristã não toma forma "católica" (universal) e "pentecostal" (espiritual) senão a título do desligamento que a separa de sua origem étnica e de uma hereditariedade. Na tradição judaica, o Texto não cessa de escrever, corrigir e deslocar um corpo vivo, que é seu outro, o corpo do povo ou de seus membros. Tradição que será também médica. Na tradição cristã, uma privação inicial de corpo não cessa de suscitar instituições e discursos que são os efeitos e os substitutos dessa ausência: corpos eclesiásticos, corpos doutrinais etc. Como "fazer corpo" a partir da palavra? Essa questão traz aquela, inesquecível, de um luto impossível: "Onde você está?" Elas mobilizam os místicos.

Segunda Parte – Uma Tópica ❖ Capítulo 3 – A Ciência Nova

Elas habitam já os começos evangélicos. Diante do túmulo vazio, vem Maria de Magdala, essa figura eponímica dos místicos modernos: "Não sei onde eles o colocaram." Ela interroga o passante: "Se foi você quem o levou, diga-me onde você o colocou."[10] Articulada por toda a comunidade primitiva, essa pergunta não se limita a uma circunstância. Ela organiza o discurso apostólico. No Evangelho de João, Jesus só tem presença repartida entre os lugares históricos onde ele não está mais e o irreconhecível lugar, diz ele, "onde eu estou",[11] de maneira que seu "estar-aí" é o paradoxo de "ter estado" aqui outrora, de "permanecer" inacessível em outro lugar e de "voltar" mais tarde. Seu corpo é estruturado pela disseminação, como uma escrita. Desde então, os crentes continuam a se interrogar – "Onde você está?" – e, de século em século, eles perguntam à história que passa: "Onde você o colocou?" Com os acontecimentos que são ruídos vindos de outra parte, com os discursos cristãos que codificam a hermenêutica de novas experiências, e com as práticas comunitárias que tornam presente uma caridade, eles "inventam" um corpo místico – ausente e procurado – que seria também o deles.

A evolução medieval de *corpus mysticum* assinala um momento desse trabalho. Depois da metade do século XII, a expressão não designa mais a Eucaristia, como antes, mas a Igreja. Reciprocamente, *corpus verum* não qualifica mais a Igreja, mas a Eucaristia. Os adjetivos *mysticus* (oculto) e *verus* (verdadeiro, real e reconhecível como tal) se intervertem. A mutação é inicialmente um quiasmo do significante e do significado. O significado (eucarístico) se torna o significante do outro termo. No novo uso, com efeito, *mysticum* é apenas uma contração para *mystice signi-*

---

10   Evangelho de João, 20, 13 e 15. O resto do texto ("Maria", diz-lhe Jesus, e ela responde "Rabbouni") já tem a ver com a vida mística.

11   Cf. *ibidem*, 7, 34 e 36; 12, 26; 14, 3; 17, 24 etc.

ficatum, mystice designatum.[12] A Igreja, "corpo" social do Cristo, é doravante o significado (oculto) de um "corpo" sacramental mantido para um significante visível porque ele é a ostensão de uma presença sob as "espécies" (ou aparências) do pão e do vinho consagrados. Esse quiasmo se acompanha de um conjunto de deslocamentos de que alguns devem ser evocados visto que eles desenham o âmbito em função do qual se forma "a" mística.

1. *Do ternário ao binário.* Uma mudança teológica é a mais manifesta. Henri de Lubac lhe consagra seu estudo. Ele o conclui escrevendo: "Dos três termos (...) que se tratava de organizar entre eles (...), corpo histórico, corpo sacramental e corpo eclesial, outrora a cesura era colocada entre o primeiro e o segundo, enquanto passa, em seguida, a ser colocada entre o segundo e o terceiro. Tal é, em resumo, o fato que domina toda a evolução das teorias eucarísticas."[13] Uma pontuação do dogma está em jogo: onde colocar o corte, quem decide sobre o sentido? A cesura tem aqui como efeito distribuir em *dois* (momentos) os *três* (corpos). Ela leva o ternário ao binário, mas a antiga e a nova fórmula o fazem sobre dois modos distintos que remetem a uma diferença na própria articulação do ternário sobre o binário. Pode-se reinterpretar essas fórmulas como segue.

Semioticamente, a fórmula antiga conjuga ($\wedge$) o sacramental e o eclesial, para separar deles ($\vee$) o histórico:

$$\text{Histórico} \vee (\text{Sacramental} \wedge \text{Eclesial})$$

Ou, resumindo, e colocando em itálicos o termo notado "místico":

$$H \vee (S \wedge E)$$

---

12 H. de Lubac, *Corpus mysticum*, p. 281.
13 *Ibidem*, p. 288.

Segunda Parte – Uma Tópica ❖ Capítulo 3 – A Ciência Nova   125

O sacramento (*sumere Christum*) e a Igreja (*sumi a Christo*)[14] são reunidos (o termo *communio* lhes é, aliás, comum) como uma efetuação contemporânea de um "acontecimento" distinto e único, o *kairos*, designado pelo "corpo histórico" (Jesus). A cesura é, pois, de tipo temporal, conforme à teologia agostiniana. Ela separa do acontecimento original a manifestação de seus efeitos sob o modo da dupla Igreja-Eucaristia, que é a combinação "litúrgica" de uma comunidade visível ou povo (*laos*) e de uma ação (*ergon*) secreta ou "mistério". De fato, a série linear que vai das origens apostólicas (H) à Igreja presente (E) é toda ela sustentada pelo sacramento (S), pensado como uma operação única (o "mistério"), por toda parte instituinte, que liga o *kairos* à sua manifestação progressiva. Tempos distintos (H e E) são unidos por uma mesma "ação" invisível.[15] Esse esquema é o da "tradição". Ele se repete, aliás, em muitas ordens religiosas que supõem, depois da morte do fundador (corte temporário), que seu "espírito" continua a operar no desenvolvimento de sua obra. O termo místico é, pois, mediador. Ele garante a unidade entre dois tempos. Ele supera (*aufheben*) sua divisão e faz dela uma história. *É "místico" o terceiro ausente que conjuga dois termos disjuntos.* É o terceiro que postula a construção de uma série temporal. Finalmente, tem-se uma relação de anterioridade:

H *ant* E

---

14   Essas expressões agostinianas caracterizam duas "comunhões" com o Corpo: o ato de "consumir, comer, receber" o Cristo (*id est* a eucaristia) e o ato de "ser consumido, recebido, assimilado" pelo Cristo (*id est* a Igreja).

15   Essa perspectiva insiste sobre o *mysterium* (uma problemática da "operação") mais do que sobre o *sacramentum* (uma problemática do "signo" e, logo, da representação). H. de Lubac lembra justamente que "um mistério, no sentido antigo da palavra, é antes uma ação que uma coisa"; é uma "relação mútua" (Simonin), a operação de uma troca ou de uma comunicação entre os termos distintos (*Corpus mysticum*, p. 47-66).

e uma relação de implicação:

$$(H \wedge E) \supset S$$

A partir do século XIII, uma fórmula nova se impõe, onde a positividade de uma autoridade apostólica (o corpo histórico) e a de uma autoridade sacramental (o corpo eucarístico) estão ligadas para estarem juntamente disjuntas da Igreja que é sua extensão oculta:

$$(H \wedge S) \vee E$$

Essa nova escansão distingue funções (H e S) em relação com uma totalização de seus efeitos (E), e não mais dos tempos (H e E) em relação com seu postulado dinâmico (S) como o fazia a primeira. Nessa passagem de uma distribuição temporal (ou diacrônica) a uma distribuição funcionalista (ou sincrônica), há objetivação dos termos manifestos (H e S). Por um lado, o *kairos*, "corpo" histórico (H), se altera em um *corpus* análogo a um Código que faz lei e que funda indefinidamente os comentários explicitando sua produtividade oculta. Por outro, o "mistério", corpo sacramental (S), é retomado sob a formalidade filosófica do signo, isto é, de uma "coisa" visível que designa uma outra, invisível: a visibilidade desse objeto se substitui à celebração comum, operação comunitária; ela indexa a proliferação de efeitos secretos (de graça, de salvação) que compõem a vida real da Igreja. Têm-se, então, duas positividades, uma legível, a outra visível, que remetem a uma efetuação e a uma totalização ainda "místicas", o corpo eclesial. O terço místico não é mais que visado. Ele é produzível (no dia). Pouco a pouco, com a consciência crescente de que a Igreja deve ser reformada (século XIV-XVI), *torna-se místico o corpo a construir*, na base de dois "documentos" claros que fazem autoridade, o *corpus* escriturário (H) e a ostensão eucarística (S).

Segunda Parte – Uma Tópica ❖ Capítulo 3 – A Ciência Nova

Uma outra concepção do tempo e da presença intervém, portanto. O lugar novo que é feito para o termo "místico" o indica também. Na fórmula dos três corpos, o místico vem por último (frequentemente, aliás, ele tem valor escatológico); ele se opõe aos termos positivos como um invisível ao visível, como um fim a funções produtoras ou como o todo a órgãos motores. Ele mostra outro tempo e outro espaço. Ele designa a perspectiva de uma produção, ou a viagem a fazer "para além" das referências presentes. É doravante graças ao *corpus* legível das origens e/ou ao signo visível da eucaristia que um corpo místico eclesial deve ser "inventado", como haverá invenção do Novo Mundo. Essa empresa é a da Reforma. Ela se divide pouco a pouco em duas tendências, uma (protestante) privilegiando o *corpus* escriturário, a outra (católica), o sacramento. O binário (visível/invisível) vence a estrutura ternária dos corpos (histórico, sacramental, eclesial). Tem-se:

H *vs.* E

ou então:

S *vs.* E

Até a metade do século XVII, o "corpo místico" vai ocupar a posição estratégica de ser o outro em relação com as realidades visíveis. Tratar-se-á ora de dar um espaço "místico" à organização hierárquica ou escriturária, ora de dar uma visibilidade social ou textual a experiências místicas. O trabalho das reformas se mobiliza nessa fronteira. Em certos casos (desafios inaciano, borromeano ou beruliano), ele postula um paralelismo entre uma hierarquia eclesiástica e uma ordem mística. Mas, de toda maneira, ele visa a produzir um corpo místico. Essa problemática dá lugar, entre os místicos, à invenção de um corpo diferente, nascido do discurso reformista e para ele, – um corpo estranho de que a medicina terá finalmente "razão", impondo um corpo científico.

128 A Fábula Mística ❖ Michel de Certeau

2. Uma estratégia do visível. Uma mudança histórica e antropológica copia essa modificação teológica. Ela confirma, aliás, a periodização que tende cada vez mais a fixar na virada dos séculos XIII-XIV, mais do que no século XVI, o início da Renascença e da modernidade ocidentais. Novas estruturas socioeconômicas e os modelos que permitem pensá-las aparecem simultaneamente. Do ponto de vista que nos ocupa,[16] a história dos séculos XIII-XV poderia ter como indício geral a tecnicização das elites e a marginalização de uma maioria da população em relação aos códigos de um mundo praticado até aí como uma rede de relações. Por isso, a sociedade se opacifica.

Do lado da Igreja, têm-se múltiplos sinais: a separação dos "clérigos" e dos meios populares; a organização e a centralização administrativas dos poderes; a tecnicização do saber com a profissionalização e a internacionalização da teologia; a politização das divisões entre instâncias eclesiásticas e a autonomização de um direito secular; o isolamento progressivo da cultura e das "devoções" rurais em relação à burguesia nascente das cidades; a desorbitação dos itinerários individuais no momento em que os âmbitos de referência se objetivam ou se esboroam; a multiplicação das correntes inicialmente "heréticas" ou "espirituais", depois místicos ou bruxos, que atestam ao mesmo tempo a resistência e a instabilidade dos modos tradicionais de integração marginalizados por uma nova ordem social; as obsessões do "fim" – fins de um mundo, mortes epidêmicas, exílios do sentido etc. Relativamente à nossa questão, alguns elementos se destacam nesse conjunto.

O Concílio de Latrão III (1179) organizou uma restauração política do papado e uma reforma administrativa do clero. O corpo eclesial se reforça. Ele se clericaliza.

---

16   Cf., entre muitos outros, a síntese de Francis Rapp, *L'Église et la vie religieuse en Occident à la fin du Moyen Âge.* Paris: PUF, 1971.

Engrossa. *Torna-se "místico" o que cessa de ter a "transparência" do signo* (comunitário). Essa consistência do aparelho social permite logo, com Latrão IV (1215), uma pastoral sacramental que visa à *reconquista* dos crentes. À reforma *in capite* (na cabeça) sucede, organizada por Inocêncio III, uma reforma *in membris*, uma terapêutica dos "membros". A pregação e a prática sacramental são os instrumentos de uma campanha para arrancar os cristãos da empresa das primeiras grandes heresias populares, dos movimentos comunais autônomos ou dos poderes seculares crescentes. Os clérigos, os *litterati*, se põem a utilizar a língua "vulgar" e produzem uma literatura que procura diversificar-se segundo os meios sociais de destinação (por exemplo, com os *sermones ad status*). Para convencer, eles mobilizam as retóricas das imagens e dos *exempla*, eles empregam já a técnica do "fazer ver para fazer crer".[17] O mal que eles querem curar é a dissociação entre o aparelho eclesial e as formas que proliferam de um cristianismo vivido que se dissemina em todas as espécies de "Imitações" de Jesus. Ligado à individualização das práticas (desde o desenvolvimento da confissão auricular até as devoções pessoais), a abundância das experiências privadas mostra-se perigosa. *Torna-se "místico" o que se destaca da instituição.*

A cruzada interior se aplica, pois, a rearticular sobre o aparelho eclesiástico essa vida "mística". O "corpo sa-

---

17 Cf. *Faire croire. Modalités de la diffusion et de la réception des messages religieux du XIIᵉ au XVᵉ siècle.* Rome: École française, 1981. Cf. Maria Corti, Ideologie semiotiche nei "Sermones ad status" del secolo XIII. In: *Il viaggio testuale.* Turin, 1978. p. 221-242; *idem*, La cooperazione di tre strutture semiotiche: "allegoria in factis", "speculum" e modello sociale triadico. In: *In ricordo di C. Angelini.* Milan, 1979. p. 1-8; e o panorama historiográfico de Carlo 3, Rassegna di studi sulla predicazione medievale a umanistica (1970-1980). In: *Lettere italiane*, 1981. t. 23, p. 235-276.

cramental" ocupa aí uma função estratégica. Com efeito, ele constitui um ponto focal onde a realidade mística se identifica com a significação visível (ele coloca o princípio de sua unidade) e, por outro lado, ele funda o poder clerical de que depende (ele coloca um princípio hierárquico). Aqui, o signo é a presença que ele designa, por uma operação que é o privilégio do padre. Esse "corpo" eucarístico é o "sacramento" da instituição, a instauração visível do que ela deve tornar-se, sua autorização teórica e sua ferramenta pastoral. Muito longe de ser somente uma tese teológica, a inversão que, nessa época, coloca um "corpo" (sacramental) no lugar de outro "corpo" (eclesial) responde a exigências históricas e à política de um corpo social. Aliás, desde o Concílio de Latrão até o reformismo que segue o Concílio de Trento (1545-1563), e apesar dos avatares dos Estados pontificais, essa pastoral centrada no corpo capaz de simbolizar e de sustentar a restauração/instauração de uma Igreja visível terá uma grande estabilidade. Ela tem até uma posteridade secular com a transformação do "Isto é o meu corpo" na fórmula, de tipo ainda eucarístico, "O Estado sou eu".[18]

As campanhas eclesiásticas do fim da Idade Média desenvolvem os procedimentos que fazem "voltar" as experiências "místicas" no campo da instituição visível. A mola comum desses métodos – seu modelo técnico – parece ser a confissão. Ela se apresenta sob duas formas complementares, a que faz chegar à rede eclesiástica os segredos da vida privada (é o tipo "exorcismo"), e a que manifesta ao público a "verdade" oculta nas instituições (é o tipo "milagre"). Uma tira partido da confissão, e a outra, da demonstração. As duas reforçam a representação eclesial, seja diminuindo o invisível que lhe escapa, seja multiplicando as encenações do sentido.

---

18   Cf. Louis Marin, *Le portrait du roi*. Paris: Minuit, 1981. p. 145-168.

Segunda Parte – Uma Tópica ❖ Capítulo 3 – A Ciência Nova

Por um lado, pelo fato de sua difusão (e inicialmente pelas confrarias), a confissão auricular ou privada introduz no saber clerical as derivas ocultas do vivido quotidiano, todos os escapismos de que os segredos são perseguidos, nomeados e convocados sob o nome de "pecados". A confissão se insinua no dédalo das existências, ela os interroga, ela os faz falar, assim ela os exorciza.[19] Nos tratados da época,[20] ela se torna complexa com a organização nova da cidade e do trabalho. Ela recorta e faz "saírem" os seus detalhes. A confissão mística funcionará também como uma resposta à demanda insaciável de clérigos. Marcado teologicamente pela passagem da dogmática à análise das práticas (morais ou linguísticas), o saber clerical aumenta seu poder alimentando-se da informação que a confissão auricular (esse equivalente de nossas entrevistas) arranca de opacidades sociais. Estimulando sistematicamente essa prática sacramental, a pastoral trabalha para produzir uma visibilidade da sociedade religiosa.

Por outro lado, o "mistério" interno da instituição deve ser manifestado: pela "vulgarização" de uma pregação clara, simples, adaptada a cada grupo social: pela demonstração do corpo sacramental (a partir do século XIII, a elevação da hóstia, as "exposições do santo sacramento", as ostensões de *Corpus Christi* etc., o oferecem à vista, e até a

---

19   Cf. Thomas N. Tentler, *Sin and Confession on the eve of the Reformation*. Princeton (N. J.): Princeton Univ. Press, 1975. O cânon *Omnis utriusque sexus* (Latrão IV), prescrevendo a confissão, pelo menos uma vez por ano, a todo fiel que tem a idade de discrição, marca o início desse desenvolvimento.

20   Uma imensa literatura. Cf. P. Michaud-Quantin, *Sommes de casuistique et manuels de confession au Moyen Âge (XIIᵉ-XVIᵉ siècle)*. Louvain-Lilles, 1962. Inúmeros os tratados e manuais (como o Confessionale d'Antonin de Florence, um sucesso), ou os *Miroirs da la confession*.

uma "manducação" ou "devoração" visual);[21] pela reforma dos padres (chamados a tornarem-se as epifanias públicas do sentido e dizedores da instituição); pelas "vidas de santos" (histórias de interioridades desveladas e de vidas privadas tornadas legíveis); ou pelos relatos de milagres (que contam tão frequentemente como uma realidade secreta, o sangue do Cristo, por exemplo, se substitui ao signo, o vinho, que a designa) etc. À lei que impõe aos fiéis "dizer tudo" ao ministro da Igreja ("tudo" não é jamais além do que lhe é oculto), responde a lei que exige do padre que ele faça "ver tudo": ("tudo", o que fica oculto pela instituição). De um lado e de outro, a pastoral tenta trazer os mistérios da instituição e os segredos da vida secular para um espaço de visibilidade, teatro recapitulador que seria finalmente, como um mapa, a reunião visual e enciclopédica da Igreja. A utopia que sustenta já essa mobilização a serviço da transparência é a que assumirá, no século XVII, a figura (epistemológica) da "representação".

A proliferação das confrarias e congregações religiosas participa dessa cruzada onde a caça aos segredos assume a atitude de uma caça às bruxas. Essas comunidades, com efeito, visam a criar um corpo que torne visível um "espírito" (uma comunicação), segundo o modelo prestigioso da *vita apostolica* primitiva. Nada guardar, nada esconder: "Todos os crentes juntos colocariam em comum – *Omnes... habebant omnia communia.*"[22] A pobreza individual é apenas a condição da troca mútua. Ela desapropria de qualquer bem ou segredo reservado. Ela é essencialmente epifânica. As histórias de "irmãos" ou de "irmãs" trabalham na composição de uma cena legível. Trata-se de fabricar corpos transparentes. Sonho francis-

---

21   Cf. Édouard Dumoutet, *Le Désir de voir l'hostie et les origines de la dévotion au Saint Sacrement*. Paris: Beauchesne, 1926.

22   *Actus Apostolorum* 2, 44 (Vulg.).

Segunda Parte – Uma Tópica ❖ Capítulo 3 – A Ciência Nova

cano: que um corpo pregue sem falar e que, circulando, ele dê a ver o que o habita.[23] A "direção espiritual" que se desenvolve em torno dos conventos (sobretudo dominicanos) preenche também, com o diálogo da "confidência", as lacunas do discurso institucional. Murmúrio nas fronteiras: ele traz incansavelmente o não dito para as autoridades, e ele insinua legitimidade eclesial nos itinerários ou nas derivas da experiência privada. Essas trocas de confessionários ou de parlatórios fornecem, aliás, aos religiosos "diretores" o "material"[24] a partir do qual construir uma literatura de "Vidas" edificantes ou de "Exercícios" práticos, maciçamente distribuída, que, muito longe de subverter as instâncias eclesiásticas, lhes permite reconquistar e "informar" o povo cristão. Análoga à personalização dos produtos na economia contemporânea, essa "privatização" dos discursos tem uma função social. Ela articula o privado na linguagem eclesial. Assim, do século XIII ao XV, a pastoral recorre a isso sistematicamente.

Se as confrarias e as congregações constituem Igrejas em redução, já "igrejinhas", laboratórios onde se instaura a reconciliação do corpo social e da vida mística, elas não deixam de representar, entre a administração eclesiástica e as coletividades seculares, instituições paralelas e particulares que copiam a forma eclesial, desviam em seu proveito a "devoção" dos fiéis e compõem um lugar terceiro, frequentemente "isento", na verdade autônomo. Seu sucesso ameaça a pastoral pontifical ou diocesana à qual ele fornece, no entanto, modelos. Essas comunidades, como os conventos dominicanos, são, pois, volta e meia privile-

---

23 Passeando nos campos, Francisco "prega", sem ter necessidade da palavra, opaca mediação entre o homem e a natureza. Cf. Edward A. Armstrong, *Saint Francis:* Nature Mystic. Univ. of California Press, 1973. p. 5-41.

24 No sentido em que Freud falava do *Material* que lhe ofereciam seus clientes e os documentos históricos ou antropológicos.

giadas, vigiadas e até combatidas pelo papa ou pelos bispos, quando elas não são por si mesmas destruídas, como as congregações franciscanas, entre tendências "eclesiásticas" e movimentos "iluministas". Elas criam bolsões. É aí que os grupos de "espirituais" encontram um terreno favorável, ao mesmo tempo protegidos e controlados, ora levando o convento para o lado de aspirações que ele permitiu, ora trazidos à ortopraxia que ele defende. Jogos de fronteiras, como em peneiras. A geografia dessas congregações desenha, pois, em grande parte, a das correntes místicas. Nesse "terceiro mundo", experimentam-se assim táticas ou estratégias apostólicas ora rejeitadas, ora retomadas pelo episcopado que, finalmente, no Concílio de Trento, adotará como seu próprio programa alguns dos pontos essenciais da prática das ordens religiosas.

Nessa história múltipla de um "corpo sacramental" em busca de seu "corpo eclesial" – ou de uma "cabeça" visível em busca de seus "membros" místicos –, um traço interessa mais particularmente a aparição "da" mística: a concentração progressiva desses debates em torno do *ver*. Fora dessa focalização nova, seria impossível compreender tudo o que se institui então no modo visual: a revolução da pintura no século XV ("*the discovery of pictorial composition 1350-1450*", como diz M. Baxandall) e a invenção da perspectiva; a enciclopedização cartografada do saber; o papel da óptica na cientificidade moderna; as teorias da língua como "pintura"; as dialéticas do olhar e da representação etc. Modificação antropológica. A visão se substitui lentamente com o tato ou com a audição.[25] Ela

---

25 Lucien Febvre observava já a importância dessas polarizações sensoriais em *Le Problème de l'incroyance au XVIᵉ siècle* (1942). Paris: Albin Michel, 1968. p. 393-403. À sua tese ("le retard de la vue" au XVIᵉ siècle), retomada por R. Mandrou, se opõe à de Johan Huizinga (*L'Automne du Moyen Âge*. Trad., Paris: Payot, 1967. p. 261 e segs.) sobre a predominância da visão na mesma época

Segunda Parte – Uma Tópica ❖ Capítulo 3 – A Ciência Nova   135

transforma a própria prática do saber e dos signos. O campo religioso se reorganiza também em função da oposição entre o visível e o invisível, de modo que as experiências "ocultas", logo reunidas sob o nome de "mística", adquirem uma pertinência que elas não tinham. Desse ponto de vista, não é surpreendente que desde o século XIII – a partir das traduções latinas de João Scot Erigena (852), Jean Sarrazin (por volta de 1165) e Robert Grossetête (1240-1243) – e até Bérulle, Denys l'Aréopagite (Dionísio o Areopagita) seja a referência dominante. Ele coloca uma homologia de estrutura entre o conhecimento místico do "vidente" (*oratikos*) e a "hierarquia eclesiástica".[26] A autoridade dionisiana serve como antídoto contra a história que quebra a articulação do visível e do invisível; ela lhe opõe um discurso (tido como primitivo) que permite pensar sua distinção e superá-la em uma circularidade dinâmica. No campo doutrinal, ela exerce, finalmente, um papel análogo ao dos programas pastorais na prática. Dionísio frequentou cinco séculos de reformismo eclesiástico aos quais ele oferecia uma utopia especulativa, um mito comparável ao que será mais tarde o discurso hegeliano durante um século e meio de conflitos sociopolíticos. Mas a história, em especial a da própria

---

(cf. também Robert Klein, La pensée figurée de la Renaissance. In: *Diogène*, n° 32, p. 123-138, 1960. De qualquer maneira, a questão é central, destacada como tal do começo ao fim. Poderia ser que a hipertrofia teórica do visual não fosse acompanhada ainda por uma modificação na percepção comum das coisas, e que o privilégio da visão tenha inicialmente sido um fenômeno especulativo, revolucionário – "visionário".

---

26   Em Dionísio, "a disciplina hierárquica, longe de se opor à experiência mística, salvaguarda e prepara suas condições de realização", de modo que se poderia "situar o tratado da *Théologie mystique*, não fora, mas no próprio cerne da *Hiérarchie ecclésiastique*" (René Roques, Denys l'Aréopagite. In: *DS*, t. 3, col. 283-284, 1954).

mística, vai mostrar o insucesso da reconciliação que a teoria dionisiana tornava pensável.

3. O simbolismo: retórica e teologia. A mudança afeta também a concepção do simbolismo, problema central na linguagem mística. A sequência das "fórmulas" teológicas analisadas anteriormente já mostrou como uma forma binária (real ou *verum vs. mysticum*) se substituía lentamente à forma tradicional do ternário, ao mesmo tempo em que o conteúdo se encontrava redefinido pela oposição entre visível e invisível. Essa dupla modificação implica uma reestruturação das relações entre o fato e o sentido. Mais se torna difícil pensar que os fatos soletram sentido – um sentido que seria levado à legibilidade pelas próprias coisas –, mais se mostra necessário gerar inicialmente uma "razão" por textos, e depois por fatos (uma "experiência" e/ou um corpo) por essa razão (sintoma: "produzir" passa do sentido de "manifestar ao de "criar"). Essa tarefa tem uma por vez figura escriturária ou pictural, política ou científica. Construir uma *ratio* (uma ordem) pelo discurso e re-formar o real sobre esse modelo, em outros termos criar um corpo teórico e lhe dar um corpo histórico. São as duas operações que tornam necessárias a impossibilidade de reconhecer e a de aplicar uma ordem inscrita nas coisas. Simplificando, a ilegibilidade da Providência afeta com urgência e com universalidade a produção de um corpo de sentido, programa tão essencial à empresa de Maquiavel quanto à dos místicos.

Essa evolução remete à maneira como a teologia tradicional mantinha a relação entre um sistema de sentido e a economia histórica ou cosmológica do real, isto é, a uma teoria do simbolismo que se desfaz precisamente no fim da Idade Média. Fiquemos somente com um eixo dessa teoria. Ela supõe que deve haver uma analogia real entre os procedimentos (lógicos ou retóricos) que organizam o sentido e a sucessão ou disposição dos fatos (em uma "história da

Segunda Parte – Uma Tópica ❖ Capítulo 3 – A Ciência Nova

salvação" e/ou em um cosmo da revelação). A juntura do retórico e do "ôntico" tem aí uma função estratégica. Com efeito, para tratar as relações entre a produção do sentido e o desdobramento (histórico ou cosmológico) dos acontecimentos ou das coisas, o cristianismo antigo estende e aplica as "figuras" da retórica clássica à economia da salvação. Graças a esse deslocamento, os processos linguísticos permitem pensar relações entre fatos[27] ou seres. Um exemplo iniciador dessa transferência do retórico ao teológico é fornecido pelo uso pauliniano da alegoria. As duas mulheres de Abraão, uma escrava e a outra livre, são consideradas por São Paulo como uma "alegoria" que não caracteriza mais relações entre palavras (*verba*), mas entre os fatos (*res* ou *facta*). Agar e Sara "são" (antecipadamente) "as duas alianças sucessivas com Deus, o Antigo e o Novo Testamento".[28] Esse reemprego supõe a legitimidade da transferência que faz passar o tropo de um uso linguístico (um trabalho sobre o sentido das palavras) a um uso teológico (uma afirmação concernente a um "trabalho" da história). No cristianismo patrístico e medieval, esse transporte de um campo ao outro se generalizou em toda a exegese dita "espiritual".

O caso da "alegoria", que a Antiguidade e a Idade Média assimilam ao "símbolo",[29] permite analisar o fun-

---

27 Curiosamente, encontra-se uma transferência análoga em Freud quando, na *Interpretação dos sonhos*, por exemplo (cap. 6), "figuras de retórica" ou seus equivalentes (deslocamento, condensação etc.) caracterizam as operações próprias do "trabalho do sonho" e definem, pois, as formalidades de procedimentos históricos.

28 São Paulo, Gálatas, 4, 21. Cf. também I Coríntios, 10, 11 ("Isso lhe chegava em imagem – *tupikôs*"), ou II Coríntios, 3, 6 ("a letra mata, mas o espírito vivifica", retomada da oposição *gramma--pneuma*) etc.

29 Na Antiguidade e na Idade Média, a alegoria "é" uma figura de retórica que consiste em "dizer outra coisa" diferente do que se quer significar. Cf. Agostinho: *"Quid ergo est allegoria, nisi tropus ubi ex*

cionamento dessa translação e os problemas que ela criou: a conexão entre a *allegoria in verbis* e a *allegoria in factis*. Desde Santo Agostinho, a tradição antiga distingue duas classes de símbolos.[30] Uns são *signa propria*, isto é, coisas de que nós nos servimos para designar outra coisa e que são, pois, "instituídas" para significar. Assim são ditos *instituta*, ou "intencionais", ou *voluntaria* (Bonaventura). Eles funcionam sobre o modelo das palavras, que são, com efeito, instituídas para dizer "outra coisa" além do que são. A outra categoria compreende as coisas (*res*) que, além de sua significação própria, recebem de Deus a função de designar outras coisas. São realidades da natureza (coisas, pessoas, números, lugares, tempos, gestos etc.), mas transpostos (*translata*) em signos pela vontade divina. Esses *signa naturalia* escapam das codificações humanas do sentido. É preciso, pois, aprender a "interpretá-los" a título de uma inteligência que remonta às vontades divinas para descer para sua inscrição na opacidade das coisas "naturais". Eles dependem de uma hermenêutica "espiritual" ou teologal.

A *allegoria in factis* está na dependência da segunda categoria, diferentemente da *allegoria in verbis*, que é de tipo linguístico e funciona como uma metáfora, de confor-

---

alio aliud intelligitur?" (*De Trinitate*, XV, 9, 15; PL, 42, 1068). Isidore de Sevilha a chama de *alieniloquium: "Aliud enim sonat, et aliud intelligitur"* (*Etym.*, I, 37, 22). Cf. Jean Pépin, *Dante et la tradition de l'allégorie*. Paris: Vrin, 1970. p. 11-51 ("La notion d'allégorie").

---

30 Sobre a alegoria medieval, além de J. Pépin, op. cit., cf. Henri de Lubac, *Exégèse médiévale*, t. 4, p. 125-262; Dunbar H. Flanders, *Symbolism in medieval thought and its consummation in the Divine Comedy*. New Haven (Conn.), 1969; Johan Chydenius, La théorie du symbolisme médiéval (1960). Trad., in *Poétique*, n° 23, 1975, p. 322-341; Armand Strubel, *Allegoria in factis et Allegoria in verbis. ibidem*, p. 342-357 etc.

midade com suas origens estoicas.[31] Assim, no exemplo pauliniano, a "alegoria" não reúne palavras mas os "acontecimentos históricos em si";[32] não significados, mas referentes. Assim a reflexão teológica distingue da *allegoria verbi* (ou *allegoria rhetorica, allegoria grammaticalis* etc.) a *allegoria facti* (ou *allegoria theologica, spiritualis* etc.), à maneira como Agostinho diferenciava já a *allegoria sermonis* da *allegoria historiae*. Essa última transporta ao domínio real uma figura da língua; ela supõe entre acontecimentos ou fatos um tipo de relação análogo ao que a retórica produz no campo linguístico sob o nome de alegoria. Essa translação é submetida a várias condições de validação, às quais seus diversos nomes podem servir de índice.

a. *Allegoria theologica.* Para que um acontecimento ou um fato designe um outro (que se torna sua "figura"), é preciso uma vontade de significar que não é mais a do homem, mas a de Deus. Davi amando Bethsabé não visava a designar o amor do Cristo pela Igreja. Só uma Providência ordenando o curso dos acontecimentos funda a *allegoria facti*. Com um mesmo gesto, ela cria as coisas e as dispõe em sequências, à maneira como o escritor arranja relações entre suas palavras. A *allegoria facti* remete, pois, a esse único "orador" que é Deus, à sua "arte de falar"; é a retórica de Deus. A teologia teria por função, e por privilégio, reconhecer essa retórica. Mas isso só é possível a um pensamento capaz de se colocar "no ponto de vista" do Deus que faz do mundo seu discurso.

b. *Allegoria historiae.* O simbolismo *in factis* se inscreve em uma cronologia. A diferença entre um antes e um

---

31 Cf. Raoul Mortley, *Connaissance religieuse et herméneutique chez Clément d'Alexandrie.* Leyde: Brill, 1973. p. 39-58 (a alegoria estoica como "sentido alusivo" ou *hyponoia*). Na tradição medieval (por exemplo, em Jean Scot), reserva-se frequentemente o termo *symbolum* à *allegoria dicti*. Cf. Jean Pépin, op. cit., p. 19.

32 Agostinho, *De Trinitate*, XV, 9, 15.

140 A Fábula Mística ❖ Michel de Certeau

depois condiciona a instituição de um fato em "alegoria" de um outro. A temporalização da alegoria é, aliás, a "verdadeira especificidade da exegese cristã".[33] Uma história é pressuposta. Uma história progressiva visto que sempre é um "antes" que designa alegoricamente um "depois", e não o inverso (que corresponde à atitude freudiana). Não há reversibilidade. A hermenêutica tem ela também forma histórica: é preciso esperar o segundo acontecimento para que o primeiro se torne sua figura. A Transformação dos fatos em signos é o efeito de acontecimentos subsequentes, e, portanto, ligada à constituição de sequências temporais.[34] É preciso, enfim, que a história seja encerrada e que um "fim" ou uma "realização" aí se marque (o *kairos* da Encarnação) para que sequências estáveis (ou "alegorias") sejam legíveis. Esse corte funciona como o fechamento de um texto. Ela instaura um tempo em excesso, uma espécie de resto, que seria um espaço de leitura (ou de manifestação) uma vez o texto acabado. Sem o "fim dos tempos" que ela postula, a *allegoria facti* desmoronaria em uma proliferação interminável de alegorias aleatórias correspondendo aos acontecimentos futuros susceptíveis de alterar em signos os fatos passados.

c. *Allegoria in factis.* "Semelhanças" reais e estáveis são necessárias para validar um simbolismo histórico entre fatos ou acontecimentos. Por exemplo, entre a água e o Espírito, ou entre Sara e a Igreja, deve haver homologias

---

33 Jean Pépin, *Mythe et allégorie*. Les origines grecques et les contestations judéo-chrétiennes. Paris: Aubier, 1958. p. 478.

34 Em *Interpretation theory and practice* (Baltimore: The Johns Hopkins Press, 1969. p. 190-191), Paul de Man distingue do "símbolo" (uma "simultaneidade" da imagem e da substância) a alegoria, onde o tempo é a categoria constitutiva. De fato, essa problemática da não coincidência, base de uma "retórica da temporalidade" que acomoda o tropo no "vazio da diferença temporal", remete ao uso cristão da alegoria.

inscritas *in re*, nas próprias coisas. Como dirá Hugues de Saint-Victor, "qualidades" que sejam necessárias e "essenciais" aos fatos fundam sozinhas a aproximação entre eles.[35] Essa alegoria postula, pois, uma metafísica dessas "qualidades" ligadas, ainda que não identificadas, às substâncias e uma epistemologia capaz de formular critérios que especificam esse tipo de "qualidades". Se tais postulados vêm a ser abalados na base por uma crítica filosófica (como se produz com o ockhamismo), então o tropo, separado de sua ancoragem realista, só pode ser invertido e rompido em "dessemelhanças", seja excluído da teologia como privado de seriedade, seja levado por novas teologias a seu funcionamento retórico, único rigoroso, isto é, à *allegoria verbi*. Tais serão as escolhas diante das quais se encontrarão os humanistas, os Reformados e os místicos do século XVI, antes que o "símbolo" seja, pelo fim do século XVII, substituído à alegoria como seu oposto.

Essas três condições da *allegoria facti*, relativas ao *status* da teologia, a uma concepção do tempo e a uma metafísica, serão cada vez menos pensáveis nos séculos XIV e XV. Mostra-se impossível colocar-se no "ponto de vista" da *Potentia absoluta* divina porque a simplicidade de seu querer transcende suas próprias obras e escapa, pois, a toda inteligência que, necessariamente, se apoia sobre elas (para Ockham, a teologia deixa de poder ser uma verdadeira ciência.[36] Da mesma forma, as sequências estáveis, interiores a um tempo passado, se disseminam em relações aleatórias de termos passados com termos por vir, quando, o período apostólico não aparecendo mais como um fecho, mas como uma origem perdida, o tempo se inverte na espera de um Fim próximo

---

35 Cf. A. Strubel, op. cit., p. 350-351.
36 Cf. Paul Vignaux, artigos "Nominalisme" e "Occam". In: *DTC*, t. II/1, col. 733-784, 876-889.

ou de um terceiro Reino e que a alegoria serve para profetizar um futuro (ou um presente) incerto. Enfim, identificando o real com o singular, a crítica nominalista[37] e, mais amplamente, as novas práticas do discurso de que ela só representa um "momento" filosófico levam para o lado das palavras as relações, semelhanças etc., atribuídas até aí às coisas, rejeitam a confusão da lógica ou da retórica com a metafísica e acantonam os tropos no campo onde se afinam, se exacerbam e se purificam os jogos de linguagem.[38] "A grande e única *Allegoria facti*", que era a própria "*Alegoria* cristã",[39] se desfaz assim pouco a pouco. Um outro uso da retórica vai tratar a relação da linguagem com o corpo que lhe falta.

2. O ADJETIVO DE UM SEGREDO

Nos séculos XVI e XVII, a fórmula teológica surgida no século XIII se mantém: "Jesus", diz Bérulle, "tem um corpo real e um corpo místico na Terra... Nós aderimos ao seu corpo real pela comunhão com a Eucaristia, e ao seu corpo místico pela comunhão da Igreja".[40] Há mil exemplos. Mas

---

37 Cf. regulação de Ernest A. Moody, *Truth and Consequence in mediaeval Logic*. Westport: Greenwood Press, 1953. p. 5-6: "*The primary significance of what is called the 'nominalism' of W. of Ockham is its rejection of the confusion of Logic with metaphysics, and its vigorous defense of the older conception of Logic as scientia sermocinalis whose function is to analyze the formal structure of language rather than to hypostatize this structure into a science of Reality or of Mind.*"

38 Cf. por exemplo Terence Cave, *The Cornucopian Text. Problems of writing in the French Renaissance*. Oxford: Clarendon Press, 1979. p. 78-124, sobre a interpretação.

39 H. de Lubac, *Exégèse médiévale*, t. 4, p. 140, 149.

40 *Grandeurs*, Dédicace au Roi, dans Oeuvres, 1644, p. 133. Cf. em sua sequência, Saint-Cyran, cit. in Jean Orcibal, *La Spiritualité de Saint-Cyran*, nº 59, p. 21, 1962. Bérulle traduz "*verum*" por "real", como o quer a tradição. Cf. também J. Orcibal, *Le Cardinal de Bérulle*. Paris: Cerf, 1965. p. 124.

Segunda Parte – Uma Tópica ❖ Capítulo 3 – A Ciência Nova

a oposição, já perceptível no fim da Idade Média,[41] entre o corpo "político" e o corpo "místico" da Igreja se reforça. Assim, René d'Argenson distingue das instituições políticas um "Estado místico",[42] silencioso e vivo reino "interior" cuja realidade escapa tanto à inteligência quanto à visão. Essa oposição atravessa os próprios meios católicos, que, ora levados pela apologética antiprotestante, destacam o caráter exterior e visível da Igreja, ora procuram no "espiritualismo" um contraponto à politização do Estado ou do "mundo".[43] O desenvolvimento do adjetivo "místico" marca essa fronteira e seus efeitos sobre o campo que ela reorganiza. Ele indica o vestígio que atravessa o discurso cristão.

1. *Um adjetivo conquistador*. Thomas A. Kempis pergunta: "Por que há tão poucos contemplativos?"[44] É o termo tradicional, abundantemente comentado por Bernard de Clairvaux,[45] Bonaventura,[46] Tomás de

---

41 H. de Lubac, *Corpus mysticum*, p. 131-132.

42 R. d'Argenson, *Traité de la sagesse chrétienne*, 1651, p. 111 e 186.

43 Cf. Jean Orcibal, L'idée d'Église chez les catholiques du XVIIe siècle. In: *Relazioni* du Xe Congrès international des sciences historiques 1955, vol. 4, p. 111-135.

44 *Imitatio Christi*, III, 31. Fato característico, na *Imitação* "*mysticus*" não se encontra jamais; "*mystice*", uma vez, ainda é no IV livro, o único que fala do sacramento (IV, 10); mas "*contemplatio*" aí aparece oito vezes; "*contemplativus*", duas vezes; "*contemplor*", quatro vezes; "*spiritualis*", 37 vezes; "*spiritus*", 69 vezes (sem contar "*Spiritus Sanctus*", oito vezes).

45 Bernard, *In Cant. Cant.*, sermo 52, 5 (PL 183, 1031) distinguia a "*contemplatio*" da "*consideratio*" que a precede. Cf. Étienne Gilson, *La Théologie mystique de saint Bernard*. Paris: Vrin, 1934. p. 164-177; Christine Mohrmann, *Études sur le latin des chrétiens*. Roma: Storia e Letteratura, 1961. t. 2, p. 347-367.

46 Bonaventura, II Sent., d. 9, praenotata (Opera, t. 2, p. 240) que liga a "*contemplatio*" à "*conversio*". Cf. Jacques-Guy Bougerol (éd.), *Lexique Saint Bonaventure*. Éd. Franciscaines, 1969. p. 40-41.

Aquino[47] e tantos outros. No *Eden contemplativorum* ou no tratado traduzido por Pierre Blomevenna sob o título de *Directorium aureum contemplativorum* (1509), Henri Herp quase não usa "místico",[48] que não se encontra jamais no vocabulário de seu mestre Ruusbroec[49] – ele próprio, aliás, apresentado como "divino contemplativo" por Jean des Anges[50] e "muito excelente contemplador" por dom Beaucousin, seu tradutor francês.[51] Assim também, para designar o que se chamará mais tarde "a união mística", emprega-se *"unitas supereminens animae"*,[52] *"estado perfectísimo de contemplación"*,[53] *"contemplación quieta"*[54] etc. Assim, Teresa de Ávila.[55] João da Cruz trata da "contemplação" e só utiliza teologia "mística" para designar o aspecto "negativo da contemplação infusa, por maneira

---

47 Cf. L. Tinsley, *op. cit.*, p. 78: *"speculatio"* é oposta a *"contemplatio"*, que é *"simplex intuitus veritatis"*.

48 É a propósito de Dionísio que o *Directorium* emprega o adjetivo *"mysticus"* (II, cap. 22, 30 e 32); éd. Verschueren, p. 134, 174, 184).

49 Cf. Giovanna della Croce, in *Jahrbuch für mystische Theologie*, 1960. t. 6, p. 75. Mais de dois séculos mais tarde, é a mesma coisa ainda em Alvarez de Paz: exceto a expressão *"theologia mystica"* que remete a Dionísio (cf. *Opera*, 1623. t. 3, p. 1230, 1320 etc.), ele trata *"de gradibus contemplationis"* cujo sétimo e mais alto é o *"spiritualis somnus"* (*De inquisitione*, V, 3), ou descreve os 15 graus da vida espiritual até o estado em que a alma é *"unus spiritus cum Deo facta"* (*De vita spirituali*, II, 1, 9-11), sem falar de "místico".

50 *Diálogos*, I, éd. Gonzalez, p. 61.

51 *L'Ornement des Noces spirituelles* composto pelo divino doutor e muito excelente contemplador Jean Rusbroche, Toulouse, 1606.

52 Henri de Herp, cit. in P. Groult, *Les Mystiques des Pays-Bas*, 1927. p. 54; ou *"contemplatio perfecta"*, cit. *ibidem*, p. 100.

53 Louis de Grenade, *Libro de la Oración y Meditación* (1554). Éd. Cuervo, t. 2, p. 429.

54 Bernardino de Laredo, *Subida del Monte Sion por la via contemplativa...*, até *"la contemplación quieta"* (1535).

55 Cf. *Camino de Perfección*, 4, 3, sobre os sofrimentos de *"los contemplativos"*, ou sobre a *"contemplación perfecta"*, *ibidem* 25, 1-2; *Moradas*, VI, 7, 7 (*Obras*, BAC, 1954. t. 2, p. 148, 192, 450).

Segunda Parte – Uma Tópica ❖ Capítulo 3 – A Ciência Nova

de referência à tradição apofática de Dionísio o Areopagita.[56] Ele remete aos "contemplativos" ou aos "espirituais" quando cita aqueles de quem retoma o ensinamento.[57] No século XVII, a palavra venerável aparece sempre em numerosos títulos: *Jardin des contemplatifs* (1605), *Philosophie des contemplatifs* (1618), *De contemplatione divina* (1620), *Vie della contemplazione* (1626), *Tratado da vida contemplativa* (1627), *Sospiri profondi dell'anima contemplativa* (1651), *Les Contemplations* (1654), *Tractatus brevis de vita contemplativa* (1663) etc. A persistência de "espiritual", que remonta a São Paulo, é ainda mais manifesta.

O adjetivo "místico" se introduz, no entanto, há muito tempo, inicialmente como um dublê, depois como um substituto dos sinônimos que eram então preferidos. *Le Verger spirituel ou mystique* (1542): a palavra nova se insinua por trás da antiga, que lhe serve de indicação. "*Unio moralis seu mystica*": Vasquez acrescenta o segundo termo

---

56 Cf. H. Bouillard, "La "Sagesse mystique" segundo São João da Cruz. In: *RSR*, t. 50, p. 508-516, 1962. A identidade entre "contemplação" e "teologia mística", várias vezes afirmada por João da Cruz, corresponde, aliás, na maior parte dos casos, ao aspecto "negativo" da contemplação infusa (cf. os textos citados por Eulogio de la Vierge, in DS, t. 3, col. 401-402): "contemplação" corresponde ao conjunto do que chamamos vida mística; "teologia mística" representa uma referência a uma tradição apofática que acabou por ler toda a obra do pseudo Dionísio na perspectiva da "treva". Se a influência dionisíaca é imensa na época, inversamente a natureza dessa influência determinou uma interpretação de Dionísio. No início do século já, Lutero não tem "mística" e não cita Dionísio senão a propósito da teologia "*quae docet Deum quaerere negative*" (Martin Luther, Werke, Tischreden, éd. Weimar, t. 1, n° 75 ; t. 2, n° 2031).

57 Cf. *Noche*, II, 5, 1; *Cántico*, 39, 12: e 27, 5. Assim também ele se apoia nos "*libros espirituales*" (*Subida*, II, 17) que diríamos "místicos".

146   A Fábula Mística ❖ Michel de Certeau

tal como concessão – "união moral", ou, como se diz hoje, "mística".[58]

Com certeza, a palavra se liga às suas acepções antigas, determinadas pela exegese alegórica e/ou pela teologia dionisiana. É precisamente a título de uma relação com a Escritura que Lutero zomba das "frivolidades" (*"merissimae nugae"*) de uma "teologia mística" que ele julga *"plus platonisans quam christianisans"*, *"ludens allegoriis suis"*, e onde ele reúne toda uma tradição, desde Orígenes e Dionísio até Gerson.[59] Sob a palavra, ele visa a uma hermenêutica "eclesiástica" da Bíblia, uma fortaleza teológica. No século XVII, "místico" se refere inicialmente a um tipo de "exposição" das Escrituras, como o indicam todos os dicionários, desde o *Vocabulario degli Academici della Crusca* (1623) até as últimas edições do *Dictionnaire de Trévoux* (1771). "Há dois sentidos perfeitos", escreve Pascal, "o literal e o místico",[60] e, enquanto Richard Simon critica "essas espécies de interpretações místicas e espirituais",[61] Fénelon, ao contrário, reunindo em uma mesma frase os dois usos da palavra, o antigo (uma leitura dos textos sagrados) e o novo (uma experimentação pessoal), defende "esses sentidos místicos e alegóricos de que os eruditos desdenhosos dos últimos séculos têm um tão grande desgosto e um desprezo tão declarado quando eles os encontram nos místicos".[62]

---

58   *In D. Thom.*, III, 79, a.2, disp. 204, cap. 2, sobre a *"consummatio charitatis quae fit inter nos et Christum in Eucharistia"*.

59   Martin Luther, *Werke*. Éd. Weimar. t. 6, p. 561-562; *Tischreden*. Éd. Weimar. t. 1, n° 644.

60   *Œuvres*. Paris: Hachette, coll. Les grands écrivains, t. 6, p. 89.

61   *Histoire critique...* (1693), p. 6-7, cit. in H. De Lubac, *Histoire et Esprit*. Paris: Aubier, 1950. p. 425.

62   *Le Gnostique*. Éd. Dudon, p. 226-227. Quando seu parceiro Bossuet fala da "águia mística de Moisés" (*Œuvres oratoires*. Éd. Urbain et Levesque, t. 5, p. 114), do "lenho místico" da cruz (*ibidem*, t. 5, p. 608), é também para designar o sentido espiritual dos fatos

Segunda Parte – Uma Tópica ❖ Capítulo 3 – A Ciência Nova 147

Quando, a partir do século XVI, "místico" substitui "espiritual" para qualificar nomes tais como *"pomarium"* (1535), *"rosarium"* (1531), a "romã" (1582) etc., ele designa ainda um efeito de leitura e uma transformação das coisas em vocabulário de um ensinamento doutrinal ou moral, como o fazia outrora Bonaventura em sua *Vitis mystica* ("a Vinha mística"). Mas se a palavra conserva o vestígio de uma prática anagógica e escriturária, as regras dessa leitura se desorbitam e se atenuam. A alegoria dos fatos bíblicos (a *"allegoria in factis"*) se estende a todas as espécies de coisas para transformá-las em imagens vivas dos segredos da experiência. Ela não pode mais ser proporcionada teoricamente ao "Mistério" das vontades divinas. Ela serve para tornar perceptíveis as viagens indizíveis das coisas ou da vida interior. Mais do que a uma inteligência teológica dos Desígnios divinos inscritos nos acontecimentos, ela remete a um processo didático ou poético, a uma "maneira de falar". A um "estilo". Ela se torna (volta a ser) uma metáfora. Assim vê-se multiplicarem-se os Discursos, Elucidações, Instituições, Questões ou Tratados "místicos".

O fato excede a literatura doutrinal ou piedosa. O procedimento que se enriquece não é essencialmente cristão, ainda que seja marcado por sua utilização exegética ou iniciática. Sua extensão se deve, aliás, ao fato de que a exegese bíblica é apenas um setor particular no campo mais amplo de uma *hermenêutica generalis* cujos proce-

---

relatados pela Escritura em uma "linguagem mística" (*ibidem*, t. 5, p. 340). No século XVIII, M. A. Léonard, em seu *Traité du sens littéral et du sens mystique* (1727), fará poouco caso dos "sentidos místicos", meio para os antigos de "suprir a ignorância onde se estava no sentido literal" (prefácio, VI), mas o emprego da palavra é ainda tradicional.

dimentos provêm antes do direito ou da medicina.[63] Mas na vizinhança da hermenêutica guiada por uma retomada do *Organon* aristotélico, as ciências da interpretação florescem em todos os lugares, frequentemente inspiradas pelos livros de Hermes (supostos cristãos) ou pelo *corpus* dionisiano, com a ambição de construir uma linguagem coerente que explica por "leis" constantes as relações entre os dados de um saber enciclopédico e alguns elementos de base, mantidos como os verdadeiros "segredos" do conhecimento.[64]

Modelos de "línguas científicas" se produzem assim, onde a preocupação lexicológica (atestada por tantos dicionários)[65] e a elucidação de atitudes mentais e de "métodos"[66] superam o problema, ulterior, da verificação experimental. Nessa embriaguez linguística e lógica, "místico" marca o limite entre a interminável descrição do visível

---

63 Cf. para a hermenêutica propriamente dita: Conrad Lyconsthenes, *Apophtegmatum ex optimis utriusque linguae scriptoribus*, Lyon, 1556; Lawrence Humphrey, *Interpretatio linguarum*, Bâle, 1559; Michael Piccartus, *De ratione interpretandi*, Altdorf, 1601; Giacomo Zabarella etc. Ao que se deve acrescer o que concerne ao direito: Jean de Drosay, *Methodus juris universi justinianea*. Paris, 1545; Julius Pacius, *Oratio de juris civilis difficultate ac docendi methodo*. Heidelberg, 1587 etc. Igualmente para a medicina: Petrus Jacobus Toletus, *De methodo opus*. Nápoles, 1558; Celsus Martinengus, *De methodis commentarius*. Veneza, 1594; Christoph Guarinonius, *De methodo doctrinarum...* Francfort, 1601 etc.

64 Cf. Frances A. Yates, *Giordano Bruno and the hermetic tradition*. Londres: Routledge, 1971. p. 1-156; Keith Thomas, *Religion and the decline of magic*. Penguin, 1973. p. 209-458; Wayne Shumaker, *The occult sciences in the Renaissance*. Univ. of California Press, 1973. p. 1-59, 160-251 etc.

65 Como Martinus Rulandus, *Lexicon alchimiae sive dictionarum alchemisticum*. Francfort, 1612 (cf. trad. inglesa de A. E. Whaite, *A lexicon of Alchemy*, 1964).

66 Cf. Allen G. Debus, *The chemical philosophy*. New York: Science History Publications, 1977. 2 vol.

e a nominação de um essencial oculto, ou entre a lista do determinado e o enunciado do determinante. Assim, ele aparece como uma chave universal nas combinações mais diversas, desde o *De mystica numerorum significatione* de Josse Clichtove (1513) até as "figuras místicas" de Corneille Agrippa (1533) ou a *Mystica Aegyptorum philosophia* (1591) de Francesco Patrizi. A polêmica, sensível ao gosto do dia, adota também esse indicador dos jogos de fronteira entre o mostrado e o oculto, como a *Lettre mystique touchant la conspiration dernière avec l'ouverture de la cabale mystérielle des Jésuites révélée par un songe* (1602): nesse título-sintoma, "mística" se casa com "cabala", ao mesmo tempo que "mistério" desliza para "misterial". O oculto assume figura de complô.

2. *Problemáticas do segredo.* Torna-se "místico" todo objeto – real ou ideal – cuja existência ou significação escapa ao conhecimento imediato. "*Mysticum illud dicitur quod vel in religione, vel in disciplina aliqua, sacratum magis ac secretum est, atque a vulgarium hominum sensu magis dissentire videtur*":[67] Hersent, eclético erudito e móvel, reúne já três elementos característicos da moda – a passagem do "sagrado" ao "segredo", a transversalidade de "mística" em relação com as "disciplinas", a barra que a palavra estabelece entre os eruditos (ou os "gnósticos") e o "vulgar". Mas há graus de saber. Assim, Pascal escreverá contra os meio eruditos: "O costume (é) toda a equidade, por essa única razão que ele é recebido. É o fundamento místico de sua autoridade."[68]

O segredo não é somente o estado de uma coisa que escapa ou se revela em um saber. Ele designa um jogo entre atores. Ele circunscreve o terreno de relações estra-

---

67   Charles Hersent. In: *D. Dionysii de mystica theologia librum*, 1626. p. 7

68   *Pensées*. Éd. Lafuma, frag. 60 (Br. 294).

tégicas entre quem o procura e quem o esconde, ou entre quem supostamente o conhece e quem supostamente o ignora (o "vulgar"). Segundo uma tradição ilustrada por *El Héroe* (1637) de Baltasar Gracián, o segredo amarra, com elos ilocutórios, os personagens que o expulsam, o conservam ou o revelam; ele é o centro da teia de aranha que tecem em torno dele apaixonados, traidores, invejosos, simuladores ou exibicionistas. O oculto organiza uma rede social. "Dizem-se sutilezas, novidades e diversas filosofias com palavras místicas e figuradas", observam os senhores da Crusca, em seu *Vocabulario*:[69] eles suspeitam do que avança mascarado (*"larvatus prodeo"*). Num tom mais bonacheirão, a propósito da queda de Roma, Bossuet menciona "as maneiras místicas e envolvidas de que [os Padres da Igreja] falam desse triste assunto".[70] Sob o modo do que "se envolve" e se retira, ou do que se exibe e se impõe com autoridade,[71] o segredo depende da enunciação. É uma habilidade: ele afasta, atrai ou une interlocutores; ele visa um destinatário e age sobre ele. Guardemos somente três aspectos dele, ligados a essa expansão do adjetivo "místico". Uma paixão semântica aí se revela, que conjuga uma paixão (que deseja e sofre o outro) com um sentido (que se dá ou se recusa). O segredo introduz uma erótica no campo do conhecimento. Ele apaixona o discurso do saber.

---

69 *Vocabulario...*, 1623. p. 522.

70 *Explication de l'Apocalypse*, préface, 22; *Œuvres*. Éd. Lachat. t. 2, p. 329.

71 Tradição antiga. Cf. H.-I. Marrou: "A obscuridade da expressão, o mistério que envolve a ideia assim dissimulada, é para esta o mais belo ornamento, uma causa poderosa de atração... Vela faciunt honorem secreti" (*Saint Augustin et la fin de la culture antique*. Paris: De Boccard, 1938. p. 488 e segs.). Ou A.-J. Festugière: "Essa noção de mistério, de obscuridade, é um complemento da de autoridade. Quanto mais uma verdade for escondida, secreta, mais força ela terá" (In: *REG*, t. 52, p. 236, 1939).

Em primeiro lugar, o segredo localiza a confrontação entre um *querer saber* e um *querer esconder*. Essa estrutura elementar comporta evidentemente muitas variantes: a vontade (pedagógica, apologética) de fazer acreditar num desejo de saber ("você tem certamente vontade de conhecer") ou num desejo de esconder ("eu não lhe direi"), à qual pode se opor a afirmação ou a simulação de uma recusa de saber ("eu não quero saber"); a arte de revelar tendo aparência de velar, ou de esconder mostrando[72] etc. Em torno do segredo se tece uma teia de aranha de táticas. Mas essas "sutilezas" remetem inicialmente a duas vontades que se procuram e/ou se evitam em todas as modalidades possíveis do "dizer" ou do "não dizer".

Através de suas buscas, lutas ou requintes, os atores trabalham também com a diferença entre *ser* e *parecer*. Sob esse segundo aspecto, o segredo se caracteriza como uma coisa que é sem parecer. Mas, por isso mesmo, ele mantém uma perigosa vizinhança com a mentira ou com a ficção, isto é, com o que parece sem ser. O que pretende esconder pode ser apenas um simulacro. De fato, dando-se um referente secreto, as "palavras místicas" não engatam somente sobre todo o repertório das seduções ou manipulações que gera o oculto; elas são tomadas em si mesmas nas relações labirínticas das ficções que elas produzem com as realidades que elas subtraem. Elas caem na arma-

---

72 Daí a técnica, de que Pico Della Mirandola fez a teoria (*De hominis dignitate*. Éd. Garin, p. 130), de "falar por enigmas", de usar um estilo elíptico e "*sub aenigmate in publicum proferre*", de modo que as palavras sejam "publicadas e não publicadas" (*editos esse et non editos, ibidem*, p. 156). Em sua *Descriptio silentii* (In: *Opera aliquot*, 1544. p. 491-494), Celio Calcagnini mostra como as "cifras verbais", os "hieroglifos" e os "enigmas" permitem ao mesmo tempo dizer e não dizer, ou combinar a palavra com o silêncio. Cf. Edgar Wind, *Pagan mysteries in the Renaissance*. Londres: Faber & Faber, 1958. p. 13-23: *The language of mysteries*".

dilha que construíram. Elas oferecem sempre aos destinatários a que elas visam a possibilidade de não reconhecer aí senão enganação. A polêmica não se priva disso. Ela é tanto mais eficaz que alcança frequentemente uma incerteza inscrita no próprio segredo de que se autoriza o discurso "místico": não seria ele "ilusório"? Trabalho de um "discernimento" interminável, lutando contra a enganação. Certamente seu efeito de sedução pode servir como garantia ao segredo, mas ele continua suspeito. Finalmente, tudo acontece como se a referência ao segredo deportasse para a ilusão as "aparências" que se creditam dele, e como se fosse preciso, para sustentar sua realidade, fazer constantemente apelo a uma instituição visível. A palavra "mística" é sempre levada a se proteger por "autoridades" (aprovações eclesiásticas, citações bíblicas etc.) contra os "examinadores" que se defendem por sua vez reduzindo-a a um simulacro.

Enfim, o segredo é a condição de uma hermenêutica. Não há interpretação se não se supõe algo de oculto a decifrar no signo. Mas é preciso supor também que uma ordem existe entre a coisa calada e a que a vela, senão a própria hipótese de uma interpretação desmorona. Ora, parece que com a experiência generalizada de uma desordem cósmica e de uma corrupção social, a fabricação de segredos linguísticos, efeitos do próprio discurso, permita manter pelo menos, refinando-o, a ordem lógica ou retórica que rege as operações sobre a língua e criar assim as condições de uma hermenêutica que funciona doravante sobre os jogos de sentido ou de palavras. A multiplicação do adjetivo "místico" atribuído aos nomes produziria na e pela língua um equivalente artificial da interpretação que até aí decifrava vontades divinas no segredo das coisas. O aparelho hermenêutico funcionaria ainda, e mesmo ele se desenvolveria, mas em um campo verbal, ou "literário". Esse deslocamento seria comparável ao que faz hoje

Segunda Parte – Uma Tópica ❖ Capítulo 3 – A Ciência Nova 153

o romance policial, nascido no fim do século passado com Conan Doyle (Sherlock Holmes), ao mesmo tempo que a semiologia médica e a sintomatologia psicanalítica:[73] ele produz artificialmente segredo para produzir interpretação; ele conjuga um à outra por "indícios"; ele compõe roteiros ou "ficções" de hermenêutica. Cada termo conotado por "místico" se torna, com efeito, um romance policial em redução, um enigma; ele obriga a procurar outra coisa além daquilo que ele diz; ele induz mil detalhes que têm valor de indícios. Uma virtuosidade aí encontra como se exercer. Esse isolamento linguístico permitiu um desenvolvimento da retórica e da lógica. Ele se traduz também por uma hermenêutica barroca ou *"flamboyante"* que se inscreve, aliás, na sequência dos retóricos do século XV[74] e que se torna uma "maneira de falar" – um "estilo".

É, com efeito, a uma maneira de falar que remete mais frequentemente a floração do adjetivo "místico" durante a primeira metade do século XVII. *Le Pressoir mystique* de Jean d'Intras (1605), *La Couronne mystique* de Jean Boucher (1624), *L'Abeille mystique* de Nicolas Parent (1639)... os títulos por dezenas, as páginas por centenas apresentam a palavra. Louis Richeome coleciona indefinidamente "figuras místicas" nos fólios de seus *Tableaux sacrés* (1601). Francisco de Sales eleva esse gênero à obra-prima na *Introdução à vida devota* (1609), mas ele adota um tom menos florido no *Traité de l'Amour de Dieu* (1616). "Em 19 anos, aprendem-se e se desaprendem muitas coisas", diz ele:[75] "fala-se de uma maneira aos jovens aprendizes e de outra maneira aos velhos companheiros". Seu pensa-

---

73 Cf. Carlo Ginzburg, Signes, traces, pistes: racines d'un paradigme de l'indice. In: *Le Débat*, nº 6, p. 3-44, nov. 1980.

74 Cf. Paul Zumthor, *Le Masque et la lumière*. Paris: Seuil, 1978.

75 In: *Traité*, préface (*Œuvres*. Paris: Gallimard. coll. Pléiade, 1969. p. 347) referindo-se à *Défense de la Croix* (redigida em 1598) e à *Introduction*.

154 A Fábula Mística ❖ Michel de Certeau

mento amadureceu. O tempo mudou também. No meio do século, o adjetivo tem outra tonalidade; ele se especializa. Ele se rarefaz na linguagem científica[76] e, segundo os acadêmicos franceses (1694), doutamente retardatários em relação ao uso, "ele só se diz no que respeita as coisas da religião".[77] Mas na própria religião, ele não é mais levado pelo lirismo que fazia proliferar os enigmas e os brasões. Ele identifica um estado particular que se usa para classificar. Ele cataloga. Já Innocent de Saint-André distingue das outras espécies de oração a que é "sobrenatural e divina, ou mística":[78] utilizando a palavra como o dublê de termos tradicionais, ele volta ao seu emprego teológico, mas com um sentido que sobredetermina o isolamento progressivo de uma "ciência" mística. Assim também com um demonstrativo que visa um meio particular e um objeto recortado por esse meio, Constantin de Barbanson distingue, na sabedoria, "essa mística e celeste sapiência" e, entre as vias espirituais, "estes caminhos, místicos".[79] Em sua *Anatomie de l'âme* (1635), ele não desfia mais, como se fazia no início do século, um relato feito de alegorias e de figuras, mas ele trata "todo o caso místico", um campo próprio que tem a forma de uma "viagem mística".[80] Cerca de 10 anos depois, a experiência que considera Louis Chardon é especificada por uma subsistência "não humana, mas divina; não natural, mas mística".[81] A região "mística" se destaca dos caminhos "ordinários" ou "comuns", e tende a identificar-se com o "extraordinário". Essa lo-

---

76 O termo não desaparece, no entanto, da linguagem científica. Leibniz, senão o próprio Pascal, intitulará "hexagrama místico" um célebre teorema deste último sobre as propriedades das seções cônicas.

77 *Dict. de l'Académie française*, 1694, art. "Mystique".

78 Innocent de Saint-André, *Teología mística*, 1615, prólogo.

79 *Les Secrets Sentiers...* (1623), éd. 1932, prólogo, p. 25 e 27.

80 *Anatomie de l'âme*, 1635. t. 1, p. 95 ; t. 2, p. 178.

81 *La Croix de Jésus* (1647), éd. 1937. p. 22.

Segunda Parte – Uma Tópica ❖ Capítulo 3 – A Ciência Nova 155

calização aumenta as desconfianças. Inquietando-se que Louis Lallemant seja "*totus mysticus*", o geral dos jesuítas, Muzio Vitelleschi, teme vê-lo arrastar seus discípulos "*ad devotionem extraordinariam*".[82] Mais tarde, professores "espirituais" retomaram sua tarefa de recolocar em ordem hierárquica todos esses lugares de efervescência, assim o antiquietista Gottardo Bell'huomo em *Il pregio e l'ordine dell'orazioni ordinarie e mistiche* (1678), mas ele tem como estabelecida a definição que faz de "místico" o oposto do ordinário. Uma teologia aí se reconhece, que leva ao extremo a teoria do sobrenatural de pura "modalidade", bem além das posições de Belarmino, Suarez ou Grégoire de Valence. Recebendo da "filosofia" um conceito laicizado de natureza e combatendo a "persuasão interna" dos protestantes para defender o recurso às autoridades positivas da tradição, ela afirma que o homem é incapaz de reconhecer a "verdade" à qual ele está, no entanto, ordenado; que a consciência é impermeável a um sobrenatural "gratuito e sobreacrescentado" ("*indebitum et superadditum*"); e que todo "sentimento" de Deus deve ser considerado como "ilusório" ou "extraordinário".[83]

3. O SUBSTANTIVO DE UMA CIÊNCIA

O movimento que especializa "mística" se traduz pela aparição de uma ciência que se organiza em torno desses fatos extraordinários e lhes constitui um espaço

---

82 À Jean Filleau, provincial de Paris, 5 de abril de 1629; ARSJ, Franc. 5, f. 291 r.

83 Cf. Henri de Lubac, *Augustinisme et théologie moderne*. Paris: Aubier, 1965. p. 183-223; Richard H. Popkin, *The history of scepticism from Erasmus to Spinoza*. Univ. of California Press, 1979. p. 1-128. Ao contrário, Fénelon considera que a ideia de "pura natureza" lhe é "estranha" (*3ª carta em resposta à do bispo de Meaux*, § 1, in *Œuvres*, t. 2, p. 654 e 664; cf. H. de Lubac, op. cit., p. 305-307; Henri Gouhier, *Fénelon philosophe*. Paris: Vrin, 1977. p. 83-124).

próprio: a ciência mística, logo "a mística". À *sapientia philosophorum*, Gerson opunha outrora a antiga *sapientia christianorum* que ele particulariza em seguida como a *"vera sapientia christianorum"*:[84] esse *"verus"*, indício de um debate entre vários usos da mesma expressão, inicia a evolução que restringe sua significação. Na mesma oposição, a *"sapientia sanctorum"*[85] substitui a "sabedoria dos cristãos", e se altera, por sua vez, em "ciência dos santos",[86] de que se conhece o prodigioso sucesso no

---

84 *Super Magnificat*, tract. 8, cap. 3; *Opera*, éd. 1706. t. 4, p. 374. Sobre a oposição com a *"sapientia philosophorum"*, cf. as *Expositiones in Theologiam mysticam* (PL 122, col. 269). À sua rejeição constante da teologia negativa (a teologia mística é *"ars amoris vel amandi scientia"*) corresponde ulteriormente, na *Elucidatio scolastica theologiae mysticae*, a ruptura com os filósofos (cf. André Combes, *La Théologie mystique de Gerson*. Paris: Desclée, 1963. t. 1, p. 86-90; t. 2, p. 424-427).

85 Por exemplo, Nicolas de Lyre, *In Joannem*, prologus.

86 Cf. Jean Dagens, *Bérulle*, 1952. p. 250-252. Bérulle escreve da "ciência dos santos": ela é "mais viva e mais perfeita que a ciência comum para os bons e os maus, para os pagãos e para os cristãos" (*Corresp.*, éd. Dagens, t. 2, p. 187). Bourgoing apresenta sua obra como uma "sapiência" que não se apoia "sobre a ciência humana": "é a verdadeira ciência dos santos, a ciência de salvação e uma emanação da sapiência e da ciência divina" (Bérulle, *Œuvres*, 1644. p. VII-VIII). A toda a escolástica, Saint-Cyran prefere assim mesmo a "ciência dos santos" e a "biblioteca interior" (cit. in J. Orcibal, *La spiritualité de Saint-Cyran*, 1962. p. 112). Em 1609, François Solier traduz a *Instruzione* de Ricci, intitulando-a *Science des saints*, um livro frequentemente reeditado. Em 1638, François Poiré publica sua *Science des saints* e, em 1651, Antoine Civoré, seus *Secrets de la science des saints*. Cf. ainda Francisco de Sales, *Traité*, préface (éd. Annecy, t. 4, p. 4); Pierre Camus, *La Caritée*, 1640, p. 604; Louis Lallemant, *Doctrine spirituelle* (1694), éd. 1959. p. 392; Bourguignon, *La Vie du P. Romillon*, 1649. p. 38; *La Gloire de sainte Ursule*, 1656. p. 353; ou Pierre Boudon, segundo o qual Jean Bagot era "ainda mais esclarecido na ciência dos santos que na das Escolas" (BN, fonds fr., 25174, f. 59).

Segunda Parte – Uma Tópica ❖ Capítulo 3 – A Ciência Nova 157

século XVI e principalmente no século XVII, com 100 variantes, desde a *"sanctorum vita"* ou os *"dicta sanctorum"*, até a "doutrina dos santos", a "prática dos santos", a "loucura" ou a "sabedoria dos santos, as "máximas dos santos". Que santos? Aí, também, evolução. Aos heróis da hagiografia tradicional, se substituem cada vez mais os que nós chamaríamos de místicos. A figura do santo ou da santa permanece, mas ela muda de conteúdo: sempre extraordinária, com certeza, mas por seus "estados" mais que por suas virtudes, por seus conhecimentos mais que por suas performances, por sua "linguagem desconhecida" mais que por seus milagres. As "coisas interiores e espirituais" qualificam "os santos que as experimentaram e deixaram por escrito", como Dionísio o Areopagita ou Teresa de Ávila.[87] "A linguagem desconhecida na ciência dos santos é familiar a Teresa", diz Surin: "a escola da teologia mística está nela".[88] Tais são os "santos" de que Fénelon defenderá as "máximas" ou a "doutrina".

1. *Uma língua.* O que de surpreendente que essa "sabedoria" tome explicitamente o nome de "mística"? "Mística sapiência", diz Constantin de Barbanson com muitos outros;[89] "ciência mística", para Luis de La Puente,[90] Jean de Saint-Samson[91] ou Surin.[92] O que de surpreendente que

---

87 Luis de La Puente, *Vie du P. Balthasar Alvarez.* Trad., 1628. p. 161, 163 e 167.

88 *Correspondance*, éd. 1966. p. 1250. Innocent de Saint-André escreve sua *Teología mística* (1615), diz ele, conforme *"la doctrina de los santos"*.

89 *Les Secrets Sentiers...* (1623), éd. 1932. p. 27.

90 Deus descobriu a Balthasar Alvarez "os segredos da divindade e profunda sabedoria pelo meio que os doutores da ciência mística ensinam" (*Vie du P. B. Alvarez*, p. 160).

91 *Œuvres spirituelles*, 1658. p. 135.

92 *Guide spirituel*, IV, 3 (éd. 1963. p. 182) sobre o dublê "ciência mística" e "ciência dos santos"; ou La Science expérimentale, IV, 5 (BN, fonds fr., 14596, f. 49).

os "contemplativos" sejam os doutores dessa ciência – "*doctrina que escriben los santos*"[93]? O santo que se torna místico recebe uma função escriturária. Ele se instala no campo da linguagem. Assim, depois que Bonaventura, em 1588, foi colocado na fileira dos doutores da Igreja e recomendado como igual a Tomás de Aquino, Teresa é, por sua vez, canonizada (1622) e proposta a todos por seus "livros de teologia mística".[94] A partir de então, "muitos eruditos desse tempo a chamam Doutor místico",[95] e, em torno da "*Doctora mística*", se multiplicam os santos que são também "*doctores y maestros de mística Teologia*".[96] Já, chamam-se Ruusbroec "doutor" e Tauler, "muito ilustre teólogo". Mas esse título ligado a uma ciência e a uma competência linguística se generaliza. A partir de 1630, os editores de João da Cruz começam também a intitulá-lo de "doutor místico"[97] e, em 1640, quando Maximilien Van der Sandt publica sua ampla investigação sobre o vocabulário místico, ele define pela relação dos "santos" com a

---

93   Luis de León, *De los nombres de Christo*, dedicatoria (éd. Federico de Onís, 1956. t. 1, p. 9).

94   Decreto de Gregório XV (1615), citado por Nicolas de Jésus-Maria, Éclaircissement des phrases de la théologie mystique. In: Jean de la Croix, *Œuvres spirituelles*. Trad. Cyprien de la Nativité, 1642. t. 2, p. 11.

95   Miguel de La Fuente, *Libro de las tres vidas del hombre*, 1623, IV, cap. 14.

96   Thomas de Jésus, *Tratado de la oración mental...*, 1610. p. 177.

97   É somente na edição espanhola dos quatro tratados de João da Cruz (Madri, 1630) que aparece o título de "Doutor místico", ausente da edição parcial de Alcala (1618), da edição bruxelense da *Declaración de las canciones* (1627) ou da primeira tradução italiana (Roma, 1627). Doravante, João da Cruz será o "místico Doctor" – "nosso doutor místico", como diz o carmelita Nicolas de Jésus-Maria (op. cit., p. 12; cf. p. 7, 15, 18 etc.). É então também que as *Obras* (1618, 1630) se tornam, na tradução latina de André de Jesus, as *Opera mystica B. Joannis...* (Colônia, 1639).

Segunda Parte – Uma Tópica ❖ Capítulo 3 – A Ciência Nova 159

linguagem os "doutores místicos" ou "teólogos místicos", dos quais ele analisa as obras.[98]

O *corpus* dionisiano sustenta a emancipação dessa "ciência", de que ele recebe em retorno a interpretação que o coloca cada vez mais sob a luz noturna de sua *Théologie mystique*. Esse "tesouro" chega do Oriente, como se sempre a linguagem mística viesse desses países prestigiosos. Jean Goulu lembra, no início de sua tradução (1608), a relação da "teoria" com uma viagem: "Luis le Débonnaire... mandou buscar esse livro por embaixadores expressamente junto a Michel, Imperador do Oriente".[99] Era em 827. A partir do século XIII, uma nova onda traz para o Ocidente os "elevados pensamentos" do "contemplador" oriental. Ele se encanta a tal ponto que, desde o fim do século, o próprio Jesus Cristo, nos *Exercitia spiritualia* de Gertrude d'Helfa (†1301), coloca-se, às vezes, a falar uma língua dionisiana.[100] Nos séculos XVI e XVII, sua difusão impressa amplia ainda a audiência do Areopagita que não cessa, no entanto, por seus "segredos", de permanecer um princípio de inovação. A esse respeito, o *Onomasticon Dionysianum* que Balthasar Cordier junta à sua grande edição das Opera (Anvers, 1634) cartografa um novo mundo do espírito, o léxico de uma língua diferente – um "*novum quoddam et inusitatum dicendi genus*", como o dizia Pierre Lanssel em 1615.[101] Além das edições do *corpus* grego[102] e de inúmeras

---

98 *Pro Theologia mystica clavis*, 1640. p. 4

99 *Les Œuvres du divin Saint Denys Aréopagite*, 1608, dédicace. De fato, o manuscrito foi trazido por legados que, de Bizâncio, Michel II le Bègue enviava a Louis le Pieux.

100 Cf. M.-A. Fracheboud, in DS, t. 3, col. 357.

101 "De S. Dionysio deque eius scriptis disputatio apologetica" (sem página), na introdução de sua éd. das *Sti Dionysii Areop. Opera omnia*. Paris, 1615. t. 1.

102 1516, Florença; 1539, Bâle; 1561-1562, Paris; 1634, Anvers; 1644, Paris.

160   A Fábula Mística ❖ Michel de Certeau

publicações parciais,[103] toda uma tradição de comentários se capitaliza e se renova: no século XVI, editam-se os de Jean Eck (1519), Denys le Chartreux (1536, 1556), Marsile Ficin (1538, 1561), Nicolau de Cusa (1565), Tomás de Aquino (1588) etc.; no século XVII, os de Charles Hersent (1626), Martin Del Rio (1633), Balthasar Cordier (1634), Joseph du Saint-Esprit (1684) etc. Múltiplas também são as traduções, das quais a mais célebre em francês é a de Goulu (1608, 1629), e não se deve esquecer as que os melhores teólogos espirituais fazem por conta própria e inserem em suas obras, como Leonardus Lessius (1620)[104] ou Louis Chardon (1647).[105] As "Apologias", "Defesas", "Vidas", "Glórias" do Areopagita não deixam de ser numerosas, principalmente a partir do momento em que a erudição crítica, depois de 1640, destrói a autoridade apostólica do suposto discípulo de São Paulo.[106]

---

103   "De 1580 a 1630, diz Paul Cochois – talvez com algum exagero –, uma nova edição do Corpus dionisiano quase a cada ano" (Bérule et le pseudo-Denys. In: *RHR*, t. 159, p. 176, n° 3, 1961). R. Aubert indica "dezesseis edições completas ou parciais das obras dionisianas durante a primeira metade do século XVII" (artigo Denys. In: *DHGE*, 14, col. 303). Cf. também artigo Denys. In: *DS*, t. 3, col. 318-429, sobre Dionísio no Ocidente.

104   Cf. Albert Ampe, Marginalia lessiana. In: *OGE*, t. 28, p. 360-367, 1954: L. Lessius traduz amplas passagens da *Théologoie mystique* em seu *De perfectionitus divinis* (1620).

105   O cap. 22, IIIe *Entretien de La Croix de Jésus* (1647) (éd. 1937. p. 496-503), é a tradução da *Théologie mystique*.

106   Cf. J. Goulu, *Apologie pour les oeuvres de saint Denys...* (1608); E. Binet, *La Vie apostolique de saint Denys Aréopagite...* (1624); Milet, *Gloria Ecclesiae Gallicanae vindicata de suo Dionysio Areopagita* (1638); F. Gerson, Copie de la lettre... en laquelle est montré que saint Denys Aréopagite... (1641), e do mesmo, *Sainte apologie pour saint Denys Aréopagite...* (1642); Léon de Saint-Jean, *La France convertie, octave en l'honneur du B. S. Denys l'Aréopagite* (1661), pregada nesse " haut-lieu" dionisiano que é a abadia de Montmartre etc. Citemos, entre os "críticos", J. Sirmond, *Disser-*

Para o humanista, para Erasmo, o "divino Jerônimo" era o *"princeps theologorum"*.[107] O "divino Dionísio" lhe retirou essa honra, e mais especificamente o "Dionísio que escreveu a *Teologia mística"*. Ele era o "príncipe dos platônicos" para Ficin e também, depois dele, para Giordano Bruno, esse "ébrio de Deus".[108] "Príncipe dos teólogos" para Nicolau de Cusa, ele atinge um público mais amplo, mas, ao mesmo tempo, se restringe a cidade da qual é o príncipe. Quando os *Commentarii conimbricenses* (1603) o declaram, por sua vez, *"Theologorum princeps"*, eles tratam de uma ciência mais espiritual e positiva que platônica e especulativa.[109] Lessius também, quando escreve a Lanssel que "ninguém depois dos apóstolos parece dever ser preferido a ele nem mesmo igualado".[110] Logo os elogios se tornam ladainhas: *"theologus divinissimus"*, *"princeps christianae theologiae"*, *"apex theologorum"*, *"profunditatem altissimae theologiae assecutus"*,[111] *"summus theologus"*,[112] "muito sublime e muito antigo teólogo",[113] mas elas se expõem nas obras de espiritualidade e nas edições recentes de Louis de Blois ou de João da Cruz

---

tatio in qua Dionysii Parisiensis et Dionysii Areopagitae discrimen ostenditur (1641); as diversas obras de J. de Launoy sobre o mesmo assunto, três em 1641, uma em 1642, uma última em 1677; a crítica de Daillé (1666) etc.

---

107 Carta a Leão X, 21 de maio de 1515, éd. Allen, t. 2, p. 86.

108 Cf. Frances A. Yates, *Giordano Bruno*, p. 117-129, 284-286.

109 *Commentarii... Conimbricensis... in Physic.*, I, 8, cap. 6, qu. I, a. 2, t. 2, p. 514.

110 In: *Sti Dionysii Areop.* Opera omnia. Ed. Lansselius, 1615, "Disputatio apologetica" (sem página).

111 E. Binet, *La Vie apostolique*, 1624. p. 449-454.

112 Louis de Bois, *Opera*, 1632. p. 289 (*Instit. spirit.*, Epist. ad Florentium, 1).

113 Tamajo de Vargas. In: *Œuvres* de Jean de la Croix, 1641, approbations. p. 47.

162 A Fábula Mística ❖ Michel de Certeau

para as quais Dionísio serve de etiqueta. É preciso se assemelhar a ele para ser autorizado.[114] Tal é o procedimento utilizado por Diego de Jésus, Nicolas de Jésus-Maria ou Quiroga para defender João da Cruz (1618). O Areopagita é o herói epônimo de uma literatura, como Jerônimo o foi ontem e como Agostinho o será durante a segunda metade do século. Não é mais somente o oráculo de uma elite. Suas insígnias flutuam na cabeça de uma "*turba magna*" de espirituais e de devotos. No fim do século XVI, a redação de seu panegírico figura como dever de estudante.[115]

Parecendo com ele nascem outras "teologias místicas", "doutores e professores de teologia mística", príncipes da profunda e secreta teologia dos cristãos.[116] Sua autoridade circunscreve e permite a formação de uma disciplina. Ela lhe fornece um referente linguístico como teórico. Aí está, sem dúvida, o essencial. Por sua coerência e sua originalidade léxicas – objeto debatido, comentado e adaptado sem fim –, essa "língua" artificial apresenta o modelo de uma ciência nova. Ela é ao mesmo tempo sua condição e utopia. Papel que lhe valeram também sua transferência do Oriente ao Ocidente e seu *status* "exótico", enquanto no próprio Oriente, na complexidade das tradições bizantinas, ela nada suscitou de semelhante, e que nenhum outro discurso, mesmo sendo autorizado por sua origem estrangeira,

---

114 Um "autor místico" é, *a priori*, um discípulo do Areopagita. O próprio São Bernardo é apenas "o segundo Dionísio da nossa França" (Léon de Saint-Jean, *La France convertie*, 1661. p. 215) – o que é mais do que discutível (cf. M.-A. Fracheboud, in DS, t. 3, col. 329-335).
115 Cf. F. de Dainville, in *XVIIe siècle*, n° 80-81, p. 23, 1968.
116 Cit. in J. Orcibal, *La Rencontre du carmel thérésien...*, 1959. p. 237; e Laurent de Paris, *Palais d'amour divin*, 1614. p. 138.

Segunda Parte – Uma Tópica ❖ Capítulo 3 – A Ciência Nova

não articulou, de fato, em uma "ciência" a abundância interna das espiritualidades orientais.[117]

Com certeza, no Ocidente, há muito tempo, uma diversidade de problemáticas é reconhecida no interior da única teologia, e se pergunta *"quomodo differunt inter se thologia mystica et scolastica"*.[118] Uma hierarquia dos saberes distinguia, mas unia níveis diferenciados, à maneira de etapas anagógicas, em uma arquitetura do cosmo e do homem: uma teologia própria ou "escolástica", que organiza inteligíveis; uma teologia "mística", que se eleva *"ad supermentales excessus"* e, finalmente, à "contemplação" do *"sapiens et perfectus theologus"*.[119] A essa repartição ternária, que é bonaventuriana, Gerson substituiu a estrutura binária que ele funda sobre uma clivagem entre as três faculdades cognitivas e as três faculdades afetivas, as primeiras se elevando até a *"contemplatio"* (pela *"intelligentia"*) e as segundas chamadas finalmente à *"dilectio extatica"* ou *"mystica"* (que concerne à "sindérese").[120]

---

117 Cf. a hipótese lançada por I. Hausherr, in OCP, 1946, t. 12. p. 43-45, a propósito do problema das "Noites" místicas.

118 Cit. in J. de Ghellinck. In: *RAM*, 1949, t. 25, p. 290. Cf. também J. Gerson, *Theologia mystica* (1420), I, parte 6 a: *"De acquisitione mysticae theologiae et de ejus decem differentiis ad theologiam speculativam."*

119 Cf. Bonaventura. In: *Hexameron*, coll. 20, 21, éd. Quaracchi, 5, p. 424; J. Gerson, Considerationes de mystica theologia, VI, 28 (*Opera*, 3, p. 383-384). É ainda a essa distinção tradicional que se refere Jérôme Accetti, em seu *Tractatus de theologia symbolica, scolastica et mystica* (1582) ou, muito mais tarde, Saint-Cyran (cit. in J. Orcibal, *La Spiritualité de Saint-Cyran*, 1962. p. 9), enquanto Bourgoing, apresentando a obra de Bérulle, adota a classificação moderna: "três teologias: a positiva..., a escolástica... e a mística" (Bérulle, *Œuvres*, 1644. p. VII).

120 J. Gerson, *De Theologia mystica*, consid. 9-19, éd. Glorieux, t. 3, p. 256-265. Cf. André Combes, *La Theólogie mystique de Gerson*, 1963, t. 1, p. 86-109.

Nesses exemplos, como em muitos outros, os "caminhos" ou as figuras do conhecimento se modalizam segundo uma distribuição antropológica ou cosmológica; elas permanecem acidentais e por assim dizer "adjetivas" em relação ao Único princípio que as enerva, as correlaciona e aí se manifesta. Algo diferente acontece quando, paralela à divisão social que reforça e explicita, entre *"litterati"* e *"idiotae"*, entre ricos e pobres, entre cidades e campos, a existência de campos culturais e de tipos de experiência heterogêneas, isto é, a organização da sociedade em espaços diferentes que remetem a relações de força (políticas, jurídicas ou retóricas) e não mais, essencialmente, a hierarquizações de estatutos ou de "estados", o saber também se transforma e se elucida segundo a dupla formalidade de uma espacialização e de uma operatividade: ele será feito de regiões cuja diferença não é superável, e de métodos específicos a cada uma delas.

Separação das experiências e privilégio das maneiras de fazer caminham juntos. Esses dois movimentos destroem a arquitetura única "da" teologia. Eles provocam uma espacialização do saber, relativa à percepção visual de um universo geográfico, e a preocupação de precisar as "ações" que caracterizam cada um dos terrenos isolados ou que os atravessam. Dupla pertinência: a do lugar, que atribui um valor diferente a enunciados aparentemente comuns ou hierarquizados ("verdade aquém dos Pirineus, erro além"), e o das operações susceptíveis de transformar esse lugar e/ou articulá-lo com outros. Por essa razão, o princípio de uma unicidade não é mais legível nas positividades da história; ele se torna seu ponto de fuga e de noite. É a empresa mística de partir em busca do Uno exilando-se da solidez das coisas. Mas ela é inicialmente determinada pelo movimento que reorganiza o saber. Retenho somente dois elementos, igualmente implicados em sua constituição em uma ciência própria.

Segunda Parte – Uma Tópica ❖ Capítulo 3 – A Ciência Nova

Por um lado, sob signos diversos (o pobre, o *"idiotus"*, o iletrado, a mulher ou o *"affectus"* etc.), a identificação de espaços irredutíveis à especulação teológica e profissional. Assim, nos golpes que a *"Devotio moderna"* dá à atividade racional,[121] há um aspecto tradicional (uma oposição da sabedoria ao saber), mas também o reconhecimento de outra "região" social e religiosa, a tomada de consciência de uma realidade diferente que muitas correntes espirituais inventariam, marcam e cultivam, desde o *"poverello"* de Assis até os "Irmãos do livre espírito do Norte ou até os Alumbrados espanhóis. Aquém da variedade das doutrinas ou das experiências, esse murmúrio inumerável dá sua força, volta e meia sedutora e temível, a uma alteridade na vida do espírito. Ele carrega com uma certeza disseminada a construção de uma linguagem mística. É o referente inapreensível de um "lugar".

Por outro lado, o trabalho dos humanistas sobre os textos clássicos, bíblicos ou patrísticos desenvolve, junto com o binômio que distinguia da teologia escolástica a teologia mística, um terceiro lugar: a teologia "positiva". Remetendo à diferença, tradicional na lógica do século XV, entre a "ciência das coisas" (ligada às *"artes reales"*) e a "ciência das palavras" (ligada às *"artes sermocinales"*), a separação da teologia escolástica (ou "especulativa") e da teologia positiva não se tornará irredutível senão com o célebre *"liber proemialis"* do tomo II do *Augustinus* (1641) onde Jansenius afirma a incompatibilidade da filosofia, fundada sobre o *"intellectus"*, com a teologia, fundada

---

121 Para Gérard Grote (†1384), só os *"simplices idiotae"* podem ser elevados à teologia mística (cit. em Pollet. In: *Revue des sciences religieuses*, 1952, t. 26, p. 392-395). Mais tarde, os cartuxos de Vincent d'Aggsbach, cusano extremista e profeta da "Douta ignorância", recusava-se até a assimilar à teologia mística a contemplação, por causa do conhecimento que ela comportava ainda (cit. em E. Vansteenberghe, *Autour de la "Docte ignorance"*..., 1915. p. 208).

166 A Fábula Mística ❖ Michel de Certeau

sobre a "memória", isto é, sobre a autoridade das Escrituras e dos Pais.[122] Quando a teologia positiva recebe um *status* próprio, no início do século XVI, ela é inicialmente um retorno à doutrina dos antigos (uma *"veterum theologia"*) contra os *"neoterici"* medievais a quem os humanistas censuram por serem inovadores desviacionistas (*"novi doctores"*), dialéticos abstratos e enclausurados da Escola (monges e/ou *"théologastres"*).[123] De fato, a autonomia reivindicada por uma nova elite intelectual em relação a doutrinas, métodos e instituições escolásticas, se objetiva em operações diferentes: ela libera do aparelho formal que o comandava o comentário do texto (ele próprio assiduamente praticado na Escola); ela substitui à *lectio* medieval, que era a aplicação de uma teoria-quadro e/ou de um *corpus* dogmático a séries escriturárias, a descoberta ou *inventio* de um autor inspirado, sujeito ativo em sua obra; ela mantém, então, os problemas da língua (uma gramática) e os do discurso (uma retórica) como um essencial que somente torna possíveis as passagens entre uma Antiguidade reconhecida em sua diferença e os falares das trocas contemporâneas; ela visa, enfim, a "entender" e defender um ensino (*"documentum"*) vindo das origens, mas alterado, decomposto em tradições manuscritas e tornado

---

122 Jansenius, *Augustinus*, 1641. t. 2, p. 1-29.

123 O próprio nome parece ser utilizado pela primeira vez, em um impresso em 1509, por Jean Mair, em Paris (cf. R. García Villoslada, Un teólogo olvidado: Juan Mayr. In: *EE*, 1936, t. 15, p. 96-109). Mas Lope de Salazar y Salinas compõe já em 1457 um catálogo de teologia positiva (cf. M. Andres, *La Teología española en el siglo XVI*. Madri. 1976. t. 1, p. 223, 250 etc.). No início do século XVI, ela diz respeito à Bíblia e aos Pais (eles mesmos chamados "teólogos positivos"). A partir de 1550, distingue-se *"lo positivo"* e *"lo escolástico"* (cf. M. Andres, op. cit., p. 181-187, 303-307). Ao primeiro é essencial a ruptura, ou a "liberação", em relação à linguagem (*"el verbosismo"*) e às instituições da Escola. Cf. ainda Du Cange: *"Theologia positiva dicitur quae scilicet ambagibus scholae libera est"* (*Glossarium*. Bâle. 1742. t. 3, pars 1, p. 380).

Segunda Parte – Uma Tópica ❖ Capítulo 3 – A Ciência Nova

equívoco pelos avatares da história ou pela distância do tempo. A interpretação se torna uma experiência da língua (pela filologia, a crítica textual, a tradução) e uma experiência dialógica (pela atenção ao que um autor dirige a destinatários por suas palavras, seu estilo etc.). Essas duas características a assimilam ao exercício de uma arte de dizer, segundo um *modus rhetoricus* que alcança o dos Pais ou da Antiguidade.[124]

A "letra" é um falar. A ciência que a analisa é diálogo "espiritual" ou teológico, mas feito de experiências linguísticas e "literárias", cada vez relativas a um locutor presente/ausente em seu discurso. Ela tem sua "maneira de proceder" (*modus procedendi*). Seu nome próprio *positiva* designa, aliás, operações específicas. Ele se liga, sem dúvida, ao direito canônico (o *jus positivum*, a "*doctrina positiva*") e remete aos procedimentos da hermenêutica jurídica, decisivos para todo o trabalho histórico ou exegético que se extrai então da teologia. Mas, distinta pelas técnicas cujo isolamento terá, no século XVII, a figura da erudição crítica, a positiva depende ainda, no século XVI, de uma tradição "espiritual" (e monástica) muito especialmente pelo papel central que desempenha, nessa ciência, o retorno a uma experiência, a uma "literatura" e a uma *oratio*, três polos da *lectio divina* na tradição cisterciense (Bernard de Clairvaux "renunciou a tudo, salvo à arte de bem escrever", diz Gilson).[125] Uma epistemologia da enunciação aproxima

---

124 Sobre os debates em torno da teologia positiva, cf. R. Guelluy, L'évolution des méthodes théologiques à Louvain d'Érasme à Jansenius. In: *RHE*, t. 37, p. 31-144, 1941.

125 Ét. Gilson, *Théologie mystique de saint Bernard*. 1934. p. 81-82. Cf. J. Leclercq, *L'Amour des lettres et le désir de Dieu*. 1957. p. 23 e segs., 189 etc. Sobre os elos entre a tradição mística e o humanismo, cf. J.-P. Massaut., In: *The late Middle Ages and the dawn of humanism outside Italy*. 1972. p. 112-130 (Erasmo e a mística renana); ou, sobre alguns textos "místicos" de Erasmo, *idem*, in RHE, 1974, t. 69, p. 453-469.

168 A Fábula Mística ✧ Michel de Certeau

essas duas teologias modernas. Elas se diferenciam mais segundo uma clivagem, interna a essa problemática comum, entre duas formas da escrita que fala: o texto se torna para a positiva o que o corpo se torna para a mística. Elas seguiram cada uma a lógica do lugar – e das transformações do lugar – que elas privilegiaram.

Na Renascença, têm-se, pois, dois binômios coexistentes: um opõe a teologia escolástica à teologia mística; o outro o opõe à teologia positiva. Apesar das trocas entre os termos da primeira ou da segunda dessas disjunções, apesar das passagens da teologia mística à teologia positiva (ou reciprocamente), essas duas oposições binárias vão combinar-se em uma série ternária – escolástica, positiva e mística – onde cada disciplina é especificada pelo campo que articula um discurso referencial (uma "língua" científica): volta e meia aristotélico e nominalista, para a primeira; escriturário e patrístico, para a segunda (estabilizada em explicação da Escritura à luz dos Pais);[126] dionisiano, para a última. Essa lista ternária tem uma função reconciliadora, no modo de um mapa que indica as regiões "da" teologia. Mas, colocada transitoriamente sob esse signo unitário, ela revelará pouco a pouco a heterogeneidade que ela esconde à medida que se especializará o nome que enquadrava seu espaço, e que cada uma das três ciências, cessando de ter o *status* de uma variante em relação a um mesmo *habitus* teológico,[127] adquirirá sua autonomia, passando de uma posição adjetiva a uma posição substantiva.

A independência mística, já marcada por uma relação com o *corpus* dionisiano, ou pelos predicados de

---

126 Assim em Grégoire de Valence (†1603), Lessius (†1623) ou Sylvius (†1649). Cf. R. Guelluy, op. cit., p. 134-138.
127 Cf. Grégoire de Valence, *Commentarium theologicorum tomi quatuor*. Venise, 1608. t. 1, punctum 1, c. 6-7.

Segunda Parte – Uma Tópica ❖ Capítulo 3 – A Ciência Nova 169

uma doutrina "extraordinária", "experimental", "afetiva", "prática"[128] etc. obtém logo, com efeito, seu reconhecimento legal. No cruzamento dos séculos XVI e XVII, o "teólogo místico" se torna "a mística", na própria época, aliás, em que o "filósofo químico", se separando de uma filosofia cosmológica, transforma-se em "um químico".[129] Diversificação das disciplinas. O substantivo "mística" parece fazer sua aparição nos meios ou a propósito dos grupos que se distanciam mais da instituição teológica e, como muitos nomes próprios,[130] ele tem inicialmente forma de alcunha ou de acusação. Assim, a *Censura* de Thomas de Jésus (1611) contra a *Théologie germanique* (tão exaltada por Lutero) comporta uma "segunda parte" intitulada: "*De aliis erroribus Begardorum et aliorum Mysticorum quos libellus iste continet*".[131] Temos aqui um dos primeiríssimos empregos da palavra. Ela exorciza, substantivando-a uma raça que ela afasta da teologia. Esse afastamento entre o predicado e o subordinado vai ampliar-se. Charron (1635): "A teologia, mesmo a mística, nos ensina..."[132] Momento em que o adjetivo se destaca e se metamorfoseia em substantivo. Logo, Sandt (1640) fala

---

128 "*Practice-practica*", diz Sandaeus (*Pro Theologia mystica clavis*, 1640, p. 4). Insiste-se nesse ponto. Em 1531, em suas *Opera utilissima*, Battista da Crema é apresentado como "*maestro di scientia spirituale pratica*" (cit. em O. Premoli, *Fra'Battista Da Crema*. 1910. p. 101).

129 Cf. D. de Planis Campy, *Œuvres*. 1646. p. 447, sobre os "filósofos químicos" e N. Lemery, *Cours de chimie*. 1675, préface, sobre os "químicos". Cf. Allen G. Debus, *The chemical philosophy*. New York. 1977; a unificação das abordagens "químicas" da natureza se traduz pela formação de uma ciência própria e pela aparição do substantivo.

130 Cf. F. Zonabend e M. Segalen, *L'Homme*. 1980. t. 20, n° 4 ("formas de denominação na Europa"), p. 7-24 e 63-76.

131 Cit. em J. Orcibal, *La Rencontre du carmel thérésien...* 1959. p. 195.

132 *Sagesse*. 1635. t. 2, p. 21.

de "*mystica naturalis*";[133] Chéron (1657), de "tudo o que se trata na mística";[134] Léon de Saint-Jean diz (1661): "Deixemos à mística suas expressões";[135] Surin (1661), enfim, trata "a mística" como "uma ciência inteiramente separada das outras", e ele escreve nesse ano um tratado (inédito) *De la mystique*.[136] Não está longe o tempo em que Bossuet combaterá a "nova mística"[137] – tão nova, de um ponto de vista semântico, que ela é ainda ignorada no *Dictionnaire de Trévoux* no século XVIII e que ela vai esperar o século XIX para figurar no título de uma obra publicada.

2. *A guerra das palavras e a misticidade.* Esse nascimento tardio é precisamente o que é censurado na mística: inovar e usar jargão. As duas acusações – contra um nascimento e contra um falar – vão, aliás, juntos, indissociáveis como na "infância", que nota a incapacidade pueril de realmente falar (*"in-fans"*). A linguagem estabelecida parece intocável, a pele irritável de um corpo que estaria doente, incerto dele mesmo. Ao longo de todo o século XVI, as instituições eclesiásticas multiplicam as advertências, os cuidados ou as terapêuticas brutais para seu modo de falar (para salvar sua pele?), como as medidas severas to-

---

133 *Clavis*. 1640. p. 11.

134 *Examen de la théologie mystique*. 1657. p. 15. Cf. *ibidem*, p. 115 ("mas ver que a mística segue o temperamento..."). p. 351 ("A mística acreditou tanto...").

135 *La France convertie*. 1661. p. 315.

136 *Guide spirituel*, IV, 3, éd. 1963, p. 46 e 179. Cf. sua carta de fevereiro de 1661: "o que quer que seja que marca o extraordinário ou a mística" (*Correspondance*, éd. 1966. p. 1054).

137 *Instr. sur les états d'oraison*. Éd. Lachat. t. 18, p. 443. Cf. *Remarques sur la réponse à la relation* (Lachat. t. 20, p. 229): "Apegado aos santos Padres e aos princípios da teologia de que a mística é um ramo". Cf. J. Le Brun, *La Spiritualité de Bossuet*. 1972. p. 659-668. Assim também Fénelon: "Excitar-se-á (o que é tão fácil em matéria de espiritualidade e de mística) a derrisão dos espíritos profanos" (*Œuvres*. 1850. t. 3, p. 49).

madas pelos jesuítas, na primavera mesmo de sua Ordem, contra os *"modos dicendi* novos"[138] e as expressões "novas e inusitadas",[139] ou o processo feito, em 1558-1559, contra Bartolomé Carranza, arcebispo de Toledo (um Fénelon espanhol sob Carlos V e Filipe II), em razão de suas *"palabras peligrosas y no usadas sino rarisimamente"*.[140] Essas palavras são "perigosas", às vezes mortais. Por quê? O que elas ameaçam, o que por suas palavras a mística fere e questiona remete a uma mudança de terreno, a um refluxo do essencial na frente da linguagem e a uma gravidade até aí insuspeitável de comprometimentos "literários". Uma nova epistemologia se impõe, linguística. A mística é uma guerra de 100 anos na fronteira das palavras. Ela é ainda o objeto das mesmas acusações quando essa guerra acaba, no fim do século XVII.

Para Bossuet, os usos místicos ficam caracterizados por um "abuso de linguagem",[141] por essas "profanas novidades de linguagem que São Paulo proibe" e que têm a ver com "galimatias".[142] Os místicos devem ser colocados "em sua posição, que será bem baixa",[143] porque, nascidos na véspera, eles não têm nem tradição nem genealogia. "Os novos místicos",[144] diz ele, "os místicos de nossos

---

138 Jerôme Nadal, Instructio brevis... In: *Monumenta paedagogica* S. J., Roma. 1901. p. 123-128.

139 Pierre Favre, *Mémorial*, éd. 1960. p. 335-336.

140 Relatório, no entanto, apologético, de Juan de la Pena. In: J. I. Tellechea Idigoras, *El arzobispo Carranza*. Madri, 1968. t. 2, p. 190-198.

141 *Correspondance*. Éd. Urbain et Levesque. t. 10, p. 306 (24 nov. 1698).

142 Ordonnance sur les états d'oraison. In: *Œuvres complètes*. Éd. Lachat. t. 18, p. 365.

143 *Correspondance*, op. cit., t. 10, p. 266 (7 dez. 1698).

144 *Ibidem*, t. 7, p. 110 (29 maio 1695). Cf. *Second traité*. Éd. Levesque. 1897. p. 201; Instruction sur les états d'oraison., In: *Œuvres complètes*, op. cit., t. 18, p. 430-432 e 484.

dias".[145] O termo é pejorativo. Pascal se arma contra os jesuítas, "novos teólogos"; os escolásticos, contra os pirronistas, "novos filósofos". A propósito de Fénelon, acusado de quietismo, Luís XIV escreve ao cardeal de Janson: "Não quero jamais entrar no que pode ter alguma aparência de novidade senão para impedir o progresso."[146] Os autores que não "datam senão de três ou quatro séculos",[147] Bossuet se preocupa, portanto, pouco em conhecê-los. "Um certo Ekard", escreve ele,[148] um longínquo "Rusbroche" cheio de "absurdos (...) estranhos".[149] Ele os ignora sem vergonha, e também Benoît de Canfield, Jean de Saint-Samson, até João da Cruz (a "mãe", Teresa, lhe basta), e até o *Traité* de Francisco de Sales, mal aberto.[150] Sobretudo, daqueles que ele conhece, ele retém o "estilo extraordinário.[151] Das *Institutions* atribuídas a Tauler, no entanto, "um dos mais estimados" dos livros místicos, ele destaca "expressões absurdas".[152] Ele julga da mesma maneira o *corpus* dionisiano, que os trabalhos críticos de Sirmond e de Launoy lhe permitem tratar como "livros atribuídos a São Dionísio o Areopagita"[153] e devidos de fato a um "hábil desconhecido". "Todos os místicos que (ele) leu jamais

---

145 Ordonnance sur les états d'oraison. In: *Œuvres complètes*, op. cit., t. 18, p. 351.

146 Cit. em G. Guitton, *Le P. de la Chaize*. 1959. t. 2, p. 181.

147 *Correspondance*, op. cit., t. 10, p. 266 (24 nov. 1698). *Ibidem*: Há 400 anos que se vê começarem os refinamentos de devoção sobre a união com Deus.

148

149 *Instruction sur les états d'oraison*, op. cit., t. 18, p. 386.

150 Cf. H. Sanson, *Saint Jean de la Croix entre Bossuet et Fénelon*. 1953. p. 26-30; J. Le Brun, *La Spiritualité de Bossuet*. 1972. p. 390 e 591-593.

151 *Instruction sur les états d'oraison*, t. 18, p. 384.

152 Cf. J. Le Brun, op. cit., p. 588.

153 *Instruction sur les états d'oraison*, t. 18, p. 384.

Segunda Parte – Uma Tópica ❖ Capítulo 3 – A Ciência Nova

deram uma ideia bem nítida" da fé nua de que eles falam.[154] Esses "grandes exagerados", "pouco precisos em suas expressões",[155] só formam pensamentos "particulares"[156] e "abstrações".[157] São "refinadores"[158] que "abusam" da "doutrina dos santos Padres" e da "da Escola".[159]

Bossuet não é uma exceção. Ele não merece a cólera que destinaram os misticólogos desde Henri Bremond. Ele dá testemunho de uma opinião comum. O excesso de indignidade que seguiu, a seu respeito, um excesso de honra deve-se ao fato de que ele montou sua ópera a partir de um lugar comum, e sobre um palco famoso. Mas 100 outros repetem o estereótipo. Assim, Matthieu Marais: "Os místicos são modernos; não se via deles na Antiguidade."[160] Mesmo o mentor das Cartas, Boileau, retoma o motivo: "Os místicos são modernos."[161] Ele conhece, aliás, sua teologia quando ele associa a palavra aos "Iluminados" condenados pelo edito de Sevilha (1623), àqueles de que se fez o processo na Picardia (1630-1635) e aos discípulos quietistas ("indolentes") de Molinos, todos perseguidos como "fanáticos":

> "C'est ainsi quelquefois qu'un indolent mystique
> Au milieu des péchés tranquille fanatique..."[162]

---

154 *Correspondance*, op. cit., t. 6, p. 424 (10 out. 1694). Cf. *ibidem*, p. 429 (16 out. 1694): a "fé dos místicos, que eles ainda não definiram", é oposta "à dos cristãos".

155 *Ibidem*, t. 6, p. 426 (10 out. 1694).

156 *Ibidem*, t. 6, p. 443 (26 out. 1694).

157 *Second traité*. Éd. Levesque, 1897. p. 317.

158 *Correspondance*, op. cit., t. 7, p. 234-236 (12 out. 1695). Sobre esses "refinamentos" dos místicos, expressão cara a Bossuet, cf. *ibidem*, t. 8, p. 356; *Instruction sur les états d'oraison*, op. cit., t. 18, p. 647; *Second traité*, op. cit., p. 65, 201, 230 etc.

159 *Second traité*, op. cit., p. 310.

160 Cit. por J. Orcibal. In: *RHEF*, 1957, t. 43, p. 207.

161 Cit. por A. Mandouze. In: *Augustinus Magister*, 1955, t. 3, p. 104.

162 *Épître 2*. Para Bossuet também, alguns místicos são "puros fanáticos" (*Œuvres*. Éd. Lachat, t. 19, p. 163; cf. *Correspondance*, op. cit., t. 7, p. 110).

> "É assim algumas vezes que um indolente místico
> No meio dos pecados tranquilo fanático..."

Envelhecido, o grande reformador de Notre-Dame--de-la-Trappe, não escreve nada mais a Nicaise, em 1688: "Nada é mais digno de compaixão que esses pobres fanáticos que se fazem uma piedade a seu modo e que, sob o pretexto de serem completamente espirituais, encontram o segredo de fazer abstrações e separações..."[163] Dessas abstrações depende o sentido do substantivo neutro, "o" místico, como se diz hoje o religioso. "Dar no místico" torna-se "uma pequena característica de ridículo" em Dupin.[164] Madame de Sévigné zomba de Corbinelle por ser "todo cheio de místico" (1689).[165] Daí essa anfigúrica "misticidade" que d'Aguesseau lamenta em Fénelon.[166] Enfim, aparece a "mistiqueria" (*la mystiquerie*) de que os berullianos eram já acusados,[167] que Richard Simon associava aos "jogos de espírito" e "*ornamentos ingeniosos*" da alegoria[168] e que tem direito a uma entrada no *Dictionnaire de Trévoux*: "Diz-se de Desmarets que, ainda jovem, ele tinha perdido sua alma escrevendo romances, e que, velho, ele tinha perdido o espírito escrevendo misticismo (*mystiquerie*)".[169]

---

163 Ms., BN, fonds fr., 9363, f. 61.

164 Em sua Memória sobre a *Bibliothèque ecclésiastique de M. Dupin*, Bossuet observa, a propósito da notícia sobre Fulgence: "Ele (Dupin) acrescenta esse pequeno traço de ridículo para são Fulgêncio 'que ele dava no místico'. Ele não quer que nada lhe escape nem que nenhum Pai saia de suas mãos sem arranhões" (*Œuvres*. Éd. Lachat. t. 20, p. 530).

165 Carta de 11 de setembro de 1689. *Œuvres*, coll. Les grands écrivains. t. 3, p. 199.

166 D'Aguesseau, *Œuvres*. 1789. t. 13, p. 169.

167 Ms., Arch. nat., MN 621, 4, f. 68.

168 É o que cita e critica o P. Baltus em sua *Défense des prophètes de la Religion chrétienne*. 1737. t. 3, p. 10 e 56 e segs.

169 *Dict. de Trévoux*. 1743. t. 4, p. 1080.

Esse estilo "extravagante" da mística, comparado por Bayle ao dos "Chineses especulativos",[170] e, segundo Jurieu, "tão obscuro e tão singular que se tem muita dificuldade em fazê-la falar a linguagem dos homens",[171] ele deve ser justificado por seus autores contra tantos "examinadores" que "nos atacam sobre nossos termos".[172] A resposta também é dupla: por um lado, a invenção de uma tradição mística antiga; por outro, a afirmação de que as palavras novas dizem "a mesma coisa" que a Antiguidade cristã. Ou seja, a modernidade mística tem um passado genealógico, e ela não exprime nada diferente em relação a ele. A demonstração não era tão cômoda. No século XVII, uma erudição exacerbada pelas querelas teológicas entre católicos e reformados (querelas passadas da Escritura à patrística) conhece e vigia todos os movimentos do terreno. Estratégia intermediária, alguns defensores dos místicos fazem apelo a "tradições secretas", remontando à Escritura e escapando a um exame positivista dos textos.[173] Mas esse recurso preocupa tanto quanto o que ele pretende autorizar. Com efeito, ele também questiona uma separação entre as palavras e seu sentido: não há "tradição secreta" senão se ela introduz uma dupla leitura, portanto, um equívoco, da língua ortodoxa. É intolerável aos teólogos que pensam reter por palavras as coisas do espírito e garantir assim uma institucionalização do sentido. A apologética dos espirituais deve, pois, voltar à

---

170 Pierre Bayle, *Dict. historique et critique* (1697). 1820-1823. t. 13, p. 428.

171 (Pierre Jurieu), *Traité historique contenant le jugement d'un protestant sur la théologie mystique* (1699). 2. ed. s. l., 1700. "Avis aux curieux."

172 Jean de Saint-Samson, *Les Œuvres spirituelles et mystiques*. Rennes, 1658. p. 144.

173 Cf. J.-L. Goré, *La Notion d'indifférence chez Fénelon*. 1956. p. 212-213; J. Le Brun, *La Spiritualité de Bossuet*. 1972. p. 496.

176 A Fábula Mística ✤ Michel de Certeau

demonstração erudita de uma continuidade. Ela se coloca a partir de então no terreno que seus adversários lhe impõem e que os místicos tinham rejeitado, o da autoridade histórica. Assim Fénelon, com suas *Maximes des saints*. Ele faz apelo à erudição histórica para dar à sua doutrina o fundamento de uma tradição: "O método de sua teologia mística é o da teologia positiva."[174] Para legitimar os "modernos", ele responde: "A Igreja dos séculos XVI e XVII, que os autoriza, não tem menos peso que a Igreja dos primeiros tempos."[175] Primeiro tempo, a Igreja presente não é inferior à Igreja primitiva. Donde se pode já induzir que ela não é diferente. Ele não deixa de admitir, em segredo, a novidade do fato "místico". Ele tem de tal forma consciência que prefere, em seu conflito com Bossuet, falar do "homem passivo", do "contemplativo", dos "santos" ou dos "espirituais" mais do que empregar uma palavra que cheira a fogueira. Se ele a utiliza, é para identificá-la com o "homem espiritual" de São Paulo.[176] Donde um segundo tempo da argumentação para "mostrar que os místicos não exageraram mais que os Pais":[177] não há nem afastamento nem excesso dos novos em relação aos antigos. O terceiro tempo é apenas uma recíproca: "Os santos da Antiguidade (...) exageraram tanto quanto os místicos modernos."[178] Por conseguinte, as acusações feitas contra estes caem sobre os primeiros. Conclusão, a propósito do "caso" por excelência que representa, em Clemente de Alexandria, a identificação do "perfeito" com o objeto de sua contemplação: "O gnóstico de São Clemente e o homem passivo

---

174 H. Gouthier, *Fénelon philosophe*. 1977. p. 83.
175 *Mémoire sur l'état passif*. Éd. Goré, 1956. p. 212. Cf. *Explication des articles d'Issy*. Éd. Chérel, 1915. p. 83.
176 *Mémoire sur l'état passif*, p. 222-223.
177 Mémoire à l'évêque de Chartres. In: *Œuvres*, 1850. t. 2, p. 224. Cf. *Le Gnostique*. Éd. Dudon, 1930. p. 166.
178 Premières explications. In: *Revue Bossuet*, 1906, t. 3, p. 207.

dos místicos desses últimos séculos são apenas dois nomes dados a uma só e mesma coisa."[179] Uma tradição é encontrada, por intermédio de uma insignificância das palavras novas. A aquisição de uma genealogia se paga, pelo menos no discurso de controvérsia, pela perda de uma linguagem que leva nela um século de lutas místicas: mas não, não é nada, quase nada; essa maneira de falar não diz nada de próprio.

Enquanto a "tradição secreta" insinua a diferença nas mesmas palavras, essa exegese restaura a unicidade da "mesma coisa" sob a diferença das palavras. A interpretação é tipicamente teológica (ela se encontra, aliás, em toda uma tradição histórica). Há teologia, com efeito, onde uma hermenêutica reduz ao "Mesmo" as figuras diversas do tempo. Ela elimina a irredutibilidade de diferenças pela produção de uma "tradição", isto é, pela definição de um "essencial" que um saber clerical recorta, apropria-se e mantém como o denominador comum de uma pluralidade oceânica. Graças ao trabalho dos teólogos que conquistaram, desde o século XVII, o lugar criado pelos espirituais, a mística se dá também uma tradição, talhando nos textos do passado um *corpus* homogêneo com os critérios tirados da nova "ciência dos santos". Então, seu presente, mantido por palavras, se apaga à medida que se constitui seu passado.

Essa estranha história dá sua importância à irrupção de maneiras de falar, afastamentos ou esplendores no homogêneo de uma tradição. Como lapsos, palavras insinuam na linguagem uma alteridade rechaçada. Do outro, ressurge com esses detalhes. Não é, pois, indiferente

---

179 *Le Gnostique*, op. cit., p. 166. Cf. *ibidem*, p. 184, ou *De l'autorité de Cassien*. Éd. Goré, 1956. p. 262 e 268. Sobre essa "gnose", cf. R. Mortley, *Connaissance religieuse et herméneutique chez Cl. d'Alexandrie*. Leyde: Brill, 1973. p. 126-149.

que a mística funcione primeiro com a aparição de termos incongruentes e inauditos. Por mais advertida que fosse, e, acima de tudo, prudente em relação a teólogos, Teresa de Ávila sabia o que estava em jogo com essas palavras pelas quais aparecem, no discurso, os rumores e, talvez, o olhar do outro. Assim, como Descartes "decepcionado pelos termos da linguagem ordinária",[180] ela esperava e deixava virem as *"nuevas palabras"*.[181]

---

180 *Méditations*, II, 28.
181 Libro de la vida, cap. 25. In: *Obras*, BAC, 1951. t. 1, p. 748.

Capítulo 4

MANEIRAS DE FALAR

A ciência nova se recorta como uma linguagem. Ela é primeiramente uma prática da língua. Na mesma *Censura* contra a *Théologie germanique*, Thomas de Jésus se refere às "frases", às "verba", ao *modus loquendi* que caracterizam os místicos. Respondendo ao face a face de que ela se distingue – a "teo-logia", discurso sobre/de Deus –, a mística é uma "maneira de falar". Essa questão focaliza, ela obceca os debates e processos em torno dos beguinos e das *"béghards"* do Norte, ou dos "alumbrados" da Espanha: *"la manera de communicarse"*, *"el modo de hablar en las cosas espirituales"*.[1] O tema retorna em toda parte, modalizado de diversas maneiras: o "dizer" de "vários místicos";[2] "é o que os místicos chamam";[3] *"mysticorum*

---

1 Cf. Luís de La Puente, *Vida del P. B. Alvarez*. Madri, 1615, todo o capítulo 33 (éd. 1943. p. 365-380). Tema da luta contra os alumbrados espanhóis; cf. os "Memoriales" de Alonso de La Fuente (1575) sobre a *"lenguaje espiritual"*. In: Alvaro Huerga, *Historia de los Alumbrados*. Madri, 1978. t. 1, p. 426-433 etc.

2 Constantin de Barbanson, *Les Secrets Sentiers* (1623). Ed. 1932, p. 313. Cf. *Anatomie de l'âme* (1635). t. 1, p. 95.

3 Edição de 1632 das *Opera* de Louis de Blois, p. 298. Cf. L. Chardon, *La Croix de Jésus* (1647). Éd. 1937. p. 494: "É o que os místicos chamam..."; L. Lallemant, *Doctrine spirituelle*. Éd. 1959. p. 356 ("um estado que os místicos chamam amor ardente"), p. 357 ("o quarto grau é chamado pelos místicos o embrasamento de Deus"), p. 358 ("o segundo grau que os místicos chamam o estado da divina obscuridade") etc.

180   A Fábula Mística ❖ Michel de Certeau

scripta dictaque", "*modi loquendi quos mystici ut proprios habent*", ou "*mysticorum loquendi formulae*";[4] segundo o que ensinam os místicos";[5] "os termos e as frases de que se servem os místicos";[6] "o que escrevem os mais excelentes místicos";[7] "segundo o estilo de todos os místicos"[8] etc. Expressões por assim dizer tautológicas, visto que dizendo "mística" visa-se a uma linguagem. De uma maneira geral, com efeito, empregam-se "espirituais", "contemplativos" ou "iluminados" para designar sua experiência, e "místicos", a propósito de seus discursos. No primeiro caso, fala-se da "contemplação" ou da "espiritualidade" (que ainda não conota a expressão de um vivido); no segundo, "da mística".[9] O adjetivo "místico" em si qualifica um gênero literário, um "estilo". Acrescentado a "morte", a "trevas" etc., ele localiza o uso que é feito desses nomes em um discurso; por exemplo, "o estado de provação e de purificação que os místicos chamam estado de morte"[10] é o termo "morte" tal como a entendem. É "místico" um *modus loquendi*, uma "linguagem".[11]

---

4   M. Sandaeus, op. cit., dedicatória e preâmbulo.

5   Jérôme de Saint-Joseph, *Introduction et Avis général*. In : *Œuvres de Saint Jean de la Croix*, 1641. p. 21.

6   Diego de Jésus, *Notes et remarques*, *ibidem*, p. 19. Cf. *ibidem*, p. 21, 27 etc.

7   Jean de Saint-Samson, *Œuvres*, 1658. p. 141.

8   Surin, *Guide spirituel*, VIII, cap. 7; éd. 1963. p. 303.

9   Cf. P. Camus, *Théologie mystique*, 1640. p. 336-342; M. Sandaeus, *Clavis*, 1640. p. 3: "*Theologia contemplativorum quae dicitur mystica*" − a linguagem daqueles que têm a experiência é qualificada de "mística". Honoré de Sainte-Marie fala dos "místicos que são apenas espirituais" para designar os que têm "a experiência" e não a "ciência" (*Tradição dos Pais...*, 1708. t. 2, p. 601); ele distingue a "espiritualidade" ou "experiência" e a retidão na "ciência" ou no ensinamento "místico" (*ibidem*, p. 594 e 601).

10   Fénelon, *Le Gnostique*. Ed. Dudon, 1930. p. 254.

11   Lessius venera em Dionísio um "*plus quam humanum loquendi modum*" (cit. in DS, t. 3, p. 425). Thomas de Jésus analisa o

Segunda Parte – Uma Tópica ❖ Capítulo 4 – Maneiras de Falar

1. PRESSUPOSTOS: UMA PRAGMÁTICA DA LINGUAGEM

Essas "maneiras de falar" contam a luta dos místicos com a língua. Mais precisamente, elas são os vestígios dessa luta, semelhantes às pedras que Jacob abençoou e deixou perto do Yabboq depois de sua noite de luta com o Anjo. Reunidas em uma ciência e, mais tarde, museografadas em dicionários, mas também recolhidas e levadas (como cicatrizes?) pela memória incansável que é a própria língua, essas formas de estilo são primeiramente os efeitos de *operações* que ligam conjunturas históricas a práticas linguísticas. Por algumas observações preliminares sobre as circunstâncias que enquadram a inventividade linguística mística, eu gostaria somente de introduzir a análise de certas práticas de que é feita essa nova "arte de falar" e pelas quais a tradição medieval tardia dos "falares" ou "maneiras de falar", e particularmente as "artes de segunda retórica",[12] redefinem o discurso "contemplativo". Em relação a isso, a mística é o cavalo de Troia da retórica na cidade da ciência teológica.

"*modum loquendi mysticorum*" (cit. in J. Orcibal, *La Rencontre*, 1959. p. 234). Em sua famosa carta de 8 de março de 1605, Anne de Jésus diz, a propósito das carmelitas francesas, que ela não entende sua maneira de proceder (muito dionisiana) "nem sua maneira de falar: não se pode nem lê-la" (em *Mémoires sur la fondation... des Carmélites Déchaussées*, 1894. t. 2, p. 23). Mais tarde, Sandaeus se dá como tarefa precisar esse "*modum loquendi*"; Nicolas de Jésus, a tarefa de justificar etc. Fénelon, quanto a ele, fala de "linguagem mística" (*Explication des art. d'Issy*. Éd. Chérel, 1915. p. 132), como o fazem muitos outros.

---

12   A partir de Li Livres dou tresor (1260) de Brunetto Latini, o mestre de Dante, até a síntese de Pierre Fabri (*Le grand et vrai art de pleine rhétorique*, 1521), toda uma tradição retórica e poética comenta as "maneiras de falar". Cf. Warner F. Patterson, *Three centuries of French poetic theory*. New York, 1966. t. 1, p. 3-230.

1. *O postulado de uma revelação*. Por esse postulado, a epistemologia cristã articula o conhecimento místico sobre linguagem. Deus falou. "O Verbo se fez carne." Primeira clivagem histórica, em relação a outras configurações religiosas. Assim, uma tradição greco-romana conduz o espírito para o silêncio (*sigè, siôpè, hèsychè* etc.), designa pelo "inefável" não somente uma crítica da linguagem, mas sua ausência, e vai em direção a um deus desconhecido (*agnostos theos*) que faz calar todo pensamento porque ele está além do ser.[13] Na ontologia plotiniana do Uno, a língua é excluída da experiência mística. O silêncio grego atravessa ainda o Logos da Antiguidade cristã. Ele fascina a teologia patrística. Foi preciso um longo tempo e uma autonomia da Igreja para que tomasse forma o paradoxo cristão de uma língua mística. "Não é senão no latim medieval que uma verdadeira língua técnica da mística será criada. Esta toma como ponto de partida certos termos paleocristãos, embora ela constitua uma criação nova, tipicamente medieval."[14]

No século XVI, as maneiras de falar místicas parecem manifestar a instabilidade desse sucesso medieval. Elas reintroduzem nessa "língua técnica" algo do grande Silêncio de outrora que faz retorno com os clássicos antigos, ou por meio do Areopagita, ou ainda pelas tradições judias e muçulmanas. São aliagens entre a palavra nova, evangélica, e o mutismo antigo, solene como uma origem, do "nada fala". Entretanto, o postulado de uma revelação não deixa de estar presente na convicção que *deve haver* um "falar de Deus". O *modus loquendi* é o efeito da oposição entre a recessão da confiança feita aos discursos e

---

13 Cf. dois velhos e belos livros: O. Casel, *De philosophorum graecorum silentio mystico*. Giessen, 1919 (principalmente p. 111 e segs.), e G. Mensching, *Das heilige Schweigen*. Giessen, 1926.
14 Christine Mohrmann, *Études sur le latin des chrétiens*. Roma, 1958. p. 136.

Segunda Parte – Uma Tópica ❖ Capítulo 4 – Maneiras de Falar

a afirmação teologal de que a palavra não conseguiria faltar. Ele funciona entre esses dois polos para encontrar, assim mesmo, maneiras de falar. Da mesma forma, por trás das táticas ilocutórias que inventam "palavras para isso", há, em último recurso, o princípio de uma "conveniência" entre o infinito e a língua. No século XVII, a filosofia e a matemática, ainda tão ligadas, descobrirão aplicações diferentes para esse paradigma.

2. *Operações sobre os fragmentos da unidade perdida*. O fim da Idade Média é marcado pelas passagens do latim às línguas vernaculares e pelas transações entre os falares que separa a divisão do trabalho, dos meios e logo das nações. Desde o século XIII, o latim se tornou uma língua ao mesmo tempo conservadora (cuja evolução é controlada por uma elite profissional) e técnica (que tem a garantia e a precisão de uma língua artificial). É o instrumento de uma cientificidade. Seria mais exato dizer que a cientificidade se elabora exumando as possibilidades lógicas desse latim. Mas se ela se afina, ela se estreita com o encerramento progressivo de sua língua nas escolas. Por outro lado, os falares ditos "vulgares" se desenvolvem, primeiramente nas cidades comerciais da Europa meridional (Itália, Provença) ou dos Países-Baixos. Uma outra elite, laica, sustenta, autoriza e aperfeiçoa uma literatura narrativa ou realista – cortês, amorosa, especulativa, crítica. Participam desses movimentos citadinos os místicos e maravilhosos relatos que se escrevem em línguas vernaculares – assim a autobiografia de Beatrix de Nazareth (†1268) em *thiois*, os poemas de Hadewijch d'Anvers (metade do século XIII?) em médio holandês, ou o *Miroir des simples âmes* de Marguerite Porete (†1310) em francês. Eles nascem, por exemplo, das comunidades de beguinas flamengas, repúblicas femininas muito independentes e ricamente dotadas, ou conventos italianos de pregadores, frequentemente de origem burguesa. Há coincidência

184 A Fábula Mística ❖ Michel de Certeau

entre uma promoção socioeconômica e produções linguísticas, na base de instituições laicas e religiosas cujos modelos vêm ainda dos mosteiros que adquiriram uma autonomia social, jurídica e financeira em relação às instâncias universitárias e clericais.

Sob o viés linguístico, o essencial não é a inquietude ou a resistência dos especialistas diante dos "dialetos" que formam novas organizações do saber.[15] Do seu ponto de vista, ela é justificada. Não se opõem, aliás, como Tauler o faz antes de Rabelais, "os grandes tonsurados e mestres de escola" (*"die grossen Pfaffen und die Lesmeister"*) aos "mestres de vida" (*"die Lebmeister"*).[16] O importante é a generalização do bilinguismo. Ela modifica a própria prática da linguagem. Viu-se nos casos dos pregadores ou dos biógrafos que se põem a falar também a língua "vulgar". Político ou missionário que seja, esse bilinguismo quebra uma identidade. Ele tem, pois, também alcance metafísico. Já no século XIII, os sermões alemães de Maître Eckhart, é inicialmente a língua das beguinas que se introduz no lugar do professor e que ele aprende delas para responder-lhes, mesmo continuando a pensar em latim em seus tratados. A essas duas línguas correspondem dois discursos, entre os quais se abre o "desapego" eckhartiano, um silêncio refluindo sobre eles, uma transcendência absoluta do ser, um "morrer do espírito". A dis-

---

15   Do manifesto célebre de Romolo Amaseo, *De linguae latinae usu retinendo* (Bolonha, 1529), em seu *Orationum volumen*. Bolonha, 1563-1564 (cf. W. K. Percival, The grammatical tradition and the rise of the vernaculars. In: T. A. Sebeok (éd.). *Historiography of Linguistics*. La Haye: Mouton, 1975. p. 248 e segs.), até o *Pro vetere genere dicendi contra novum* de François Vavasseurs, em suas *Orationes*. Paris, 1646 (cf. M. Fumaroli, *L'Âge de l'éloquence*. Genebra: Droz, 1980. p. 409-416).

16   Serm. 51, 2 ; *Die Predigten Taulers...* Éd. F. Vetter, n° 45, p. 196, 1910.

tanciação que o mestre de Colônia transforma em "aniquilamento" da linguagem se encontra em toda parte, com modos mais ou menos teóricos ou radicais. Um mutismo fende as configurações do conhecimento. Uma impossibilidade fere a expectativa que espera o ser no *logos*.

A unidade perdida gera um trabalho para combinar e aproximar esses dialetos ainda percebidos como os fragmentos de uma simbólica. A coexistência, frequentemente no mesmo locutor, do latim profissionalizado (ou, antes, de um latim restituído à sua diferença, antiga e clássica, de língua morta) e de falares locais provoca incessantes ajustamentos e deslocamentos que importam ou exportam, de um dialeto ao outro, as palavras dispersas em figuras regionais, mas dependentes todos de uma língua única rompida pelo tempo. Naturalmente, a disseminação da língua referencial intensifica o transporte para uma língua originária, que serve, por sua vez, como modelo à produção, utópica ou científica, de línguas artificiais comuns. Mas, mais que esses mitos ou roteiros "da" língua, surpreende a atividade de misturar, reutilizar e colacionar palavras selecionadas em todas as línguas segundo a "força" de dizer que elas manteriam de sua origem. O editor de Garcilaso de la Veja não é o único a pensar que, com os "bons" termos tendo-se dispersado em todos os idiomas, é preciso "frequentemente emprestar de uma língua estrangeira uma palavra de *mayor significación*".[17] Essa tarefa de colecionar, que obedece finalmente ao mesmo princípio das grandes edições poliglotas da Bíblia (refazer um corpo a partir de seus membros separados), luta contra a divisão por *práticas de translação* das quais as maneiras de falar são apenas variantes.

---

17 *Obras de Garcilaso de la Veja*. Sevilha, 1580. p. 121. Cf. Arno Borst, *Der Turmbau von Babel*, III/1. Stuttghart: Hiersemann, 1960. p. 1154. Conhece-se a influência que a poesia italianizante de Garcilaso teve sobre João da Cruz.

3. *Transferências e traduções.* Uma rede de transferências geográficas se acrescenta às translações linguísticas. Assim, a partir de Carlos V (1517), as relações se multiplicam entre os países flamengos e Montserrat, Saragoça, principalmente Sevilha, ou, desde a metade do século XV, entre Cambridge, Londres, Veneza e Pádua. A circulação se faz pelos viajantes,[18] pelas cópias manuscritas e especialmente pelo impresso – *"el maravilloso artificio de la impreta publicada"*, como diz Bernard Boyl, editando (1489) sua tradução do místico siríaco Isaac de Nínive.[19] Vindos do Oriente, do Norte ou do Sul, os textos escapam à instituição universitária e à interpretação magisterial. Linguagens se alteram em passageiros – comboios de palavras habitadas e praticadas diferentemente em cada etapa, mas continuando de regiões em regiões a implantação de pensamentos e de expressões estrangeiras oferecidas a novos usos. Entre a capitalização e a mobilidade léxicas, produzem-se combinações inéditas que preservam, estendem ou restauram heranças verbais pelas próprias transferências e pelos compromissos de que são objeto. A mística nasce também dessas misturas de línguas. Ela quer ser a língua de travessia dessas línguas.

Uma experiência típica é a das traduções e de suas viagens extraordinárias. Um caso somente: o *Miroir de perfection (Spieghel der Volcomenheit),* de Henri Herp (ou Harphius, 1477), ele próprio vulgarizador e "arauto de Ruusbroec". Seu primeiro tradutor latino, Pierre Blomevenna,

---

18 Por exemplo, Pierre Favre, viajante na França, na Alemanha, nos Países-Baixos, na Espanha, em Portugal, na Itália etc.: as palavras de que ele se faz o peregrino são os eventos místicos de onde sua teologia não para de nascer. Cf. seu *Mémorial*, éd. M. de Certeau, 1960.

19 B. Boyl, *Abad Isaac*, San Cucufato, 1489, Prólogo. Cf. M. Andres, *La teología española... op. cit.*, p. 251-252. Nas redes de impressão do livro, 2. ed., Paris, Albin Michel, 1971, p. 243-455, e E. L. Einsenstein, *The printing press as an agent of change*, Cambridge Univ. Press, 1979, p. 520-574.

Segunda Parte – Uma Tópica ❖ Capítulo 4 – Maneiras de Falar 187

já acreditava em 1509, dever justificar o "*modus loquendi hyperbolicus*" e os "termos ambíguos" do *Spieghel*.[20] Esse "espelho" é um sistema coerente de palavras exóticas e um relato das viagens da "alma" a outras regiões. Ele não é somente editado em flamengo (Mayence, 1475; Anvers, 1501, 1502, 1512 etc.), ou em latim (Colônia, 1509, 1538, 1545, 1556 etc.; Veneza, 1524), mas em italiano (Veneza, 1522, 1523, 1539), em português (Santa Cruz, 1533), em espanhol (Alcala, 1551), em francês (Paris, 1549, 1552, 1586, 1595, 1599; Arras, 1596), em alemão (Colônia, 1600) etc., sem falar dos florilégios, de sua difusão em cópias manuscritas (como pela Cartuxa de Escala Dei, perto de Tarragone) e da publicidade que lhe fazem os holandeses numerosos nos conventos italianos ou nos mosteiros transformados em lares da mística reno-flamenga (Subiaco, na Itália; Santa Cruz, em Portugal etc.).[21] Ele toma também caminhos desviados: a tradução francesa da adaptação italiana do flamengo pelo *Compendio*, o transporte para a Polônia da versão alemã, a transplantação japonesa da versão portuguesa etc. Cem outras fieiras tecem a teia de

---

20 H. Herp, *Spieghel der Volcomenheit*, ed. L. Verschueren. Anvers [Antuérpia], 1931, p. 2 (prólogo de Bomevenna).

21 Cf. St. Axters, *La Spiritualité des Pays-Bas*, 1948. p. 135-182 (tradução francesa. dos autores holandeses); H. Hatzfeld, *Estudios literarios sobre mística española*. Madri, 1955. p. 33-143; J. S. da Silva Dias, *Correntes de sentimento religioso em Portugal* (S. XVI a XVIII). Coimbra, 1960. t. 1, p. 118 e segs.; J.-P. Van Schoote, Les traducteurs français des mystiques rhéno-flamands. In: *RAM*, t. 39, p. 319-337, 1963; R. Ricard, L'influence des mystiques du Nord sur les spirituels portugais du XVIe et du XVIIe s. In: *La Mystique rhénane*, 1963. p. 219-233; J. Orcibal, Les traductions du *Spieghel* de Henri Herp en italien, portugais et espagnol. In: *Reypens-Album*. Anvers, 1964. p. 257-268; *idem*, *Saint Jean de la Croix et les mystiques rhéno-flamands*, 1966. p. 21-56 etc. O Index de Fernando de Valdés (1559), o *Index expurgatorius* de Paris (1598) etc., imprimindo, depois "expurgando" Herp, diminuíram a difusão de sua obra – na Espanha, aliás, muito mais que em Portugal ou na França.

aranha europeia de uma população de palavras imigrantes, deslocadas e transformáveis. Esse "*melting pot*" linguístico é uma espécie de pidgin espiritual. Até por volta do fim do século XVI, e bem depois da estabilização das línguas nacionais, ele forma um conjunto em ebulição onde termos talhados para sistemas tornados estranhos estimulam, pelo seu exotismo, as derivas da adaptação, e onde a coincidência dos contrários serve de estímulo a uma criatividade linguística. É um canteiro. Sucessivamente aparece aí o equívoco e se revisam acepções para esclarecê-las.

Uma língua do "outro" é gerada pelo considerável trabalho dessas alterações. O falar místico é fundamentalmente "tradutor". Ele é transportador. Ele forma um todo por incessantes operações sobre palavras estrangeiras. Com esse material heterogêneo, ele organiza uma sequência orquestral de deslocação, de camuflagens também e de citações léxicas. Esse estilo de escrita é um permanente exercício da translação; ele prefere, pois, os modos de emprego às definições recebidas. Desse ponto de vista, a flexível perspicácia de um Luis de León ou de um João da Cruz em suas traduções da Bíblia é apenas uma variante de uma arte mais geral de transpor. Fato muito difundido. Mas os heróis obscuros da linguagem mística são inicialmente os que, geniais (como Surius, Beaucousin, Cyprien de la Nativité etc.) ou não, buscam só a tarefa de entender e de fazer entenderem os falares diferentes. Esses tradutores "perdem a palavra no estrangeiro". Eles só têm a do outro. A distância entre a Idade Média e a Renascença poderia até ser indexada pelo que separa do copista antigo esse tradutor moderno.[22] Todos geralmente anônimos. Mas

---

22 Não que as traduções (principalmente do grego, do hebraico e do árabe) estejam ausentes da Idade Média! É em particular uma grande tradição espanhola (cf. Gérard de Cremona etc.) para o árabe, e siciliana, depois veneziana, para o grego. Cf. Charles H. Haskins, *The Renaissance of the 12th Century*. Harvard Univ. Press, 1976. p. 278-302.

Segunda Parte – Uma Tópica ❖ Capítulo 4 – Maneiras de Falar

o copista muda seu corpo em palavra do outro, ele imita e encarna o texto em uma liturgia da reprodução; simultaneamente, ele dá corpo ao verbo (*"verbum caro factum est"*) e faz do verbo seu próprio corpo (*"hoc est corpus meum"*), em um processo de assimilação que apaga as diferenças para dar lugar ao sacramento da cópia.[23] O tradutor, que exerce também, algumas vezes, o ofício de impressor ou de chefe, é um operador de diferenciação. Como o etnólogo, ele coloca em ação uma região estrangeira, mesmo se é para adaptá-la deixando-o confundir sua linguagem. Ele fabrica o outro, mas em um campo que não é mais o seu e onde ele não tem nenhum direito de autor. Ele produz, mas sem lugar próprio, nesse entre-dois, nessa barra onde línguas rolam sobre elas mesmas encontrando-se. O copista e o tradutor têm a mesma resistência, com toda energia, mas o primeiro, de uma maneira contemplativa, em um rito de identificação; o segundo, de maneira mais ética, em uma produção de alteridade. A história da mística poderia ter convertido o "copista" nesse tradutor, asceta apreendido pela língua do outro e criando por ela o possível, perdendo-se ele próprio na multidão. Em todo caso, as maneiras de falar dependem dessa operatividade itinerante que não tem lugar próprio.

4. *Referências teóricas de uma arte de falar.* Essas maneiras de falar são práticas translativas, seja porque elas ajustam a uma língua canônica os vocábulos vindos do estrangeiro, seja porque insinuam em um falar novo a terminologia de uma ciência legítima. São atividades metafóricas (a metáfora é uma *"translatio"*). Elas deslocam. Elas seduzem e elas alteram as palavras. Os jogos lógicos que se desenvolviam no interior de um sistema linguístico estável, elas os substituem por "transformações" de

---

23 A. Meillet já observava, enquanto os impressores estabilizam e historicizam os textos, os copistas, "em parte voluntariamente, em parte sem pensar nisso, modernizavam aos poucos os textos que eles reproduziam" (cit. in L. Febvre e H.-J. Martin, op. cit., p. 440).

um sistema a outro e por usos ou reempregos inéditos em cada campo. Enquanto havia uma relativa homegeneidade entre os lugares de produção do discurso universitário ou escolástico, os lugares da produção espiritual são heterogêneos. Assim, cada um dos discursos que os atravessam ou que aí existem garante ele próprio uma passagem entre esses lugares. É um corpo marcado de conceitos transplantados e de vocábulos metaforizados, tatuado de citações implícitas ou explícitas. Ele conta as operações de que é o efeito e o instrumento. Remete a uma pragmática da comunicação entre lugares (ou "experiências") disparates. Visa também a superar essa diversidade, a religar por mil desvios seus elementos, a restaurar uma unidade de tipo dialógico. Ele tem, pois, frequentemente a forma do diálogo ou então a do relato, que combina uma pluralidade de ações e de lugares em uma sequência textual, isto é, em uma ordem (cronológica, cosmológica etc.) susceptível de colocar em comunicação e de classificar essas operações e seus lugares.

Assim que, por razões que se prendem à própria estrutura do campo onde se desenvolvem essas práticas metafóricas, um privilégio de fato é atribuído às "maneiras de proceder", torna-se importante saber onde encontrar os princípios que permitem ordenar esse pulular de operações em uma "sequência" (dizia-se: em um "*discursus*"), isto é, na história de uma comunicação. Em qual estratégia do sentido inscrever essas táticas? Segundo que critérios "colocar ordem" nesses movimentos de deriva? A essa questão respondem, como se verá, várias espécies de produção: a colocação em relato de sua própria vida (a autobiografia é, para Teresa de Ávila e muitos outros antes de Descartes, uma maneira de "ordenar sua alma" e seu "espírito"); a construção de itinerários fictícios e/ou normativos, esquemas de "ascensões" espirituais ou modelos biográficos do "progresso" (roteiros destinados

Segunda Parte – Uma Tópica ❖ Capítulo 4 – Maneiras de Falar

a classificar e hierarquizar cronologicamente operações aleatórias); o estabelecimento de listas de "regras" para "discernir os espíritos" (isto é, para julgar sobre esses movimentos ou "moções" conforme suas conexões e sua aptidão em formar séries) etc. Sob essas diversas figuras, elabora-se o que Surin chamará "a ciência experimental". Mas essa elaboração supõe ela própria identificações gerais que lhe fornecem hipóteses e categorias proporcionadas à análise de ações factuais. Ela deve poder recorrer a algumas teorias referenciais que, embora fora do campo das práticas a ordenar, não deixam de exercer o papel de conjuntos coerentes onde buscar princípios, métodos e uma terminologia, e adaptá-las em seguida.

As "autoridades" teóricas pertinentes para a construção de um discurso sobre as maneiras de dizer não são tão numerosas. Considerando somente as que concernem à arte de falar – problema que instaura a nova ciência mística – e, portanto, deixando de lado as arquiteturas da antropologia ou da cosmologia medievais (que serviram, no entanto, como armadura a muitos autores, por exemplo a João da Cruz, por meio do ensinamento escolástico que ele recebeu na Universidade de Salamanca de 1564 a 1568), pode-se selecionar, entre as autoridades recentes, os poucos tipos seguintes:

– Primeiro, a *retórica* originária das "três artes" medievais e, em particular, a *ars dictandi*, ou arte da composição, principalmente epistolar. De origem e tradição italianas (o Monte Cassino, Roma, essencialmente Bolonha), muito cultivada nas regiões do Loire (Blois, Orléans), dominante na retórica castelhana,[24] essa técnica é uma base do ensino universitário. Ela especifica, conforme os

---

24 Pierre Kuentz, Le "rhétorique" ou la mise à l'écart. In: *Communications*, n° 16, p. 145, 1970. Cf. Charles Faulhaber, *Latin Rhetorical Theory in 13th and 14th Century Castille*. Univ. of California Press, 1972.

192 A Fábula Mística ❖ Michel de Certeau

destinatários, as circunstâncias e os assuntos tratados, as diversas maneiras (ou "modi") de "ditar" ("dictare" é falar uma escrita, primeiro compor uma carta, mas também escrever poesia, donde o alemão "dichten").[25] Garantindo a passagem do oral ao escrito, percorrendo o leque dos estilos (do mais oficial ao mais familiar), codificando as passagens do vernacular ao latim, ela apresenta séries de "formas" interlocutórias que são também modelos de contratos literários e dos usos sociais da língua. A ars dictandi é uma teoria do discurso dirigido, eficaz e circunstancial de que as obras teriam sido para J. L. Austin o corpus ideal.[26] Por si só, a epistolografia (escrita epistolar), que é apenas uma parte, constitui o ramo mais desenvolvido da literatura humanista, a tal ponto que P. O. Kristeller considera os humanistas como "os sucessores dos dictatores medievais".[27] Essa estruturação jurídica e por assim dizer notarial da linguagem faz o objeto de uma ciência "laica"

---

25 Para Dante, os trovadores são "dictatores illustres" (De vulgari eloquentia, II, 6, 5) e para Alcuin, Deus é o "dictator" do qual os homens inspirados são os secretários (Poetae, I, 285, 4 e 288, 15). Donde as expressões: "dictante spiritu Sancto", "caritate dictante", "ipsa ratio dictat" etc. Cf. E. R. Curtius, European Literature and the Latin Middle Ages. Routledge, 1979. p. 76, 314 etc., e G. Constable, Letters and Letter-collections. Turnhyout: Brepols, 1976. p. 26-41.

26 J. L. Austin (Quand dire, c'est faire. Trad., Paris: Seuil, 1970), por suas análises sobre a relação entre o performativo, o ilocutório, o contratual e as circunstâncias, fornece um instrumento para retomar o dossiê da "ars dictandi". Sobre essa "art", cf. J. J. Murphy, Rhetoric in the Middle Ages. Univ. of California Press, 1974. p. 194-268; idem (éd.), Medieval Eloquence, 1978. p. 85-111, sem falar de clássicos, E. R. Curtius (op. cit.), E. Faral (Les Arts poétiques du XIIᵉ et du XIIᵉ s. Paris: Champion, 1958, edição de textos fundamentais), J. de Ghellinck (L'Essor de la littérature latine au XIIᵉ s. Bruxelas, 1946) ou A. Giry (Manuel de diplomatique. Paris: Hachette, 1894. p. 488-492 etc.).

27 Paul O. Kristeller, Renaissance Thought: Thought: The Classic, Scholastic, and Humanistic Strains. New York, I, 1961. p. 12-13.

Segunda Parte – Uma Tópica ❖ Capítulo 4 – Maneiras de Falar

(embora ela tenha elos estreitos e muitos negligenciados com os tratamentos litúrgicos e sacramentais do discurso), mas ela fornece também um quadro técnico de "maneiras de falar" à literatura que, desde as cartas de "direção", de "consolação" ou de "confissão" do século XV, "se dirige a Deus ou a clientelas espirituais e cujos próprios tratados, de Suso ou Catarina de Sena a Francisco de Sales ou Surin, são majoritariamente fabricados a partir de cartas. Sem dúvida, fora as produções brilhantes, mas elitistas e efêmeras, de uma lógica do diálogo (ou "nova *dialectica*") que se constrói, aliás, na vizinhança da *ars dictandi*, a arte de falar (*ars dicendi*) – ou seu substituto, a arte de falar uma escrita (*ars dictandi*) – vai ser pouco a pouco reduzida à gramática, substituída por uma "arte de escrever" e, no século XVII, subordinada a uma "arte de pensar" que organiza uma lógica dos enunciados e não mais uma problemática da enunciação dialógica.[28] A mística está ligada ao destino dessas artes.

— Ao lado dessas liturgias sociais do dizer/escrever, há os conjuntos *doutrinais* e descritivos que grandes instituições religiosas edificaram em torno da *oratio*. Com sutileza e rigor, eles analisam um falar: atos de revelações divinas, atos do diálogo espiritual (ou prece), atos da comunicação fraterna etc. Articuladas na metafísica da Escola ou separadas dela, embora a supondo ainda, essas teorias reconduzem toda interlocução ao começo absoluto de um primeiro Locutor. As palavras e as coisas aí soletram uma linguagem organizada pelas vindas de uma Palavra a entender nos ruídos do mundo, esse corpo de metáforas onde uma escuta exercida com as sutilezas da retórica sabe reconhecer as passagens e as artimanhas de uma voz fundadora, a do único. Notáveis, em particular, a tradição monástica cisterciense que, desde Bernard de

---

28   Cf. Pierre Kuentz, op. cit., p. 143-157.

Clairvaux (†1153), insinua a erótica do "afeto" no trabalho dialógico do coral da *opus Dei*, e a constelação renoflamenga que, desde Eckhart (†1328) e Ruusbroec (†1381), pensa os "nascimentos" do Ser no *"intellectus"* sobre o modelo de eventos de palavra. Providas de terminologias e de gramáticas precisas, essas doutrinas são construídas a partir de uma dupla condição de possibilidade que define o lugar de sua produção: a base de uma *ratio* conventual e a estabilidade de uma *ratio* cósmica, cada uma formando um discurso (uma ordem que fala), o primeiro social, o segundo natural, e respondendo a/pelo outro. Dois séculos mais tarde, quando esse duplo postulado vem a faltar, quando a rede monástica se dissemina ou se estagna e que as palavras cessam de ser dóceis à ordem das coisas, essas grandes sintaxes do dizer não "suportam" mais além de seu lugar de enunciação. Elas se quebram com o suporte que as carregou. Imigrando de lugares a lugares, elas aí chegam fragmentadas em relíquias e em antologias, quando elas não se alteram em utopias vindas de muito longe, como sonhos, semelhantes ao *corpus* dionisiano exilado de seu oriente. São sempre e mais que nunca autoridades, mas sob forma de citações que induzem do texto mas não o estruturam. Elas não funcionam mais como instâncias organizadoras de campos teóricos.

– Os movimentos místicos vão precisamente ater-se na instituição de novos lugares de enunciação ("retiros", "eclesíolas", cidades santas, "ordens", mosteiros) onde restaurar – re-formar – o espaço social que é a condição de um dizer. Mas eles já dispõem de um outro espaço teórico, *linguístico* esse, cuja importância cresce no século XVI porque ele substitui a configuração que se restringe ou se esboroa pela invenção de uma *língua fundamental*. A questão concerne essencialmente à relação que a ciência mantém com o universal por uma língua, mas ela focaliza também o projeto místico de unificar o conhecimento em

Segunda Parte – Uma Tópica ❖ Capítulo 4 – Maneiras de Falar

uma nova linguagem. Ela é, portanto, comum, mesmo se ela se provê dos meios e dos terrenos diferentes. Ela remete à unificação das línguas que aparece ainda, em John Webster, na visão de um idioma "místico", centro oculto em torno do qual prolifera uma circunferência orquestral de sons.[29] O latim medieval tinha criado o lugar, sem equivalente em Roma ou na Grécia, de uma língua que era também uma articulação do real. Esse lugar, que ele deixa vacante, desenha a forma que uma linguística procura doravante preencher pela produção erudita e/ou mítica de uma língua referencial. Essas empresas "pós-babelianas" procuram identificar uma língua-mãe, a *lingua sancta* onde se enunciou o *fiat* da criação, ou fabricar línguas artificiais (utopias racionais, discursos enciclopédicos, línguas imaginárias ou burlescas, mas também línguas eruditas da astrologia ou da Cabala, criptologias etc.), ou finalmente inventar uma língua universal.[30] Elas apresentam alguns traços que interessam diretamente a mística.

Ainda que, frequentemente, essas pesquisas conservem ainda do modelo medieval a ambição de enxertar a realidade sobre o falar graças a teorias sobre a filiação das línguas ou sobre seu caráter pictural, o "realismo" genealógico, etimológico ou icônico da "representação" linguística não deixa de postular um divórcio entre as palavras e as coisas. O Ockhamismo passou por aí. Assim, enquanto na ontologia medieval todo tratamento da linguagem era em

---

29 J. Webster, *Academiarum Examen*. Londres, 1654. p. 26-28.

30 Cf. E. Pons, Les langues imaginaires dans le langage utopique. In: *RLC*, t. 10, 1930 e t. 11, 1932; A. Borst, *Der Turmbau von Babel*, III/1. Stuttgart: Hiersemann, 1960. p. 1048-1150; P. Rossi, *Clavis universalis*. Milão-Nápoles: Riccardo Ricciardi, 1960. p. 201-236; C.-G. Dubois, *Mythe et langage au XVIᵉ siècle*. Bordeaux: Ducros, 1970; L. Formigari, *Linguistica ed empirismo nel Seicento inglese*. Bari: Laterza, 1970. p. 29-139; R. Fraser, *The Language of Adam*. New York: Columbia Univ. Press, 1977. p. 114-152 etc.

si mesmo uma experiência ou uma manipulação do real, ele tem, doravante, em face dele o que se "manifestava" nele: ele está separado desse real a que visa, que ele pinta e que lhe faz face. A *experiência*, no sentido moderno do termo, nasce com a desontologização da linguagem, à qual corresponde também o nascimento de uma linguística. Para Bacon e muitos outros, ela se constitui frente à língua, como o que responde por ela e a verifica. Essa clivagem entre uma língua dêitica (ela mostra e/ou organiza) e uma experiência referencial (ela escapa e/ou garante) estrutura a ciência moderna, inclusive a "ciência mística".

A linguística do século XVI, como se destacou frequentemente, questiona muitas vezes uma "mística do começo" e uma "mística da unidade".[31] É preciso compreender que a origem procurada não é um passado morto. Deve ser uma "voz" que chega hoje em seus avatares e que influi ainda com sua "força" as palavras atuais. Recorrer à etimologia é ir à "abundância" de uma fonte.[32] Os métodos e as manipulações linguísticas visam a liberar essa fonte e a se desdobrar na área de sua "abundância". Eles oscilam, pois, entre a arte de *entender* hoje o fluxo que chega até nós, rumor de uma palavra eficaz, e a arte de *produzir* combinações e artefatos de toda espécie. A mística encontra aí sua fórmula. Ela estabelece uma fabricação de palavras, de "frases" e de torneios (uma língua, doravante, se produz), mas na região onde se escuta uma voz que não cessa de começar. Tal é o paradoxo das "maneiras de falar": uma produção de língua no campo de uma atenção ao que fala ainda.

5. *Uma linguística das palavras*. Se o esforço do século XVI para instaurar a unidade do saber por uma produção

---

31   Cf. C. G. Dubois, op. cit., p. 24-33.
32   Cf. Terence Cave, *The Cornucopian Text*. Problems of Writing in the French Renaissance. Oxford: Clarendon, 1979. p. 3-167.

Segunda Parte – Uma Tópica ❖ Capítulo 4 – Maneiras de Falar

linguística acabará, no século XVII, encarando "uma total reinvenção da linguagem" (com Wilkins, Lodwyck ou Leibniz),[33] sua ambição fica condicionada pelo aparelho técnico e conceitual de que se dispõe. É uma linguística das palavras, herança aristotélica de uma lógica dos termos. A língua é recortada em mônadas semânticas, as palavras (ou, em uma tradição cabalística e/ou fonológica, as letras; de fato, as consoantes), em razão de um corte mais essencial que separa assim de um material verbal atomizado as operações capazes de fazer delas discursos e susceptíveis de exatidão por intermédio de regras. Há aí uma opção fundadora, indecidida e determinante: ela separa do campo onde ele se exerce o ato mental que a organiza. Ela se representa, aliás, ela mesma nas teorias gramaticais. Assim, durante muito tempo, até o século XV, a análise do enunciado supõe ao verbo um papel dominante e uma "influência" sobre todas as outras expressões nominais (é retomar uma tradição dos gramáticos gregos) e ela especifica essa categorização atribuindo uma função estruturante à oposição entre "agente" e "paciente", isto é, entre as posições que o verbo governa.[34] Esse reino do verbo – um *verbal government*[35] – em um pensamento que privilegia uma lógica do agente, aparece como a expressão (e a determinação) linguística de uma filosofia que autonomiza as operações intelectuais em relação a um mundo de signos e que pensa a série dessas operações conforme o modelo da gênese de um universo-linguagem pelo criador-locutor. Nessa perspectiva, a própria língua sendo concebida como um espaço ou uma camada de unidades combináveis, ela só tem estruturas pelo ato que a

---

33 Cf. L. Formigari, op. cit., p. 81-139.
34 Cf. W. Keith Percival, The grammatical tradition..., op. cit., p. 233-238.
35 *Ibidem*, p. 233.

fala, e é em uma "arte de pensar" que caberá encarregar sua organização em discurso.

Para avaliar o que esse paradigma tem de particular – e para apreender também o âmbito que ele impõe à produção mística de uma língua nova –, basta comparar seus postulados aos que implicam, no próprio Ocidente, a lógica e a linguística estoicas. Apagada no decorrer da Idade Média pelo *corpus* aristotélico, por seus comentários árabes e pelo aporte judeu,[36] a ciência estoica faz sem dúvida um retorno no século XVI, mas mais sob sua forma ética ou cosmológica, e fragmentariamente, como o mostram os vestígios de que ela marca a literatura mística. Globalmente, ela fica presa no âmbito de uma linguística das palavras que manteve a crítica nominalista. Nela própria, no entanto, a lógica estoica representava uma opção inversa: a prioridade do discurso. Em toda unidade semântica ou sensorial, ela reconhece o fragmento de um discurso interior, e ela assimila a uma organização discursiva a "representação", que é o modo de ação comum a todas as partes da alma. Mais fundamentalmente, ela supõe na cena física dos acontecimentos corporais uma estrutura discursiva, de modo que um "discurso" físico precede e funda sempre sua anamorfose em um discurso mental. Ou seja, no começo há o discurso porque o mundo físico e corporal, que é ele mesmo discursivo, se representa nos enunciados como nas imagens. Com certeza, esse jogo dos discursos exteriores e interiores implica uma "representabilidade" da natureza – questão deixada em aberto –, mas, em última instância, ele remete a uma física geral para a qual a natureza é discurso.[37] Está aí uma visão

---

36 Cf. R.-H. Robins, *Brève histoire de la linguistique*. Trad. M. Borel. Paris: Seuil, 1976. p. 98-103.

37 Cf. Claude Imbert, Théorie de la représentation et doctrine logique dans le stoïcisme ancien. In: *Les Stoïciens et leur logique*. Paris: Vrin, 1978. p. 223-249.

Segunda Parte – Uma Tópica ❖ Capítulo 4 – Maneiras de Falar

estranha à concepção dicotomista que faz da língua um espaço verbal organizado por atos de pensamento.

O deslocamento que se efetua da Idade Média ao século XVI não é evidentemente um retorno do/ao materialismo discursivo estoico. Ele é caracterizado, ao contrário, por um exagero do atomismo linguístico, pelo fato do abalo progressivo do latim, que exercia o papel de uma língua semiartificial estável, e em razão da crítica nominalista, dissociando dos seres, todos singulares, a universalidade que as palavras recebem de uma atividade mental.[38] Sintoma decisivo, o verbo é destronado:[39] a título de cópula estratégica nos modos ativos ou passivos de significação (os *modi significandi*), ele articulava o ato de pensar e o enunciado linguístico. O questionamento de sua dominação libera as unidades semânticas. As palavras se disseminando em populações, aliás, desmesuradamente aumentadas pelas línguas vernaculares e desorbitadas da ordem referencial latina, não basta inscrevê-las em genealogias e reagrupá-las em famílias. É preciso, entre elas, encontrar as regras contratuais de uma "concórdia"[40] – ou detectar elos possíveis entre a singularidade das coisas e a atividade generalizante de que ela dá testemunho. Uma

---

38 Interrogando-se sobre o modo de existência do universal, Ockham distingue radicalmente as coisas (sua essência é individual) e os conceitos (carregados de uma significação universal). Entre os dois, há os "sons proferidos" (*voces*): eles pertencem a línguas particulares enquanto os termos *pensados* não dependem de nenhuma. Entre uma metafísica do indivíduo e uma epistemologia das "ficções" (*fictiones*) ou "instituições" mentais, as palavras apresentam um espaço plural de transferências possíveis. Cf. P. Vignaux, Nominalisme. In: *DTC*, t. II/1, c. 733-754.

39 Assim pelo muito célebre Minerva seu *de causis linguae latinae* (Salamanca, 1587), de Francisco Sánchez de las Brozas (1523-1601). Cf. W. K. Percival, op. cit., p. 242 e segs.

40 Francisco Sánchez substitui a ideia do nome governado pelo verbo pela de uma "concórdia" entre elas.

política da língua se impõe, que instaura alianças entre os termos e funda a capacidade que eles têm de mostrar. Dois problemas principalmente mobilizam esse trabalho: um, na continuidade do nominalismo, consiste em se perguntar quais tipos de tratados as palavras podem passar entre elas; o outro, para atenuar a desontologização ockhamista das palavras, consiste em se perguntar de onde elas podem tirar sua "força". O primeiro depende de uma retórica, cujos modelos são frequentemente jurídicos, até mesmo monetários;[41] o segundo remete às filosofias que, por uma análise da origem, da inspiração ou da paixão, e com prévias provenientes do platonismo e/ou da Cabala, identificam os movimentos (*motus*) de que as palavras recebem um poder.[42] As soluções variam. Os místicos constroem também sua linguagem a partir dessas duas questões fazendo majoritariamente a hipótese de que a "força" das palavras cresce com sua "discórdia".

Essa investigação é empirista. Ela reúne fatos e "usos", como os ockhamistas o faziam há muito tempo.[43] Que os usos sejam privilegiados não surpreende. A multiplicação e a heterogeneidade dos vocabulários, sua independência audaciosa e preocupante em relação às coisas, como a elaboração tardia de gramáticas vernaculares, aumentam a "curiosidade" concernente às mil maneiras de delas se servir. Observação necessária, visto que ela permite simul-

---

41 Cf. R. Howard Bloch, *A literary Anthropology of the French Middle Ages*, a ser publicado (University of Chicago Press, 1982).

42 Cf. T. Cave, *The Cornucopian Text*, op. cit., p. 171-182; François Secret, *Les Kabbalistes chrétiens de la Renaissance*. Paris: Dunod, 1964 etc.

43 G. L. Bursill-Hall, The Middle Ages. In: T. A. Sebeok (éd.). *Historiography of Linguistics*. La Haye: Mouton, 1975. p. 210 e segs. Assim, para J. Aurifaber (séc. XIV, Erfurt), o sentido de uma palavra nada mais é que o uso que dela faz o intelecto. Cf. R.-H. Robins, op. cit., p. 118 e segs.

taneamente cartografar uma disseminação dos usos e formular métodos que classificam seus funcionamentos. Porque as regras que se buscam são finalmente menos as da própria língua do que as das operações que a produzem.

6. *Métodos*. A importância que a Renascença dá aos métodos[44] remete a uma contradição, interna ao saber, entre sua tecnicização há três séculos e a instabilização de suas disciplinas. Na medida em que o ordenamento das ciências e das "artes" se confunde, suas técnicas parecem emancipar-se do campo onde elas tinham sido elaboradas, emprestar caminhos de través e, cruzando-se, confrontando-se e misturando-se, tomar a atitude, ora eclética, ora científica, de metodologias gerais. Essas generalizações, frequentemente apressadas ou ideológicas, os eruditos do século XVII as criticarão.[45] Mas elas dizem respeito a situações de transferência. Os métodos formam passagens pragmáticas (e "interdisciplinares") de uma configuração do saber a outra. Assim, como pragmáticas, elas colocam em jogo uma produtividade regulada. Assim, elas introduzem um princípio novo de cientificidade. Mas seus postulados lhes vêm ainda da epistemologia de que elas se separam. Por exemplo, a sedução que exerce sobre elas a ambição de uma validade universal vem de um passado e se opõe às limitações sem as quais não há rigor. Assim também, na experiência que elas reivindicam

---

44 Cf. Neal W. Gilbert, *Renaissance Concepts of Method*. Columbia Univ. Press, 1963, com, p. 233-235, uma lista de obras pedagógicas (de 1520 a 1631 – de Erasmo a Comênio) cujo título apresenta uma ocorrência de "*methodus*".

45 Assim, Pierre Gassendi (1655), contra esse "*generalem methodum, qua scientiae omnes deinceps utantur*", ou, mais tarde, Daniel Georg Morhof (1691), contra metodólogos sem competência matemática ou física, e ineptos nas distinções necessárias entre diversos campos (cf. N. W. Gilbert, op. cit., p. 227-229).

202 A Fábula Mística ❖ Michel de Certeau

como uma base nova,[46] a observação dos "fatos" – exigida pelos eruditos do século XVII – se distingue mal das próprias atividades do espírito. Assim, pela maneira como elas simbolizam (ou colocam juntos) contrários, elas têm alcance mítico tanto quanto técnico. São as práticas "simbólicas" de um tempo. Donde a fascinação de que elas são objeto.

Discurso de regras práticas, o método responde a um tipo de produção que a Idade Média, introduzindo a palavra e a coisa, já definiu a partir dos *Tópicos* de Aristóteles e dos comentários de Boécio. Para Alberto o Grande, se a "ciência é instituidora de rigor (*rectificatio*) na especulação, e a "arte" na operação, o "método" é para uma e outra *demonstratio viae*, uma indicação de percurso.[47] Comum às duas, ela supera sua diferença enquanto tem por papel especificar procedimentos intelectuais gerais necessários, mas submetidos a diversas disciplinas. Esses dispositivos mentais já têm uma posição terceira e transversal. Principalmente, o método aparece como uma maneira temporal de praticar lugares, sua ordem (sua *ratio*) consiste em uma historicidade (uma série cronológica de exercícios distintos) inscrita em um mapa (uma distribuição de lugares diferenciados). É um "discurso" (*discursus*), uma sequência arrazoada de figuras de ações, que se constrói, aliás, segundo o mesmo esquema formal que o romance (precisamente surgido na mesma época). É, portanto, também um romance científico, um relato de viagem, que põe em série operações sucessivas. No fim do

---

46 Assim, Giacomo Aconcio, em seu belo *De Methodo* (Bâle, 1558): "*Equidem quibus constet vera methodus diu ac pertinaci quodam labore conatus sum intelligere, nec tantum livros volui consulere, sed multo etiam diligentius experientiam*" (Éd. G. Radetti, Florença, 1944. p. 80).

47 *Liber I Topicum*, Proemium. In: Alberto o Grande, *Opera omnia*, 1890. t. 2, p. 235-236.

século XII, as primeiras "orações metódicas" apresentam o mesmo modelo,[48] que se encontra logo, mas individualizado, nas bio-ou autobiografias, histórias-tipo que classificam operações de lugares em percurso de "progressos" ou viagens espirituais.

Em razão dos problemas próprios à Renascença, esse instrumento de pensamento ocupa um lugar sempre intermediário (terceiro), mas tornado dominante. Ele recebe daí características novas. Primeiramente, contra o "verbosismo" escolástico ou nominalista,[49] acentua-se, característica comum a todos os métodos como à retórica do tempo,[50] seu papel de ser um discurso eficaz, técnica e socialmente. Visa-se, ao mesmo tempo, à realização de um progresso, de um saber, de um ganho etc., e à repetição desse progresso por uma formação pedagógica. O procedimento deve produzir saber e modelar o grupo.[51] A diferença que ele supera não é mais a separação da especulação e da prática, mas, no campo de uma operatividade, a oposição possível entre um deslocamento da paisagem intelectual e uma transformação do espaço social. Em proporções variáveis, o método combina ações sobre as coisas com ações sobre interlocutores (discípulos, correspondentes, leitores). Ele fabrica social ao mesmo tempo que saber.

---

48   Assim, Guigues II le Chartreux (*Scala Paradisi*, cap. 1 e 2, in PL 184, c. 475 e 482). Cf. Jean Leclercq, *Études sur le vocabulaire monastique du Moyen Âge*. Roma, 1961. p. 138.

49   Os teólogos também, por exemplo em Salamanca (Pedro Martínez de Osma, Diego de Deza etc.), criticam os "*verbosistae*" e os "*fumosistae*", "*novi doctores*" (*nominalistes*) que privilegiam a "*nominum fictio*". Cf. M. Andres, *La Teología...*, op. cit. p. 261-273, 297-302. O *modus loquendi* místico se oporá também ao *modus verbosista*.

50   Sobre a retórica, cf. Eugenio Garin, *Moyen Âge et Renaissance*. Trad., Paris: Gallimard, 1969. p. 101-119.

51   Dublê essencial ao método erasmiano. Cf. Marjorie O'Rourke Boyle, *Erasmus on Language and Method in Theology*. Univ. of Toronto Press, 1977. p. 59-127.

Em sua estrutura interna, e não somente em seu objetivo, ele recebe também um perfil mais específico. Três elementos essenciais: o método constrói regras em vez de revelar leis; ele valoriza o tempo (a velocidade) em uma economia do trabalho; ele seleciona segundo o critério da utilidade as situações que lhe servem de material. Por um lado, mesmo se ele permanece ainda ligado à ideia de leis (celestes ou morais) das quais ele daria testemunho, e, portanto, marcado por uma metafísica, em princípio ele constitui um roteiro que destaca da ordem natural uma sequência de operações humanas e a inscreve em uma problemática da decisão, do tipo: *se* você quer Z, *então* você faz A, depois B, depois C etc. Assim, ele se separa de uma ética ou de uma ontologia para introduzir uma lógica do jogo. E na medida em que se trate de regras e não de leis, a noção de erro se substitui à de falta ou de pecado. Uma práxis se autonomiza e se racionaliza a partir de postulados decisórios (você quer ou você não quer) que ela supõe sem que tenha que fundá-los.

Por outro lado, o método se define por uma condensação do tempo: "*compendaria ars... quae brevissima est et cito nos ad rei cognitionem ducens*", diz Agostino Nifo (1555) com 100 outros, comentando uma vez mais os *Tópicos* de Aristóteles.[52] "Resumido", "condensado", "curto", "breve": eis o que caracteriza essa "arte" ou seus "meios". Uma impaciência o habita. Pertinência da velocidade, por uma redução do tempo e do espaço que não deixa de ter analogia com o mapa.[53] O tempo se torna o

---

52   A. Nifo, *Aristotelis Stagiritae Topicorum libri octo*, Veneza, 1555, f. 3r. Inúmeros são os textos semelhantes. Cf. N. W. Gilbert, op. cit., p. 59, 69, 71, 110 etc.; ou Russell Fraser, *The Language of Adam*, op. cit., p. 116 e segs.

53   O mapa é uma aplicação óptica do método: ele permite a construção de esquemas de percurso mais breves sobre a projeção miniaturizada de um campo de conhecimento.

elemento essencial nessa economia do trabalho, em vista de um espaço a percorrer ou a construir "mais rapidamente". Ele se torna o valor mais precioso. A produtividade faz da rapidez seu teste, enquanto a duração era o de uma ordem. Aliás, em um século e meio, a massa da informação foi consideravelmente aumentada e misturada, pela imprensa em particular. Para gerá-la e tratá-la, é preciso uma transformação radical dos procedimentos. Não se pode mais consagrar-se a alguns textos possuídos em um lugar de meditação e lhes deixar o tempo. Seu próprio aumento quantitativo e sua circulação acelerada obrigam o utilizador a se encarregar da economia de seu tempo.

Enfim, o método é uma ciência do útil. Por esse fato, ele responde a situações, ele atribui uma seriedade científica às circunstâncias e aos interlocutores com os quais interesses e objetivos entram em competição. O circunstancial lhe fornece seu léxico. Ele trabalha com isso. Mais tarde somente, constituir-se-ão os espaços insulares em que o método se desenvolverá em campo fechado. Não é o mesmo no século XVI. Mas já ele seleciona no ambiente os dados que respondem ao critério de uma utilidade. O discernimento implica uma separação. É uma técnica de ruptura. Essa arte de fazer é também uma arte de esquecer, tarefa mais científica e mais difícil que a de ficar fiel, preso em um passado. Desse ponto de vista, as rupturas exigidas pelos espirituais ou pelos místicos em vista de recomeços práticos são variantes do desapego metodológico, das variantes talvez pioneiras. De toda maneira, não há método sem um início. É preciso se desembaraçar das aderências ideológicas ou históricas. O útil permite substituir a fabricação de um futuro ao respeito de uma tradição. Na renascença, ele é primeiramente uma arma de dissuasão. Deixa teu país, é a primeira regra. Descartes não a inventou. Todo um século a repetiu e praticou antes dele.

As maneiras de falar espirituais participam dessa nova pragmática. A ciência mística favoreceu, aliás, um excepcional desenvolvimento de métodos. Há, sem dúvida, muitas razões para isso. Ela dispõe, com a tradição monástica, de uma tecnologia mental e pedagógica já antiga e muito afinada, à qual, para tomar apenas um exemplo mais espetacular, os Irmãos da vida comum dão um desenvolvimento cujo alcance, por meio da "*Devotio moderna*" e do "*modus parisiensis*", é decisiva para toda a metodologia espiritual e escolar do século XVI.[54] Além disso, pelos espaços isentados e propedêuticas de ruptura que eles constituem, os grupos místicos formam laboratório que facilita a elaboração e o exercício de métodos. Enfim, explicitando de saída a primazia da experiência (uma prática presente da qual nenhuma memória nem instituição pode fazer o papel) e o absoluto de um fim a visar (uma salvação última, um lugar último), eles elucidam os dois termos entre os quais um método pode desdobrar um percurso. Com certeza, a coexistência de um progresso metodológico e de uma "passividade" mental faz o paradoxo da mística, a dinâmica e a instabilidade de sua situação. Mas esse paradoxo está em jogo desde o começo, com as maneiras de falar que, sobre o modo de um tratamento linguístico, propõem uma espécie de modelo formal.

2. AS "FRASES MÍSTICAS": DIEGO DE JÉSUS, INTRODUTOR DE JOÃO DA CRUZ

Um documento pode introduzir essas maneiras de falar. Ele acompanha a primeira edição das *Obras espirituales* de João da Cruz, publicada em Alcalá de Henares em 1618, mais de um quarto de século depois da morte do autor (1591). Tardia, portanto, essa edição é também incompleta. Em particular, dos quatro grandes tratados

---

54 Cf. Albert Hyma, *The Brethren of the Common Life*. Grand Rapids, 1950, e Gabriel Codina Mir, *Aux sources de la pédagogie des Jésuites*. Le "modus parisiensis". Roma, 1968. p. 151-255.

de João da Cruz, ela elimina o *Cántico*, que mais suscitou reticências por sua audácia e de que uma das versões vai aparecer inicialmente na tradução francesa de René Gaultier (*Cantique d'amour divin*, Paris, 1622) antes de ser publicada em espanhol, em Bruxelas (1627), enquanto outra versão é editada em Roma (1627) em uma tradução italiana que servirá de referência à primeira publicação de seu original na Espanha (Madri, 1630). O texto passou, então, em diversas tradições manuscritas por redes europeias onde é lido, retocado e traduzido (por exemplo, em francês, em Bordeaux, desde os primeiros anos do século XVII)[55] antes de vir à luz em uma de suas formas. Os debates eruditos e frequentemente apaixonados sobre a ou as versões "autênticas" do *Cantique spirituel*[56] só iniciam, aliás, o trabalho crítico a empreender sobre obras aparentemente mais "seguras", como *La montée du Carmel*.[57] Esse texto é um passageiro. Suas circulações são por muito tempo escondidas; sua identidade fica fugaz. Ele é feito de estratos e de intervenções que se iniciam com as redações sucessivas e os remanejamentos do próprio autor.[58] Ele demonstra, portanto, um trabalho coletivo de que seu apresentador nos indica as regras. Reciprocamente, se o documento anexo responde a finalidades próprias (primeiramente defender a obra contra sua assimilação à doutrina dos Iluminados),

---

55 Cf. J. Orcibal, Les débuts de la spiritualité carmélitaine à Bordeaux. In: *BSBG*, 1969, t. 89, p. 1-15.

56 Em uma literatura abundante, cf. principalmente Dom Chevallier, *Le Cantique spirituel de Saint Jean de la Croix*, 1930; Jean Krynen, *Le Cantique spirituel de Saint Jean de la Croix*, 1948; Eulogio de la Vírgen del Carmen, *San Juan de la Cruz y sus escritos*. Madri, 1969; Roger Duvivier, *La Genèse du "Cantique spirituel" de Saint Jean de la Croix*, 1971.

57 Cf. J. Orcibal, La Montée du Carmel a-t-elle été interpolée?. In: *RHR*, 1964, t. 162, p. 171-213.

58 Cf. R. Duvivier, L'histoire des écrits de Saint Jean de la Croix. In: *Les Lettres romanes*, 1973, t. 27, p. 323-380.

208 A Fábula Mística ❖ Michel de Certeau

ele não é somente uma leitura ou uma apologia dos textos; ele participa da operação que os produz.

Esse introdutor é Diego de Jésus (1570-1621), carmelita descalço (como João da Cruz), nascido em Granada da "ilustre" família dos Salablanca y Balboa, professor (famoso) ou superior (moderado) durante toda a sua vida. Um homem austero, modesto e erudito: "*mi doctorcito y Senequita*", dizia dele o arcebispo de Toledo, Gaspar de Quiroga – meu doutorzinho, meu pequeno Sêneca. Além dos cursos de filosofia tomista (parcialmente publicados, Madri, 1608) e dos poemas muito gongóricos (póstumos, *Rimas en conceptos espirituales*, Madri, 1668), ele compôs essas *Notes et Remarques* que vão acompanhar quase em toda parte, durante três séculos, as obras de João da Cruz e que têm por finalidade, precisa o título, *dar uma mais fácil inteligência das frases místicas e da doutrina sanjuanistas*.[59] Assim como Luis de León, 30 anos antes, garantiu a edição primeira dos *Libros de la madre Teresa de Jesús* (Salamanca, 1588), sem ter tido o tempo, antes de morrer, de publicar as *Fondations*, e que ele aí acrescentou uma *Apología* e uma *Vida* (1589-1591), Diego de Jésus é, por sua vez, com mais dificuldades ainda, o primeiro editor e "apologista" de João

---

59 Em espanhol: Apuntamientos y advertencias en tres discursos para más fácil inteligencia de las frases místicas y doctrina de las obras espirituales de nuestro Padre. In: *Obras espirituales*. Alcalá, 1618. p. 615-682. O volume era introduzido por uma *Relación sumaria del autor deste libro y de su vita y virtudes*. As traduções desses dois textos por René Gaultier aparecem em sua edição das *Œuvres spirituelles (...) du B. P. Jean de la Croix*. Paris, 1621; elas são reeditadas em 1628. A primeira somente é retomada ("revista e corrigida") por Cyprien de la Nativité em sua própria tradução de João da Cruz, *Œuvres spirituelles*, 1642, 2ª parte (pág. particular). p. 269-324. Para o francês, eu me refiro a essa edição; para o espanhol, às *Obras de J. de la Croix*. Éd. Gerardo de San Juan de la Cruz, Toledo, 1914. t. 3, p. 465-502, ou éd. Silverio de Santa Teresa. Bugos, 1929. t. 1, p. 347-395.

da Cruz, que foi colocado no silêncio desde antes de sua morte pela própria Ordem de que ele foi o iniciador. Provincial desde 1585, o padre Nicolas Doria, um "mão de ferro", criticou primeiro as "liberdades" teresianas enquanto elas comprometiam a autoridade dos carmelitas sobre os conventos femininos, depois, ele se esforça em apagar a doutrina sanjuanista, jamais citada, destinada ao esquecimento, porque ela ameaçava a concepção engajada e contrarreformista que ele tinha da vida carmelita. Assim como o autor outrora foi aprisionado num calabouço do convento de Toledo antes de daí fugir (1577-1578), sua obra estava então condenada ao mutismo. O rumor opõe até teresianos e sanjuanistas. Não sem algum fundamento, porque Teresa tem o estilo de uma paixão apostólica e, assim, ela responde melhor à perspectiva missionária privilegiada pela segunda geração dos carmelitas descalços. A doutrina de João da Cruz, mesmo se ela só está escrita para um ensinamento, faz o vazio em torno de uma contemplação cativante. Por sua radicalidade rarefaciente, ela parece desmobilizar ou contrariar a cruzada da Contrarreforma. Assim, com exceção dos casos particulares de rivalidade ou de incompatibilidade pessoal, suas críticas no interior da Ordem compreendem um "espírito" do qual eles deploram o excesso; eles não lhe censuram erros, mas preferem que esse desafio de uma necessidade outra permaneça oculto, como um segredo de família bom de conhecer e perigoso de difundir. É a posição de Doria, com o rigor que lhe é próprio: aos teresianos, ele recusa a autonomia institucional, tão dificilmente conseguida, que sua mãe lhes legou; aos sanjuanistas, ele recusa a autonomia doutrinal fundada sobre o espírito de "retiro" cujo pai não cessou de pregar o absoluto.[60]

---

60   Também Doria pode autorizar a publicação da doutrina teresiana assinando até a dedicatória da primeira edição (10 de abril de 1588), e, ao mesmo tempo, trabalhar para apagar a doutrina sanjuanista.

210 A Fábula Mística ❖ Michel de Certeau

Fiéis espreitam, no entanto: discípulos (Juan de Jesús Maria Aravalles, Innocent de Saint-André, Juan de Jesús Maria Quiroga etc.) e carmelitas (em primeiro lugar Anne de Jésus, herdeira da paixão teresiana e fundadora ambulante, para a qual João da Cruz escreveu outrora seu *Cantique spirituel*). 1601: o princípio de uma edição é enfim autorizado e confiado a dois "definidores", dos quais Thomas de Jésus. 1603: a responsabilidade inteira da empresa cai entre as mãos deste último, um companheiro de Doria e, no entanto, líder dos teresianos, erudito, escolástico, ora eremita ora representante-viajante da Contrarreforma, um espiritual que tem o estilo de um capitão.[61] Expeditivo, ele "arranja" o texto, corrige-o e, parece, já exclui dele o *Cántico*. Mas ele tem preocupações mais urgentes do que exumar uma relíquia. 1604: ele renuncia. 1607: o padre Alonso de Jesús, hostil à publicação, torna-se geral da ordem. Mesmo os trabalhos biográficos consagrados a João da Cruz por Quiroga desde 1597 estão suspensos. Seguem seis anos de parada, correspondentes ao reino desse religioso seco e preciso que se encontrará no mesmo cargo de 1619 a 1625. Entre esses dois mandatos, Diego de Jésus retoma a tarefa deixada por Thomas, de quem ele foi outrora o discípulo preferido (mas sem ser um "epígono", como disseram). Ele retrabalha o dossiê abandonado. "Alguns", escreve ele em suas *Notas*, "para se ajudarem (sobre essa doutrina) e acomodando-a ao espírito humanizando-a um pouco, ou explicando-a à sua maneira e segundo o que eles podiam aprender aí, faziam dela como extratos e resumos, retirando, ou alterando, ou explicando-a, quando não compreendiam o texto, como me aconteceu com uma pessoa de peso,

---

61 Sobre Thomas de Jésus, uma forte personalidade, cf. J. Krynen, *Le Cantique spirituel*, op. cit., p. 229-308, e Du nouveau sur Thomas de Jésus. In: *Mélanges M. Bataillon*. Bordeaux, 1962. p. 113-135; Simeón de la Sagrada Familia, La obra fundamental del P. T. de Jésus. In: *EC*, 195, t. 4, p. 431-5180.

Segunda Parte – Uma Tópica ❖ Capítulo 4 – Maneiras de Falar 211

de modo que as cópias eram tão diferentes que não havia conformidades entre umas e outras e muito pouco que se aproximassem do original. Conferiram-se com atenção diversos escritos e papéis dessas obras, e pesquisaram-se cuidadosamente os originais para lhes conformar o texto impresso que sai...".[62]

Enfim 1618, as *Obras* aparecem, mas amputadas do *Cántico*, retocadas (embora por uma mão mais delicada que a de Thomas) e cercadas de justificações: no início, "a vida e as virtudes" do autor (uma *Relación* devida, de fato, a Quiroga); no fim, uma defesa e ilustração da linguagem mística (os *Apuntamientos* de Diego).

Os dois pontos essenciais tratados por Diego – a produção das "frases místicas" e o uso da língua "vulgar" – são ulteriormente retomados e desenvolvidos, frequentemente com os mesmos argumentos e as mesmas citações, por Nicolas de Jésus-Maria (Centurioni), um carmelita descalço fortemente marcado por Quiroga, em uma obra primeiramente publicada isoladamente (Alcalá, 1631; Colônia, 1639), e acrescenta também ele, a partir de 1639, às edições das *Obras*: a *Elucidatio phrasium mysticae theologiae*.[63] Traduzida em francês por Cyprien de la Nativité,[64] esse *Éclaircissement* será ainda explorado, como uma mina que faz autoridade, por Madame Guyon, depois por Bossuet, sob o título abreviado e revelador de tratado "das frases místicas".[65] É notável que em torno do bastião disputado e estratégico de João da Cruz, o dublê de Diego e de Nicolas se ordene em linhas de defesa consagradas às

---

62 Trad. R. Gaultier (op. cit., p. 273), com algumas correções de detalhe. Sobre essa edição, cf. principalmente R. Duvivier (op. cit., p. 239-290 e 489-501), que nuança J. Drynen (*Le Cantique spirituel*, op. cit., p. 309-336).

63 Éd. in *Obras*, éd. Gerardo, 1914, t. 3, ou éd. Silverio, 1929, t. 1.

64 Dans les *Œuvres spirituelles*, 1642, *op. cit.*, pag. Propre, p. 1-268.

65 Cf. J. Le Brun, op. cit., p. 540 e 550; Bossuet, Projet d'addition sur l'état passif (1695). In: *Revue Bossuet*, 1906. p. 195.

maneiras de falar. "Frase", com efeito, diz o *Dictionnaire* de Richelet, "quer dizer maneira de falar". O de Furetière precisa: "Maneira de expressão, torneio ou construção de um pequeno número de palavras", com o exemplo: "Eis uma frase, uma maneira de falar italiana, espanhola." O debate sobre a mística se concentra em torneios ou usos que correspondem a uma prática diferente da língua.

No início, Diego (e Nicolas fará o mesmo) afirma o direito que tem cada ciência de se constituir sua linguagem. É o título de seu primeiro "discurso": "Cada faculdade, arte ou ciência tem seus nomes, termos e frases particulares." Com efeito, "a arte, ciência ou faculdade declara, por seu próprio nome de faculdade, o poder que ela tem de impor nomes, de procurar modos e frases pelos quais explicar e dar a entender as verdades que ela professa". Também é, às vezes, "apropriado usar a impropriedade e o barbarismo, e um grande luxo de retórica, principalmente quando se trata de coisas de grande importância": não se conseguiria "fixar-se na propriedade literal dos termos nem na elegância".[66] O "barbarismo" serve como brasão a essa declaração do direito de produzir uma linguagem. Ele simboliza o artefato que se emancipa das leis ordinárias da língua natural. Donde o jogo de palavras sobre o "próprio", em Diego: o "impróprio" segundo a gramática é constituição de um próprio científico. É preciso separar-se da língua natural para que haja língua produzida. Válido para a alquimia como para a matemática e para toda língua artificial, esse princípio reivindica ao mesmo tempo, para uma língua científica, um outro *status* (o de ser fabricada e não recebida) e outro funcionamento (o de obedecer as operações do espírito e não a uma ordem das coisas).

Nesse nível, não importa ainda saber qual tipo de cientificidade vai determinar essa fabricação, mas reconhecer

---

66   Corrijo conforme o espanhol o francês de R. Gaultier que inverte ou omite muitas expressões de Diego.

Segunda Parte – Uma Tópica ❖ Capítulo 4 – Maneiras de Falar

inicialmente um direito à mística como a qualquer ciência. Esse direito de nomear. Teresa já o afirmava: "Há uma outra maneira de arrebatamento, e eu a chamo (*le llamo yo*) de 'voo do espírito'"; "eu chamo (*llamo yo*) 'sobrenatural' o que..."; "tenho o costume de dizer (*decir*) 'suspensão' para não dizer 'êxtase' que..."; eu chamo (*llamo yo*) 'transporte' a um desejo que..." etc., e ela tomava suas distâncias em relação ao léxico dos outros ("*dicen*").[67] João da Cruz, fazendo a mesma coisa – "aqui nós chamamos (*llamamos*) 'noite' a privação de gosto..." –, com a mesma maneira de marcar suas distâncias em relação às linguagens vizinhas.[68] Um corte circunscreve o discurso que se constrói, e o separa de um mundo já soletrado. A nominação inventa uma terra nova, à maneira dos relatos de viagem ou melhor, como o fez Adão uma primeira vez: "Ele deu nomes (seus nomes) a todas as coisas – *Appellavitque Adam nominibus suis cuncta*...".[69] No começo da língua mística, há palavras de autor que repetem o gesto adâmico.

Diego especifica também a problemática de que depende essa fabricação. A disciplina da qual ele trata é definida por um local, o Monte Carmelo, cujo nome "quer dizer *ciência da circuncisão*". Essa montanha é o fundamento silencioso das linguagens que coroam seu cume. Colocados sob a obediência desse Monte que é um nome – uma "faculdade" semântica –, os discursos aí compõem formações de sentidos e vozes ("*voces*", palavras e sons)

---

67 *Moradas*, VI, 5; *Cuenta de conciencia* nº 5 (1576, "Grados de la oración"), 3, 7 e 11. Há 100 outros casos semelhantes e também casos onde a linguagem técnica recebida é rejeitada, por exemplo: "Dizem (*dicen*) que a alma entra em si (...); com essa linguagem (*lenguaje*), eu não poderia explicar nada" (*Moradas*, IV, 3).

68 *Subida*, 1, 2. Seu texto ("aqui" – "aquí") se distancia assim das expressões empregadas pelos "espirituais", daquilo "*que los espirituales llaman purgaciones o purificaciones...*" (*ibidem*, I, 1).

69 Gênese, 2, 20 (Vug.).

214 A Fábula Mística ❖ Michel de Certeau

em que se manifesta o espírito do lugar. Eles são seus efeitos, e como um acréscimo na "abundância (*el lleno*) de uma doutrina espiritual". Há, portanto, instituição do discurso pelo lugar. Essa posição marca a diferença entre a segunda geração dos carmelitas descalços, apoiada no estabelecimento que autoriza uma produção (como em toda instituição científica), e a primeira (a de Teresa ou de João da Cruz) para quem o discurso, longe de supor a fundação, deve torná-la possível e organizá-la. De uma a outra, as perspectivas se invertem: o fundamento – ou seu substituto, a fundação – não é mais para Diego uma questão de que o discurso tenha que se encarregar. O próprio *status* da linguagem mudou. Mas por trás da fundação histórica dos carmelos, há para todos uma instituição palestina e bíblica: o Monte Carmelo, presença física e mítica à qual se refere toda a tradição monástica oriental ou ocidental desde suas origens, a *fortiori* os carmelitas nascidos em seus flancos, no século XIII, e também uma longa linhagem contemplativa judaica.[70] Outrora, no século IX antes de Cristo, essa montanha recolhia Elias em seu silêncio, ou o protegia depois que ele, com sua espada, degolou os inimigos de Javé, depois o atraía fora de sua gruta pelo "barulho de uma brisa suave".[71] Na Vulgata, um "assobio" da brisa (*"sibilus"*) é o canto da montanha pelo qual a Voz fala ao selvagem profeta. No século XVI, ele apreende ainda o hóspede retirado no "castelo" teresiano (essa montanha de cristal) – um "assobio (silbo) tão suave que se ouve com dificuldade" e, no entanto, tão "penetrante" que "a alma não pode deixar de ouvi-lo".[72] É o espírito do lugar. João da Cruz também desenvolve no Monte Carmelo

---

70 Cf. *Élie le prophète*, coll. Études carmélitaines, Bruges-Paris, 1956, 2 vol.

71 Primeiro livro dos Reis (na Vulgata: terceiro livro dos Reis), cap. 18 e 19.

72 Teresa de Jesus, *Moradas*, IV, 3, 2 e VI, 2, 3.

Segunda Parte – Uma Tópica ❖ Capítulo 4 – Maneiras de Falar

a "subida" de seu discurso, e ele desenhou o mapa desse céu dantesco à maneira de um corpo fantástico cujos pulmões escandem (como os versículos bíblicos) "nem isto nem aquilo" (*"ni eso, ni eso, ni esotro, in esotro"*),[73] um corpo dividido pelo barranco central onde se repete o "nada" (*"rien, rien, rien, rien"*), e coberto aos seus pés com uma vegetação de escrituras que se rarefazem elevando-se. O local se torna o herói mudo da história. O fundamento da ciência mística é essa montanha de silêncio.

O espírito que a habita é "circuncisão", um trabalho do corte. Ele se destaca imediatamente, no texto de Diego, por dois índices que designam a estrutura das frases místicas e a ferramenta de sua fabricação: a estrutura é *dual*, a ferramente é uma *faca*. Primeiramente, o estabelecimento histórico do carmelo reformado remete não a um mas a dois fundadores, a "santa mãe" Teresa e o "bem--aventurado pai" João, "seu coadjuvante muito fiel", "dois pais (padres) que se pode chamar filhos (hijos) e pais (padres) do carmelo". Nesse quadro genealógico, os "pais" do discurso reformado são também os "filhos" do silêncio da montanha, e a diferença sexual recebe de saída uma pertinência teórica e prática. São necessários *dois* (masculino e feminino) para que nasça a nova linguagem. Ele não é solteiro (ele não é teológico nem clerical), e todo seu desenvolvimento será comandado pela divisão que organiza sua fundação. Essa dualidade (Teresa e João) inverte o modelo adâmico (Adão e Eva), mas ela reproduz o modelo

---

73 João da Cruz, *Subida del Monte Carmelo*; cf. Michel Florisoone, *Esthétique et Mystique d'après Sainte Thérèse d'Avila et Saint Jean de la Croix*. Paris: Seuil, 1956. p. 113-127. O relato bíblico do encontro com Deus no Horeb é escondido pela negação "*non* in spiritu Dominus", "*non* in commotione Dominus", "*non* in igne Dominus" (III Rois, 19, 11-12, Vulgate). É o ritmo do desenho sanjuanista.

crístico das relações de Maria e José.[74] A "mãe" ganha do "pai", não somente por motivos apologéticos (é preciso fazer passar sob a doutrina respeitada de Teresa a doutrina suspeita de João) ou históricos (Teresa precedeu), mas em nome de uma estrutura que se repete então nos comentários concernentes à Mulher do Apocalipse[75] ou na tradição cabalística cristã da "Sekina", feminidade da presença divina e de sua habitação nesse mundo:[76] um "indeterminado" materno parece concordar com o silêncio de onde vêm os discursos; uma fecundidade inominável da mãe corresponde a essa montanha que serve de "fonte" à "plenitude" das palavras. Como o Monte Carmelo erige uma totalidade primordial, que é a figura do Real, uma referência indiferenciada "neutra" (ela não é nem um nem o outro dos dois termos), a mãe é aquela por quem a palavra chega e se faz corpo ou discurso. Da genealogia celibatária e/ou patrilinear da linguagem teológica, distingue-se a origem das maneiras de falar místicas, caracterizada pela diferença sexual e por uma precedência da mãe. Os dois fundadores colocam o privilégio da *relação dual*, que vai definir a

---

74 Sabe-se que Teresa de Ávila tinha uma "devoção" extraordinária por José, ele também "coadjuvante muito fiel" (cf. *Estudios Josefinos*, 1953, t. 7, p. 9-54: e o número especial *San José y santa Teresa*, 1964. t. 18). Ela pôs em circulação um São José contemplativo que parece, aliás, muito com João da Cruz.

75 Em particular, desde a *Expositio in Apocalipsim* de Joachim de Flore, o cap. 12 (o triunfo da Mulher sobre o Dragão) parece visar a uma "crise da idade do Filho" e prometer a vinda de uma idade da Mulher, associada ao reino do Espírito e ao retorno de Elias.

76 Cf. Geneviève Javary, *Recherches sur l'utilisation du thème de la Sekina dans l'apologétique chrétienne du XVe au XVIIIe siècle*. Lille: Université de Lille III et Libr. Honoré Champiom, 1978. p. 361-527 ("La *Sekina*, aspect féminin de Dieu"). Particularmente interessantes, nessa tradição, as relações entre o Espírito e a Mãe, que são mais escondidos mas não menos essenciais na tradição mística.

Segunda Parte – Uma Tópica ❖ Capítulo 4 – Maneiras de Falar 217

forma da linguagem e o conteúdo da experiência. Eles a representam no relato da fundação. Essa prioridade da relação (*"Beziehung"*) com o outro especifica já uma perspectiva "espiritual" (*"Geistlich"*) em relação a uma perspectiva mais metafísica que privilegia a adequação ou a assimilação ao ser. Ela vai, aliás, traduzir-se por uma insistência do ad-vérbio ou do ad-jetivo e do verbo – elementos de correlação ou de divisão – e por uma erosão do substantivo. Ela se inscreve em uma problemática de alianças e de processos que se chamará ulteriormente "nupcial". Mas, em Diego, a mulher, dotada de um papel central, aparece ambivalente. É uma mediação (ou uma passagem) entre as duas perspectivas: como mãe, ela tem a função de articular o discurso ou a experiência sobre o real; como esposa, a função de anunciar uma insuperável diferença. Ela parece oscilar entre uma ontologia que ela protege ainda e uma erótica da qual ela é o presságio.

Por outro lado, é principalmente a propósito do "pai" que Diego, com uma espécie de lirismo estranho, quase selvagem, se faz o apóstolo da circuncisão e levanta a faca, que é sua ferramenta. Com certeza, as obras de Teresa são "estimadas por todos" para "circuncidar os desejos e as afeições". Mas nada de comparável à "precisão (Gaultier traduz: 'incisão') e à anatomia místicas" praticadas por João da Cruz: "A doutrina de nosso bem-aventurado pai em matéria de circuncidar, entrincheirar, mortificar, desapropriar, desfazer, aniquilar uma alma (todos esses nomes não explicam ainda bastante a coisa) é tão especial, tão penetrante e (se se pode dizer) sem piedade para cortar ou separar tudo o que não é do mais puro espírito, que ela estupefaz quem a lê."[77] A espada de Elias anima esse luxo de termos cortantes que terminam, queda da frase, num

---

77 Trad. Gaultier (*Œuvres*, op. cit., p. 272), corrigida conforme o espanhol.

218 A Fábula Mística ❖ Michel de Certeau

estupor ("espanto"). Paixão que associa ao Carmelo profético do Antigo Testamento a violência cirúrgica e científica da Renascença. Nessa doutrina, Diego reconhece a de São Paulo para quem "a palavra de Deus é uma faca que corta dos dois lados", ou a do Livro da Sabedoria, que vê no Espírito "uma coisa aguda como uma ponta de espada". O discernimento que aí se exprime, "agudo e afiado para cortar e circuncidar", atesta a eminência de João da Cruz nessa "ciência de circuncisão mística e espiritual".

A circuncisão tem a longa e dupla história das divisões entre judeus e cristãos, e contratos entre o corpo e o absoluto. Os hebreus tinham adotado esse costume egípcio para fazer dele o sinal de sua separação dentre as nações e da aliança com Javé.[78] Um relato da Bíblia dá disso uma versão primitiva como um gesto de mãe e de esposa, no momento em que Javé "procurava fazer morrer" Moisés. Sua mulher, Séfora, "pegou um sílex, cortou o prepúcio de seu filho, e tocou com ele o sexo de Moisés, depois ela disse: 'Você é para mim um esposo de sangue'." O texto explica que "ela tinha dito 'esposo de sangue' por causa da circuncisão".[79] A aliança assim como o casamento tem significação pelo ato de tirar e cortar. Praticada entre os judeus, abandonada pelos cristãos e tornada a marca de uma fronteira entre uns e outros (o batismo substituindo-se à circuncisão), proibida aos cidadãos do Império Romano pelo decreto de Antonino, restaurada pela seita cristã dos Passagiens (séculos XII-XIV), mantida como a prova do delito nos processos contra os judeus (século XVI), essa assinatura sangrenta do corpo marca o acesso ao nome do pai (à virilidade) por uma submissão ao poder paterno.[80] Como Abraão levantava

---

78 Gênese, 17.
79 Êxodo, 4, 25-26.
80 Essa submissão implica também um amor privilegiado, "homossexual", do pai e do filho (cf. Herman Nunberg, Tentatives de rejet de la circoncision. In: *Nouvelle revue de psychanalyse*, 1973. nº 7,

Segunda Parte – Uma Tópica ❖ Capítulo 4 – Maneiras de Falar

sua faca sobre seu filho Isaac para sacrificá-lo a Javé, isto é, para produzir sentido (*"sacer facere"*), assim João da Cruz se priva da carne para descrever o caminho da união. Cortar é o processo da aliança quando se trata do absoluto que se traça pelo que ele retira. Trabalho de escultura, caro a João da Cruz. Teologia negativa: ela *significa* pelo que ela *retira*. O sinal em si é a partir de então um efeito da retirada ou da divisão. Um aspecto disso já aparece com a teoria de Diego sobre as frases místicas. É "palavra" o que corta o corpo da língua materna. Ela aí se reconhece nas "palavras" clivadas que ela produz, isto é, numa prática cortante da linguagem.

Essa produção analítica, que consiste, pois, em produzir cortando (a "análise" é uma divisão), Diego a explica, ele mesmo, com alguns exemplos:

> O Filósofo moral, ouvindo a palavra *a mais*, dirá que isso vai a extremidades que saem do meio, o qual é exigido para a virtude, e, portanto, que isso é vicioso e repreensível. Contudo, a cada propósito, encontrar-se-á em frases da Escritura o nome de excesso aplicado às coisas perfeitas e divinas. Em São Paulo: "Por causa da excessiva caridade com a qual ele nos amou." Em David: "Bem-aventurado aquele que teme a Deus, ele amará em excesso seus Mandamentos."
>
> Digo o mesmo dessas palavras, "orgulho" e "furor", que soam excesso repreensível e coisa desregulada, e, contudo, o Profeta diz de Deus: "O Senhor jurou no orgulho de Jacob, isto é, por si mesmo, que é o bom orgulho de Jacob." E Cajetan lê do hebraico: "O Senhor reinou, e se revestiu de orgulho." E David em seus Salmos aplica frequentemente a Deus esse nome furor...
>
> A Teologia escolástica só recebe também esse nome "mancha" para onde há falta, e na Teologia mística nós chamamos "mancha" o menor traço ou particular representação de objeto sensível, e tudo o que impede a maior ilustração de Deus; e co-

---

p. 205-228) – uma característica que se encontra frequentemente na representação cristã das relações do Pai e do Filho ao seio da Trindade.

loca-se "purgação" em Anjos inferiores, quando eles são ilustrados e iluminados por superiores, de que trataremos amplamente a seguir. Do "aniquilamento", o Filósofo e o Teólogo escolástico dirão que é faltar absolutamente de ser, de maneira que não resta do ser nem existência, nem forma, nem união, nem matéria, que é o primeiro sujeito que dura sempre em gerações e corrupções, onde o místico dirá que o "aniquilamento" da alma é uma santa negligência e abandono de si mesmo, tal que nem por lembrança, nem por afeição, nem por pensamento, ela se preocupa consigo ou com criatura, a fim de se poder transformar inteiramente em Deus.

Essa licença de uso de termos particulares e fora do comum é permitida sobretudo à Teologia mística, porque ela trata de coisas muito elevadas, muito sagradas e muito secretas, que concernem mais à experiência do que à especulação, e consiste mais em gosto e em favor divino do que em saber, e isso no altíssimo estado da união sobrenatural e amorosa com Deus. Eis por que razão os termos e as frases de que se serve a especulação são curtos, ainda mais que nessas matérias que são tão sem matérias, ela é extraordinariamente vencida pela experiência.

São Bernardo declara isso admiravelmente no sermão 85 sobre os *Cânticos*, onde, depois de ter tratado dos graus particulares de perfeição que conduzem a alma à união e gozo de Deus, que pode ser nessa vida, ele diz: "Se alguém me pergunta o que é gozar do Verbo? Eu respondo que ele se dirija mais àquele que o tiver experimentado que a mim. Que se eu tivesse a experiência, como poderia explicar o que é inefável? Ouçamos um que tinha essa experiência, seja porque entrássemos em excesso de espírto junto a Deus, seja porque estivéssemos sóbrios em seu lugar. Isto é, acontece-me outra coisa com Deus único árbitro, outra coisa com você. Foi-me permitido experimentar isso, não falar disso. Oh! Você que está curioso por saber o que é gozar desse Verbo, não lhe dê ouvidos, mas o espírito. É a graça que o ensina, não a língua. Isso é oculto dos sábios e prudentes, e revelado aos menores. Meus irmãos, que a humildade é uma alta e sublime virtude, quem merece o que não se lhe ensina, quem é digno de obter o que não se conseguirira aprender, digno de conceber pelo verbo e do verbo o que ela não pode explicar com palavras. Por que isso? Não é que ela o mereça, mas porque assim agradou ao pai do Verbo, o esposo da alma nosso Senhor Jesus Cristo."

São Boaventura, em *L'Itinéraire de l'esprit en Dieu*, no cap. 7, depois de ter deduzido longamente a passagem de São Dionísio

Segunda Parte – Uma Tópica ❖ Capítulo 4 – Maneiras de Falar

que diz respeito à Teologia mística, onde ele discorre sobre como é preciso deixar o visível e o invisível, conclui: "Porque por você mesmo, e todas as coisas por um excesso imenso e absoluto do puro espírito, você subirá ao supraessencial raio das trevas divinas, deixando tudo e estando inteiramente isento. Que se você pergunta como isso se faz, interrogue a graça, não a doutrina; o desejo, não o entendimento; os suspiros da oração, não o estudo da leitura; o esposo, não o mestre; Deus, não o homem; a obscuridade, não a claridade; não a luz, mas o fogo que inflama tudo, e que transporta para Deus por unções excessivas e muito ardentes afeições. Desse fogo, aquele somente embraseado que diz: minha alma escolheu a suspensão, e meus ossos, a morte. Aquele que gosta dessa morte pode ver Deus, porque é indubitavelmente verdadeiro que o homem que me vir não viverá. Morramos, pois, e entremos nas trevas, imponhamos silêncio às solicitudes, às concupiscências e aos fantasmas."

Portanto, em matéria tão elevada e tão espiritual (como dizem esses santos) em que a experiência supera a doutrina; onde aquele que sabe não os pode dizer; onde a língua não é mestre, mas a graça; onde a humildade atinge o que desabrocha e voa, e aprende o que não se pode ensinar; onde a palavra substancial do pai faz tais maravilhas que não se conseguiriam exprimir, como São Bernardo disse, e onde, segundo São Boaventura, não se deve governar por entendimento, nem por regras de mestres; onde os gemidos da oração, a comunicação de Deus como esposo, a experiência e suavidade celeste é a escola e a instrução; onde a claridade prejudica, onde a obscuridade ilumina, onde não se deve olhar senão o que se vê, que não se consegue por discurso, mas a estação e o ponto onde nasce o fogo de amor; onde a morte e um santo desespero é uma verdadeira disposição a essa vida divina; como colocaremos ordem, nem limite, nem texto, nem meio aos termos pelos quais se deve explicar uma coisa tão destacada, querendo que o que é imenso e inefável passe pelas regras ordinárias, sem exceder as frases comuns e termos conservados das escolas dos discípulos e dos mestres, das artes e maneiras que se pode ensinar e saber?

O místico tem permissão (visto que se saiba que na substância do que ele diz, ele não contradiz a verdade) para animá-la e julgá-la, de fazer entender sua incompreensibilidade e altura com termos imperfeitos, perfeitos, superperfeitos, contrários e não contrários, semelhantes e diferentes, como temos exemplos de tudo isso dos Pais místicos, especialmente em São Dionísio o

Areopagita, o qual no capítulo 2 da *Hierarquia celeste* compõe uma palavra mística que compreende por assim dizer tudo isso, falando da excelência e quietude de que essas substâncias intelectuais[81][386 bis] gozam (que teria ele feito se tivesse tratado da incriada e divina?). Portanto, para declará-la em termos que faltam ou que transcendem de propósito os comuns, depois de ter colocado nelas o furor, a irrazoabilidade e a insensibilidade, entendendo tudo isso além da interpretação (entente) como ele fala, vindo a tratar da quietude de que eles gozam, ele diz: "*Immanem quietem*". Que eles têm um "cruel repouso". Coisa mais dessemelhante e contrária à quietude que possa existir. Ele o fez, no entanto, com um conselho divino, visto que, pelo que ele diz da "quietude", ele retirou o imperfeito da "fúria", e dizendo "cruel e furiosa quietude", ele declarou a perfeição e excelência desse repouso. Porque todo aquele que entende "quietude" simplesmente, parece que ele se oferece uma coisa ociosa, morna e fria, covarde e de baixa qualidade e de medíocre perfeição. Mas quem acrescenta que ela é "cruel e furiosa", retirando já a imperfeição da fúria pela "quietude", dá a entender a força, perfeição e intenção, e por assim dizer a insuportável e incompreensível excelência dessa "quietude", e o excesso que ela tem sobre o imperfeito que acontece em nós.

É por isso que pareceu a São Dionísio, nesse capítulo, que os termos completamente diferentes e contrários declarariam tantas coisas elevadas e divinas, quanto os semelhantes que aí têm alguma porporção. Eis o que ele diz disso: "Se as negações de coisas divinas são verdadeiras e as afirmações defeituosas, a obscuridade de seus segredos se manifesta melhor pelas formas dessemelhantes, e eu não penso que haja sábio que contradiga que as semelhanças dessemelhantes não reduzem mais nosso espírito." Donde Hugues de Saint Victor diz muito bem: "Não somente as figuras dessemelhantes são prováveis, porque elas mostram as excelências celestes, mas também porque elas retiram mais nosso espírito das figuras materiais e corporais que as semelhantes, e não deixam descansar nelas." (...)

Os termos imperfeitos e, se se deve dizer assim, viciosos por excesso declaram muito melhor, como dizer "furor" e "orgulho". Porque se vê bem que a pequenez, o mal que eles representam quando se nos aplicam, está muito longe de Deus: e assim

---

81   Os anjos.

Segunda Parte – Uma Tópica ❖ Capítulo 4 – Maneiras de Falar 223

tomar esses termos que significam excesso e coisa desordenada, desregrada e não razoável, é confessar que o bem ao qual nós as aplicamos é um puro bem e muito perfeito, de tal forma que supera toda ordem, todo meio e acordo natural, e tudo aonde a razão pode chegar (...). Essa variação de que se serve a Teologia mística declara também maravilhosamente a perfeição divina e sua inefabilidade, falando ora regularmente, isto é, com os termos que ela encontra ordenados e perfeitos, ora, não contente com aqueles, lançando-se em um santo excesso, como de loucura e desregramento, e que é o excesso de São Paulo, ou "*insanivimus*" que diz o Siríaco usando termos ora muito imperfeitos, como orgulho, ebriedade e furor, ora dos mais perfeitos, como fez São Dionísio em sua *Théologie mystique* desde as primeiras palavras, dizendo: "A Trindade supersubstancial, superdivina e superboa", não podendo dizer nada mais, nem fazer maior reconhecimento, além de ultrapassar nossos termos.[82]

As *Notas* de Diego precisam a produção do que Sandaeus chamará o "dialeto" místico: "*Amor suam habet dialectum*".[83] A reivindicação de uma "maneira" própria se une à de juristas,[84] de historiadores,[85] de cirurgiões[86] ou de

---

82   Diego de Jésus, *Notas,* op. cit., p. 276-282. Diego começa respondenddo às censuras que "o filósofo moral" ou "o teólogo escolástico" dirige ao uso místico de termos tais como "excesso", "furor", "mancha", etc.

83   M. Sandaeus, *Clavis*, op. cit., p. 9. Uma expressão que parafraseia a de Bernard de Clairvaux em seu comentário do Cântico dos Cânticos: "*Lingua amoris ei qui non amat barbara erit* (A quem não ama, a língua do Amor será bárbara)."

84   Cf. Jean Miles, *Style et pratique fondés et succinctement adaptés aux Ordonnances Royaux et Coutumes de France.* Lyon, 1549.

85   Lancelot de la Popelinière, por exemplo, reivindica "novas formas de falar" em história (1581). Cf. C. G. Dubois, *La Conception de l'histoire en France au XVIᵉ siècle.* Paris: Nizet, 1977. p. 126-152.

86   Vallembert, em 1558, afirma que "é preciso conceder a cada estado e profissão uma certa maneira de falar" (cit. in F. Brunot, *Histoire de la langue française*, 1967. t. 2, p. 164).

teólogos[87] na mesma época, e ela se inscreve no conjunto dos trabalhos que gramáticos e lógicos do século XVI consagram às "maneiras" (de escrever, de falar etc.), desde que, com a insuficiência dos modelos fornecidos pela língua estável, homogênea e limitada que era o latim, eles procuram fundar sobre "usos" a racionalidade das línguas "vulgares".[88] Mais específico é o fato de que, de todos os usos existentes, inclusive das "frases teológicas", as "frases místicas" se distinguem menos por sua estrutura que pelo processo que as constrói. O que importa é um *processo de fabricação*. Diego insiste sobre a transformação efetuada pelo autor do texto, à qual corresponderá a operação que ela induz no leitor. De ambos os lados, um movimento é o essencial. Ele se caracteriza ao mesmo tempo por um *deslocamento do sujeito* no espaço de sentido que circunscrevem palavras e por uma *manipulação técnica* dessas palavras para aí marcar o uso novo que é feito delas. Em suma, é uma prática do desapego. Ela desnatura a língua: ela a distancia da função que visava uma imitação das coisas. Ela desfaz também as coerências da significação para insinuar em cada unidade semântica os jogos retorcidos e "insensatos" das relações do sujeito com outrem e com ele mesmo: ela atormenta as palavras para lhes fazer dizer o que, literalmente, elas não dizem, de maneira que elas se tornam, de alguma forma, a escultura das táticas de que

---

87 Cf. Luther, sobre a "maneira de falar", em seu *De predicatione identica* (Werke, éd. Weimar, t. 26, p. 444; trad. "De la Cène du Christ", *Œuvres*, t. 6, p. 127).

88 Esse primado do uso, já evidente na *Grammaire française* de Ramus (1562) só aumentará até Glanvill (*An Essay concerning Preaching*, 1678), Dalgarno (*Consonants*, 1680), Andry de Boisregard (*Réflexions sur l'usage présent de la langue française*, 1689), Callières (*Des mots à la mode et des nouvelles façons de parler*, 1692 ; *Du bon et du mauvais usage dans les manières de s'exprimer*, 1693), La Touche (*L'Art de bien parler français*, 1696), Renaud (*Manière de parler la langue française selon les différents styles*, 1697) etc.

elas são os instrumentos. Um termo, ele próprio ambíguo, poderia definir esses procedimentos que separam a língua de seu funcionamento natural para modelá-la sobre paixões de sujeitos locutores: o *endereço*, porque por um lado a destinação do discurso ganha da validade do enunciado (trata-se de palavras "dirigidas", sem que se possa saber finalmente por quem e para quem), e, por outro, uma dexteridade visa a despertar nas palavras, por suas correlações com outras, as possibilidades que mantinha em sono a dominação da coisa significada (uma técnica emancipadora libera, nas palavras, os jogos e os movimentos relacionais que entravavam uma docilidade às palavras).

Jogo de endereço(s), portanto. Ele liga a concepção de Diego ao maneirismo. Durante essa segunda metade do século XVI, as *"belle manière"* de tratar os motivos e os temas estabelecidos durante o período anterior se distanciam deliberadamente do naturalismo da primeira Renascença. As virtuosidades do que se chama também a "prática" se substituem à teoria humanista da "imitação". Elas exaltam a "Maniera", trabalho da linguagem sobre ela mesma, cujos efeitos sutis e suntuosos ilustram as capacidades indefinidas. Esse expressionismo é feito de artefatos que exorcizam o referencial e colocam em movimento um espaço fragmentado em estilhaços contrastados. Nos quadros, as paixões pintadas representam primeiro uma paixão das formas e das cores submetidas às torturas deliciosas de uma arte.[89] Esses teatros representam menos heróis ou sentimentos que as modalizações de que uma cena recebida é susceptível. São óperas onde se dançam maneiras de pintar e maneiras de "tocar" a tela. Assim, pode-se colocar as frases místicas nos cenários

---

89 Cf. *Triomphe du maniérisme européen*, catálogo da exposição de Amsterdam, 1955; M. Dvorak, Ueber Greco und den Manierismus. In: *Kunstgeschichte als Geistesgeschichte*. Munique, 1924; C. H. Smyth, *Mannerism and Maniera*. Nova Iorque, 1963.

226 A Fábula Mística ❖ Michel de Certeau

maneiristas espanhóis, desde aquele que desenvolve um irrealismo das coisas (com Pedro de Campana ou Pedro Machuca) até aquele que cria um irrealismo do espaço em si, com o Greco, "gênio" cretense de Toledo – "gênio esperto" e "espírito" desse lugar onde ele encena a impossibilidade de um lugar.

Desse ponto de vista também, como escrevia Baruzi, "a linguagem mística emana menos vocábulos novos que transmutações operadas no interior de vocábulos emprestados da linguagem normal".[90] Falando propriamente, não é uma língua nova ou artificial. É o efeito de um trabalho sobre a língua existente, um trabalho que se aplica primeiramente às línguas "vulgares" (às quais é dada a preferência), mas que se estende também às línguas técnicas. Os usos que o especificam remetem a operações efetuadas pelos locutores. A ciência mística não se constitui criando um corpo linguístico coerente (isto é, um sistema científico), mas definindo operações legítimas (isto é, uma formalização de práticas). Paradoxo: essa ciência que se recortou a título de uma linguagem só se mantém caracterizando práticas estáveis cujas palavras são os efeitos instáveis e variáveis. Ela se desmembrará, portanto, quando não puder mais articular juntas essas operações.

Que o vocabulário seja o índice de procedimentos místicos, os textos o mostram. Que baste um exemplo. Quando, na introdução das *Moradas*, esse tópico fundamental que concerne à alma como residência humana e Deus como o único residente, Teresa de Ávila escreve: "Vocês devem compreender que há uma grande diferença entre *estar* e *estar*",[91] ela distingue dois usos da mesma

---

90   J. Baruzi, Introduction à des recherches sur le langage mystique. In: *Recherches philosophiques*, 1931-1932. p. 75.

91   *Moradas*, I, 1: Mas habeis de entender que va mucho de estar a estar. Cf. p. 262-265.

Segunda Parte – Uma Tópica ❖ Capítulo 4 – Maneiras de Falar   227

palavra pela operação que as separa. Uma prática faz entre eles a diferença. Assim, um termo se torna "místico" pelo itinerário ("entrar em si") que funda seu novo uso. Uma viagem do locutor produz a diferença do sentido. É a própria dialética que Montaigne cultiva e de que Pascal suspeita: "Verdade aquém dos Pireneus, erro além." Para explicar as frases de João da Cruz, Diego recorre, pois, aos procedimentos que aí se traçam.

O que ele retém como exemplar é um oximoro. Com efeito, "cruel repouso" (*immanem quietem*", que Diego traduzia: *"cruel y furiosa quietud"*) coloca em relação sintática dois antônimos, como "obscura clareza". É um tropo. Sandaeus dirá claramente que as expressões místicas se formam *"per tropos"* e que elas são *"tropicae loquutiones"* (ele se explica mais amplamente sobre essas maneiras de falar em seu *Grammaticus profanus*).[92] Os tropos, que caracterizam, pois, as unidades elementares do discurso místico, são, conforme Du Marsais, "maneiras de falar" ou figuras "pelas quais se faz uma palavra assumir uma significação que não é precisamente a significação própria dessa palavra". Elas são chamadas "tropos", "do grego *tropos, conversio*, cuja raiz é *trepo, verto*, eu viro", porque, "quando se toma uma palavra no sentido figurado, nós a viramos, por assim dizer, a fim de que ela signifique o que ela não significa no sentido próprio. Volta, desvio, torneio, conversão, o tropo se opõe ao próprio. É a "maneira como uma palavra se afasta de sua significação".[93] Esse processo de *afastamento* não se funda mais, como a alegoria

---

92 Sandaeus, *Clavis*, op. cit., prefácio e p. 6-9; *Grammaticus profanus*, Francfort, J. Volmar, 1621, commentationes XII e XV-XVIII (sobre os *modi scribendi* e os tropos). Cf. também sua *Theologia symbolica*. Mayence: J. T. Schönvvetter, 1627, sobre a origem dos símbolos e sobre sua produção.

93 Du Marsais, *Traité des tropes* (1730), cap. 1, art. 4; Paris: Nouveau commerce, 1977. p. 18-19.

tradicional, em uma analogia e uma ordem das coisas. Ele é saída, exilo semântico, já êxtase. A título de uma "audácia inventiva" (*fingendi audacia*), ele deriva para a dessemelhança. Esse desvio cria estranheza na ordem (ou no "próprio") da língua.

Próximo da antífrase e do paradoxo, o oximoro "viola o código" de uma maneira particular. Com certeza, a contradição que ele mostra não é "tragicamente proclamada" como na antítese, mas "paradisiacamente assumida";[94] ela tem valor de plenitude, ao passo que, na antítese, ela é tensão insuperável. Mas, por um lado, os opostos que são aproximados dependem cada um de escalas ou de medidas diferentes. A esse título, não são verdadeiramente contrários, de que Aristóteles diz justamente que eles são do mesmo gênero (por ex.: bom *vs.* mau). Os termos combinados pelo oximoro pertencem cada um a ordens heterogêneas: a "crueldade" não é comparável à "paz", assim como não há comensurabilidade entre os termos aproximados por João da Cruz em "queimação suave" (*cauterio suave*) ou "música silenciosa" (*música callada*).[95] A combinação trabalha de través, como se tipos de espaço heterogêneos se cruzassem numa mesma cena, por exemplo um fantasma em um apartamento urbano. Desse ponto de vista, o oximoro se decide com o universo das "semelhanças".[96] É um lapso da semelhança. Ele mistura os gêneros e confunde as ordens. Por outro lado, o oximoro pertence à categoria dos "metassememas" que remetem

---

94   J. Dubois *et al.*, *Rhétorique générale*. Paris: Larousse, 1970. p. 120-121.

95   *Vive flamme d'amour*, str. 2; *Cantique spirituel*, str. 14. Por outro lado, no *Miroir des simples âmes* de Marguerite Porete, o nome do herói central e misterioso, "Loingprès" (longe-perto), combina contrários.

96   Exceção, portanto, ao "mundo" analisado por Michel Foucault, *As palavras e as coisas*. Paris: Gallimard, 1966. p. 32-40.

Segunda Parte – Uma Tópica ❖ Capítulo 4 – Maneiras de Falar

a um além da linguagem, como o faz o demonstrativo. É um dêitico: ele mostra o que ele não diz. A combinação dos dois termos se substitui à existência de um terceiro e o coloca como ausente. Ela cria um branco na linguagem. Ela constrói aí o lugar de um indizível. É linguagem que visa a uma não linguagem. Nesse sentido, também, ele "desarranja o léxico".[97] Em um mundo supostamente completamente escrito e falado, lexicalizável portanto, ele abre o vazio de um inominável, ele aponta uma ausência de correspondência entre as coisas e as palavras.

Pelo processo do oximoro, nascem, pois, torneios que são mistos de palavras deslocadas. Esses seres linguísticos estranhos, dos quais as duas metades pertencem a ordens diferentes e cuja cabeça, invisível, habita um outro espaço, parecem obedecer às mesmas regras de produção que os corpos apresentados por Ambroise Paré em seus *Monstres et prodiges* (1573) ou os seres "dessemelhantes" que Jean de Léry analisa em sua *Histoire d'un voyage fait en la terre du Brésil* (1578): eles combinam partes extraídas de todos heterogêneos (como o tapiruçu é "meio-vaca e meio-burro", "participando de uma e do outro"),[98] e eles se situam na juntura de dois mundos. Em todos esses casos, o "monstro" é feito de elementos conhecidos, mas dispostos de uma maneira ainda desconhecida que designa outro espaço. Jerôme Bosch poderia tê-los pintado.[99] Num registro mais lírico, Maurice Maeterlinck evocava as palavras flamengas que Ruusbroec "levava a outra parte": "Inventadas para os usos ordinários da vida", essas palavras "são infelizes, inquietas e espantadas como vagabundos em torno de um trono, quando, de tempo em

---

97 J. Dubois, op. cit., p. 124.
98 J. de Léry, *Histoire d'un voyage fait en la terre du Brésil*. éd. Gaffarel, 1880. t. 1, p. 157.
99 Cf., cap. 2, p. 99-100.

tempo, alguma alma real os conduz a outra parte".[100] Mas, antes de descobrir aí uma poética, é preciso reconhecer aí um procedimento, o gesto de um pensamento. A esse respeito, o oximoro é um microlaboratório. Esse aparelho produz a unidade elementar das maneiras de falar. O discurso místico aumentará com isso e tornará complexos os caracteres, mas já alguns princípios se sobressaem da operação inicial que Diego descreve:

a) *A unidade clivada, ou o interdito*. A menor unidade semântica é cindida. Têm-se dois *em vez de* um. Ou seja, o um é dois: tal é o primeiro princípio. Um recorte organiza o elementar, que recebe por essa razão o *status* de ser um entre-dois: um entredito e um interdito. Essa "unidade" dá assim a fórmula, por assim dizer abstrata, do "excesso": ele não é redutível a nenhum dos dois componentes, e nem a um terceiro, que precisamente está faltando. Ele excede a linguagem. Ele visa um fora, como tantos dedos levantados na pintura maneirista. Uma clivagem inicial torna impossível o enunciado "ontológico" que seria o *dito* da coisa visada. A frase mística foge a essa lógica e lhe substitui a necessidade de não produzir na linguagem senão efeitos relativos ao que não está na linguagem. O que deve ser dito não pode sê-lo senão por uma quebra da palavra. Uma clivagem interna faz declarar ou confessar às palavras o luto que as separa do que elas mostram. Como é a "circuncisão" primeira. Uma escotomização iniciática (trata-se de iniciação) instaura em unidade-padrão do falar místico uma palavra ferida. Tal corte tem sentido, mas não o dá.

b) *O signo opacificado*. Na teoria clássica, o signo é bifacial: ele representa uma coisa (reconhecível "por meio" dele) e ele tem uma realidade própria (que constitui sua espessura). Pelo primeiro aspecto, ele é transparente; pelo

---

100 Ruusbroec, *L'Ornement des noces spirituelles*. Trad. do flamengo e introd. por Maurice Maeterlinck. Bruxelas, 1910. p. 18.

Segunda Parte – Uma Tópica ❖ Capítulo 4 – Maneiras de Falar

segundo, ele é opaco. Assim, as letras que representam um sentido podem ser consideradas em sua materialidade e, nesse caso, elas fazem esquecer ou desaparecer o sentido. Paradoxal, o signo descobre e ele esconde. De fato, uma relação inversamente proporcional rege a relação entre esses dois polos: a aparição da coisa significada cresce quando a do signo-como-coisa diminui. Mais nos fixamos no signo-como-coisa, menos reconhecemos nele a coisa representada. Ora, como observava W. V. Quine, a opacificação do signo (e, portanto, o apagamento do referencial) é o efeito de tudo o que chama a atenção para a realidade (fonética, gráfica, linguística etc.) do signo. Assim, as aspas ou os enunciados de atitudes proposicionais (do tipo: Diego pensa que João da Cruz é dionisiano) que são os equivalentes de aspas (Diego pensa: "João da Cruz é dionisiano"), constituem o que Quine chama de "contextos referencialmente opacos". Colocada entre aspas, a palavra se torna opaca; ela é considerada como coisa e não mais como signo.[101]

É o que acontece com as frases místicas. O uso do adjetivo "místico" já o comprova. Como se viu, atribuído a um substantivo ("jardim", "morte" etc.), esse adjetivo significa "como o entendem ou como o dizem os místicos". Ele faz o papel de aspas. Ele desvia da coisa representada para fixar a atenção no uso que é feito da palavra, isto é, no signo-como-coisa. Ele opacifica, pois, o signo. Só por seu funcionamento metalinguístico (nesse sentido que o adjetivo "místico" é um termo que fala da linguagem em si e não das coisas) se ligam as "frases" analisadas por Diego. Elas levam também às palavras, enquanto elas não podem significar. Elas distanciam a atenção ao mesmo tempo do "repouso" e da "crueldade" para destacar o *status* que tem cada palavra de não poder dizer aquilo a que

---

101 Cf. François Récanati, *La Transparence et l'énonciation*. Paris: Seuil, 1979. p. 31-47.

232 A Fábula Mística ❖ Michel de Certeau

visa. Elas retiram, pois, dessa palavra seu valor designativo e, por isso, sua transparência de signos. É primeiramente dessa maneira que elas são místicas: elas obscurecem ou fazem desaparecer as coisas designadas; elas as colocam em segredo, inacessíveis, como se, entre o referente mostrado e o significante que o objetiva, o sentido que as articula caísse. Essa ruptura é a queda do signo. Ficam as palavras viradas de maneira que elas mostrem seu próprio *status*: uma impotência.

c) *A indecência*. Uma apologia do "imperfeito" enquadra as frases místicas e as situa em uma retórica do excesso. Diego defende a "licença" de uso de "termos imperfeitos, impróprios e dessemelhantes", "viciosos por excesso", e "descer a semelhanças indecentes". Um "impudor", diz ele, será seu estilo, "lançando-se em um santo excesso, como de loucura e de desregramento". Essa indecência tem um duplo aspecto: léxico e estilístico. A uma licença gramatical, ela acrescenta um efeito literário.

Gramaticalmente, a indecência tem a forma do solecismo ou do barbarismo. De fato, ele é autorizado pela tradição da "*lingua barbara*". Gregório o Grande já reivindicava o direito de "barbarizar" a língua e de se subtrair à férula de Donat; ele rejeitava "servir" a "*ars loquendi*" clássica e se proibir a "*confusio*" do barbarismo.[102] Muitos místicos agem assim, até Angelus Silesius, cujos versos se constroem às vezes "com o desprezo da correção gramatical".[103] Sandaeus faz eco de sua prática: "Eles não evitam a barbárie, eles não têm escrúpulo de utilizar termos

---

102 "*Non barbarismi confusionem devito... quia indignum vehementer existimo ut verba caelestis oraculi restinguam sub regula Donati*", Saint Grégoire le Grand, Épître à Léandre, V, 53; MGH, *Epistolae*, I, p. 357.

103 Henri Plard, *La Mystique d'Angelus Silesius*, 1943, a propósito da "expressão mística", p. 109-130.

semibárbaros e até inteiramente bárbaros".[104] Esse barbarismo tem uma função própria: ele marca a superioridade do locutor sobre o sistema da língua. Em outros termos, a impetuosidade de uma enunciação (ou de uma "inspiração") trinca a ordem dos enunciados. O ato de dizer produz um furo na correção léxica ou gramatical. Assim, uma estranheza do locutor se marca na língua que ele fala. Esse fenômeno é característico da língua corrente ou "vulgar" à qual o discurso místico precisamente retorna. No modo do "eu me entendo", "você vê o que eu quero dizer" etc., a performance se diferencia da competência. Mas aqui há oposição e não somente combinação entre elas: o primado de uma se indica ferindo a outra. Certamente, essa oposição é condenada por muitos retóricos religiosos espanhóis da época, e primeiramente pelo maior dentre eles, Luis de Grena – bastante clássico, é verdade –, que julga possível e necessário um acordo entre o *impetus divini spiritus* e a *artis observatio*,[105] entre uma "moção" do autor divino e a exatidão de uma técnica humana. Mas ela tem para ela uma genealogia que se liga à dupla linhagem da *insanitas* pauliniana e da "loucura" platônica do *Ion*, e que faz da indecência a assinatura do inspirado.

A essa marca enunciativa, acrescenta-se o artifício de um estilo. Ele tem como horizonte a concepção que, por exemplo, de Erasmo a Rabelais, associa a "força" do autor à "abundância das palavras" (a *copia verborum*).[106] Em relação a essa estética da "fonte de abundância" (a "cornucópia"), o barbarismo é um extremismo que pretende garantir a inspiração por um excesso léxico. A maior de-

---

104 Sandaeus, *Clavis*, op. cit., cap. I, p. 2.
105 Cf. M. Fumaroli, *L'Âge de l'éloquence*, op. cit., p. 144-148.
106 Cf. Érasme, *De copia verborum* (In: *Opera omnia*. Amsterdam, 1703. t. 1, p. 3-74), em particular o cap. 7 sobre as duas "abundâncias" (uma no vocabulário e a outra na argumentação). Ou, sobre Rabelais, T. Cave, *The Cornucopian Text*, op. cit., p. 183-222.

234 A Fábula Mística ❖ Michel de Certeau

sordem gramatical tornará crível a presença perturbadora da mais alta palavra. Ele cria uma verossimilhança. Ele se constrói, aliás, no modo do milagre: cada erro gramatical designa um ponto milagroso do corpo da língua; é um estigma. Esse teatro mostra mais do que diz. Ele privilegia o demonstrativo. Mas se o barbarismo coloca em cena uma erótica *na* língua (ausências, contradições, buscas imitadas pela relação das palavras com seu sentido), ele corresponde sobretudo a uma erótica *da* língua, a um jogo com a língua materna volta e meia rejeitada e lembrada – *"Fort-Da"*, partida-volta.[107] Ele é um momento em uma relação difícil com o mundo linguístico materno. É um ato seu. Ele faz uma cena na linguagem, no sentido em que se fala de uma cena doméstica. Jogos paradoxais, entretanto, porque, nesses pontos em que a linguagem materna se perde (desaparecido: "não tem mais"), ele se exacerba e volta sobre si. O barbarismo se separa da língua (ele faz seu luto) e se regozija (com um encontro, uma bela ou boa palavra). É uma partida e um retorno da língua. Ele não "exprime" uma experiência, porque ele é essa própria experiência. A experiência fundamental que, na Idade Média, dizia respeito às coisas implicadas pela manipulação das palavras, parece continuar aqui, mas com palavras abandonadas pelas coisas. Ela questiona sempre o fato da origem e do referencial, mas, em vez de ser de um modo ontológico, relativo à relação do ser com os seres (ou com o Ser), é de um modo linguístico, a propósito da relação que o sujeito mantém com sua instituição pela língua ma-

---

107 Cf. a análise que Freud fez do jogo de seu neto, com um ano e meio, que lançava ao longe uma bobina (substituto de sua mãe) com um "oh" de contentamento (*forte*, longe, "partida") e a trazia na ponta de seu barbante com um alegre *da* (*aqui*, "volta"): *Interprétation des rêves, Au-delà du principe de plaisir*; e também Sami-Ali, *L'Espace imaginaire*, 1974. p. 42-64.

Segunda Parte – Uma Tópica ❖ Capítulo 4 – Maneiras de Falar

terna, quando, pelo barbarismo, ele quer cortar o elo de que não pode se desfazer.

Aquela erótica se liga também, como se verá mais tarde, à arte do equívoco entre os retóricos do século XV.[108] Ainda mais cedo, já na metade do século XIV, nessa *ars poetria* que são *Las Leys d'Amors* ("as leis de amor"), de Guilhelm Molinier e colegas, "uma senhora de grande nobreza", Retórica, reconcilia as três rainhas, Dicção, Oração e Sentença, com seus inimigos, os reis Barbarismo, Solecismo e "Allebole", três vícios, e de suas alianças nascem as figuras de um belo falar de amor. As inconveniências da interlocução se põem a florescer na linguagem.[109]

d) *As dessemelhanças corporais e bíblicas.* Diego, quanto a ele, não faz apelo a essa retórica do amor. Ele recorre a Dionísio, o "pai da teologia mística", para fazer a apologia dos "termos dessemelhantes" (*desemejantes*), expressão que Gaultier traduz por "dissimilitudes". Uma passagem célebre da *Hierarquia celeste* (cap. 2) serve de pivô à sua argumentação. Conforme o Areopagita, para falar de Deus, as "semelhanças das dessemelhanças", "obscuras e disformes", estão à frente das "imagens semelhantes", porque, em vez de reter o espírito em analogias enganosas, elas não lhe permitem nem fixar-se no que elas dizem (elas são manifestamente muito "grosseiras"), nem nomear o que elas dizem (elas são contraditórias).[110]

---

108 Cf. Paul Zumthor, *Le Masque et la lumière*. Paris: Seuil, 1978, principalmente p. 267-281: *"L'équivoque généralisée"*.

109 Cf. *Las Leys d'Amors*. Éd. M. Gatien-Armoult. Toulouse: Privat, 1841. t. 2, p. 18-25.

110 *La Hiérarchie céleste*, cap. 2. Cito a trad. de Jean de Saint-François (Jean Goulu), *Les Œuvres du divin Saint Denys Aréopagite*. Paris, 1608. p. 6-7. M. de Gandillac traduz: "figuras desrazoáveis e dessemelhantes", "ficção" levada "ao cúmulo da inverossimilhança e do absurdo" (in Denys l'Aréopagite, *La Hiérarchie céleste*, Sources chrétiennes, 1958. p. 77).

236 A Fábula Mística ❖ Michel de Certeau

Essa linguagem perde a capacidade de revelar: ela oculta. Ela vale não pelo que deixa claro, mas pela operação que ela torna possível. Da mesma forma, para Dionísio, é uma "santa ficção que se faz por imagens dessemelhantes", um conjunto de "simulacros", uma "cena de nomes".[111] É um artefato destinado não a dizer alguma coisa, mas a conduzir ao nada do pensável. Por sua combinação, as palavras aí se encontram desancoradas de seu sentido e transformadas em *operadores* de separação. As "dessemelhanças" não são mais signos, mas máquinas de derivar. Máquinas para viagens e êxtases fora da significação recebida. Elas não dão um objeto mental à inteligência; elas *enganam* o espírito retirando-lhe seus objetos. São molas. Elas não obedecem mais ao princípio do símbolo medieval, de tipo epifânico ou ontológico. Funcionam já como o "símbolo" científico moderno: produzidos em um espaço de "ficção" (uma "cena" artificial de "nomes"), caracterizam-se pelo que permitem fazer.

Dois elementos correlacionados por Dionísio especificam essa produção e exercem, por isso, um papel determinante nas maneiras de falar místicas: por um lado, o dessemelhante provém das "coisas *corporais*" e sensíveis; por outro, ele está fundado em um uso *bíblico* da língua. O primeiro elemento não é somente uma figura. Ele é tomado ao pé da letra. O corporal fornece o dessemelhante, a título de sua relação paradoxal com o espírito. Com dores de cabeça ou de estômago, com moções de furor ou de desvanecimentos deliciosos, com sensações extraordinárias ou inquietantes, o corpo, em sua diferença, compõe dessemelhanças cujo *status* permanece o que Dionísio lhe fixou. O dessemelhante, afastamento em relação à analogia pensada pelo entendimento, se torna um corpo, movido

---

111 *Les Œuvres...*, op. cit., p. 4 e 10.

Segunda Parte – Uma Tópica ❖ Capítulo 4 – Maneiras de Falar

e alterado, cujos movimentos formam o léxico ilegível de um locutor inominável.

A Bíblia fornece o modelo dessas dessemelhanças e a região de seu desenvolvimento primeiro. Por esse caminho, o retorno do século XVI humanista às Escrituras alcança a exegese teológica da patrística antiga. Mas, aqui, a referência bíblica autoriza um estilo e não um conteúdo. Ela se inscreve em uma retórica mais que em uma hermenêutica. O que dela é citado concerne menos ao que ela diz (verdades ou acontecimentos) do que à sua maneira de falar. O uso que é feito da Bíblia muda. Sem dúvida, a questão que comanda o recurso ao Livro chama esse tipo de "leitura". Porque as Escrituras são consideradas sob o ângulo da relação com a linguagem absoluta, isto é, do alto e globalmente, como uma cidade com vista panorâmica, seus conteúdos se nivelam em detalhes secundários numa superfície imensa, agitada com movimentos que "manifestam" as atrações de Deus por "formações dessemelhantes" (*per dissimiles formationes manifestatio*).[112] Uma passagem ao absoluto reúne todos os signos em um só demonstrativo que é a própria língua, trabalhada pelo que lhe escapa e lhe falta. Por essa perspectiva que o aprende no grau zero do sentido e como um (mal) tratamento da língua, o texto interpretável se altera em um corpo alterado. Uma etapa a mais nessa evolução, e a palavra dessemelhante mostrando o que ela não pode dizer será o próprio corpo, um corpo dolorosamente ou deliciosamente atormentado pelo que o obceca, um corpo que fala e mudo, que atesta o que ele não pode nem dizer nem saber. Uma experiência física e indizível do espírito. Então, a aliança do corpo e da Bíblia dá lugar a uma identificação.

---

112 Diego de Jésus, op. cit., trad. Gaultier, p. 280-281. Goulu traduzia: "declaração... por ficções e aplicações de formas dessemelhantes" (op. cit., p. 7); Gandillac: "os seres invisíveis se revelam por imagens sem semelhança com seu objeto" (op. cit., p. 79).

238 A Fábula Mística ❖ Michel de Certeau

É o corpo que é bíblico, que fala segundo a modalidade do dessemelhante, ao passo que as Escrituras se tornam um texto-objeto manipulado pelos técnicos do sentido.[113]

Esse desenvolvimento se apoia sobre o isolamento da dessemelhança corporal e bíblica. Assim se marca uma diferença essencial entre o Areopagita e Diego. Para o primeiro, há "implicação" entre os símbolos "dessemelhantes", apresentados pela linguagem bíblica, e os símbolos "semelhantes", que pertencem ao discurso litúrgico. A inconveniência bíblica mantém uma relação necessária com a conveniência "eclesiástica". Ela introduz na positividade analógica dos discursos mantidos pela instituição do sentido as "negações" relativas ao *deficit* subjetivo da linguagem (uma *agnôsia*) e à eminência objetiva do "absolutamente Desconhecível".[114] Há, portanto, uma pluralidade de teologias, das quais nenhuma é a lei da outra e cujo foco comum é o Silêncio do Uno inefável. A tensão do semelhante (*gelich*) e do dessemelhante (*ungelich*) se encontra até em Tauler, para quem a conveniência, finalmente fundada sobre a instituição sacramental, permanece um dos polos de uma dialética espiritual.[115]

Diego, quanto a ele, dá a prioridade ao dessemelhante. Acreditar-se-ia ouvir ainda em seu texto algo da tempestade que, em Platão, ameaça o "piloto" do mundo de

---

113 Cf. o volume 2 desta obra.
114 Cf. René Roques, in Denys l'Aréopagite, *La Hiérarchie céleste*, op. cit., p. XXII-XXXIX, e Henri-Charles Puech, *En quête de la Gnose*. Paris: Gallimard, 1978. t. 1, p. 122-129.
115 Cf. sermo 28, 3: "Na *conveniência*, nós nos encontramos prontos para a *inconveniência*, e na *inconveniência* nós nos conservamos em *conveniência*." Homem do século XIV, Tauler transpõe essa estrutura sobre o registro afetivo: "encontrar alegria no sofrimento e doçura na amargura" (*Die Predigten Taulers*. Éd. F. Vetter, Berlim, 1910. n° 28, p. 115). O mesmo acontece com Teresa de Ávila (*Libro de la vida*, cap. 30) ou com João da Cruz (*Llama de amor viva*, str. 2).

"naufragar no oceano sem fundo da dessemelhança".[116] Um "ilimitado" (*apeiron*) volta indissociável de uma desordem e de uma discórdia das coisas, mas ele se chama Javé. Uma loucura de Deus permanece, como em Platão, um "princípio negativo" que confunde um cosmo cuja ordem tem por condição uma limitação. Mas a deiscência que risca ou "arruína" a racionalidade do discurso é doravante (suposta) a maneira como aí se marca o locutor divino. A profecia do Antigo Testamento inverte a estrutura platônica. Fato notável, a instituição eclesiástica, sacramento da aliança entre Deus e o homem, portanto, fundamento de uma analogia e de um "regramento" do discurso, parece aqui não ter bastante peso para fornecer o contraponto de uma "semelhança" e de uma "proporção" com a ferida que o Silêncio de Deus faz na linguagem. Mesmo se Diego constrói sua teologia mística sobre o princípio crístico de uma Palavra dada, de um Verbo inserido neste mundo, a forma literária que ele valoriza, autonomizando a mística e defendendo João da Cruz (mas a apologética é também uma lógica e a confissão de um pensamento), deporta sua teologia para a concepção de uma palavra que seria essencialmente uma dor da linguagem, um corpo atingido.

e) *O substituto da origem*. A apologia do "imperfeito" e a dessemelhança não altera a língua em sistema ferido por seu locutor e faz da palavra uma canção desse vencido. De fato, tudo acontece como se o dessemelhante fosse uma operação que comovesse a linguagem com um tormento do inefável. Uma espécie de tatuagem ou de as-

---

116 Platão, *Politique*, 273 d; trad. A. Diès, Paris, coll. Budé, 1935. p. 28. Há discussão sobre o texto: deve-se ler "oceano" (*pónton*) ou "região" (*tópon*)? Sobre a posteridade cristã dessa dessemelhança, cf. principalmente Ét. Gilson, *Regio dissimilitudinis* de Platon à Saint Bernard de Clairvaux. In: *Mediaeval Studies*, 1947. t. 9, p. 108-130, e P. Courcelle, *Recherches sur les Confessions de Saint Augustin*, 2. ed., 1968. p. 405-440.

sinatura para uma origem indizível. O que não pode mais ser colocado na língua como seu princípio e fundamento se insinua ao longo de toda sua prática, nos atos sucessivos de falá-la, como um movimento que a dobra sobre ela mesma e a pontua com dessemelhanças. Por justa razão, Diego se refere à "metalepse", que para Quintiliano é uma figura de transferência e de passagem, uma "etapa intermediária", um *transitus*.[117] A inominável origem se produz, com efeito, como um perpétuo deslizar das palavras para o que lhes retira uma estabilidade de sentido e de referencial. Mas ela não dá lugar a uma designação verdadeira. As palavras não param de ir embora. Seu deslizamento só é mantido por uma colocação em relação de termos heterogêneos. Esse movimento se infiltra entre elas e as desloca só pela aproximação. Ela não para de mexer na linguagem por um efeito de começo, mas um começo que não está jamais lá, jamais presente. Essa perturbação é apenas um entre-dois das palavras. Ela as agita sem que elas possam dizer o que é. Um "não sei o quê" de outro as trabalha e as ocupa, mas ela não tem outro nome senão essa própria moção – uma prática, uma "maneira" de falar. Uma operação se substitui ao Nome. Nesse sentido, a frase mística é um artefato do Silêncio. Ela produz silêncio no rumor das palavras, à maneira de um "disco de silêncio" que marca uma falha nos ruídos de uma sala de café. É um jogo místico.

---

117 Quintiliano, *Institutio oratoria*, VIII, 6; edição e tradução inglesa de H. E. Butler, Londres, W. Heinemann etc., 1966. t. 3, p. 322-323.

TERCEIRA PARTE

A Cena da Enunciação

*A*instabilidade sociopolítica e a deterioração dos quadros de referência desenham, no século XVI e durante a primeira metade do século XVII, o horizonte no qual se destacam as unidades *políticas* nacionais que se substituem à cristandade, e os grupos ou redes *espirituais* que miniaturizam o modelo eclesial de uma organização social das práticas crentes. Na Alemanha, na França, na Itália, fundações políticas e movimentos espirituais respondem paralelamente a uma deterioração histórica. *O momento maquiavélico* isolado por Pocock[1] e a *invasão*, depois as *conquistas místicas* celebradas outrora por Bremond[2] se encontram nos mesmos lugares, com a mesma intenção re-formadora. O primeiro opõe um voluntarismo racional a uma crise conjuntural. Maquiavel lhe dá sua forma: para servir Florença, confrontada com o declínio e surpreendida pelas circunstâncias (falência do banco Médici, recessão da produção de tecelagem, ameaças de invasão por Carlos VIII ou por César Borgia, decadência moral, queda dos Médici em 1494 e da República em 1512), ele arma um saber fundado sobre uma *virtù*, moral tanto quanto política. Uma força de caráter e de pensamento deve lutar contra a *Fortuna* e a *corruzione* (corrupção). Articulada em uma ética, essa ciência produzirá um *vivere civile* que "tenha

---

1   J. G. A. Pocock, *The Machiavellian Moment*. Princeton University Press, 1975.

2   Henri Bremond, *Histoire littéraire du sentiment réligieux en France*. Paris : Bloud et Gay, 1916. t. 2, *L'Invasion mystique* (1590-1620), seguido dos 4 vol. sobre *La Conquête mystique*.

244 A Fábula Mística ❖ Michel de Certeau

razão" do acaso e da desordem das coisas, figuras em que se transformou a Providência tornada desconhecível. Mas é também, em Florença, o tempo de Savonarola (1452-1498) e de Bernardino, visionários de sua cidade e condenados à fogueira; do profeta Martino, que se chama a si próprio "o louco", *il pazzo*; ou da *Natividade* mística, onde Botticelli entrega a uma dança desenfreada os anjos anunciadores de um novo mundo, sob a inscrição: "Este quadro foi pintado por mim, Sandro, no fim do ano de 1500, durante as desordens da Itália, na metade do tempo depois do tempo, segundo o capítulo XI de São João, na segunda desgraça do Apocalipse[3]..." Na mesma época, uma plêiade de místicas italianas funda os espaços de um outro país: Camilla Battista da Varano, Osanna Andreasi, Caterina da Genova etc.[4] Há simultaneidade e cruzamentos de projetos entre essas místicas e os políticos.

O "momento maquiavélico" se repete na Inglaterra, no século XVII, com uma economia política neomaquiavélica, e, no século XVIII, nos Estados Unidos. Na França de Richelieu, isto é, em uma outra conjuntura de ameaças e de violências, o recurso a Maquiavel (e a Tácito, esse "breviário de Estado") organiza também a dura "razão de interesse" que cria a empresa estatal, apoiando-se no mercantilismo econômico, na renovação do direito romano etc.[5] É precisamente o tempo da "invasão" e da "conquista" místicas. A tarefa de produzir uma República ou um

---

3   Donald Weinstein, *Savonarole et Florence*. Trad. M. F. de Paloméra. Paris : Calmann-Lévy, 1973, e Martin Davies, *The Earlier Italian Schools*. Londres : National Gallery Catalogues, 1951. p. 79-83.

4   Massimo Petrocchi, *L'estasi nelle mistiche italiane della Riforma cattolica*. Napoli: Libreria Scientifica, 1958, e *Storia della Spiritualità italiana*. Roma: Storia e Letteratura, 1978. t. 2.

5   J. G. A. Pocock não trata do caso francês; mas, confirmando antecipadamente sua tese e a completando, cf. Étienne Thuau, *Raison d'État et pensée politique à l'époque de Richelieu*. Paris: A. Colin, 1966. p. 33-102 e 166-409.

Estado por uma "razão" política que faça as vezes de uma ordem divina desfeita, ilegível, é, de alguma maneira, copiada pela tarefa de fundar os lugares onde ouvir a Palavra tornada inaudível em instituições corrompidas.

Certamente, essas duas espécies de fundações, restauradoras tanto quanto inovadoras, fazem ainda apelo ao modelo herdado de uma tradição eclesial e cosmológica – uma totalidade unificadora –, mas elas o tratam com registros especializados, isolando aqui o campo de uma "razão de Estado", e lá o de uma "comunidade dos santos". Por toda parte, aliás, nascem as empresas fomentadas pela ambição de criar lugares onde ordenar todas as peças dispersas do passado e do presente: o enciclopedismo erudito, o neoplatonismo filosófico, a poesia metafísica, o urbanismo utópico, e, instrumento de uma totalização pelo olhar, a cartografia, estratégia óptica, para cumular e classificar o saber. Essa ambição só se exerce, no entanto, no interior de áreas concorrentes, recortadas e especificadas cada uma por "maneiras de proceder".

O gesto de se distinguir não é um objetivo. Ele se impõe, antes, tornado necessário pela desordem da qual é preciso separar-se para circunscrever o espaço de um recomeço e para definir os métodos de uma construção. Microcosmos se formam, pois, "reduções" do macrocosmo desmembrado. Duas imagens bíblicas os obcecam: aquela, mítica, do paraíso perdido, e a escatológica ou apocalíptica, de uma Jerusalém a fundar.[6] Em uma multiplicidade frequentemente caótica, cada unidade é vivida no passado ou no futuro, em uma relação com a perda da origem ou com o advento do fim. Uma consciência histórica se desenvolve assim, mas ela não pode ser uma teoria da história. Com efeito, bem longe de uma mesma verdade se articular

---

6   Cf. Charles Webster, *The Great Instauration.* Science, Medecine and Reform, 1616-1660. Londres: Duckworth, 1975. p. 15-31.

246   A Fábula Mística ❖ Michel de Certeau

nas figuras sucessivas ou coexistentes do tempo, ela lhes escapa como a ausência do início ou do termo; ela permanece estranha a esse mundo, que é um campo aberto a vontades, a ética de um "querer fazer". Só há teoria da história onde as heterogeneidades temporais são pensáveis (e comparáveis) no espaço de um mesmo sentido.

Nesse presente exilado de seu princípio primeiro e último, mas estendido para uma "grande instauração", as conquistas da razão e do espírito tentam superar a contradição entre o *parcelamento* técnico dos setores (uma fragmentação do mundo e do saber) e a necessidade de uma linguagem *unitária*. "Instituições" simbolizantes servem como âmbitos a toda uma diversidade de pioneirismos. É o caso, por exemplo, da astrologia, que traz a dispersão do visível a uma organicidade dos astros, e os acasos da sorte a uma estabilidade do céu; por aí, ela fornece já uma língua que fala línguas universais.[7] Assim também, a arte Alquímica ou Hermética, "filosofia" da "conversão dos elementos", concilia já os procedimentos inumeráveis de uma produção com o reconhecimento de uma Natureza única. Por toda parte, recorre-se também ao *spiritus* que, não sendo "nem matéria, nem alma", "atravessa o universo e carrega o poder dos seres superiores aos inferiores": esse agente geral da transferência e do movimento, implicado pela *materia subtilis* cartesiana, pela *anima mundi* dos platônicos ou pelo "espírito universal" dos químicos, circula nos "objetos" que a análise distingue.[8]

Um outro quadro globalizante, embora menos explícito, ressalta da percepção da paisagem cultural: a experiência muda o espaço vivido em uma cartografia dos

---

7   Cf. Keith Thomas, *Religion and the Decline of Magic*. 2. ed. Londres:, Penguin, 1973. p. 335-459.

8   Cf. P. M. Rattansi, The social interpretation of Science in the 17th century. In: P. Mathias (éd.), *Science and Society*, 1600-1900. Cambridge University Press, 1972. p. 1-32.

Terceira Parte – A Cena da Enunciação

apagamentos e das aproximações de uma Idade de Ouro, isto é, em uma rede de degradações e de retornos (por um lado, "corrupções" e perdas; por outro, atualizações de Antigos ou de primitivismos selvagens) que compõem juntos, como na pintura, "paisagens com ruínas", cenas móveis onde "invenções", trabalhos eruditos, disfarces e pastichos jogam com as relíquias de uma referência desafetada que não é mais a Origem e ainda não um passado.[9] Mas, pouco a pouco, é a monarquia (a dos juristas franceses ou do *Leviatã*) que se torna a instituição por excelência. Na França, o Rei, corpo simbólico da nação, tem a reputação de triunfar no tempo pela transmissão genealógica de uma aliança "fundamental" com o povo, organizar a sociedade conforme o modelo da ordem astral e garantir o acordo da razão com a força.[10]

Os "místicos" conhecem e utilizam também essas instituições comuns do sentido. Eles remetem a elas. Mas eles procuram, principalmente eles, "reduzir tudo em um".[11] E como as outras ciências, mais que outras, a "ciência dos santos" deve conciliar contraditórios: a *particularidade* do lugar que ela recorta se opõe à *universalidade* que ela pretende testemunhar. Há também contradição entre a questão do *sujeito* individual e a do *absoluto* di-

---

9 Cf. André Chastel e Robert Klein, *L'Âge de l'humanisme*. Paris: éd. des Deux-Mondes, 1963. p. 88-105.

10 Ao mesmo tempo que os juristas constroem o mito merovíngio dessa aliança, artigo primeiro de uma "lei fundamental", a população continua por muito tempo a associar à estabilidade estelar a ordem real. Cf. a propósito de Carlos V, de Elisabete I e de Carlos IX, Frances A. Yates, Astraea, Londres, Routledge & Kegan Paul, 1975, e também o caso célebre estudado por Élisabet Labrousse, L'Entrée de Saturne au Lion. L'Éclipse de Soleil du 12 août 1654, La Haye, M. Nijhoff, 1974: o eclipse é um terremoto político, como o regicídio inglês (1649) é um evento cósmico.

11 John Wallis, *Truth Tried*, 1643. p. 91, citado em Webster, op. cit., p. 30.

vino. Semelhante tensão define, talvez, a "ciência experimental", que funciona na dialética do *nada* e do *tudo*, e que, rejeitando os conhecimentos particulares do "entendimento", se autoriza com uma *notizia* (ou "noção") "universal e confusa". Participando do grande projeto recapitulador que terá sua última figura "moderna" com a *mathesis universalis* e o ecumenismo filosófico de Leibniz (ele só renascerá com Hölderlin e Hegel), os místicos devem confrontar a insularidade de suas fundações com o in-finito do Uno.

Capítulo 5

O "CONVERSAR"

Uma problemática determina ao mesmo tempo a circunscrição dos "retiros" místicos e o estilo dos procedimentos que aí permitem um "trabalho" do universal. Sua questão concerne essencialmente à relação. Ela questiona uma teoria e uma pragmática da *comunicação*. A mística é o anti Babel; é a busca de um falar comum depois de sua fratura, a invenção de uma língua "de Deus" ou "dos anjos", que atenua a disseminação das línguas humanas.[12] Relativo a essa busca, um tópico organiza a cena mística, assim como um tópico das relações do poder no espaço organizava, em Florença, a "cena do príncipe".[13] Precisando-a, estabelece-se uma primeira geografia dos lugares.

---

[12] Cf. Arno Borst, *Der Turmbau von Babel. Geschichte des Meinungen über Ursprung und Vielfalt der Sprachen und Völker*. Stuttgart: Hiersemann, principalmente III, 1, 1960. p. 1150-1166 sobre o tema de Babel entre os místicos espanhóis modernos. Sobre o *status* da língua, cf. Irène Bern, *Spanische mystik.* Darstellung und Deutung. Düsseldorf, 1957.

[13] Cf. *Il potere e lo spazio.* La scena del principe (Firenze e la Toscana dei Medici nell'Europa del Cinquecento). Firenze: Ed. Medicee, 1980.

1. O "DIÁLOGO"

Falar e ouvir: o binômio define o espaço onde se efetuam as operações dos "santos" (assim se chamavam os místicos). As questões de que eles tratam têm valor de sintomas. Elas se reduzem a duas essenciais: a oração (desde a meditação até a contemplação) e a relação "espiritual" seja com os outros, seja (sob a forma da "direção espiritual") com os representantes da instituição eclesial. A "comunicação" divina e/ou humana designa, então, um *ato*. Ela focaliza relatos, tratados e poemas. No vocabulário místico espanhol, ela é indicada por uma só palavra: *conversar* (falar "com Deus", *con Dios*, ou "com os outros", *con los otros*), equivalem ao latim *colloquium*, que, na espiritualidade medieval, designa, ao mesmo tempo, a oração e a troca oral. *Orare* é igualmente "falar" tanto quanto "rezar", como em "oração", "orador" etc. De onde, a propósito da contemplação ou da linguagem dos espirituais, tantos debates teóricos e práticas sobre *la manera de comunicarse*. Sobretudo, o próprio nome que simboliza toda essa literatura mística remete ao "ato de palavra" (o *speech-act* de J. R. Searle) e a uma função "ilocucionária" (J. L. Austin): o *Espírito* é "aquele que fala" – *el que habla*, diz João da Cruz;[14] é o locutor, ou "o que fala".

Ora, essa comunicação é quase percebida como fragmentada. A credibilidade que a funda desmorona. As rupturas, o equívoco e a mentira da linguagem introduzem na relação uma insuperável duplicidade, que redobra o mutismo das instituições ou das coisas. Os textos se produzem a partir dessa falta. Com certeza, a devoção quer fazer crer que os seres e os livros falam de Deus, ou que Deus fala neles, mas sua tagarelice e seu rumor não con-

---

14 *Subida del Monte Carmelo*, Prólogo. In: *Vida y obras de San Juan de la Cruz*. Madri: BAC, 1955. p. 508. Inúmeros textos místicos dizem a mesma coisa.

sola os místicos do século XVII, desatentos a esses ruídos e lançados por seu desejo na experiência de um grande silêncio. A "letra", com efeito, não é a palavra que eles esperam, nem o mundo. Esses mensageiros

no saben decirme lo que quiero
não sabem me dizer o que quero[15]

A essa ausência do Verbo opõe-se uma certeza: ele *deve* falar. Uma fé está ligada ao que não se produz mais. A crença funda uma expectativa. Ela se apoia na promessa das Escrituras: "Eu espalharei com meu Espírito... então seus filhos e suas filhas profetizarão".[16] Mas a espera esbarra em um fato: o que *deveria* ser falta. Como, pois, e onde falará essa voz? De que maneira preparar-lhe o vazio onde ela possa ressoar? Ou, talvez, não haja mais ouvidos para o que fala sempre? "Eles têm ouvidos e não ouvem nada."[17] Ou, então, seria a natureza dessa palavra "esgotar-se"?

Havia
Que uma voz pedia para ser accreditada, e sempre
Ela se voltava contra si e sempre
Fazia esgotar-se sua grandeza e sua prova.[18]

Mas se a voz se cala, não seria preciso questionar a audição? Aprender a escutar: outro tema dos místicos. *Audi, filia*, o título do célebre tratado de Juan de Avila (Madri, 1588) resume uma tradição. "Ouve, minha filha", é dito à "alma". A injunção se refere primeiramente à atenção à Palavra. Mas para Juan de Avila, como por 100 outros, ela visa também a todas as formas do "colóquio"

---

15   João da Cruz, *Cántico espiritual*, str. 6; *ibidem*, p. 904.
16   Joel 3, 1-5, citado em Atos dos Apóstolos, 2, 17, no discurso de São Pedro, no dia de Pentecostes. Cf. Ev. de São João, 16, 13.
17   Jeremias, 5, 21; Ezequiel, 12, 2.
18   Yves Bonnefoy, *Hier régnant désert*. Paris: Mercure de France, 1958. p. 33, "L'ordalie".

ou do *conversar*: a relação do pregador com seu público, do "mestre espiritual" com seus(suas) "dirigidos(as)", de cada um com os outros ou consigo mesmo. Como o homem (que tem quase sempre a figura feminina da "alma") pode reconhecer a língua que desperta nos outros ou que ele fale sem saber? Uma surdez perverte a relação. Teresa de Ávila entende como decisiva sua experiência dos confessores que se enganaram (*engañarse*), que a enganaram (*engañar*) ou que ela enganou.[19] Aos "mestres" que "não a ouvem", suprirão as obras espirituais (que, como romances de amor, lhe contam seus desejos), ou os "entretimentos" (*tratos*) e "conversações" em uma *buena compañía*, ou, então, seus próprios "sonhos" e "loucuras". Por sua vez, João da Cruz escreve *A Subida do Carmelo* para aqueles e aquelas que procuram em vão uma escuta. Seu livro tende a suprir essa falta: "É uma coisa rude e penosa que uma alma não se entenda e não encontre ninguém que a entenda".[20] Por uma reciprocidade que remete à confusão das línguas em Babel (*por no entender ellos la lengua...*), não se pode ouvir-se a si mesmo sem ser ouvido. Mais tarde, Jean-Joseph Surin evoca os "superiores", "diretores ou pais espirituais" que se enganaram quase todos: "Eu não cessava de procurar alguém a quem descobrir meu coração." Mas ele só acha junto a esses "sábios e sérios" interlocutores "opressões incríveis".[21] Uma interrogação geral se estende à dupla face da *oratio*: seu processo interno e seu processo externo são indissociáveis. Nenhum "Outro" fala à alma se não há um terceiro para escutá-la.

Quaisquer que sejam as saídas que as "comunicações" místicas vão abrir, os dois verbos, falar e ouvir, de-

---

19   *Libro de la vida*, cap. 2-5, 13 e 28 etc.

20   "No enterderse un alma ni hallar quien la entienda." *Subida del Monte Carmelo*, Prólogo, op. cit., p. 509.

21   *La Science expérimentale*, II, cap. 9 e 10; éd. Michel-Cavallera. In: *Lettres spirituelles*. Toulouse, 1928. p. 42-47.

Terceira Parte – A Cena da Enunciação ❖ Capítulo 5 – O "Conversar"

signam o centro, incerto e necessário, em torno do qual se produzem círculos de linguagem. Poder-se-ia sugerir, a um século de distância, duas identificações que indicam de que hesitação crescente se acompanha o desejo da Palavra. Em 1543, prefaciando a edição dos *Salmos*, Calvino garante, com um sentimento do pudor que é uma característica de seu estilo: "Deus nos põe na boca as palavras, como se ele próprio cantasse em nós."[22] O "como se" tira da voz humana o canto divino que se fez escriturário. Esse afastamento, os místicos tentam superá-lo. Por volta de 1653, na época em que Angelus Silesius se converteu ao catolicismo, ele rejeita ao lado do "nada" a própria Escritura, opaca positividade, para conhecer a "essencialidade" da Palavra *Tu* em *Mim*, mas ele só tem dessa "consolação" a espera que levanta seus poemas de um lado a outro:

> *Die Schrift ist Schrift, sonst nichts.*
> *Mein Trost ist Wesenheit,*
> *Und dass Gott in mir*
> *spricht das Wort der Ewigkeit.*[23]

Entre a *oratio* divina (a palavra) e a *oratio* do crente, o corte mantido pelo "como se" de Calvino é cada vez menos tolerável a uma impaciência mística, na medida em que ela é cada vez menos transponível.

De diversas maneiras, a enunciação que determina as elaborações "espirituais" parte do postulado de que o ato de conhecer se situa *no campo da oração* (ou, como o dizia já Santo Anselmo, no campo da *invocatio*). A alocução é para o saber sua condição e seu começo. Ela lhe dá a formalidade de um "falar a", que é também um "crer em" (*credere in*). A ciência mística interroga, pois, ao mesmo

---

22   Cit. in P. Pidoux, *Le Psautier huguenot du seizième siècle*, Bâle, 1962. t. 2, p. 21.

23   *Le Pèlerin chérubique*, II, 137 (éd. Susini, Paris: PUF, 1964. p. 170).

tempo, a natureza da palavra (vinda de uma voz), a da crença (atenção de um ouvido, *fides ex auditu*) e a do saber. Ela se fixa aí, no limiar onde a possibilidade de falar mede uma possibilidade de conhecer: como a alocução pode dar origem a um saber do outro?

Que a *invocatio* seja o postulado de uma inteligência, não é novo. Em muitos casos, próxima da teoria dos místicos, a filosofia de Santo Anselmo se colocava inteiramente no campo e, por assim dizer, sob a dominação da alocução. *Proslogion, id est colloquium*, escreve ele no início de seu tratado para explicar seu título.[24] Mas quando sua reflexão avança à margem extrema, iconoclasta e apofática, da linguagem, quando ela não se sustenta mais senão por um nome ("Deus"), isto é, no índice que aponta a falha de todos os signos ("Tu és algo de que não se pode nada conceber de maior"), e quando a partir dessa única palavrinha (equivalente linguístico da Sarça ardente) ela quer garantir ao "insensato" (que diz em seu coração: não há Deus) a existência implicada por essa palavra, ela supõe ainda, por um lado, um acordo estável entre o falar e o ser que nele se exprime (a palavra é uma epifania, uma *locutio rerum*) e, por outro, um ato enunciativo suscitado por uma aproximação, como seria uma chamada, o grito de um nome, que responderia de longe, na rua, à silhueta que passa da amada. Cinco séculos depois, a *invocação* continua a dominar sobre o campo em que pode desenvolver-se uma racionalidade da fé, e isso continua ainda verdadeiro hoje para uma teoria do amor. Mas ela cessou de se articular com o duplo postulado, epifânico e alocutório, que o autorizava em Anselmo. A própria condição do conhecimento se torna o problema com o qual se choca e

---

24 Sobre o *Proslogion*, cf. Paul Vignaux, De Saint Anselme à Luther. Paris: Vrin, 1976. p. 76-130; e Claude Imbert, Pour une structure de la croyance: l'argument d'Anselme. In: *Nouvelle revue de psychanalyse*, 1978, nº 18, p. 43-53.

se polariza o pensamento místico. Desse começo, "todo o resto" depende. Como falar, como ouvir? Esse começo, que é o limiar de um saber do Outro, terá ele próprio seus começos (como se pôr a falar ou a escutar?), sua história, seus dramas.

A enunciação

A *invocatio* e a *auditio fidei* se isolam, pois. O "essencial" que elas definem não se inscreve mais no interior de um itinerário onde se desdobraria em efeitos de saber a condição de possibilidade do conhecimento, isto é, a alocução de uma fé: *fides quaerens intellectum*. Ele investiga ao lado do saber, como a questão de seu antecedente. Em outros termos, a enunciação se distingue do ordenamento objetivo dos enunciados. Donde a importância assumida pela instauração desse novo lugar que é o eu, pelas operações de trocas (*espirituais*) que dão início à comunicação sobre a questão do sujeito, e por todos os procedimentos, retóricos ou poéticos, susceptíveis de organizar um campo próprio de alocução. O que se chama "experiência" conota esse campo, distinguindo-o dos saberes constituídos. No momento em que um espaço "utópico", instituído nas margens de uma realidade histórica tornada ilegível, oferece a uma razão nova o não lugar onde exercer sua capacidade de produzir um mundo como texto e de fazer do próprio texto a gênese de um mundo,[25] instaura-se ao lado dos saberes um espaço místico, ele também atópico, mas criado pelo movimento que o desejo do outro provoca na

---

25 A "*ficção produzida-produtora*", organização do espaço como um texto, é o não lugar da utopia (cf. Louis Marin, *Utopiques:* jeux d'espaces. Paris: Minuit, 1973. p. 15-50). Também, em *De re aedificatoria* de Alberti (1485), a edificação do discurso e a do espaço arquitetural são indissociáveis (cf. Françoise Choay, *La Règle et le modèle*. Paris: Seuil, 1980. p. 86-162).

linguagem, isto é, pela reviravolta que esvazia os enunciados a fim de abrir aí a questão prévia do *colloquium*. Inicialmente, essa questão não acrescenta uma província à organização das disciplinas. Mais tarde somente, desde a metade do século XVII, quando se esquecerá a interrogação que suscitou os textos místicos, serão reunidos em uma ciência à parte, que seria a "aplicação" ou a "prática" da "especulação" teológica. Assim, por exemplo, a *Práctica de la teología mística* de M. Godinez, em 1681.[26] Essa hierarquização, devida a teólogos, alinha a mística com as "ciências aplicadas" que se supõem então distintas e dependentes de discursos "teóricos". De fato, a mística trata de uma questão transversal em relação às disciplinas estabelecidas. Certamente, ela engaja uma diferença entre a teoria e a prática, mas à maneira como o ato de falar (ou *speech-act*) se distingue da validade dos enunciados e questiona a efetuação oral e não a verdade lógica de uma proposição. Ela consiste em se perguntar, por exemplo, *a*) se e como se pode *praticar* (falar efetivamente) a linguagem que continua a ser mantida como globalmente verdadeira; *b*) se é possível dirigir-se a Deus (*tratar con Dios*) com os enunciados que propõem conhecimentos *sobre* ele; *c*) como entreter-se (*conversar*) de *ti* a *mim*, na troca com o Outro ou com outros; *d*) de que maneira *ouvir* como uma voz que *me* concerne as proposições objetivamente recebidas como inspiradas (bíblicas, canônicas ou tradicionais) etc.

O antigo relato cosmológico da tradição se encontra assim reapreendido sob uma outra formalidade e tratado segundo uma nova "maneira de proceder", a partir de alguns pontos estratégicos:

1. *Um ato presente* de palavra relativiza a pertinência do saber garantido por uma aquisição (uma revelação

---

26 Cf. o volume 2 desta obra, a ser publicado.

Terceira Parte – A Cena da Enunciação ❖ Capítulo 5 – O "Conversar"   257

passada) e funda uma historicidade da experiência (uma relação existencial e necessária no instante): nada do que foi dito ontem a outros substitui o que eu posso dizer ou ouvir, aqui e agora.

2. *A relação "ilocucionária"*,[27] relativa ao ato de falar e ao que ele transforma das relações entre interlocutores, faz desempenhar os primeiros papéis ao *eu* e ao *tu* que ele implica: o conteúdo "objetivo" do discurso pode ser reapreendido por completo como a história dessa relação.

3. Entre locutor (o que enuncia) e "alocutário" (aquele a quem ele se dirige) – ou entre destinador e destinatário –, uma rede de *convenções* se estabelece, feita de pressupostos e de contratos que o discurso fortalece, desloca e manipula: uma série de *operações* contratuais recíprocas se substitui à hierarquização dos enunciados conforme seu grau de validade.

4. A atividade ilocutória se manifesta no discurso pelo privilégio concedido aos elementos "indiciais", isto é, pragmáticos ou subjetivos, da língua, de maneira que a linguagem enunciada se torna o relato das condições e modalidades de sua própria enunciação – uma *dramática da alocução.*

Todos esses pontos, e outros que deverão ser esclarecidos, dependem da enunciação.[28] A "experiência" que especifica as escritas místicas tem, aliás, por características maiores, por um lado, o *ego*, que é precisamente o "centro da enunciação", e por outro, o *presente*, "origem do tempo", "presença no mundo que só o ato de enunciação torna possível".[29]

---

27 A esse termo empregado por J. L. Austin, pode-se substituir "alocucionário" ou "ilocutório".

28 Cf. por exemplo Tzvetan Todorov, Problèmes de l'énonciation. In: *Langages*, n° 17, p. 3-11, 1970.

29 Émile Benveniste, *Problèmes de linguistique générale*. Paris: Gallimard, 1974. t. 2, p. 83.

258 A Fábula Mística ❖ Michel de Certeau

Não se trata, como em uma teologia, de constituir um conjunto particular e coerente de enunciados articulados conforme os critérios de "verdade" fornecidos pela tripla instância de uma Escritura, de um Magistério e de uma prática crente majoritária. Menos ainda, como a teosofia o faz, então, de deixar as paixões organizadoras do mundo se produzirem elas próprias em relatos cujo sujeito locutor não tem outra pertinência senão de ser a testemunha — a boca por onde se fazem ouvir esses ruídos oceânicos do cosmo. Trata-se de *tratar a linguagem comum* (a de todo mundo ou de "qualquer um", e não a de disciplinas técnicas) em função da *possibilidade para ela de ser falada*. Como essa linguagem se transforma em uma rede de alocuções e de alianças presentes? Uma dupla clivagem inicial é assim introduzida. Por um lado, um corte separa do *dito* (o que foi ou é enunciado) o *dizer* (o próprio ato de ser falado). A mutação do "dito" em um "dizer" supõe, com efeito, sua distinção e a passagem de um estatuto da linguagem a um outro. A fábula rabelaisiana das "palavras degeladas" poderia servir de indicativo a essa primeira divisão: as palavras que o tempo congelou vão voltar a ser vozes (dirigidas por quem e a quem?)?[30] Por outro lado, o universo, compacto ou infinito, regido pela ordem ou pelo acaso, é estabelecido em princípio como o vocabulário de um discurso *dialogal* entre um *ti* e um *mim* que se procuram por meio da linguagem. As mesmas coisas são, pois, signos bifaces que parceiros se dirigem igualmente, ainda que sem se encontrar. Elas são divididas no interior por uma opacidade que é o segredo dos interlocutores um para o outro:

Adónde te escondiste
Amado, y me dejaste con gemido?[31]

---

30 Rabelais, *Le Quart livre*, cap. 55.
31 João da Cruz, *Cántico*, estrofe 1.

Onde te escondeste, meu amado,
Onde me deixaste a chorar?

Dispositivos decorrem dessa problemática. De mesmo tipo que os signos linguísticos da enunciação, eles não concernem a um objeto significado nem a uma entidade referencial (eles não têm uma função denominativa), mas a própria instância de discurso. Eles não remetem diretamente à "competência",[32] ainda que haja também questões dessa ordem; por exemplo, quais são as condições exigidas para manter um enunciado "místico". Eles visam ao *exercício* da linguagem – uma "performance" – e, portanto, segundo Benveniste, a "conversão da língua em discurso".[33] Entre esses aparelhos enunciativos, reterei inicialmente três que constroem a cena de um texto "místico": 1. o *corte* que serve como prévia ao discurso e que instaura um contrato com os destinatários (o acordo sobre um *volo* – um "eu quero" inicial); 2. o *lugar* "vazio",[34] "local sem local", que marca no discurso seu lugar de locução (o *eu*); 3. a *representação* desse lugar por uma figura narrativa que forma o âmbito do relato (a insularidade da "alma": um círculo, um castelo, uma ilha etc.). Levantando esses elementos através de alguns exemplos tomados nos textos místicos dos séculos XVI e XVII, esboça-se uma

---

32 Por "competência", entende-se, segundo Chomsky, o conjunto das possibilidades que são dadas ao locutor por sua língua (O. Ducrot e T. Todorov, *Dictionnaire encyclopédique des sciences du langage*. Paris: Seuil, 1972. p. 158).

33 O "discurso" é, para Benveniste, "a língua como assumida pelo homem que fala e na condição de *intersubjetividade* que somente ela torna possível a comunicação linguística" (op. cit., t. 1, 1966. p. 266).

34 *Ibidem*, t. 1, p. 254, 263 etc.

260   A Fábula Mística ❖ Michel de Certeau

"maneira de andar" proporcionada à questão que a anima: como falar ou ser falado é constitutivo de existência?

2. UMA PRÉVIA: O *VOLO*
(DO MESTRE ECKHART À SENHORA GUYON)

O primeiro dispositivo visa a determinar uma prévia que torne possíveis "contratos enunciativos" entre locutores. Em uma linguagem opacificada, fragmentada, babeliana, é preciso *produzir* o que era até aí suposto, a saber preliminares comuns que permitissem "ouvir-se". São necessárias convenções que circunscrevem lugares onde seja restaurada uma comunicação. Isso não é óbvio. Não há mais a *priori* comum nem sobre a unicidade de um Falante universal, nem sobre a articulação das palavras com coisas, nem, portanto, sobre o princípio de regras universais que garantem a verificação ou a falsificação dos enunciados. A linguagem é diversificada por *usos* ou "modos de falar" heterogêneos. *Práticas* diferentes (que dependem de uma retórica e não mais de uma lógica) modificam o valor das palavras e dos discursos. Tornam-se decisivas as "maneiras" de empregar os mesmos enunciados, verdadeiros aqui e falsos acolá, segundo o uso que é feito deles. Assim, é pela definição de uma prática comum da linguagem que uma "convenção" é estabelecida pelos "espirituais": o discurso místico deve produzir ele próprio a condição de seu funcionamento como linguagem que se pode falar ou ser falada.

Porque ela concerne a uma prática, essa condição exibe uma pertinência particular às *circunstâncias* do colóquio, a seus momentos e a seus lugares, à sua "maneira", à natureza dos interlocutores etc. *Como* se diz importa mais que o que se diz. Um cuidado do "circunstancial" se junta, aqui, ao trabalho analítico dos juristas, ocupados em edificar a lista mais completa das situações diversas e dos destinatários que valem a um procedimento um funcionamento "feliz".[35] Os espirituais visam, com efeito, a especificar as condições nas quais a elocução "fracassa", ou "tem êxito" em tornar possível uma comunicação. Pela determinação de pressupostos práticos, eles querem criar lugares de relação. Elaborando as prévias e as regras das operações que correspondem a um uso dialogal ou conversacional da linguagem, compreendendo nessa linguagem seus aspectos corporais (gestuais, sensoriais) ou circunstanciais (tempos, lugares, luzes, sons, posições, situações de interlocução ou de "oração") e não somente seu elemento verbal, eles se engajam em uma *política da enunciação*. Eles entendem *recompor lugares de comunicação*, onde se desfaz o sistema que garantia a relação por uma rede hierarquizada e cosmológica que combina estados ontológicos (lugares de nascimento ou estatutos de verdade) com alianças estáveis (clientelas sociais, ou contratos entre as palavras e as coisas).

A seu modo, essa política está na continuidade dos objetivos que se fixavam os teóricos da retórica. Na Itália, desde o século XV, ligada ao privilégio do fazer e do agir sobre o saber, a retórica articula em uma "arte" de dizer a vontade de instaurar "*la civile conversazione*". Pelo uso das línguas vulgares, pela importância dada às realidades concretas, pelo primado das técnicas de persuasão sobre uma lógica da verdade, o discurso deve amarrar novos contratos sociais. Ele corresponde a um "momento político". Quando uma infraestrutura rigorosa estabiliza o real, o raciocínio dedutivo basta, no interior de disciplinas fechadas e em função de verdades imutáveis. Mas

---

35 Para analisar o performativo (definido por sua relação com o "insucesso" ou com o "sucesso", e não com o "erro" ou com a "verdade"). J. L. Austin se refere muito frequentemente ao direito (*Quand dire, c'est faire*. trad., Paris: Seuil, 1970). A aproximação da mística e do direito se impõe, aliás, em razão do papel que exerce este último na cultura do tempo.

262 A Fábula Mística ❖ Michel de Certeau

quando essa ordem desmorona, os discursos persuasivos se tornam necessários para criar acordos entre vontades, para estabelecer novas regras e para formar assim unidades sociais. Segundo Francesco Patrizi e muitos outros, a *oratio* retórica é instituidora de repúblicas.[36] Acontece o mesmo com o *conversar* dos espirituais: essa arte de falar, acompanhada de inúmeros "métodos" que modalizam a superioridade do ato sobre o saber e o do dizer sobre o ler, é destinado a gerar no presente novas alianças que são, por exempo, em Teresa de Ávila, ou relações comunitárias (a *compañía*), ou trocas com a tradição cristã (a "direção espiritual"), ou colóquios com Deus (a oração). Práticas constroem lugares enunciativos.

Para estabelecer esses espaços dialogais, há uma primeira condição de possibilidade, essencial. Ela recebe por toda parte a forma de uma restrição exclusiva (*não... senão...*); a relação *não* tolera *senão* pessoas inteiramente resolutas, ou que "querem isso". Um "querer" constitui o *a priori* que o saber não pode mais fornecer. Ele deve estar presente (nenhuma decisão ou conhecimento passado pode dispensá-lo), prática (é um ato), concreto (aqui e agora, ele engaja o "eu"), absoluto (sem restrições). Sem ele, não há comunicação espiritual. Ele depende da categoria heideggeriana do "não sem", *Nicht ohne*. Tudo se passa inicialmente sobre um *volo* próprio a cada interlocutor. É o limiar de toda palavra.

Essa pressuposição designa o destinatário exigido pelo discurso ("Eu *não* me dirijo *senão* àqueles que..."). De João da Cruz, que se dirige a "almas já engajadas no caminho da virtude",[37] até Surin, por toda parte essa "con-

---

36 Cf. Eugenio Garin, *Moyen Âge et Renaissance*. trad., Paris: Gallimard, 1969. p. 101-119 ("Réflexions sur la rhétorique"); *idem*, *L'Umanesimo italiano*. Roma-Bari: Laterza, 1973. p. 171-192 ("Logica, retorica e poetica") etc.

37 Juan de la Cruz, *Subida del Monte Carmelo*, prólogo.

venção" é exigida. Ela faz encerramento: ela recorta uma maneira de utilizar a linguagem que consiste em lançar aí todo seu desejo. Por aí, um modo de emprego é especificado, distinto de outros usos, e instaurador de uma "entente". Em particular, o postulado desse *modus loquendi* se opõe à prática da linguagem na apologética, ou em uma pregação, que estabelece, no início, enunciados comumente admitidos pelos interlocutores, e se propõe, nessa base, a obter no fim uma adesão (uma "conversação" etc.), isto é, uma mudança na vontade dos destinatários. Aqui, o *volo* é o *a priori* e não o efeito do discurso. Em 1670, Malaval endurece o postulado que cria o círculo da comunicação: "Não escrevo senão para pessoas capazes das coisas interiores, bem mortificadas dos sentidos exteriores e de toda paixão, bem atraídos a Deus com seu puro amor e bem separadas de todo o criado."[38] Ele insiste. Sua rigidez, relativa a um tempo de secularização política, se inscreve, no entanto, bem na sequência de uma tradição onde um ato sustenta o discurso.

Um verbo performativo designa esse ato, um presente, pois: *volo*. "Não: eu gostaria muito... mas: eu quero", precisava Mestre Eckhart.[39] Três séculos e meio mais tarde, Surin exige dos seus interlocutores que eles tenham feito o que ele chama "o primeiro passo": "uma vontade determinada de nada recusar a Deus", e isso "de repente" – agora e inteiramente.[40] Ele só mantém disso, no entanto, que, nesse instante, o "querer fazer" não é idêntico à "possibilidade de fazer". Eckhart já havia destacado isso. Não se trata de

---

38 *Pratique facile* etc., 1670.

39 Maître Eckhart, *Les Traités*. Trad. J. Ancelet-Hustache. Paris: Seuil, 1971. t. 1, p. 53; cf. também "Instructions spirituelles", § 10, p. 53-56: "como a vontade pode tudo e como todas as virtudes residem na vontade uma vez que ela seja correta".

40 Jean-Joseph Surin, *Guide spirituel*. Éd. M. de Certeau. Paris: DDB, 1963. p. 28-31.

264 A Fábula Mística ❖ Michel de Certeau

uma efetuação, mas de uma resolução de tudo apostar em Deus. Esse *volo* é "absoluto", desligado de toda determinação precisa. Ele se define pelo apagamento de seus objetos. Ele é ao mesmo tempo *nihil volo* ("não quero nada") e "só quero Deus" (quero "que Deus queira por mim").[41] Um *speech-act* (uma enunciação) recorta, por essa decisão que não tem objeto, a posição do sujeito apto a "ouvir" o discurso místico, ele define também o que permite a produção desse discurso. É o que Surin chama "formar o desejo".[42] Ele acrescenta: um desejo "ligado a nada".

No começo, há, pois, um ato. Ele se destaca como a singularidde de um evento, que dá à experiência uma "forma" que vai repetir-se ao longo do itinerário. Ele decide. É um começo. A nitidez desse corte instaura, ao mesmo tempo, uma "região" diferente e um estilo – uma maneira de andar aí e falar. "Você quer ou você não quer." Não há terceira posição. O ataque exclui também o tempo longo e a aparelhagem pesada da execução efetiva. Trata-se de uma decolagem interior. De um "desligamento". Eckhart fala de "liberação". Qualquer que seja a duração de suas preparações ou de seus efeitos, nasce "de repente", atravessando o limiar das razões, abrindo uma nova paisagem de dados e de problemas, o "*já está feito*" da "intenção". Está "tudo decidido". Assim, em um instante, pode-se "*já ter partido*", bem antes de fazer suas malas. "Eu digo que, de repente, é preciso formar o desejo, mas que a execução se faz pouco a pouco".[43] Nesse instante que tem uma le-

---

41   Maître Eckhart, op. cit., p. 42.

42   J.-J. Surin, *Correspondance*. Paris: DDB, 1966. p. 974.

43   *Ibidem* Henri Suso distinguia já a "pronta conversão" (*den geswinden Ker*), que é ruptura e começo, primeira "investida" (*Durchbruch*) caracterizada pela brusquidão, e, por outro lado, o retorno progressivo a Deus, lenta "reversão" (*Widerfluz*). Cf. J. A. Bizet, *Henri Suso et le déclin de la scolastique*. Paris: 1946. p. 190-192.

Terceira Parte – A Cena da Enunciação ❖ Capítulo 5 – O "Conversar"

veza de partida, coincidem o aspecto extático da decisão (sair) e seu aspecto ascético (perder).

Exigindo de seus destinatários essa decisão, o discurso lhes fixa a condição de seu próprio funcionamento. Tal é a regra primeira de seu modo de emprego: ele não "funciona", não é operatório senão sustentado pelo *volo* de seus leitores. Senão, ele é inerte. Essa prévia não concerne a uma verdade supostamente adquirida (por exemplo, que Deus existe, ou que o Evangelho diz a verdade), nem uma definição relativa ao estatuto de um texto (por exemplo, tomá-lo por uma fábula, uma história real, uma obra filosófica ou um *corpus* que emana de uma autoridade). A prévia é um ato, heterogêneo aos discursos, ela vai produzi-los – ou fazê-los funcionar – como discursos místicos. É um extratexto. Ela funda sobre sua instantaneidade o tempo (os desenvolvimentos) desses discursos; sobre o irrepetível de um presente, um espaço textual oferecido aos retornos, às repetições e à reversibilidade das leituras; sobre o desvanecimento do saber em querer, a exposição didática de um itinerário. Há, pois, uma contradição entre esses discursos e a prévia que eles exigem do leitor. O *volo* é, ao mesmo tempo, seu ponto de partida e seu ponto de apagamento. Esse paradoxo funciona diversamente. Por exemplo, com o "eu quero (tudo, nada, Deus)", os discursos postulam, para serem lidos, um pedido que eles não podem satisfazer; eles fazem da decepção do leitor o modo sobre o qual o texto deve ser praticado. Essa tensão introduz já um estilo "místico" na prática (produtora ou leitora) do texto.

O *volo* apresenta um certo número de características. Em particular, ele isola um verbo modal (querer), uma relação com o poder, uma posição do sujeito e uma função do dizer. Esses quatro pontos precisarão já o "país" de que ele marca o limiar.

a. *Querer: um verbo modal.* É um querer que instaura um saber. Um conhecimento só se tornou possível por uma decisão primeira: *volo*. Com certeza, há aí uma estrutura geral das disciplinas científicas modernas: nenhum campo que não esteja fundado em um conjunto de postulados e de definições decisórias. Mas essa instauração de um saber por um querer é aqui destacada dos conteúdos sobre os quais tratam habitualmente as decisões epistemológicas. Há isolamento do querer em relação a todo saber possível. Fronteira branca em torno da linguagem mística, essa falésia – brusco desnivelamento – marca seu contorno. Pode-se encará-la primeiro como cercadura do discurso pela modalidade do querer.

Linguisticamente, a modalidade é "uma asserção complementar referindo-se ao enunciado de uma relação".[44] Assim nos exemplos "eu *devo* partir", ou "eu *posso* partir", algo é acrescentado ao conteúdo (o *dictum*) e precisa uma posição do locutor em relação ao *dictum* "eu-partir". Esse complemento introduz uma modificação do predicado pelo sujeito: "dever" ou "poder" indica uma intervenção do sujeito sobre sua ação (*partir*) ou seu atributo (eu estou *partindo*). A modalidade maximiza a instância do sujeito. Semioticamente, ela identifica o investimento do locutor em seu enunciado: por exemplo, eu não *acho* que ele virá, eu *quero* que ele venha. No amplo leque dos modalizadores (ou operadores de modalidade), destaca-se primeiro sua forma lexicalizada sob as espécies de verbos modais tais como *poder* (eu posso ir embora), *dever* (eu devo falar), *saber* (eu não sei rezar) e *querer* (eu quero partir). Situado, como todo modalizador, na articulação do

---

44 Émile Benveniste, *Problèmes de linguistique générale*, t. 2, p. 187. Sobre as modalidades, cf. Alan R. White, *Modal Thinking*. Oxford: Basil Blackwell, 1975; *Langages*, número sobre "as modalidades", nº 43, setembro de 1976, Sur le vouloir, nessa perspectiva, cf. também Jean-Claude Coquet, *Sémiotique littéraire*. Mame, 1972. p. 184-197.

locutor e de seu enunciado, o *volo* constitui a modalidade particular que circunscreve e especifica o campo místico. Elevada em princípio a regulador das outras modalidades (poder, saber, dever), essa barra do discurso se encontra isolada. Os predicados são apagados, ou substituídos por "nada" ou por "tudo": eu não quero nada, eu quero tudo, eu não quero senão Deus. Pelo fato do desaparecimento dos predicados particulares, a proposição se volta ao lado da relação entre o sujeito e o verbo, sob a modalidade do querer, que questiona a força do envolvimento do locutor em seu enunciado. Esse envolvimento não é aqui tolerado a não ser no presente: "eu quero". Assim se redobra o apagamento dos predicados ou dos complementos do verbo, que remetem a um passado ou a um futuro, isto é, a um tempo diferente do objeto desejado em relação ao ato de desejar. Nesse "começo" marcado pelo *volo*, o esmaecimento do conteúdo (o que é desejado) e a exclusão do passado (eu desejei) ou do futuro (eu desejarei) colaboram com o mesmo efeito, que consiste em exorbitar o próprio ato de desejar. No princípio, há um volitivo absoluto, desligado de todo conhecido e de todo conquistado. Ele tem tanto mais força quanto menos é determinado por um objeto. A prévia do discurso místico planta assim um evento do querer no meio de um deserto. No modo linguístico, ter-se-ia o equivalente do que Jacob Boehme coloca na origem de todo existir: a violência, e até o furor, de um Querer.[45]

Esse advento é, aliás, de natureza tautológica. A questão concerne à instauração da linguagem mística: como ela pode começar? Resposta: para que o discurso comece, é preciso que haja o começo em algum lugar. Quando ele é relativo ao poema, esse problema gera o apelo à inspiração ou à Musa. Aqui, ele é resolvido em termos de querer. O

---

45   Cf. Pierre Deghaie, Psychologia sacra. In: *Jacob Böhme (Cahiers de l'Hermétisme)*. Paris: Albin Michel, 1977. p. 199-224.

volo é a afirmação de que em qualquer momento pode haver origem. Ele é origem no presente, princípio de começo. Enfim, porque ele não tem objeto particular é que ele não "se prende" em *nada*, esse *volo* se inverte em seu contrário – não querer nada – e ocupa assim todo o campo, positivo e negativo, do querer. O querer não se estabiliza (na afirmação ou na negação) se não estiver agarrado em um objeto particular ("eu quero" ou "eu não quero" *isso*) e, por conseguinte, se há uma distinção entre um sujeito particular ("eu") e um objeto particular ("isso"). Uma vez retirado esse elo com uma singularidade, ele gira sobre ele mesmo e se identifica com seu contrário. "Querer tudo" e "não querer nada" coincidem. Assim também "querer nada" e "nada querer". Quando ele não é mais a vontade de algo e que ele não segue mais as órbitas organizadas pelas constelações de sujeitos e de objetos distintos, o *volo* é também um ato de "renunciar à sua vontade".[46] É também um *não querer*, por exemplo com o "abandono" (*Gelâzenheit*) e o "desapego" (*Abegescheidenheit*) de Mestre Eckhart.[47] A aniquilação do complemento (eu [não] quero *nada*) vai, aliás, refluir sobre o sujeito: finalmente, *quem* quer? O que é o "eu" que quer? Fica, desorbita, o ato de querer, força que nasce. O verbo não está "ligado a nada" nem apropriável por ninguém. Ele passa através dos momentos e dos lugares. No começo há o verbo querer. Ele estabelece de saída o que vai repetir-se no discurso místico com muitos outros verbos (amar, ferir, procurar, implorar, morrer etc.), atos itinerantes no meio de atores colocados ora na posição de sujeitos, ora na posição de

---

46   Maître Eckhart, op. cit., p. 57: "Nada faz verdadeiramente o homem a não ser a renúncia à sua vontade."

47   Cf. Reiner Shürmann, Trois penseurs du délaissement: Maître Eckhart, Heidegger, Suzuki. In: *Journal of the History of Philosophy*, vol. 12, p. 455-478, out. 1974; *idem*, *Maître Eckhart ou la joie errante*. Paris: Denoël, 1972. p. 207-227.

complementos: quem ama quem? Quem fere quem? Quem implora [a] quem? Ora Deus, ora o fiel... Começo, pois, e centro, ponto de fuga e elemento de apoio da comunicação mística, o *volo* é o princípio do *operar* (um verbo) que vai trabalhar toda a linguagem.

b. *A "intenção": do querer ao poder.* A prévia do discurso místico estabelece de saída o primeiro elo de uma derivação ou de uma sequência de verbos modais.[48] Do querer procede um poder:

$$querer \rightarrow poder$$

Já Mestre Eckhart escrevia: "Com a vontade eu posso tudo". E ainda: "Querer fazer desde que tiver a possibilidade e ter feito, é a mesma coisa diante de Deus." Ou: "O que eu quero ter, eu o tenho."[49] Quatro séculos mais tarde, em sua *Pro Theologia mystica clavis* (1640), Maximilien Van der Sandt repete essas fórmulas sem mesmo acompanhá-las de referências (enquanto ele cita meticulosamente suas fontes), como para um lugar comum da mística. Ele acrescenta: *"Per voluntatem possum omnia* – pela vontade posso tudo."[50] Nessa procissão do querer ao poder (se você quer, você pode), a eficácia do *volo* se liga ao ato "interior" que é a "intenção" (*intentio*).

Distinguia-se, então, entre os atos de vontade, a "intenção" (que visa ao fim), a "eleição" (que visa ao meio) e o *usus* (que concerne à execução). Entre essas intenções em si, diferenciavam-se graus (a partir do primeiro, a *prima intentio*, relativo ao "fim último"), gêneros (seis, por exemplo, desde a intenção "perversa" até a quarta que é a "correta", a quinta que é a "simples", a sexta que é "dei-

---

48 Sobre as "sequências" de modalidades, cf. os artigos de J.-C. Coquet e A. J. Greimas. In: *Langages*, n° 13, p. 61-70 e 90-107.

49 Maître Eckhart, op. cit., p. 51.

50 M. Sandaeus, *Pro teholes mystica clavis*. Cologne: Offic. Gualteriana, 1610. p. 373-374.

forme" e propriamente mística) e modos (por exemplo, a intenção "atual", ou *actu*, que é explícita, e a intenção "virtual", ou *virtute*, que prolonga implicitamente uma escolha já feita). De Santo Agostinho à Senhora Guyon, uma proliferação de nomenclaturas, de definições e de combinações concernentes às intenções construiu o mapa complexo de um "país interior" ao qual se referem as viagens místicas.[51] De que espécie de "país" se trata?

Esses mapas de intenções não dependem das classificações que consistem em ordenar os predicados segundo os níveis de uma estrutura do ser humano (por exemplo: vida vegetativa/vida sensitiva/vida intelectiva, ou então: corpo/alma/espírito) a fim de ordenar segundo "estados" ou "graus" de ser os conhecimentos sobre o homem. Esses quadros antropológicos existem também, naturalmente, e eles fornecem aos místicos as referências de uma ascensão. Mas eles têm forma hierárquica, enquanto as classificações relativas às intenções são topográficas: elas mostram o espaço que organizam *operações*. Por um lado, elas diferenciam as formalidades de "ações" espirituais ("ações" no sentido militar do termo) e, por outro, como mapas estratégicos ou como a *Carte de Tendre*,[52] elas desenham a paisagem modelada por essas "ações" que têm o valor "proxêmico" de aproximar-se, distanciar-se ou desviar-se do fim, e que vetorizam, alongam ou abreviam a região onde elas se efetuam.

---

51   Desde Santo Agostinho (cf. A. Maxsein, *Philosophia cordis*. Salzbourg, 1966) e Santo Tomás de Aquino (cf. V. Cathrein, Gottesliebe und Verdienst nach der Lehre des hl. Thomas. In: ZAM, 1931. t. 6, p. 15-32), a literatura espiritual concernente à intenção é imensa. Algumas referências: Santo Tomás, *Summa theologica*, IIa IIae, quest. 1-12; J Ruusbroec, *L'Ornement des Noces spirituelles*, II, cap. 64-65 (sobre a intenção "simples"); J. Alvarez de Paz, *De vita spirituali*, lib. III, 1, cap. 8; Sandaeus, op. cit., art. "Intentio".

52   Cf. Claude Filteau, Le Pays de Tendre: l'enjeu d'une carte. In: *Littérature*, n° 36, p. 37-60, dezembro de 1979.

As intenções são primeiramente, com efeito, trânsitos. Essas operações consistem, diz a tradição espiritual, em "passar" (*transire in Deum*) e em "tender para" (*tendere*). São "golpes". Por abreviações ou divertimentos, essas "passagens" modelam um espaço de entre-dois. Eles são instantâneos e secretos. As intenções são gestos imperceptíveis. Estranha região esse país "interior", lugar invisível e silencioso onde revoluções se produzem antes de virem à luz. Retirados da história manifesta, acontecimentos a determinam sem ruído. Surin os chama "formais". Como o céu onde se efetuavam as ações dos deuses antigos, a "região do interior" é um lugar de movimentos – decisões, vitórias, derrotas etc. – que não se inscrevem ainda nas conjunturas da vida social. O mesmo acontece na vida intelectual. Um "pensamento" pode formar-se "de repente", antes que se inicie a empresa de formulá-lo em fonemas ou de lhe traçar um caminho numa escrita. Esse "acontecimento interior" é, às vezes, tão intenso que ele torna irrisória ou impossível sua produção verbal ou escriturária. Por que se deveria dizê-lo? Como se poderia mudá-lo na historicidade de um discurso? A intenção também conhece a sedução, extática, que a retém no mundo interior para onde ela passa, instantânea. Esse mundo que não é o da história efetiva não deixa de ser um espaço de riscos decisivos.

Atópico, esse teatro de operações-relâmpago chamadas "intenções" ("aqui" e "imediatamente", dizem os místicos) se recorta segundo um critério que se encontra constantemente na literatura espiritual e que organizava já a concepção que Plotino se fazia do "interior" quando ele tratava da vontade. "O interior" é o que "depende de nós". "Faça desde já tudo o que depende de você", pedem os místicos, e Plotino procurava precisamente especificar "o que depende de nós" – ou do sábio. A fronteira que define o "interior" vai ao lado do que não depende de nós, a

272 A Fábula Mística ❖ Michel de Certeau

saber as circunstâncias (que dependem da "fatalidade"), e isola assim o domínio da intenção. "Não somos mestres do êxito", porque não o somos do que "acontece" ou sobrevém. Por conseguinte, "o que depende de nós não se estende à execução (*to prattein*) nem à sua exterioridade, mas ao ato interior (*eis tên entos energeian*)". Em outros termos, o interior é a região onde a vontade é "mestra dela mesma". Região do querer "puro" (*psilos*, nu, simples), sem mistura de circunstâncias que não dependem dele, como um laboratório onde se isolaria um corpo.[53]

Ver-se-á que esse isolamento do querer no estado puro desempenha um papel decisivo nas teorias do "amor puro": elas visam ainda a circunscrever "o que depende de nós" em relação à danação ou à beatitude, que aparece, então, como uma circunstância última, o acaso do bom prazer de Deus. "Mesmo que ele me danasse, eu o amaria": de Ruusbroec à Senhora Guyon, esse querer "puro" se afirma. Para "formar-se", a intenção deve separar-se do que lhe escapa. Com certeza, o postulado desse lugar interior não cessou de fazer questionar. Plotino já se interrogou frequentemente sobre o *status* e a localização na alma, da região onde as coisas dependem de nós. Ele não se fundava sobre o desejo, que depende do outro, "nos conduz para o fora e carrega uma falta (*to endéês*)".[54] Os místicos entendem que o desejo se declara no limiar do discurso como a própria mola de seu desenvolvimento, mas, com o *volo*, operação e decisão do querer no "interior", eles isolam a hipótese, teórica e necessária, de uma *autonomia* que, esta, não depende nem de seus objetos nem das circunstâncias. O espaço do "interior" corresponde

---

53 Plotino, *Ennéades*, VI, 8, 5-8; cf. éd. Émile Bréhier, VI, 2ᵉ parte, coll. Budé, 1963. p. 138-143.
54 *Ibidem*, VI, 8, 4.

à *libertação do princípio ético.*[55] Essa zona de franqueza marca, com efeito, uma diferença do querer em relação à lei das coisas ou da escrita; ela é o afastamento criado pelo ato que estabelece essa diferença e que, por si anárquico, não está ligado e determinado por nada; ela transgride a ordem dos fatos para afirmar um lugar/não lugar de começo. Com efeito, está-se ainda no problema do começo (ou dos debutantes), mas enquanto ele tem a forma ética. O discurso místico abre o campo de um conhecimento diferente pelo postulado ético de uma liberdade: "Eu/tu posso/podes (re)nascer."

Entre todas as intenções distinguidas pela tradição, essa prévia só retém a *prima intentio.* Ainda o fim "último", que o especifica, não é, como no tomismo, a beatitude (que se apagará também do *volo* místico), mas "Deus", ou "nada", ou, então, "tudo". Indeterminação do fim. Não pertinência do futuro. Fica somente, como um axioma sobre o qual se constrói o sistema, o ato que liga instantaneamente o extremo desconhecido da origem (uma *voluntas*) ao extremo incerto do fim ("tudo", "nada" etc.).

Coincidência desses dois extremos, presente sem duração, esse ato percorre com um salto todo o itinerário cujo discurso vai distinguir as etapas e definir as instâncias. Ele dá seu esquema formal. Ele estabelece seu modelo atópico ao mesmo tempo que a condição de possibilidade: uma decisão "interior".

c. *A "performance" do sujeito.* Enquanto é também uma enunciação, o *volo* pode ser ainda esclarecido por

---

55 Permanência desse fundamento: no século XIX, o itinerário de Teresa de Lisieux começa com um querer absoluto ("eu escolho tudo") e termina na "noite" que marca o fim de sua vida com uma fé reduzida ao "que EU QUERO CRER" (as maiúsculas são de Teresa de Lisieux. In: *Manuscrits autobiographiques.* Lisieux, 1957. p. 25 e 254).

274 A Fábula Mística ❖ Michel de Certeau

uma comparação com os "performativos" definidos, desde J. L. Austin, como atos de linguagem que "fazem o que eles dizem". Que "querer" seja já "poder", ou que, segundo Eckhart, "querer fazer" e "ter feito" sejam diante de Deus "a mesma coisa", isso lembra, com efeito, a categoria dos atos linguísticos ditos "performativos", que Austin distinguia dos "constativos". O *volo*, com efeito, não é um constativo. Ele não afirma nenhuma verdade e não é susceptível de erro. Ele não descreve nenhum referencial. Ele realiza (*performs*) o que diz. Ele é em si a ação do locutor: "eu quero". Esse ato não postula uma realidade ou um conhecimento anterior ao que ele diz. Sob essa forma linguística também, ele tem força de começo. Entre os performativos, ele depende mais particularmente da classe dos "promissivos".[56] Os exemplos que Austin dá disso (prometer, estar decidido a, fazer voto de, se consagrar a, declarar sua intenção de etc.) fazem, aliás, desfilar os termos que marcam, nos textos místicos, as manifestações sociais do *volo* inicial.

Mas, como no caso do "sim" dos esposos diante do prefeito, o performativo só "funciona" se ele se inscreve em um quadro particular de procedimentos, de convenções e de pessoas, em suma, de circunstâncias previstas e controláveis. Por exemplo, é preciso dizer "sim" diante das testemunhas, entre cônjuges, na prefeitura etc., senão o "sim" (eu quero) não casa. Se um desses elementos circunstanciais vem a faltar, há "insucesso" (*infelicity*).[57] O bom ou o mau funcionamento se julga, no performativo, segundo a oposição "felicidade" ou "insucesso", e, no constativo, segundo a oposição "verdade" ou "erro". É

---

56 J. L. Austin, *Quand dire, c'est faire*, p. 159-160. Como os místicos, Austin precisa, aliás: "Declarar sua intenção não é empreender" (p. 159).

57 *Ibidem*, p. 47-67.

que o circunstancial exerce no performativo o papel que o referencial exerce no constativo. Ele privilegia a rede social em relação à coisa visada ou pensada. O performativo é de tipo convencional. Ele se inscreve à maneira de um cerimonial social em um conjunto de práticas controladas pelo direito, pelos costumes, pela conveniência etc. Ele remete a uma gestão social dos atos ilocutórios e das condições de sua operatividade contratual. Nada disso no *volo*, que supõe, ao contrário, para ser "feliz" (ou para funcionar bem), a eliminação das circunstâncias. É, pois, um caso limite do performativo. Ele sai do campo onde a operatividade se mede com a metamorfose de atos linguísticos em contratos sociais. Ele é operatório nesse sentido de que ele metamorfoseia o locutor em sujeito de querer. Sua performatividade consiste em *instaurar um lugar* (de sujeito) e a autonomia de uma interioridade ("mística" por definição, escapando ao labirinto dos controles sociais) mais do que em estabelecer uma convenção dialogal. Por isso, o *volo* cria também uma *diferença* em relação aos textos e aos códigos, uma alteridade *a priori* insuperável ou, o que equivale ao mesmo, uma solidão que é a que ela diz e se marca na linguagem sem aí se articular. É ainda um performativo, mas de uma espécie estranha que se ausenta de todo contrato senão este, imediato, de uma relação de si consigo sob a modalidade do indeterminado (sem objeto), do "sem fundo" (*Gruntlôs*), do "sem nome" (*Namelôs*), isto é, do desconhecido.

Essa posição do sujeito pode ser designada também, como o faz Suso, pelo ato de "esquecer-se".[58] A perda da identidade, por esquecimento do nome, dos objetos e do destinatário, seria a forma *a priori* do "eu". O "puro" querer, ou intenção, introduz no espírito e na linguagem

---

58 Henri Suso, *Œuvres complètes*. Éd. e trad. Jeanne Ancelet-Hustache. Paris: Seuil, 1977. p. 431-436: *Livre de la vérité*, cap. 4.

uma vacância dos conteúdos determinados. Ele se traça aí por um branco, o "eu", um lugar "vazio", segundo Benveniste.[59] Como se verá, o "eu" é o substituto do *volo*, que o constitui como agente.[60] Pode-se reconhecer aí já o espaço que o querer produz na linguagem, atravessando-a. Ele é um efeito linguístico dessa passagem, tanto quanto a saída (entrada e saída) que dá a forma de sua "aparição" linguística a esse passante que é o sujeito que quer. A esse respeito, o "eu" é o outro da linguagem. É o que a língua "esquece" sempre, e o que a faz esquecer ao locutor. Dizer *volo*, abrir esse lugar do sujeito é entrar nesse esquecimento. O sujeito *é o esquecimento* do que a língua articula. De imediato, o "eu" tem a formalidade de um êxtase.

Em uma tradição mais discreta, mas insistente, a "performance" do sujeito se dá também como marca o *sim*. Um "sim" tão absoluto quanto o *volo*, sem objetos, nem fins. Enquanto o conhecimento de-limita seus conteúdos segundo uma operação que é essencialmente a do "não", trabalho da distinção ("isto não é aquilo"), o postulado místico estabelece o ilimitado de um "sim". Naturalmente, trata-se de um postulado de princípio, tão desligado das circunstâncias quanto a intenção que visa a "tudo", "nada" ou Deus. Ele tem seu modelo em uma palavra surpreendente de São Paulo a propósito do Cristo: "Não houve nele senão sim (*nai*)."[61] Esse paradoxo de um "sim" sem limites na circunscrição de um singular (Jesus) esquematiza uma teoria, contraditória e atópica, do Sujeito (crístico); um sim in-finito perfura o campo das separações

---

59 Cf. Benveniste, op. cit., t. 1, p. 254.
60 Cf. J.-C. Coquet, *Sémiotique littéraire*, op. cit., p. 197 e 240.
61 Segunda carta aos Coríntios, 1, 19. O "sim" grego (*nai*), oposto ao "não" (*ou*), se torna *É (Est)* na Vulgata: mudação da adesão em afirmação, ou do querer em julgamento.

Terceira Parte – A Cena da Enunciação ❖ Capítulo 5 – O "Conversar" 277

e distinções praticadas por toda a epistemologia hebraica. Esse "sim" se repete em seguida. O mesmo lapso da história (o mesmo esquecimento) se reproduz. No século XVII, Angelus Silesius vai ainda mais longe. Ele identifica o grafo do Separado (*Jah*, ou *Jahvé*) ao ilimitado do "sim" (*Ja*). No próprio lugar do único Nome próprio (um Nome que distancia todo ser), ele instala a desapropriação (por um assentimento a tudo). O mesmo fonema (*Ja*) faz coincidir o corte e a abertura, o *Não Nome* do Outro e o *Sim* do Querer, a separação absoluta e a aceitação infinita:

Gott spricht nur immer Ja
Deus não diz jamais senão Sim [ou: Eu sou][62]

Identidade entre o "sim" crístico e o "Eu sou (o Outro)" da Sarça ardente. O Separado se transforma em exclusão da exclusão. Tal é o número do sujeito místico. Figura do "abandono" ou do "desapego", o "sim" nomeia finalmente o "interior". Naquele país, uma população de intenções clama de todos os lados "sim, sim", como o Deus de Silesius. Esse espaço é divino ou nietzscheano? A palavra (*Wort*) instauradora desse lugar (*Ort*) participa da "essência" que, segundo Evagro, "não tem contrário".[63]

d. *A mentira, ou a função do dizer.* O *volo* destinado a permitir uma palavra e uma audição místicas é, pois, já uma e outra, e também sua identidade em um "sim". Desse ponto de vista, ele tem na linguagem a função do anjo tal como o apresentam, puro ato de enunciação, as teorias do fim da Idade Média.[64] Ainda como o Anjo, ele

---

62 Angelus Silesius, *Cherubinischer Wandersmann*, II, 4. Também ele faz juramento em nome de "Sim", *beim Ja* (*ibidem*, II, 249).

63 Évagre le Pontique, *Centuries*, I, 1. Cf. Irénée Hausherr, *Les Leçons d'un contemplatif. Le Traité de l'oraison d'Évagre le Pontique*. Paris: Beauchesne, 1960. p. 51.

64 Cf. Jean-Louis Chrétien, Le langage des anges selon la scolastique. In: *Critique*, n° 387-388, p. 674-689, 1979.

luta assim contra a mentira e a duplicidade dos discursos. Ele combate o equívoco insinuado pelo inimigo que, diabólico, desfaz a comunicação. Recortando um "interior", o *volo* restaura a possibilidade de se entender ou de "sim--bolizar" em nome da palavra que vem *daí*. Ele dá *lugar* ao *sujeito falante*. Menos que de um "querer dizer", trata-se do querer de onde nasce ou pode nascer um dizer, e que já estabelece o essencial de toda enunciação. Esse querer não tem o dizer como objeto (como seria o desejo ou a decisão *de* falar). Ele define o ato de dizer, ele *é* o que diz todo dizer: dizer é querer. Do falar, ele estabelece, com efeito, o princípio ético (uma indeterminação do querer: dizer sem saber *o quê*), a regra ascética (uma perda dos objetos e dos fins) e o signo linguístico (o verbo modal: *volo*, e seus equivalentes: "sim", "eu" etc.). Um começo ou uma infância do dizer emerge nesse ponto onde coincidem o enraizamento do falar em um querer in-finito (o "sim" do "interior") e sua inscrição singular na língua (uma só palavrinha com a exclusão do resto: um "não" em relação a todas as coisas). No limiar do discurso místico, um alhures se esculpe na linguagem, como a pegada do pé descalço do desconhecido na margem da ilha de Robinson.

De fato, essa intervenção "angélica" não triunfa da mentira. Ela não a faz recuar. Paradoxalmente, ela a generaliza, como se, de doença acidental, a mentira se tornasse uma estrutura da linguagem. Com efeito, o *volo* não instaura, à maneira do *cogito* cartesiano, um campo para proposições claras e distintas às quais atribuir um valor de verdade. Bem longe de constituir um "próprio", ele provoca uma metaforização geral da linguagem em nome de algo de que não depende e que se vai traçar aí. Em vez de supor que *há em algum lugar mentira* e que, despistando-a e desalojando-a, se pode restaurar uma verdade (e uma inocência?) da linguagem, a prévia mística estabelece um ato que leva a utilizar *a linguagem*

Terceira Parte – A Cena da Enunciação ❖ Capítulo 5 – O "Conversar"

toda como mentirosa. A partir do *volo*, todo enunciado "mente" em relação ao que se diz no dizer. Se há acordo entre interlocutores, ela não se refere, pois, a uma verdade admitida, mas a uma maneira de fazer ou de falar que pratica a linguagem como uma interminável enganação da intenção.[65] É "claro" entre nós, diz o discurso místico a seus leitores, que empregamos a linguagem como a metáfora de sujeitos falantes.

A mentira muda assim de natureza. Ela não consiste mais, para o locutor, em *manter uma proposição* no lugar de outra – problemática que depende do enunciado –, mas em *ser o outro* da linguagem, indefinidamente – problemática que depende da enunciação. Ela não se define mais por uma relação de proposições umas com as outras (*p* é falso porque *p'* é verdadeiro) ou com um referencial, mas pela relação do sujeito falante com o que ele diz. Assim, a mentira cessa de ser o inimigo que é preciso combater para afirmar uma verdade; ela é o lugar estratégico onde o "dizer" se articula sobre o "dito".[66] É o elemento no qual se elabora o discurso místico, ele mesmo clivado pela oposição entre "discurso" (fabricado com uma linguagem enganosa) e "mística" (relativo à questão do sujeito), e

---

65 Temática geral, mas que se exprime por muito tempo na epistemologia de uma "verdade" relativa aos enunciados. Assim Tauler: "*Tudo o que* se pode dizer desse mistério (...) parece-se com a *mentira* mais que com a verdade" (*Die Predigten Taulers*, éd. F. Velter, Berlim, 1910, t. XI, sermo 28, 1, p. 114; eu destaco). Donde a instabilidade do discurso místico: o ato do "dizer" pode derrubá-lo, de repente e por completo, na mentira. Assim a "confissão" de Angèle de Foligno: "*Omnia quae dixi vobis sunt falsa... Omnia quae locuta sum vobis fuerunt verba simulativa et diabolica...*" (*Le Livre de la bienheureuse Angèle de Foligno*, éd. P. Doncoeur, Toulouse, s. d., cap. 33, p. 189-190).

66 No sentido que Emmanuel Levinas dá a essas categorias, por exemplo, em *Autrement qu'être ou au-delà de l'essence*. La Haye: M. Nijhoff, 1974. p. 29-76.

organizado como um trabalho do "interior" na linguagem. Em suma, a mentira não é mais aquilo de que a exclusão permite um sistema de verdade ou uma ordem dos pensamentos. Ela é o campo no qual se produzirão efeitos de enunciação. O discurso místico não expulsa os demônios da mentira. Como outrora monges partiam para o deserto do Egito para serem, com seu corpo, os operadores do Espírito na terra e a própria língua do Mentiroso, esse discurso é uma prática espiritual do "diabólico".

Capítulo 6

A INSTITUIÇÃO DO DIZER

Por esse ato fundador, o sujeito espiritual surge de um retiro ou de um atraso dos objetos do mundo. Ele nasce de um exílio. Ele se forma de nada querer e de ser somente o respondente do puro significante "Deus" ou "Yahvé", cuja sigla, desde a Sarça ardente, é o ato de queimar todos os signos: Não tenho como nome senão o que te faz partir.[1] O espiritual tem como fórmula primeira não ser senão a decisão de partir. Esse gesto funciona também como convenção linguística, visto que ele adere a uma linguagem religiosa em seu ponto focal e esmaecente (o significante "Deus"). O *volo* sela com o interlocutor um contrato que ultrapassa o teor, incerto, dos enunciados particulares e que afirma, geralmente: "Eu arrisco tudo em minha linguagem", – ou ainda, o que equivale ao mesmo: "Todas as minhas palavras vão embora para o que elas não dizem." O distanciamento de todos os conteúdos possíveis instaura a "interioridade" que se fará um caminho através das positividades históricas ou linguísticas. Ela parece responder à palavra (*logion*) recolhida pelo Evangelho segundo Tomé: "Jesus disse: Seja passageiro."[2]

---

1   Cf. Êxodo, 3, 14.
2   Evangelho segundo Tomé, logion 42. In: Henri-Charles Puech, *En quête de la Gnose*. Paris: Gallimard, 1978. t. 2, p. 17.

1. DE ONDE FALAR?

Essa prévia se encontra em toda a literatura mística, de Mestre Eckhart até Benoît de Canfield (*Reigle de perfection*, 1608), Isabelle Bellinzaga (*Breve Compendio*, 1611) ou a Senhora Guyon (*Moyen court*, 1685). Ela delimita o campo onde se vão produzir acontecimentos. Ela aí torna possíveis lugares que, estes, variam segundo as épocas. No limiar do *volo*, não são as mesmas paisagens que, no decorrer dos séculos, se abrem ao principiante. Assim é com o signo que marca cada vez mais, no texto, seu lugar de enunciação: "eu". Ao estabelecimento de uma convenção com os destinatários, acrescenta-se ao remetente (ou o autor) do discurso a necessidade de *fundar o lugar de onde ele fala*. Esse lugar não é garantido pelos enunciados autorizados (ou "autoridades") sobre os quais o discurso se apoiaria, e muito menos por um *status* social do locutor na hierarquia de uma instituição dogmática. Como "espiritual", o discurso não se credita por ser a glosa de proposições tidas como verdadeiras (bíblicas, canônicas etc.), nem por ser enunciado a título de uma posição de autoridade (a cátedra do professor, do pregador ou do especialista). Mesmo se ele se serve dessas autorizações, citando-as, ele não as constitui em instância legitimante, ao contrário do discurso teológico ou pastoral. Seu valor se prende só ao fato de que ele se produz no próprio lugar onde fala o Locutor, o Espírito, *el que habla*. Ele não se vale senão de ser o lugar dessa enunciação "inspirada", designada também pelo termo "experiência". Ele pretende colocar em cena um ato presente de Dizer. No texto, o "eu" se torna cada vez mais o índice, ao mesmo tempo que o instrumento, da questão, também ela inicial, que o discurso místico deve assumir: quem fala, e de onde?

Elaborações vizinhas, a partir do século XIII, refinaram o uso desse signo-*eu*, à medida que uma literatura se destaca das instituições que a autorizavam. Elas concernem

Terceira Parte – A Cena da Enunciação ❖ Capítulo 6 – A Instituição do Dizer 283

sobretudo ao discurso poético, ao qual se ligam, por tantos traços, os discursos místicos. Uma autonomização progressiva do "eu" se constata aí. Assim, na tradição do amor cortês (ou do "fino amor"), os poemas recortam cada vez mais nitidamente o "eu" locutor (sujeito ou complemento do verbo: *eu* a amo, ela *me* expulsa), e os comentários em prosa transformam pouco a pouco as explicações do texto em relatos referentes à vida de seu autor.[3] O ato de enunciação (ou seu sujeito) se torna o referencial dos enunciados. O *"eu falo"* é o lugar de produção que o poema soletra em episódios autobiográficos (eu perdi aquela que eu amava e é por isso que me ponho a cantar) e que a glosa procura juntar-se multiplicando os detalhes biográficos sobre o poeta. O texto se altera em revelações sucessivas de seu foco secreto. Ele é feito dos acontecimentos que servem de metáforas ao ato poético em si. Incansavelmente ele conta seu próprio nascimento a partir desse lugar surpreendente, o "eu", que é gênese da palavra, *poiesis*.

No discurso místico também, haverá uma narrativização do locutor, circulação interminável em torno da instância produtora que é o lugar in-finito e inseguro do "eu". Mas antes que a escrita se fomente nesse "foco de erosão",[4] ela deve arrancar-se do silêncio. De onde falará ela? Visto que as instituições não mais que as proposições recebidas não regulam essa questão primeira, é o "eu" que faz abertura. No Prefácio ou Prólogo dos textos do século XVI ou XVII, ele serve de Introito à escrita. Ele se aloja no limiar como o que a produz, à maneira como uma voz "se coloca" para dar lugar a um corpo de linguagem, mas aqui

---

3   Paul Zumthor, *Langue, texte, énigme*. Paris: Seuil, 1975. p. 165-180. Essa história poética do "eu" deve ser comparada com a gênese da *subjektive Erlebnisdichtung* na Alemanha. Cf. Bernard Gorceix, *Flambée et Agonie*. Sisteron: Présence, 1977. p. 37 etc.

4   Cf. já a tradição agostiniana, analisada por Jean Louis Schefer, *L'Invention du corps chrétien*. Paris: Galilée, 1975.

284 A Fábula Mística ❖ Michel de Certeau

a voz se cala, lugar vazio, voz branca, no corpo de escrita que ela põe no mundo.

2. O "EU", PREFÁCIO DE *LA SCIENCE EXPÉRIMENTALE* (J.-J. SURIN)

A posição do "eu" aparece melhor, com todo o jogo de seus desdobramentos, em um texto particular. Ele se situa já perto das margens onde a configuração mística vai terminar, no fim do século XVII. É o Prefácio (inédito) de *La Science Expérimentale* (1663) de Jean-Joseph Surin. "Fundamento" do tratado autobiográfico onde uma "ciência" nova se expõe pelo relato de uma loucura, o "eu" aí se coloca como a conquista de uma tradição espiritual já longa. Ele o revela. Referente instável e remanescente (no texto, ele não cessa de "tomar o lugar" do *ele*, "o Padre Surin"), polivalente também (Surin é um doente, um místico, um diretor espiritual?), o eu móvel permite a passagem incessante da voz, apreendida pela posse, à instância de uma produção escriturária; do corpo experimentado ao texto didático; de uma dor a um saber. Ele garante a articulação entre "experiência" e "ciência", isto é, o próprio *status* do discurso inteiro.

Citar primeiro integralmente esse curto prefácio, programa de escrita, não é somente apresentar um primeiro "caso" onde se mostra um dispositivo de enunciação. É criar também o afastamento de uma opacidade – a singularidade de um texto – em relação com as generalidades da análise, e deixar a esse fragmento a possibilidade de rasgar seu comentário.

A Ciência experimental
das coisas da outra vida

Prefácio

Pode-se por dois caminhos saber as coisas da vida [mística] futura,[5] é sabendo pela fé e pela experiência. A fé é o caminho comum que Deus estabeleceu para isso porque as coisas de Deus e da vida futura não nos são conhecidas senão por ouvido-dizer e pela pregação dos apóstolos. A experiência é para poucas pessoas. Os apóstolos de Jesus Cristo estavam nesse número. Assim diziam eles: *Quod vidimus, quod audivimos, quod manus nostrae contrectaverunt de verbo vitae annuntiamus vobis*; e em outro lugar: *Quod scimus loquimur, quod vidimus testamur.*[6]

Em todos os séculos Deus deu pessoas que tiveram alguma parte nessa experiência. Este não está isento. Porque como a teologia está de acordo que pelas possessões dos demônios, os objetos sobrenaturais ou no mínimo passando o humano nos são declaradas, Deus tendo permitido uma célebre possessão nesse século e aos nossos olhos, no meio da França,[7] nós podemos dizer que coisas da outra vida, e que são ocultas a nossas luzes ordinárias e comuns, vieram até nossos sentidos. Podemos também adiantar essas palavras: O que vimos e ouvimos e palpamos[8] com nossas mãos do estado do século futuro nós o anunciamos aos que quiserem ler esta obra. É a razão pela qual colocamos a mão na pena para explicar as coisas extraordinárias que passaram por nossa experiência.

Tudo isso, contudo, é para servir à fé. Porque como o apóstolo São Pedro em sua Epístola, tendo alegado aos cristãos o que ele tinha visto sobre o monte Tabor e o que ele tinha ouvido da voz do Pai, e dizendo que isso vinha a *magnifica gloria*, ele prefere, no entanto, a fé à qual ele os remete, *sed firmiorem habemus propheticum sermonem cui benefacitis attendentes*;[9] tudo o que nós di-

---

5 No manuscrito, a mesma mão escreveu primeiro "mística", riscou-a para escrever "futura" em seguida.

6 Essas citações de São João (Primeira carta, I, 1-2; Evangelho, 3, 11) apresentam modificações em relação à Vulgata. Cf., nota 13.

7 A possessão de Loudun (1632-1640). Cf. M. de Certeau, *La Possession de Loudun*. 2. ed. Paris: Gallimard, coll. Archives, 1980.

8 A palavra *palpé* (palpado) foi corrigida por *touché* (tocado) por outra mão.

9 Citações levemente modificadas da Segunda Carta de São Pedro (1, 17; 1, 19). Anteriormente, em "ele prefere", o *ele* não é senão um dublê do sujeito distante ("o apóstolo São Pedro"), conforme um uso da sintaxe francesa durante a primeira metade do século XVII.

zemos ter visto e ouvido não é dito senão para os estabelecer na fé que têm na palavra dos profetas a quem vocês fazem bem de prestar atenção, como a uma tocha que ilumina nossas trevas. É com o mesmo espírito e com a mesma intenção que essas coisas que conhecemos em uma aventura que fizemos neste século, e onde a providência de Deus nos envolveu, são empregadas nesse discurso para reforçar a fé na qual a profissão da religião católica nos engaja, e para nos tornar melhores cristãos; ao que são interessados todos aqueles a quem falamos neste livro e a quem eu gostaria de prestar um serviço para a eternidade.[10]

Este prefácio está na situação difícil, comum a muitos "prólogos" místicos, de ter que colocar no lugar um discurso que sustenta, em princípio, só a "experiência" de seu locutor (*eu*): não é a instituição, aqui, que dá crédito ao texto. Privado da legitimidade que lhe valeria um *status* social (hierárquico, professoral etc.), o autor se apresenta em nome do que fala nele: o Real (no discurso místico), ou a Palavra (no discurso profético). Mas ele deve ainda mostrar que ele está no lugar de onde se supõe que ele fala. Ele deve, por seu próprio texto, tornar crível o que fundamenta esse texto. A habilitação que é pertinente do ponto de vista místico não é a que viria de uma posição institucional. Certamente, o poema, o relato de viagem, o romance estão na mesma situação. Mas os discursos místicos têm, além disso, que responder com uma ambição que lhes é própria. Colocando-se em *outra* posição que não o ensino magisterial, eles pretendem, no entanto, testemunhar sobre o *mesmo* Deus que ele. Eles precisam provar simultaneamente que falam de um lugar *diferente* (como "místicos") e que eles dependem da *mesma* inspiração (como "cristãos"). Sem decorrer das autoridades, eles devem manifestar o mesmo Espírito que elas.

---

10   Paris, BN, fds fr. 14596, f. 2r-2v.

Terceira Parte – A Cena da Enunciação ❖ Capítulo 6 – A Instituição do Dizer 287

A origem nascida por surpresa no porão deve depender do mesmo Nome que a casa onde ele aparece. Frequentemente, o místico negligencia ou abandona uma ou outra dessas duas tarefas. Ora ele marca sua diferença, em detrimento de sua conformidade com uma tradição eclesial. Ora ele destaca sua fidelidade, minimizando sua distância em relação aos critérios e às regras da instituição. Entre esses dois polos, toda uma retórica se desenvolve, que visa a manter a possibilidade, essencial para o místico, de dizer o Único. Ver-se-á que a combinação do poema místico e do seu comentário em prosa, um, isento de toda autorização, e o outro, submetido à aprovação eclesial, é uma das maneiras místicas de "manter juntas" essas duas tarefas contrárias, atribuindo a cada uma um discurso distinto. Mas o prefácio deve assumir a obra como um todo, e fixar a *posição* do conjunto em uma geografia de gêneros literários e de contratos com os leitores. Ela revela, pois, as operações textuais que colocam no lugar um tópico da enunciação mística.

Destinada a indicar e a tornar crível o lugar *de onde* o texto pretende falar, o prefácio de Surin, aqui tomado como exemplo por causa da seca precisão de seu movimento, junta um certo número de procedimentos (que se encontram em muitos outros prólogos). Eu enumero quatro deles, fios extraídos desse tecido:

a. Uma distribuição de *pronomes pessoais* (por ordem de entrada: *nós, eles, vocês, eu*) torna possível, por duas configurações sucessivas e separadas que levam do *se* (início) ao *eu* (fim), uma combinatória pronominal que organiza a rede da função enunciativa. Esquematicamente, *se* introduz (entre "duas vias") a disjunção a partir da qual se efetua a distribuição. Primeiro, uma oposição (tradicional) entre *eles* (os apóstolos) e *nós* (os crentes). Mas *nós* desliza para o lado do autor ("nós colocamos a mão na caneta", "nossa experiência") e se opõe a partir de então a *vocês* (os destinatários). *Nós* se torna então a máscara (*persona*) por trás da qual aparece enfim o *eu*. Donde o quadro:

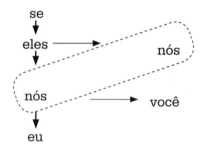

A deriva do *nós* permite a passagem do *se* a esse *eu*, que vai ser o centro do texto, ora como herói, ora como autor. A observar também que as posições pronominais da primeira coluna (de *se* a *eu*) sabem e dizem a verdade, enquanto os outros *acreditam* nisso. Elas indicam os estratos do "dizer verdade": a verossimilhança (*se*: o "bem entendido", "o evidente" etc.), os apóstolos (*eles*: uma tradição positiva), o autor (*nós*: "a mão na caneta") e o *eu* (referente finalmente indizível). Haverá muitas tensões entre esses lugares de enunciação verdadeira. Assim também, a ambivalência do *nós*, ao mesmo tempo crente e místico, anuncia já os debates do autor com a mentira: quando ele está no lugar onde o "verbo de vida" (*verbum vitae*) se diz?

b. O uso de *oposições semânticas* (fé *vs.* experiência, passado *vs.* presente, muito *vs.* pouco, ouvir-dizer *vs.* ver etc.) visa a manter esses lugares, a enquadrá-los em um sistema de valores por uma sequência de alternativas (ou bem isso, ou bem aquilo). Dois tipos de distinção se cruzam aí. Um é *histórico*, ou diacrônico (a origem *vs.* o presente), com a mediação que introduz um entretempo ("em todos os séculos"). Essa primeira distinção é reforçada pelas duas duplas *linguísticas* que opõem citações latinas a suas paráfrases em francês. A outra distinção é epistemológica e sincrônica (experiência *vs.* fé), redobrada por uma oposição numérica entre "poucas pessoas" (os apóstolos, "pessoas", "nós") e muitas, e por aquela, *antropológica*, que separa das mãos, dos olhos, dos ouvidos, em suma de "nossos sentidos", a informação por "ouvir-dizer".

Estrutura dividida, organizada pela separação. É tanto mais surpreendente que, em Surin, é a *escrita* que, ao mesmo tempo, atesta e supera essas divisões. Produzido pela "mão na caneta", o "livro" é uma "obra" de costura entre o passado e o presente, entre a experiência e a fé, entre o pequeno número de testemunhas e a multidão, entre o corpo que percebe e o saber verbal. "Eu estou escrevendo:"[11] O ato de escrever simboliza; intextualização do corpo (mais que encarnação do sentido), ele não cessa de sofrer e de articular o que está dividido. Ele é a operação presente que une. Essa "religião" concentra, pois, nela, nesse texto místico como em muitos outros, a crença, a atenção e o interesse que se ligam geralmente a outras instituições. É a instituição por excelência.

c. A citação de um *documento histórico sobre os tempos primitivos*, constituído de "experiências" fundadoras (a visão de Pedro no Tabor, a pregação dos apóstolos etc.) e de escritas canônicas (São João e São Pedro) serve à construção de uma genealogia da enunciação – uma genealogia relativa ao ato e aos lugares do dizer, e não à transmissão ou ao comentário de um conteúdo. O trabalho do texto sobre esse documento procede em duas etapas, cuja combinação é dada duas vezes. Donde os quatro parágrafos do texto. Duas etapas: primeiro, o tempo referencial fornecido pela citação; depois, sua repetição contem-

---

11 Surin, *La Science expérimentale*. Ed. partielle in Surin, *Lettres spirituelles*. Ed. Cavallera, Toulouse, 1928. t. 2, p. 13.

porânea por um reemprego ou uma paráfrase da citação. A primeira vez, essa combinação estabelece o fundamento do texto, a experiência, com a ajuda de São João; a segunda vez, ela indica sua intenção, a fé, a partir de São Pedro. Porque aqui o discurso (como o relato de viagem) se apoia sobre uma "experiência" extraordinária (análoga ao *thôma* de Heródoto)[12] para produzir um crer (um "ordinário"), ao contrário dos discursos (advogados, políticos, pregadores) que partem de uma crença para organizar uma experiência ou uma prática. Pelo tratamento de um *corpus* histórico, a oposição primeira entre a experiência e a fé se encontra transformada na relação que a autorização (e o conteúdo) do texto mantém com sua finalidade. Tem-se, pois, um esquema em quatro momentos:

	Citação (passado referencial)	Reemprego (repetição presente)
I. Fundamento: a experiência (extraordinária)	1. São João: "o Verbo de vida" "quod manus nostrae contracta-verunt"	2. A possessão de Loudun ("nossas mãos palparam")
II. Finalidade: A fé (ordinária)	3. São Pedro: da visão à fé na palavra	4. O Livro "para fortalecer a fé"

Da citação à sua reutilização, a passagem não obedece às regras que definem suas relações de uma autoridade textual com sua glosa. A hermenêutica não é a do

---

12   Cf. François Hartog, *Le Miroir d'Hérodote*. Paris: Gallimard, 1980. p. 243-249; o *thôma* (um extraordinário, uma "maravilha") é essencial a uma retórica da alteridade (por exemplo, no relato de viagem).

comentário, porque ela concerne a lugares de enunciação e de saber, não significações a produzir ou justificar. Pelas citações das experiências e das escritas passadas, conjugando São João a São Pedro, uma sequência referencial é estabelecida, do tipo:

ver/palpar → dizer/escrever → crer

Essa sequência, porque primitiva, serve de modelo teórico ao texto que visa a colocar em ordem lugares e funções. O reemprego tem por finalidade mostrar que a sequência se repete em uma atualidade. A reiteração da experiência originária "nesse século" ("este") e a paráfrase francesa das Escrituras latinas pelo locutor ("nós também") servem como mediação entre duas figuras históricas da mesma *série formal*.

É pela forma que há continuidade, na verdade identidade, entre o passado e o presente, não pelos conteúdos. Donde certo número de consequências. Primeiro, os "tempos apostólicos" são caracterizados pela combinação entre essa forma (que tem o valor arquetipal, mesmo se ela apareceu historicamente) e acontecimentos contingentes (um conteúdo): eles manifestam pela primeira vez uma estrutura definitiva da experiência cristã, mas dependem também de um passado. Interpretá-los não será voltar a um momento passado e a um conteúdo autorizado para tirar seus efeitos de verdade (dogmática ou histórica), mas reconhecer a mesma forma no elemento de acontecimentos diferentes.

Nessa perspectiva, não há mais dependência entre os apoios sucessivos de uma posição nessa série. Assim, o autor de *La Science Expérimentale* tem a mesma autoridade que os primeiros apóstolos. Ele pode assumir seu lugar. Ele está aí "também". Assim como seus leitores ocupam a posição dos ouvintes dos apóstolos. O tempo, aqui, não hierarquiza. Não é pertinente do ponto de vista

292   A Fábula Mística ❖ Michel de Certeau

da estrutura da experiência. Com a diferença com o que acontece no discurso teológico ou histórico, nenhum valor essencial é atribuído ao passado. A memória será, antes, a permanência de uma forma a reconhecer ou a manifestar em cada atualidade.

Há, no entanto, uma marca do tempo sobre os conteúdos. A passagem dos tempos apostólicos à época contemporânea se indica por deslizamentos na retomada dos testemunhos antigos – intervalos que Surin não experimenta a necessidade de justificar, visto que eles são somente os signos da situação diferente na qual se reproduz a mesma forma. Eles dependem de uma facticidade. Eles geram uma paráfrase dos documentos primitivos. Não é o caso de "sentido literal" (nem de alegoria, por conseguinte), onde se trata de encontrar a mesma "estrutura" por meio das "manifestações"diversas.[13] Interessando-se pela análise estrutural de uma sequência formal da experiência (ou, como dizia Inácio de Loyola, em um *discurso* do *conversar cristão*)[14] – o que é, propriamente falando, o "sentido espi-

---

13   Essa leitura "estrutural" se reconhece também na seleção e nas modificações efetuadas por Surin no texto da Vulgata. Assim, na Primeira Carta de João (I Jo 1, 1-2), ele suprime redundâncias rítmicas (*quod perspeximus*), dos detalhes (*oculis nostris*) e principalmente o que diz respeito ao Manifestado (*quod fuit ab initio... vita manifestata est* etc.): a forma da experiência se encontra isolada de seu conteúdo. Contrariamente, o texto de João é traduzido integralmente na carta de 21 de julho de 1662 (Surin, *Correspondance*, op. cit., p. 1403). Mesmo procedimento em relação à Carta de Pedro (II P 1, 17-19): a citação retém uma expressão cara a Surin (*a magnifica gloria*, destacada mais adiante por *lucernae lucenti in caliginoso loco*, retomada na paráfrase "uma tocha que ilumina nossas trevas"), mas esquece o conteúdo da voz ouvida no Tabor (*Hoc est Filius meus dilectus* etc.).

14   Sobre o *discurso* inaciano, que designa uma relação entre experiências sucessivas e a orientação da série, cf. M. de Certeau, L'espace du désir. Le fondement des *Exercices spirituels*. In: *Christus*, n° 77, p. 118-128, 1973.

Terceira Parte – A Cena da Enunciação ❖ Capítulo 6 – A Instituição do Dizer 293

ritual" dos textos antigos –, o autor parece não ter nenhuma hesitação em declarar as diferenças históricas. Essas variantes concernem essencialmente a dois pontos:

a. ao "Verbo de vida" se substitui, neste século, "uma célebre possessão";

b. em vez de "anunciar", trata-se de escrever.

O tempo faz deslizar do evangélico ao diabólico, e da palavra ao livro. Assim, será preciso se perguntar como Deus se manifesta pelo Mentiroso e como a palavra se produz no escrito. Serão questões estratégicas em *La Science Expérimentale*. O prefácio se contenta em observar essa inversão como um fato, e em fazer remontar o problema da tradição/revelação espiritual ao grau (mais geral?) das "coisas da outra vida" ou dos "objetos sobrenaturais". De qualquer maneira, o evento primitivo também era ambíguo. Cabe ao livro efetuar o discernimento daquilo que percebem "nossos sentidos".

Estabelecendo um percurso formal que começa com "o que nossas mãos palparam" e que passa pela "mão na caneta", o prefácio menciona as variantes que afetam as aventuras da mão. Ela faz dessa mão testemunha ou produtora um ator decisivo que tem uma história. Ela conta já a história do autor. Por outro lado, ela não diz nada sobre mudanças que atingiriam o terceiro momento e termo do percurso, a fé. Parece, segundo o texto, que à diversidade das experiências e das transmissões responde sempre o mesmo crer, como se a "atenção" e o "interesse" que caracterizam o ouvido fiel permanecessem estáveis, como se fosse um lugar branco e um espaço vazio a preencher. Dessas mãos diversificadas, móveis, ativas, a esse ouvido fixo, há uma estranha distância. Ela sugere o corte, dramaticamente vivido por Surin, entre o *eu* exorbitado da testemunha e o desconhecido do outro. Uma loucura obsedia a cena onde o leitor-crente é um fantasma imóvel, necessário e, no entanto, indeterminado.

d. Uma sequência de *modalidades* (*poder, dever* e *querer*) articula a relação com saber/fazer saber. Ela obedece a uma ordem lógica (pode-se; bem mais, deve-se; portanto está-se "envolvido", quer-se) onde são privilegiadas a autorização de dizer e a intenção de fazer. Ela concerne não mais à forma da experiência, mas ao movimento do próprio prefácio: a primeira parte é consagrada ao poder dizer, e a segunda, ao querer fazer, o dever garantindo o trânsito de uma a outra:

$$poder \rightarrow [dever] \rightarrow querer$$

A sequência das modalidades tem também por função distinguir progressivamente o texto e seus destinatários, atribuindo-lhes a cada um papéis diferentes. A distribuição pronominal é completada por uma distribuição das modalidades. Vem primeiro *poder* (poder saber, depois dizer, enfim, escrever), que, indefinido no início ("pode-se saber") é rapidamente levado por conta do autor ("nós podemos dizer"). *Dever* aparece em seguida, mais discretamente (sob a forma do que "envolve"), mas para visar aos leitores ("vocês fazem bem"). O autor só é atingido pelo dever como membro da religião católica, mas não como autor. Por outro lado, seu direito de falar coloca os destinatários na obrigação de "se tornarem atentos". Jogo duplo: o poder de um faz o dever dos outros. Então *querer* se mostra, reforçado por "intenção", "não é senão para" etc. Ele é o próprio do autor. Além disso, pelo "serviço" que ele desejaria lhes "prestar", este transforma seus leitores em devedores ("para a eternidade"?). Esquematicamente, o tabuleiro das modalidades se desenvolve mais ou menos assim:

Terceira Parte – A Cena da Enunciação ❖ Capítulo 6 – A Instituição do Dizer   295

		Poder	Dever	Querer
Autor	saber ["se"]	dizer/escrever	//////	prestar um serviço
Leitores		//////	estar atentos	//////

Do lado dos leitores do autor, poder e querer; do lado dos leitores, dever. Se o prefácio percorre o caminho que vai da legitimidade de falar até a intenção de instruir, ele garante essa passagem postulando uma obrigação dos leitores (que remete também, secundariamente, à sua motivação). Como um fole entre os dois elementos que esclarecem o *status* do texto, o dever de esperar, para os destinatários, é o que permite um querer para o autor. De sua parte, só há intenção relativa a uma expectativa suposta. Essa condição parece peremptória. De fato, ela é tão frágil quanto fundamental. A espera dos leitores é, antes, o que o autor *deve* supor. Mas ele estaria seguro, não importando o que seja do próprio Surin, que sai de 20 anos de doença e de isolamento? Assim, o texto do prefácio, que manejou a afirmação com tanta certeza até aí, se dobra no último momento, quando ele introduz, enfim, o *eu* com o *volo*. O hipotético fere a última asserção: "eu gostaria".

Sem dúvida o público, assim como a multidão onde se perdiam os loucos do Cristo, é para o texto místico a figura real do Deus que procura e supõe a *oratio* solitária. Porque para o que ora também, Deus *deve* estar aí e "tornar-se atento" ao discurso que lhe é dirigido. A oração conta com essa expectativa do outro.[15] Ela não é, no entanto, certa disso. Aquele que ora pode pensar que ele não é esperado, e que Deus se desvia dele, como Surin foi convencido du-

---

15   Para o crente cristão, a certeza de ser "esperado" funda a resistência do desejo "esperando [God] Godot".

rante 20 anos, acreditando-se em danação. Paralelamente, o prefácio dirigido aos leitores tem atitudes de oração. Se ele exibe muita certeza quando fala em nome de *nós*, hesita, confunde-se no instante em que diz *eu*. Enão, ele não exorciza mais a dúvida. O *eu* se mostra em sua dependência em relação ao outro. Ele não poderá se dizer senão no desejo vindo de outro lugar (retoricamente transformado em obrigação dos leitores). *Eu* não fala senão se ele é esperado (ou amado) – coisa do mundo mais arriscada, mesmo se, em princípio, a instituição religiosa se faça garantidora. A loucura de Surin foi inicialmente a violência desse improvável, o encerramento do *eu* quando ele deixa de crer que ele é esperado. Ela deu descanso (e ele se pôs a escrever) quando esse isolamento se alterou na surpresa "extraordinária", gravada no corpo, de ser chamado e ouvido em algum lugar. É, diz ele, nessa sorte que é preciso crer, e ele "põe a mão na caneta" para escrever.

Quando a autonomia do "interior", explicitada pelo *volo*, se marca na linguagem em um *eu* locutor, ela aparece *ligada* ao que ela não é. O *eu* não é um próprio. Sua possibilidade de falar depende, como para a criança, de uma palavra que o previne e de uma espera que ele postula. A estratégia textual que distribui e hierarquiza os lugares do dizer (os apóstolos, o autor, os destinatários etc.) desemboca finalmente nesse ponto de fuga, o *eu*, onde só se fala em nome do outro. O início da experiência mística se traça assim na própria operação (pedagógica e quase militar) pela qual o discurso toma posição. Todo o aparelho dos procedimentos textuais parece envolver, para proteger sua fragilidade ou permitir a confissão (proibida), a contradição interna do falante – ou do suposto "autor". Na posição forte do texto, o *eu* é uma espécie de lapso. Ele se contenta em representar o que fala, ou de se substituir ao que faz falar. Ele só pode "tomar o lugar" que outros constituem, o que fundou a enunciação passada dos apóstolos

Terceira Parte – A Cena da Enunciação ❖ Capítulo 6 – A Instituição do Dizer 297

e/ou a que abre a escuta "atenta" de crentes. Sob essas duas formas (que remetem elas mesmas à Voz divina), ele fala no lugar do outro, em vez do outro.

3. A FICÇÃO DA ALMA, FUNDAMENTO DAS *MORADAS* (TERESA DE ÁVILA)

Na medida em que o mundo não é mais percebido como *falado* por Deus, em que ele se opacificou, se objetivou e se separou de seu Locutor suposto, duas orientações organizam as maneiras de tratar essa nova situação da linguagem. Uma retoma os enunciados desorbitados do sistema que lhes dava valor de "palavras", subtraídos pela história ao seu Enunciador, para considerá-las como proposições susceptíveis de serem apreciadas e ordenadas segundo critérios internos de verdade. A outra se concentra no ato enunciativo em si, que se fazia ouvir na fé: *Eu falo, diz Deus*, e há somente eu. O místico se situa na segunda perspectiva. Visto que *deve* haver Palavra enquanto ela se torna inaudível, ele substitui transitoriamente seu *eu* locutor ao inacessível divino *Eu*. Ele faz desse *eu* a representação do que falta – uma representação que identifica o lugar do que ela não substitui. Contraditório, pois, o *eu* falante (ou escritor) toma a vez da função enunciativa, mas em nome do Outro. Assim como a posição (ela também contraditória) do "autor", ele sustenta a questão que não pode ser esquecida, mas que não pode também ser resolvida, a do sujeito falante. Ele "segura" esse vazio, em suspense.

A esse *eu* que fala no lugar (e na vez) do Outro, é preciso também um *espaço* de expressão que corresponderá a esse que o mundo era para o dizer de Deus. Uma ficção de mundo será o lugar onde se produzirá uma ficção de sujeito falante – se, por "ficção" se entende o que se substitui (provisoriamente) e representa (contraditoriamente) o cosmo que servia de linguagem ao Falar criador. Essa figuração de espaço é, portanto, estabelecida, ela também, no limiar do discurso místico. De um modo imaginário, ela abre um campo ao desenvolvimento desse discurso. Ela lhe torna possível um teatro de operações. É, pois, o espaço, necessariamente fictício, do discurso.

Ele constitui também um teatro do interior. Em um campo artificial de representação, "objetos" são articuláveis, vestígios de uma interioridade muda e indizível. Nesse lugar deslocado, produzir-se-ão as metáforas de movimentos (secretos) que não têm lugar. O que aí se mostrará, pois, serão efeitos de um silêncio na linguagem que o preveniu (sempre a linguagem vem antes do que nela se diz). Se se considera no imaginário não primeiramente um léxico (um material icônico, coisas vistas ou sonhadas), mas a *espacialidade* que especifica toda imagem, e também a capacidade que tem o imaginário de produzir uma *cena* a distância do ato interior, imediato, não desdobrado; se se supõe que o imaginário é espaço, e, bem mais, que ele cria espaço, então se pode dizer que, para o *volo* e para o *eu*, ele é ao mesmo tempo sua figuração (teatro, metáfora, artefato) e seu *espaço de enunciação* (o lugar do dizer para um dizer que não tem lugar).

Enunciação de quê? Teresa de Ávila esclarece: da *alma*. Se o sujeito é uma resposta à pesquisa daquilo a que ela responde, esse falar interior se chama "a alma". É um falar que ignora aquilo de que ele é o eco. Um "gemido", ou um "murmúrio", ao qual falta seu espaço. A esse respeito, a alma é "a mesma coisa" que "o espírito" ("*el que habla*"): "*El alma y el espíritu son una misma cosa como lo es el sol y sus rayos*", diz ainda Teresa.[16] Esse espírito está em busca de um lugar, como vacante, à maneira dos fantasmas dos quais a inquietude, esperando uma

---

16 Teresa de Jesús, *Moradas del Castillo interior*, VI, cap. 5, § 9. In: *Obras completas*. Madri: BAC, 1954. t. 2, p. 440.

morada, se conta nas lendas tradicionais ou nos romances fantásticos. O imaginário fornece a esse espírito um lugar metafórico – uma "morada emprestada".[17] Será uma *ficção da alma*, sua produção em uma "morada" que não é a sua, o lugar fictício que permite a expressão de um falar que não tem lugar próprio onde se fazer ouvir. Essa ficção, poder-se-ia defini-la como a imagem de um eco. Imagem, porque ela é espacial, como uma página onde escrever, ou um círculo onde jogar, um jardim onde circular. Mas a alma, transportada fora de si nesse espaço de empréstimo onde ela pode marcar suas moções, não é ela mesma senão o eco, inarticulável, de um Sujeito desconhecido. Por si, ela é silenciosa, enquanto se forma sendo uma resposta a esse (Deus) que ela ignora, enquanto ela responde ao Não sabido: nascida de um Outro e, no entanto, separada desse Outro que lhe daria língua, ela é essencialmente crente e muda. Assim, a imagem que lhe oferece um espaço de enunciação não pode ser senão uma ficção – um efeito e um artefato –, ou, como dizia Diego de Jésus, um "rodeio", uma maneira de "transformar" o silêncio do interior, uma "frase mística".

Finalmente, a ficção ou figuração da "*morada*" instaura um quadro susceptível de representar, ao mesmo tempo, o dizer dialogal de onde nasce o sujeito crente (o *conversar*), o falar inaudível que faz eco a esse dizer (a alma), e a linguagem que produz no dia essas operações da alma (o tratado espiritual). Nesses três títulos, ela é, no início das *Moradas*, o único "*fundamento*" para uma teoria que trata simultaneamente da oração, da alma e do discurso místico. A ficção do "castelo interior", como a ilha da *Utopia* de Thomas More, não coloca, pois, em causa a criação de um objeto imaginário, mas a abertura de um espaço

---

17   Em seu *Traité des tropes*, Du Marsais define assim a metáfora (Paris: Le Nouveau Commerce, 1977. p. 114).

300 A Fábula Mística ❖ Michel de Certeau

ao dizer, à alma e a uma escrita. É um lugar de palavra, um mundo da alma e um âmbito do discurso. Ver-se-á que Teresa passa constantemente de um tema ao outro, seja porque ela assimila a alma a um "livro vivo", ou a oração no movimento da alma, seja porque ela utiliza a mesma figura espacial para ordenar, um após o outro, esses três registros. A esse respeito, o "castelo" não constitui somente um mesmo teatro de representação para esses três temas. É um espaço de notação que permite ordenar "modos" (ou medidas), paralelismos e combinações de um ao outro. Ele funciona à maneira da geografia projetada do alaúde nas tablaturas da época: localizações sobre as seis cordas (ou linhas) tornavam possível, para um sistema de letras, a produção de canções para diversas "formas" de música e de instrumentos. O castelo com sete moradas organiza também um espaço formal de transcrição sobre o qual Teresa cartografa "árias" tocadas uma por vez, ou simultaneamente, sobre a oração, sobre a alma ou sobre o livro. Ele regra um concerto.

Antes de citar esse início, que dá a "composição de lugar" do texto, é preciso dar conta de sua situação depois de um outro começo: a abertura das *Moradas* (livro I, capítulo 1) é, com efeito, precedida por um "prólogo" que esclarece o lugar do autor e as circunstâncias da produção. Essa apresentação especifica também o que permite o livro. Mas, enquanto, no primeiro capítulo, a ficção do castelo é o que torna possível o texto, no prólogo, o que o autoriza é uma ordem recebida. Ponto de partida do livro: será o caso de "coisas que a obediência me ordenou" – *cosas que me ha mandado la obediencia*.[18] Há competição entre duas autoridades, uma que "comanda" (é o doutor

---

18 *Moradas, ibidem*, p. 339. Mesma fórmula no início do prólogo do *Libro de la vida* (*Obras completas*, t. 1, p. 595), ou equivalente ao início do prólogo do *Libro de las Fundaciones* (*ibidem*, t. 2, p. 678).

Velasquez, confessor de Teresa, e/ou o padre Jerónimo Gracián, seu conselheiro), e o outro que faz escrever (é a ficção, que "se oferece")? Para Teresa, nenhuma contradição. A "ordem" autoriza o autor, enquanto a "ficção" permite o discurso; uma vem de clérigos, ao passo que a outra se dirige a "irmãs".

Como no prefácio de *La Science Expérimentale*, o lugar de onde falar é aqui "enquadrado". Em seu prólogo, Teresa afirma por um lado sua "vontade" (*voluntad*) de superar a dificuldade do objeto a tratar (a oração) e a "fraqueza" de seu corpo (dores de cabeça, enfermidades etc.) para responder ao pedido que lhe é feito; por outro, para se conformar com a "santa Igreja Católica Romana" (aquilo de que ela não pode julgar por si mesma), sua resolução de ficar submissa (*sujeta*) à opinião das "personas de grandes letras". Dois elementos, pois: a força de um querer, a incerteza de um saber. Um, relativo à produção de um trabalho pelo autor; o outro, relativo ao julgamento de seu texto por leitores. Entre esses dois polos se desenha o lugar da escrita.

O primeiro concerne ao trabalho de escrever. Um "fazer" (*hacer*) é o objeto que passa do querer dos comanditários ao de Teresa. "Faça-o", dizem os letrados: "escreva-o". Ela responde: eu quero fazê-lo porque a ordem lhe vem de mais longe que eles. Teresa não hesita: ela deve, ela quer, ela pode, então. Esse "trabalho" consiste em perder algo de seu próprio corpo para que nasça um texto, corpo-para-o-outro. "A obediência", diz ela, "aumenta sua dor de cabeça" etc. Um *pathos* do corpo assina o querer e paga a produção escriturária. A "fraqueza" desse corpo (*flaqueza*) se agrava com o sofrimento que lhe impõe a "força" (*fuerza*) de sua resolução. Uma dor garante um parto no mundo livresco onde letrados esperam um novo escrito. Esse corpo feminino atingido por seu consentimento ao querer que lhe significa, tal como a flecha do anjo na estátua do Bernini, a mensagem dos clérigos, se oferece, pois, ao seu destinatário como a escrita primeira de Teresa: eis meu corpo escrito/ferido por teu desejo. O segundo elemento opõe uma incerteza do saber à firmeza do querer. Para Teresa, não se trata mais aqui de "fazer" (*hacer*) o trabalho amoroso da escrita, mas de "*estar*" lá onde ela é esperada. Como saber se é mesmo *lá* que você me quer e se é mesmo *isso* que você deseja de mim? Questão de encontro marcado, de lugar e de conteúdo. O querer não basta; ele deve ser esclarecido. Doravante, o que é "fraco" não é o corpo, mas o texto em si, a resposta dada, o produto do trabalho. Teresa não sabe. Ela não está segura do lugar onde ela se encontra, entregue ao perigo como à ebriedade do êxtase. "*Yo no sé lo que digo*"[19] – não sei o que digo nem onde estou. Para onde sua "loucura" a transportou? Ela precisa de parapeitos para aprender com eles se ela deixou sem saber, ou se ela mora ainda, na região definida pelas vontades de "Sua Majestade". Ela recorre, pois, aos "letrados"; ela procura os mais seguros – cuidado permanente, quase obsessivo; ela conta com eles para levar seu corpo ferido de amor ao campo circunscrito pelas Escrituras. Cada vez, sua aprovação lhe é um "consolo" (*alivio*).[20] Essa tensão entre o corpo falante e a ordem escriturária caracteriza já o *Libro de la vida*: uma ordem da escrita (o *libro*) aí luta com as derivas e desordens de uma paixão (a *vida*). A autobiografia é um teatro feito de incessantes "saídas" de Teresa ("sonhos" e "loucuras"), seguidas cada vez de seus "retornos" ao lugar do encontro que lhe fixou uma encomenda ("voltemos"...). Mas, pouco a pouco, a ordem cede e, nos últimos capítulos, o querer amoroso vai embora sozinho cantando seus "sonhos" (cap. 41). Assim também,

---

19 *Moradas*, VI, cap. 5, § 9; op. cit., p. 440.
20 A palavra volta frequentemente nas cartas, junto com a menção de um *letrado*.

Terceira Parte – A Cena da Enunciação ❖ Capítulo 6 – A Instituição do Dizer 303

na soleira das *Moradas*, encontra-se colocada uma galeria de "letrados", encarregados de garantir limites. Como a escrita vai escapar, extática, é preciso prever uma recuperação. Os guardas da conformidade ao lugar poderão cortar o que se perde ao longe. Teresa mesma pede que seu texto seja talhado por seu julgamento, como seu corpo é atingido por seu querer.

Ela sabe, no entanto, que convence esses *letrados* (apesar dela?). Ela se inquieta com seu poder e com sua maleabilidade. Ela não está, pois, segura com eles também. Seu julgamento não é jamais senão uma opinião, o que lhes parece justo (*parecer*). Assim ela precisa sempre de mais "autorizados" para lhe certificar que sem ela saber ela não deixou os lugares. Mas seu saber foge aos critérios de sua experiência. Ele é ao mesmo tempo estranho e necessário à "ciência" de que ela fala. Ele traça as paredes da casa, mas como uma fronteira flutuante cuja definição vem do exterior. Assim, uma vez por todas, Teresa decidiu submeter-se a esse arbitrário necessário, lei da escrita, lei do outro, lei do real.

O âmbito do trabalho é assim constituído por uma ordem que induz a força de escrever à custa de uma dor corporal e por um julgamento que delimita a pertença ao espaço católico. Ele é masculino. São homens, os mesmos letrados, que fazem a encomenda e que examinam o produto. Mas no interior desse âmbito, tem lugar um discurso feminino: "*mejor se entienden el lenguaje unas mujeres de otras*" – mulheres compreendem melhor a linguagem de outras mulheres. Um plural. Não há mais autor, mas uma linguagem entre mulheres, que o amor faz compreender: "*El amor que me tienen les haría más al caso lo que yo les dijese*" – O amor que elas têm por Teresa as colocará a par do que ela diz. Círculo feminino, portanto, interno esse, onde a questão é coletiva, e a inteligência, repartida. Entre a encomenda da *escrita* e sua apreciação, as

304   A Fábula Mística ❖ Michel de Certeau

duas masculinas, se desdobra o ato feminino de *falar*: "é a elas que eu vou falar (*hablar*) no que escreverei (*escribir*)". A palavra feminina se insinua na circunscrição masculina da escrita. Na *compañía*, cara a Teresa, cada irmã compreende que "quando algo chega a se dizer" assim, entre mulheres ("*cuando algo se atinare a decir*"), isso não pertence a uma autora – *no es mío* – mas depende do falar que escapa à apropriação individual como aos controles eruditos. Nessa composição sutil, a autoridade (eclesial) é masculina, como uma cena social para o nome do pai; a palavra é feminina, conformemente à tradição judia da *Sekina*, figura feminina do Espírito que é Palavra. Teresa oferece a essa autoridade seu corpo em trabalho e o texto que ele produz: é *para eles*. Mas a palavra, circulação coletiva, é *entre elas: entre nós*. A autoridade masculina recorta, circunscreve, comanda e julga objetos *distintos*, mas ela é finalmente estranha à palavra abundante e "indistinta" que atravessa os limites individuais ou escriturários e que remete, sem dúvida, ao redobramento de uma experiência marrana. É a essa palavra, ao próprio discurso, que uma ficção vai fornecer um "fundamento".

Isto esclarecido, Teresa se põe a falar escrevendo, a escrever falando. Texto oral, com efeito, riscado por escapadas e rupturas, cortado de impaciências (não é isso, mas, bom, vocês me compreendem) e escrito em letras separadas sem fio cheio nem desligado (Arial), lançadas com rapidez sobre o papel como pedras arrancadas umas após as outras do silêncio do corpo.[21] Momento em que se produz o corpo escrito. Momento em que ele se enleva. Todas as testemunhas o dizem: Teresa o faz *con gran velocidad*,

---

21   Cf. a reprodução do manuscrito autógrafo conservado em Sevilha. In: Sta. Teresa de Jesús, *El castillo interior*. Séville: Juan Moyano, 1882.

Terceira Parte – A Cena da Enunciação ❖ Capítulo 6 – A Instituição do Dizer 305

"sem parar", com o rosto "inflamado" (ruborizado?), o sangue na cabeça.[22]

Moradas (I, cap. 1)[23]

Suplicando hoje a Nosso Senhor que Ele fale por mim – porque eu não encontrava nem o que dizer nem como começar para cumprir essa obediência –, veio-me o que vou dizer imediatamente para começar com algum fundamento: considerar nossa *alma* como um castelo todo de um diamante ou de um cristal muito claro, onde há inúmeros aposentos,[24] assim como há no céu inúmeras moradas.[25] Irmãs, se nós a consideramos bem, a alma do justo não é outra coisa senão um paraíso onde, diz ele, Ele tem suas delícias.[26] Sim, como lhes parece que será o aposento onde se deleitará um Rei tão poderoso, tão sábio, tão puro, tão cheio de todos os bens? Eu não encontro, eu, com o que comparar a grande beleza de uma alma e sua grande capacidade; e realmente é como se nossas inteligências, por mais agudas que sejam elas, devessem chegar a compreendê-la, assim mesmo elas não podem chegar a considerar Deus, visto que Ele próprio diz que nos criou à sua imagem e semelhança.[27] Pois bem, se assim é, como é o caso, não há por que nos fatigar querendo compreender a beleza desse castelo, porque, dado que há entre ele e Deus a

---

22 Cf. Efrén de la Madre de Dios. In: *Obras completas*, op. cit., t. 2, p. 311-312.

23 O título primitivo era *Moradas*, ao que foi acrescentado "*o Castillo interior*" (ou o Castelo interior) etc. O primeiro capítulo dessas *Primeras Moradas* foi redigido em 2 de junho de 1577, festa da Santa Trindade, no carmelo de Toledo.

24 *Aposento*: palavra nobre, utilizada na poesia como na tradição aristotélica para designar o local, como se diz "meu aposento". Um poema agostiniano da Renascença dá a gradação que vai de *aposento* (*séjour*) a *casa* (*maison*), depois a *morada* (*demeure*):
Pues tú eres mi aposento,
Eres mi casa y morada, ...
(cit. In: Argimiro Ruano, *Lógica y mística*. Universidad de Puerto Rico en Mayagüez, 1970. p. 400).

25 Cf. Evangelho de São João, 14, 2.

26 Provérbios, 8, 31.

27 Gênese, 1, 28.

mesma diferença que entre o Criador e a criatura, ele é criatura, com efeito, basta à Sua Majestade dizer que ela [a alma] é feita à sua imagem para que possamos apenas compreender (*entender*) a grande dignidade e beleza da alma (*ánima*).

É grande piedade e confusão que por nossa falta não compreendamos (*entendamos*) nós mesmos nem saibamos quem somos. Minhas filhas, não seria grande ignorância perguntar a alguém quem ele é e que não se conheça nem se saiba quem eram seu pai, sua mãe, qual era sua região (*tierra*). Pois bem, se isso é de uma grande bestialidade, a nossa é sem nenhuma comparação maior quando não procuramos saber o que (*que cosa*) nós somos senão prendendo-nos a esses corpos, sabendo, por alto, por ter ouvido e porque a fé no-lo diz, que temos uma alma; mas que bens pode haver nessa alma, ou quem se encontra no interior dessa alma, ou seu grande valor, nós o consideramos raramente, e muito menos não nos preocupamos em procurar com toda sua atenção conservar sua beleza; tudo nos envolve na grosseria de uma caixa ou no recinto desse castelo, isto é, nesses corpos.

Bom, consideremos que esse castelo tem, como eu disse, inúmeras moradas, umas no alto, outras embaixo, outras dos lados; no centro, no meio de todas essas se ergue a mais nobre, aquela onde acontecem coisas de grande segredo entre Deus e a alma. É necessário que vocês estejam avisadas dessa comparação; talvez, Deus seja servido, que eu possa por ela lhes dar algo a compreender (*entender*) favores que Deus, para seu serviço, faz às almas e diferenças que há nelas, até o ponto em que eu, eu teria compreendido (*entendido*) que é possível (ninguém pode compreendê-las todas, de tanto que elas são numerosas, e ainda menos alguém tão ruim (*ruin*) quanto eu), porque isso lhes será de uma grande consolação, quando o Senhor lhos fará, sabendo que é possível, e quando não é o caso, para louvar sua grande bondade. Assim como não nos faz mal considerar as coisas que há no céu e aquilo de que gozam os bem-aventurados, antes de nos alegrarmos e de procurarmos alcançar aquilo de que eles gozam, isso não nos fará ver melhor que é possível nesse exílio a um tão grande Deus comunicar-se com minhocas tão cheias de mau odor, e [a nós], amar uma bondade tão boa e uma misericórdia de tal maneira sem limites.

(...)

Bom, voltando ao nosso belo e delicioso castelo, devemos ver como poderemos entrar aí. Parece que eu estou dizendo algo de idiota, porque se esse castelo é a alma (*ánima*), é evidente que

Terceira Parte – A Cena da Enunciação ❖ Capítulo 6 – A Instituição do Dizer 307

não há meio de entrar aí, porque é a mesma coisa; assim também pareceria insensato dizer a alguém que entrasse num cômodo se ele já está (*estar*) aí. Mas vocês devem compreender (*entender*) que há muitas maneiras de estar aí (*estar*); que para muitas almas que estão no caminho de ronda do castelo – lá onde ficam os que o guardam –, nada diz que entrem no interior, e elas não sabem o que há nesse lugar tão precioso nem quem está no interior, nem mesmo o que ele tem como cômodos. Vocês já ouviram, em alguns livros de oração, aconselhar à alma a entrar no interior dela mesma; pois bem, é isso mesmo.

Um grande letrado (*letrado*) me dizia, há pouco, que as almas que não fazem oração são como um corpo paralisado ou tolhido, que, tendo pés e mãos, não consegue governá-los. Elas são exatamente assim. Há almas tão doentes e dispostas (*mostradas*) a se manterem (*estarse*) nas coisas exteriores que não há remédio e que não parece que elas possam nelas mesmas. Por conta de se ter habituado a frequentar sempre a ralé e os animais que estão no contorno do castelo, a alma quase se conformou com isso; e embora ela seja tão rica de natureza e possa manter conversação com nada menos que Deus, não há remédio. E se essas almas não procuram compreender (*entender*) e curar sua grande miséria, elas ficam transformadas em estátuas de sal por não terem voltado o rosto para elas mesmas, como foi a mulher de Lot por tê-lo voltado.[28]

Porque, na medida em que eu posso compreender (*entender*), a porta de entrada nesse castelo é a oração e a consideração (*consideración*); não digo mais mental que vocal: qualquer que seja a oração, deve haver consideração, porque aquela que não presta atenção a quem ela fala e o que ela pede e quem é que pede e a quem, eu não a chamo oração, mesmo se mexemos muito os lábios.[29]

Frases duras, desorganizadas, agitadas por impulsos contrários (eu sei, eu não sei etc.), escondidas com *pues* e com *porque*, marcas orais ora de uma martelada afirmativa, ora de um apelo às "irmãs" que estão aí bem perto:

---

28   *Ibidem*, 19, 26.
29   Tradução original de *Moradas*, "Primeras Moradas", cap. 1, §1-3 e 5-7. In: *Obras completas*, op. cit., t. 2, p. 341-344.

assim começam essas *Moradas* que "são para a mística o que a *Lógica* de Aristóteles é para a filosofia tradicional".[30] Esse início agitado por uma enunciação plural não é um dos "grandes textos literários" de Teresa, mas ele estabelece seu fundamento, relativo à questão inicial: "Quem é você?" Esse tratado da alma, da oração e do discurso (ou itinerário) místico se inscreve, sem nenhuma dúvida, em uma longa tradição, socrática e espiritual, do "conhece-te a ti mesmo",[31] mas ele a desloca desde o início, traduzindo-a por duas outras questões: "Que outro habita em você?" e "A quem você fala?". Uma problemática do ser e da consciência é de imediato deportada para a enunciação, isto é, para uma estrutura dialogal da alteração – "Tu és o outro de ti mesmo". A alma se torna o lugar onde essa *separação de consigo* é a mola de uma *hospitalidade*, uma por vez "ascética" e "mística", que *cede lugar* ao outro. E porque esse "outro" é infinito, a alma é um espaço infinito onde entrar e receber –, "as Índias de Deus", dizia Francisco de Aldana:

> ¡Oh, grandes! ¡Oh, riquísimas conquistas
> De las Indias de Dios, de aquel mundo
> Tan escondido a las humanas vistas!

O que quer que seja das fontes de onde provém nas *Moradas* a imagem do castelo (o *Troisième* e o *Quatrième Abécédaire*, de Francisco de Osuna, a *Subida del Monte Sion*, de Bernardino de Laredo etc.),[32] e das referências evidentes à simbólica arquitetural do pensamento

---

30 Melquiades Andres, *La Teología española en el siglo XVI*. Madri: BAC, 1976. t. 1, p. 166.

31 Robert Ricard, Notes et matériaux pour l'étude du "socratisme chrétien" chez sainte Thérèse et les spirituels espagnols. In: *Bulletin hispanique*, 1948, t. 50.

32 *Idem*, Le symbolisme du "château intérieur" chez sainte Thérèse. In: *Bulletin hispanique*, 1965, t. 67, p. 25-41.

medieval[33] ou ao imaginário espacial dos romances de cavalaria, paixão de Teresa,[34] aqui importa mais o uso que disso faz o texto, dando-lhe a função de "começo" e de "fundamento" para o discurso inteiro. A imagem é transformada pelo papel que Teresa lhe atribui. Ela se torna a forma da teoria, determinando seu espaço. A esse respeito, eu observarei somente três elementos que se referem à enunciação mística: o castelo-cristal é *a*. uma ficção que faz andar, *b*. a representação da alma como lugar do outro, *c*. a estrutura de uma historicidade (espiritual, discursiva etc.).

a. *Uma ficção que faz andar.* Onde a obediência não basta para fazer Teresa escrever (essa "força" é como cega e enquistada), uma "comparação" lhe dá um "começo". Esse deslocamento abre um campo diferente. Ela passa a outro gênero. É uma metáfora. Ela sobrevém (*se ofreció*) e ela fala "no lugar" de Teresa (*por mi*) – própria definição da alma. Outro fala nela e a faz falar. Mas esse *outro* não é *nada*, somente uma imagem, análoga aos "sonhos" que povoam o *Libro de la vida*. Com certeza, desde Diego de Yepes,[35] exegetas tentam (sem ser convincentes) alterar essa "comparação" em "visão" e procuram encher de realidade sobrenatural essa imagem. O texto, este, não diz nada assim. Não se trata de um milagre. No começo, há

---

33   Henri de Lubac, *Exégèse médiévale*. Paris: Aubier, 1964. t. 4, p. 41-60.

34   Manuel Caiado de Val. "Sta Teresa de Jesús en la gran polémica española: mística frente a picaresco", *in Revistad de espiritualida(d)*, 1963. t. 22, p. 376-383. O primeiro biógrafo de Teresa, Francisco de Ribera, pretendia até que, com seu irmão Rodrigo, ela teria escrito um livro de cavalaria.

35   Cf. sua relação com Luis de León (4 de setembro de 1588) sobre o relato que Teresa lhe teria feito em 1579 de uma "visão" recebida de Deus. In: Teresa de Jesús, *Obras*. Éd. Silverio de Santa Teresa, Burgos, 1915. t. 2, p. 490-505.

uma ficção, análoga a um sonho.[36] Como tantas outras vezes, em Teresa, esse "nada", uma ideia, um símbolo, lhe permite escrever. *Fabrica spiritualis* ou *spirituale aedificium*, a ficção autoriza a escrita.

Essa autoridade instauradora de um espaço tem o papel de uma citação. Ela se substitui às "autoridades" de outrora que, com efeito, tornavam possível uma escrita. Mas em Teresa, mesmo se o castelo é uma imagem onde se empilham reminiscências (bíblicas, literárias etc.), ele "se oferece" como um espaço ao mesmo tempo outro e interior. Ele não remete ao gesto (masculino?) de "lançar" *para fora* um *fragmento* de si, objeto expulso, ejaculado, que se torna a irredutível exterioridade do ser dele mesmo.[37bis] Sem ejeção nem fragmentação, uma *totalidade* se representa aqui, que é a dimensão in-finita de uma estranheza interior. Desse ponto de vista o castelo, citação da Sombra interna, tem função autorizadora. "O amor só se faz a três", dizia Marguerite Duras. A "comparação" é esse terceiro – uma simbólica (imaginário) – que cria o lugar (sem ob-jetividade) da comunicação. Ela é a cena, terceira posição, sem a qual não há *conversar*, mas somente o mutismo do "não encontrar nem o que dizer nem como começar".

Assim, a escrita nascida desse "sonho" se aplica em destacar a beleza, *la hermosura de este castillo*. Ele é *todo de um diamante y muy claro cristal*. Em nenhuma parte é questionável sua verdade. A "comparação" é sem dúvida para Teresa o equivalente do que o poema é para João da Cruz ou para Surin. É belo o que o ser não autoriza.

---

36   Meio-visão, meio-sonho, mas algo entre as duas coisas, como diz Teresa no *Libro de la vida*: "Parece que sueño lo que veo" (cap. 16; éd. BAC, p. 686). Cf. as notas de Marcel Lépée (*Sainte Thérèse mystique*. Paris: DDB, 1951. p. 174-177) sobre sua experiência, tomada entre dois "sonhos", a vida e seus êxtases lhe parecendo um por vez "sonho e brincadeira".

37bis   Cf. Michèle Montrelay, Aux frontières de l'inconscient freudien. In: *Confrontation*, 1981. p. 23-43.

Terceira Parte – A Cena da Enunciação ❖ Capítulo 6 – A Instituição do Dizer 311

O que vale sem ser creditado pelo real. Assim a "Beleza" em Mallarmé, idêntica à "Crença", é puro começo. Ela é o que nenhuma realidade sustenta: "A que arruína o ser, a Beleza."[38] Em relação a isso o gesto estético e o gesto ético coincidem: eles recusam a autoridade do fato. Eles não se fundamentam nele. Eles transgridem a "convenção" social que quer que o "real" seja a lei. Eles lhe opõem um nada, atópico, revolucionário, "poético", sem o qual para Teresa não há mais que corpos e uma "bestialidade". Eles consistem em acreditar que há o outro, "fundamento" da fé.

b. *O si, como lugar do outro*. Inútil, pois, "cansar-nos em querer compreender a beleza" desse diamante que, tal como o "Vidro" de Marcel Duchamp, é infrangível e fechado sobre si como uma pedra preciosa, mas transparente e dócil à luz como que ele não lhe opusesse senão um nada, e cifrável (sete), plural como um objeto matemático. Nesse "castelo encantado",[39] multiplicam-se também as formas de sonhos antigos. Elas cintilam nessa joia translúcida, semelhantes aos fogos de mil memórias: modelos da Jerusalém bíblica (imagem apocalíptica) ou judaica (imagens messiânicas do retorno, tão obsessivas então entre os marranos ou os expulsos); modelos do paraíso (imagens da origem), do jardim de prazeres (uma erótica e uma estética), do céu (imagens cosmológicas e astrológicas); ficções de arquiteturas perfeitas (imagens matemáticas e geométricas);[40] espaços militares (tão frequentes em Teresa) e romanescas (a cavalaria de antanho) etc. Com todas essas facetas de mundo, brilha a alma, novo microcosmo, enciclopédia de histórias.

---

38   Yves Bonnefoy, *Hier régnant désert*. Paris: Mercure de France, 1964. p. 32.

39   É o título que é dado às *Moradas* em 1610: *Castillo encantado*.

40   Cf. por exemplo, o *Discurso del Señor Juan de Herrera, aposentador Mayor de S. M., sobre la figura cúbica*. Éd. Edison Simons y Roberto Godoy. Madri: Editora Nacional, 1976, fascinante utopia geométrica contemporânea das *Moradas*.

Esse belo objeto, uno e múltiplo, é, no entanto, clivado em dois aspectos opostos: ora cristal e diamante, ora castelo. A comparação oscila entre o intacto e o histórico. Essa divisão insinua no ícone mental a possibilidade do texto, que vai funcionar de um sobre o outro, desenvolvendo as "surpresas" de um itinerário através do castelo e levando essas metáforas, ou transportes discursivos, ao seu centro mineral. Trabalho de corte. A imagem, por sua ambivalência, cria o movimento; ela faz escrever, ao mesmo tempo em que estabelece o princípio da impossível identidade. Ela não é redutível *nem* ao castelo *nem* ao diamante. Ela já é em si um jogo entre-dois, um *Zwischenraum*. O mesmo acontece na relação que mantêm, em tantos autores místicos (João da Cruz é apenas o exemplo mais famoso), o poema e a prosa. Há um retorno incessante de um ao outro. É preciso constantemente repassar pela história (a ascese) que analisa o (suposto) comentário para aceder ao jardim sonoro do único. Por sua vez, o poema, que corresponde à função primeira da ficção teresiana, não cessa de abrir à história novos campos onde andar e partir para a prosa do mundo. Essa dicotomia é comparável às brumas que frequentam certos cristais de rocha e confundem o imemorial pela sombra do tempo que lhe faltou. Há insinuação do outro até no ícone que representa o Outro. Alteração em abismo: ela vai-se repetindo de imagem em imagem, de espelho em espelho.

Uma outra forma da alteridade é indicada pelos "*regalos*" que oferece esse castelo-cristal. Aqui também a imagem, bela nela mesma (Teresa se exalta), objeto de prazer, é indicadora de todas as "delícias" (*deleites*) que o Rei encontra em seu palácio e que a alma encontra em sua companhia. O vocabulário de Teresa soletra com precisão, e como com gulodice, as diversas espécies de doçuras que se encontram nesses lugares: "gostos" (*gustos*), que dependem mais da boca e são de ordem cognitiva;

Terceira Parte – A Cena da Enunciação ❖ Capítulo 6 – A Instituição do Dizer   313

"delícias" (*deleites*), alegrias sensíveis, de tipo mais tátil; "*regalos*", mais delicados e mais emotivos etc. O corpo se torna o órgão de todos esses "favores" e "graças" espirituais; ele é tocado por essas teclas; ele se torna sua linguagem. E isso é para vocês, diz Teresa a suas irmãs. "Apesar da estrita clausura na qual vocês vivem", "vocês se deleitarão", e, "sem permissão das superioras, vocês poderão entrar e passear a qualquer hora".[41] Pode-se sempre entrar no jardim de amor.[42]

À pergunta "Quem sou eu?", o gozo responde. Introduzido pela ficção ou pelo sonho, espaço diferente, o prazer (como a dor) é uma marca do outro, a ferida de sua passagem. Escrita ilegível visto que não se destaca de quem a sente, mas escrita que certifica pelo prazer a alteração em que consiste a ex-istência. É a voz, aqui, que é expectativa; ela chama esperando que o corpo se torne o escrito do outro, um corpo tão mais cego, privado de visão e de conhecimento, que se grava mais a louca surpresa de ser "tocado". Assim, Teresa, semelhante a "alguém que, com a vela na mão, vai morrer da morte que deseja, gozando dessa agonia com mais deleite que se pode dizer". Romanesca, ela sonha ainda, sob o disfarce do masculino e como o teatro de seus últimos momentos, "a agonia" que ela vive, "gloriosa desrazão" (*glorioso desatino*), "celestial loucura" (*celestial locura*).[43]

Esse êxtase mudo enche o vazio aberto pelo "conhece-te a ti mesmo". Ele suprime a discursividade do

---

41   *Moradas*, conclusão. In: *Obras completas*, op. cit., t. 2, p. 494.

42   No *Libro de la vida* (caps. 11-19), o jardim é a "comparação" (*comparación*) que tem o mesmo papel que o castelo nas *Moradas*. Sobre o jardim no século XVI, tema erótico, monástico e enciclopédico, cf. Terry Comito, *The Idea of the garden in the Renaissance*. New Brunswick: Rutgers University Press, 1978, principalmente p. 89-148 sobre o "Garden of Love".

43   *Libro de la vida*, cap. 16. In: *Obras completas*, op. cit., t. I, p. 683.

conversar. Ele não é mais nem um nem o outro, mas um terceiro, o outro do outro. Ele tem uma função paralela à da "comparação" em si que constituía o entre-dois de um essencial, a alma. Ele faz também coincidir a violência ("agonia") e o prazer ("deleite"), à maneira como Louis Chardon descreverá a luta de Jacob com o anjo, "guerra" que se altera pouco a pouco em abraço noturno: "Eles se abraçam, eles se estreitam e se apertam", eles se ligam, eles não podem mais se separar, alienados e apoiados um pelo outro.[44] *Onde* estão eles?

c. *A estrutura do discurso*. É preciso, no entanto, sair do não lugar. Como o símbolo do castelo, o êxtase não é em si senão uma metáfora. Só há "comparação", ou êxtase, porque a abandonam. Como afastamento, e como dividido nele mesmo, o castelo é um princípio que permite construir uma "história da alma", isto é, seu discurso, se não se perde de vista que ele é também cristal e diamante. Essa oposição entre o plural e o uno, ou entre o desvio da metáfora e o retorno aos acontecimentos, é apenas o índice das contradições de que é feita essa "maravilhosa" joia, como a pedra filosofal. É preciso entrar aí já aí estando. Seu centro é também seu ponto de fuga transcendental, uma exterioridade. Essa porta fechada subtraída da "bestialidade" das almas conformadas com a vida corporal é um lugar de gozos de que todo o léxico é corporal. Assim, o castelo-cristal não é representável. Apesar das tentativas que foram feitas (e sabe Deus como elas são numerosas), ele não se desenha nem se projeta num plano. Não é uma imagem, mas um *discurso* (imaginário). Nele mesmo, ele é uma *coincidatio oppositorum*, a coincidência de contrários. Ele já tem a estrutura de um relato. Assim,

---

44   Louis Chardon, *La Croix de Jésus*. Paris: Antoine Bertier, 1657. p. 587.

Terceira Parte – A Cena da Enunciação ❖ Capítulo 6 – A Instituição do Dizer 315

a análise que vai seguir só desenvolve o lugar paradoxal que ele já constitui.

Mas é a mesma coisa para a alma. Suas contradições provocam um desenrolar histórico onde aparecerão sucessivamente as combinações possíveis entre seus elementos. Por si, ela só se "compreende" por seu *discurso* (uma sequência de acontecimentos) e por essa razão. E quando Teresa produz essa história, narração progressiva dessas configurações de opostos, ela reproduz finalmente o castelo inicial. Seu próprio texto é a joia que faz funcionar os opostos e os "ordena" em função do que não pode *estar* aí, senão em metáforas e passagens. Assim, ela pode também afirmar que o castelo é o livro ou a alma, que ela é o autor ou que Deus o é (*no es mio*), que ela fala da escrita, da alma ou da oração.

Seria preciso analisar as diferenças entre o castelo teresiano e os inúmeros "palácios de amor", "jardins", "retiros", "fortalezas", "bolhas" etc. que correspondem, entre os contemporâneos, à mesma questão sobre o assunto. Van Helmont se perguntava "*quaenam in me esset Egoitas*".[45] Em campos distantes, circulam o mesmo apelo ao sonho e o mesmo esquema de "castelo interior". Típico, por exemplo, o "castelo de saúde" que Robert Flud desenha no frontispício de seu *Integrum morborum mysterium*.[46] Mas duas diferenças essenciais se marcam cada vez mais. Uma consiste em tornar unívoco o esquema (a fazer dele um mapa) e, portanto, a isolá-lo das operações

---

45 Jean-Baptiste Van Helmont, *Ortus medicinae* (1648). Amsterdam, 1652, "Confessio authoris", p. 12.

46 *Integrum morborum mysterium, sive medicinae catholicae.* Francfort, 1631. t. 1, tract. 1. O "plano" de Flud, com suas torres, corredores, sistemas de entradas e de saídas, poderia "ilustrar" o castelo de Teresa. Cf. a seu respeito, Allen G. Debus, *The chemical Philosophy*. New York: Science History Publications, 1977. t. 1, p. 205-293.

que ele representa ou torna possíveis, enquanto em Teresa a *comparación* é equívoca porque ela é parte integrante das contradições e movimentos de que ela é a aposta. O outro, que encontrará uma expressão com o mito de *Robinson Crusoé*, inverte a problemática da alteração pelo prazer (ou a dor) em uma problemática da apropriação pela produção (a escrita da ilha):[47] é do sujeito ainda que se trata, mas o sujeito econômico substitui o sujeito místico. A ilha fabricante se substitui ao jardim de delícias. A figura do *eu*, sempre construtora de um romance biográfico, se autonomizou em relação ao que a constituía outra que não ela própria.

---

47 "Ficam" somente, da problemática "mística", o vestígio do pé descalço na margem da ilha e toda a desordem (*fluttering thoughts*) que introduz o medo ou o ódio do outro desconhecido.

QUARTA PARTE

Figuras do Selvagem

No século XVI, o "castelo" ou o "retiro" institui um lugar de enunciação. No século XVII, ele conhece os avatares do estabelecimento. O que se escapava em fundações insulares de "novos mundos" se encontra ou bem recolocado em lugares reconhecidos, ou, então, expulso para as margens de uma ordem reconstituída. Divisão interna nos movimentos espirituais: a maioria se civiliza, e o resto desaparece ou recebe a forma da delinquência dedicada logo ao exotismo ou à exploração. Os grandes debates fundadores se acalmam em lugares conquistados que tiram legitimidade de seus antigos combatentes e/ou os eliminam. Esses fenômenos de segunda (ou terceira) geração devem ser analisados também, o que quer que seja das criações que se multiplicam no decorrer do mesmo período. Problema outrora colocado por Hannah Arendt a propósito da segunda geração revolucionária. Que forma assume a palavra mística quando Ordens e uma ciência se encarregaram dela? As poucas sondagens que seguem se situam entre 1600 e 1660. Elas concernem à situação contraditória de uma "tradição" mística – ou, se quisermos, dos retornos do gesto de começar no lugar que ele constituiu.

Por um outro viés, trata-se de "selvagens". Na história que leva do sujeito místico do século XVI ao sujeito econômico, o selvagem seria um entre-dois. Como figura cultural (na verdade epistemológica), ele prepara o segundo invertendo o primeiro, e, no fim do século XVIII, ele se apaga, substituído pelo primitivo, pelo colonizado ou pelo deficiente mental. No século XVII, ele é oposto aos valores de trabalho, de economia escriturária e de classificação territorial e social que se estabelecem pela exclusão de seus contrários: ele é sem produtividade, ou sem letras, ou sem lugar e sem "estado". Esse personagem, os místicos o revestem – como uma roupa de palhaço – para encontrar uma saída na sociedade que o criou. Ator ambíguo, é uma figura de passagem. Ele seduz (ele desvia), mas já a título de uma nostalgia. Ele atravessa, mas não ameaça a ordem. Ele guarda, adquire até valor de símbolo, na medida em que cessa de organizar uma força. Ele testemunha um outro "mundo", mas se o prendem e o julgam, é por delito neste. As grandes lutas sociopolíticas (as Frondas, as jaquerias etc.) não passam mais por sua mediação. Ele só exerce um papel nas instituições do sentido, relativamente a uma política do simbólico (nas Igrejas e nas ordens), ou, então, aí onde, como nas Cevennes, as guerras são ainda religiosas. A esse respeito, eles pertencem mesmo a dois mundos: ele vive um reformismo passado em uma ordem sociopolítica nova. Ele passa e atesta a passagem de um ao outro.

Múltiplas são as formas do selvagem: uma sabedoria "popular", em relação às redes da "civilidade" e à profissionalização do saber; um caso "extraordinário", em relação a uma normalização das condutas e dos métodos; uma errância, no espaço em que se distribuíram as Igrejas estabelecidas ou os Estados originários da antiga cristandade etc. Os exemplos que seguem só representam algumas de suas variantes: o iletrado esclarecido, ulteriormente transformado em pastor, figura legendária; os "pequenos" heróis da reforma em uma ordem, a dos jesuítas, que conquistou para si a reputação de ser o exército oficial do reformismo pós-tridentino; o vagabundo profeta de uma mensagem para a qual não há mais lugar. Histórias modestas da mística, em um tempo onde ela se faz resistente e se esgota em processos com as instituições que enterram seus vestígios. Não se trata mais de textos que circulam por toda parte, mas de arquivos secretos. O que aconteceu ao filho de um padeiro do Havre, aos jovens zelotes religiosos de Bordeaux, ou a Labadie subindo a Europa desde a Guiana até a Dinamarca em busca de uma Igreja não tem mais a ver com a "grande" literatura. São, antes, os romances policiais da mística.

Com certeza, com essas palavras selvagens, meio perdidas nas estradas ou nos corredores, algo de muito antigo volta também. O filho do padeiro é o retorno do"Amigo de Deus", esse pobre leigo que Tauler apresentava como seu mestre, ou do "Idiotus" celebrado por Nicolas de Cues, ou até do "idiota" sem nome. O grupo dos reformistas bordeleses repete, em suma, a aventura dos primeiros fundadores da Companhia de Jesus; é o dublê, mas finalmente malogrado e expulso para fora da herança deixada pelos primeiros: ele não deixa de pertencer, no entanto, a uma dinastia de pioneiros espirituais. Labadie, também ele, é da família dos profetas, que conta com Jean Hus e Lutero entre seus membros; é um descendente deles, e místico também pelas experiências que conta, mas ele escreve nas estradas e em seus inúmeros textos o traçado de suas inaceitáveis decepções. Será a falha do tempo? A deles? Mesmo assim, essas dinastias diferentes são trazidas à figura central do "homem selvagem", invenção genial dos séculos XIV e XV e que se adiantou (e, sem dúvida, modelou) na descoberta ocidental dos "selvagens" do Novo Mundo, no século XVI.[1] Uma vez mais, nesse caso, um discurso precedeu e organizou uma experiência. Apesar da variedade de suas representações, ele erige a silhueta do desejo selvagem, alternativamente cruel e sedutor, que vem das florestas frequentar os mercados e os lares, lá onde a burguesia principiante

---

1   Timothy Husband, *The Wild Man. Medieval myth and symbolism*. New York: The Metropolitan Museum of Art, 1980.

aprende a ascese de uma racionalidade produtiva. O homem ou a mulher selvagem introduz no simbólico o que a cidade exorciza, no momento em que os carnavais excluídos das cidades como muito dispendiosos se transformam em sabás noturnos de bruxos e de bruxas. Não é surpreendente que os discursos místicos dos desejos insensatos, rejeitados pela razão de Estado que serve como modelo a tantas instituições, façam igualmente retorno sob a figura do selvagem. Sob essa forma, ele aparece – ele não pode aparecer – senão como vencido. Mas esse vencido fala do que não se pode esquecer.

Capítulo 7

O ILETRADO ESCLARECIDO

A primeira carta datada de Jean-Joseph Surin (1630), seu primeiro texto publicado também, é a entrada de um personagem dividido. Esse relato de uma conversação com "o jovem da diligência" apresenta dois atores de que é difícil decidir se é o mesmo – Surin e sua sombra (seu "anjo" como ele diz) mais real e mais verdadeira que ele –, ou se eles são efetivamente dois. Como a frase mística de Diego de Jésus, é uma unidade clivada, parece, uma aparição "oximórica". O ator místico criaria na narração a mesma estrutura que a "palavra" mística na teoria. Sob essa forma que é mais usual no romance fantástico, Surin sai de um "deserto", no "terceiro ano", isto é, o terceiro ano de noviciado que, na Companhia de Jesus, terminava o ciclo de uma longa formação inaugurada por dois primeiros anos de retiro. Ele surge, "carregando um coração abstrato, solitário, estrangeiro, incapaz de acomodar-se e modelar-se aos usos desse país que temos como um exílio".[2]

É apenas uma carta. Ela tem, no entanto, a aparência de um manifesto. Seus correspondentes não se enganam quanto a isso: eles a comunicam, recopiam e difundem. A

---

2   J.-J. Surin, *Correspondance*. Ed. M. de Certeau. Paris: Desclée de Brouwer, 1966. p. 235, carta de 7 de outubro de 1634 a Achille d'Attichy. Essa edição será designada por *Correspondance*.

324 A Fábula Mística ❖ Michel de Certeau

"relação sobre o jovem homem da diligência" circula rapidamente através da França: ela passa as fronteiras; logo é impressa, e as edições se multiplicam: quatro em Mons desde antes de 1649, quatro em Paris (1648, 1649,1650 e 1661), três em Lyon (1658, 1665, 1668), uma em Malines (1648), uma em Rouen (1649), uma em Liège (1657), uma em Bruxelas (1661), uma em Anvers (antes de 1690), uma em Colônia (1690), e, sem dúvida, muitas outras (que ainda não identificamos), antes dessas, clássicas e por sua vez frequentemente reeditadas, *Lettres spirituelles*, em Nantes (1695) e em Paris (1698). Para tentar seguir os encaminhamentos secretos, as ressurgências e os avatares de uma carta que, no dizer de um de seus primeiros editores, "passou por tantas mãos e (da qual) se tiraram tantas cópias que não há mais meio de voltar ao original";[3] para despistar também os meios diferentes e sucessivos que garantem a difusão desse texto, mas se traem corrigindo-o, é preciso um pouco de minúcia. Mas o subsolo de um aparato crítico compõe uma história das mentalidades. Ele revela como uma foto a estratificação de leituras superpostas, suas combinações e seus jogos, que obedecem provavelmente às mesmas regras que as combinatórias entre estratos históricos e sociais no seio de uma mesma época. Ele remete também à história e à lenda das relações entre o iletrado (que é ora "não saber", ora "popular") e a "ciência" mística.

Eis primeiramente a versão ("crítica", é claro) que se pode propor desse texto:

> Meus reverendos padres,
> Eu gostaria de ter bastantes forças para deitar o tempo todo, e bastante luz para bem exprimir quanto felizmente me recebeu nosso Senhor ao sair de meu país, para o encontro que tive

---

3 Prefácio da 4ª edição de Mons (1648), reproduzida em [P. Poiret], *La Théologie du cœur*. Colônia, 1690. t. 1, *Préface*, p. 3.

com um bem que eu não saberia estimar o bastante, quero dizer de uma alma das mais raras que jamais conheci e de quem aprendi segredos maravilhosos. Eu encontrei na diligência, colocada bem perto de mim, um jovem de 18 a 19 anos, simples e grosseiro extremamente em sua palavra, sem nenhuma cultura, que passou sua vida servindo um padre; mas, no restante, cheio de todas as espécies de graças e dons interiores tão elevados que jamais vi nada de parecido. Ele não foi jamais instruído por ninguém além de Deus na vida espiritual, e, no entanto, ele me falou dela com tanta sublimidade e solidez que tudo o que eu li ou ouvi não é nada em comparação com o que ele me disse.

Se eu tivesse descoberto antes esse tesouro, eu me separaria da companhia para estar com ele tanto quanto pudesse, fazendo com ele todas as minhas refeições e todas as minhas conversas. Fora dos discursos que tínhamos juntos, ele estava continuamente em oração, na qual ele era tão sublime que seus começos foram êxtases que são, ao que ele diz, imperfeições de que nosso Senhor o tinha livrado. Os fundamentos de sua alma são uma grande simplicidade, humildade, pureza; e a favor de sua simplicidade, eu descobri muitas maravilhas, além das quantas outras sua humildade me tenha escondido.

Eu o situei em todos os pontos da vida espiritual de que eu pude me advertir durante três dias, tanto sobre tudo o que se refere à prática quanto sobre a especulação, e recebi respostas que me deixavam cheio de espanto. Assim que ele se dava conta do que me dizia, queria lançar-se aos meus pés para humilhar-se, porque descíamos frequentemente da diligência para nos entretermos mais à vontade e ficarmos menos distraídos. Ele acredita ser dos maiores pecadores do mundo e me implorou que nele acreditasse.

Ele me discorreu quase toda uma manhã sobre diversos estados da mais perfeita união com Deus, das comunhões das três Pessoas divinas com a alma, da incompreensível familiaridade de Deus com as almas puras, dos segredos que Deus lhe havia dado a conhecer no que se refere aos seus atributos, e particularmente sobre sua justiça pelas almas que não avançam na perfeição embora elas o desejem, sobre diversas posições dos anjos e dos santos. Ele me disse, entre outras coisas, que não abandonaria nenhuma só comunicação que Deus lhe tinha feito de si em uma comunhão pelo que os anjos no estado de glória e todos os homens lhe poderiam dar conjuntamente. Ele me disse que uma alma disposta pela pureza era de tal forma possuída de Deus que ela mantinha todos os seus movimentos em seu poder, mesmo os do corpo, exceto alguns pequenos desvios pelos quais a alma peca: são suas próprias palavras.

Ele me disse que, pelo fato de uma alma ter mais pressa para a perfeição, era preciso se fazer violência; que era puro erro dos religiosos se eles não fossem todos perfeitos; que não se perseverava vencendo-se a si mesmo; que a maior desgraça era que não se resistia bem os sofrimentos e enfermidades do corpo, nas quais Deus tinha grandes desígnios, e que ele se uniu à alma pelas dores bem mais perfeitamente que pelos grandes deleites; que o enorme cuidado da saúde era um grande impedimento; que a verdadeira oração consiste, não em receber de Deus, mas em lhe dar, e, depois de ter recebido, devolver-lhe por amor; que quando a tranquilidade da alma e o amor abrasado chegam ao arrebatamento, a fidelidade da alma deve ser então despojar-se de tudo, à medida que Deus se aproxima para enchê-la.

Eu lhe apresentei todas as dificuldades de meu interior — como terceiro, porque de outra forma eu não poderia ter tirado nada dele. Ao que ele me satisfazia de tal maneira que eu acreditava que fosse um anjo, e essa dúvida ficou até que ele me pedisse, em Pontoise, confissão para comungar, porque os sacramentos não são feitos para os anjos.

Ele não quis jamais prometer que pediria a Deus por mim, mas que ele faria o que lhe fosse possível; isso não dependia dele.

Eu perguntei se ele era devoto de São José. Ele me disse que fazia seis anos que ele era seu protetor e que o próprio Nosso Senhor lho tinha dado, sem opinião de ninguém. Ele me acrescentou que tinha conhecido claramente desse santo patriarca que ele era o maior de todos os santos depois da Virgem; que ele tinha a plenitude do Espírito Santo totalmente diferente dos apóstolos; que ele era dominador das almas cuja virtude deve ser escondida neste mundo, como a sua o tinha sido; que ele era tão pouco conhecido; que, em recompensa, Deus quis que não houvesse senão almas extremamente puras que tivessem luzes tocando suas grandezas. Ele disse ainda que São José tinha sido um homem de grande silêncio; que na casa de Nosso Senhor, ele falou muito pouco, mas Nossa Senhora ainda menos e Nosso Senhor ainda menos que os dois; que seus olhos lhe ensinavam muitas coisas sem que Nosso Senhor falasse. Em resumo, ele me disse uma tão grande quantidade de bons pensamentos que eu não conseguiria escrevê-los suficientemente. E eu me garanto que esses três dias me valeram tanto quanto muitos anos de minha vida.

Quarta Parte – Figuras do Selvagem ❖ Capítulo 7 – O Iletrado Esclarecido   327

O que eu particularmente encontrei de notável nesse menino é uma prudência admirável e uma eficacidade extraordinária
em suas palavras. Ele me disse que a luz sobrenatural que Deus
derrama em uma alma lhe faz ver tudo o que ela deve fazer mais
claramente quanto a luz do sol mostra os objetos sensíveis, e que
a multidão das coisas que ela descobre no interior é muito maior
que tudo o que está na natureza corporal; que Deus com toda
sua grandeza habita e se faz sentir no coração puro, humilde,
simples e fiel.

Como eu o apressasse que ele me dissesse se alguém não
lhe tinha ensinado nada, ele me disse que não e que havia almas a
quem as criaturas só podiam prejudicar. Que quando o Evangelho
perecesse, Deus lhe tinha bastante ensinado para sua salvação.
Que a essas almas, Deus lhes é sempre presente; que nelas não
mora nada além dele, e que, quando elas tratavam com caridade
o próximo, recebiam muito altas operações; mesmo que, durante a noite, quando é preciso dormir, elas não perdem senão bem
pouco tempo. E eu lhe perguntei como se fazia isso; e então ele
me disse que eu sabia melhor que ele e que ele é o mais ignorante
de todos, que Nosso Senhor lhe tinha ensinado particularmente a
desculpar o próximo e a não se escandalizar facilmente.

Ele me disse maravilhas para a consolação e direção de
uma alma que, tendo atrações pela oração e desejos de virtude,
se atrasa pelas enfermidades do corpo; que Deus pede dela uma
paciência totalmente angélica; depois do que, se ela é fiel, ela
repararia tudo em uma hora. Um de seus mais elevados discursos foi como Deus opera no interior das almas pelo Verbo, e as
relações que elas devem ter com Deus por ele em todas as suas
disposições, até em seus sofrimentos.

Ele me disse que os homens de nossa profissão que não
combatem o prazer que há em ser louvado pelo mundo não saborearão jamais Deus; que eles são os ladrões; que suas trevas
crescerão sempre; que a menor inutilidade obscurece a alma; que
o que impede a liberdade do coração é uma certa dissimulação
habitual em nós que a retém: eu uso seus próprios termos.

Finalmente eu me separei dele com mil perdões que ele me
pediu por ter falado com tanto orgulho, ele que era tão grosseiro
[e destinado] a louvar a Deus e a honrá-lo, no olhar dos homens,
pela humildade somente com a simplicidade, e não pelas palavras; que Deus obrigava as almas ao segredo e ao silêncio no
que respeita às familiaridades que ele lhes permite. Com efeito,
foi-me necessário usar de um maravilhoso artifício, fingindo que

eu não fazia nenhum conceito dele e persuadindo-o de que ele estava obrigado por caridade a entreter-me com alguns discursos, visto que eu não podia falar sempre. E assim ele se abandonava e, estando todo inflamado de amor, ele não fazia mais reflexões mas falava seguindo a impetuosidade do espírito. Assim que eu o encarreguei de rezar por mim, ele entrou em desconfiança e se acautelou mais; mas como ele é extremamente simples e se crê o menor de todos, ele se descobriu mais do que pensou.

Sou de vocês etc.[4]

Os manuscritos e antigas edições dão seja uma versão curta, primitiva, que eu chamo "nórdica", seja uma versão longa, bem posterior, seja uma versão intermediária, essas duas últimas representando uma tradição "meridional". Eis a lista, com siglas maiúsculas para os manuscritos e minúsculas para as principais edições:

I. Testemunhas da tradição "nórdica".

Manuscritos:

— *R¹: Chantilly, Arch. S. J., Recueil Rybeyrete, nº 190,"Copie d'une lettre écrite par un père jésuite à ses confrères au collège de la Flesche"[anterior a 1640].*

— *P¹: Paris, BN, Fds fr 19231, f. 131r-132v, "Copie de la lettre du R. P. Seurin Jésuite à ses confrères du collège de la Flèche en forme de conférence" [XVIIIᵉ siècle. Reproduz uma cópia de 5 de janeiro de 1631].*

— *B : Bruxelles, Bibl. Royale, 2459, f. 1-11, "Gheestelyck Discours van den Eerw. P. Surin van de Societeyt Iesu... met een ionghman oudt tusschen achtien ende negentien iaren"[metade do século XVII].*

---

4   Surin, *Correspondance*, p. 140-143.

Quarta Parte – Figuras do Selvagem ❖ Capítulo 7 – O lletrado Esclarecido

– *S: Semoine, registre paroissial, collection communale, couverture du cahier 1718, "Lettre du Père Burin" (nessa paróquia próxima de Arcis-sur-Aube, Gilles Guillaume é vigário de 1700 a 1730].*

Impressos:

– Le berger illuminé, ou colloque spirituel d'un dévot ecclésiastique et d'un berger, *Mons, de la Bruyère, 1648 (cf. Bibl. Cathol. Neerlandica, n° 10.260 e 10.261). É uma 4ª edição.*

– Geestelijcke T'samen spreeckinghe tuss'chen eenen devoten persoon, ende eenen Scaepherder..., *Malines, Veuve Jaye, 1648 (à Anvers, Bibliotheek van het Ruusbroec-Genootschap).*

– Les secrets de la vie spirituelle Enseignez par Jésus Christ à une Âme dévote, et par un berger à un bon réligieux, en forme de conférence spirituelle, *Paris, S. Piquet, 1648, p. 125-134 (cf. Sommervogel, t. 3, 581, n° 5).*

– Les secrets de la vie spirituelle..., *Paris, S. Piquet, 1649 (à Chantilly, Bibl. SJ, W. 115).*

– Les secrets de la vie spirituelle..., *Rouen, J. Besogne, "1644" (= 1649) (Bibl. Personnelle de Louis Cognet).*

– Les secrets de la vie spirituelle..., *Paris, S. Piquet, 1650 (à Chantilly, Bibl. SJ).*

– Colloque spirituel..., *Liège, Tournay, 1657 (cf. X. De Theux de Montjardin, Bibliographie liégeoise, et Bibl. Cathol. Neerlandica, n° 11.379).*

– Les secrets de la vie spirituelle..., *Lyon, N. Vetet, 1658 (d'après l'édition lyonnaise de 1668).*

– Les secrets de la vie spirituelle..., *Paris, S. Huré, 1661 (à Paris, BN, D. 40063 et D. 51848; à Chantilly, Bibl. SJ, E. 925).*

330   A Fábula Mística ❖ Michel de Certeau

— Les secrets de la vie spirituelle..., *Bruxelles, F. Foppens, 1661 (à Chantilly, Bibl. SJ, W. 115).*

— Les secrets de la vie spirituelle..., *Lyon, P. Compagnon, 1665 (à Lyon-Fourvière, Bibl. SJ, 23678/6).*

— Les secrets de la vie spirituelle..., *Lyon, Cl. Chancey, 1668 (à Lyon, Bibl. Munic. 805615).*

— Le berger illuminé, *éd. flamande, Anvers, avant 1690 (d'après Pierre Poiret).*

— Le berger illuminé, ou entretien spirituel d'un berger et d'un ecclésiastique, *dans [Poiret], La Théologie du coeur, Cologne, J. de la Pierre, 1690, I, 5-13.*

II. Testemunhas da tradição "meridional".

Manuscritos:

— *Ca: Carpentras, Bibl. Munic., ms 1816, f. 497-498, "1635. P. Surin, jésuite. Copie d'une lettre du Père Surin jésuite de la province de Paris".*

— *N: Paris, BN, Fds fr. 24809, "Lettres ieuses du R. P. J.-J. Surin", 1er vol., f. 1-27 [fim do século XVII].*

Impressos:

— c: *Lettres spirituelles, par ***, t. I., Nantes, J. Mareschal, 1695, p. 1-16 (à Paris, Bibl. Des "Études", J. 20).*

— c2: *lettres spirituelles, par ***, t. I, Paris, E. Couterot, 1698 (à Lyon, Bibl. munic., 334.265).*

1. DISSEMINAÇÕES TEXTUAIS (1630-1690)

a. *Uma tradição "meridional".* Por falta do autógrafo, que teria fornecido um *terminus a quo* nessa história, melhor vale partir de seu fim: a carta "ao Padre Lallemant

Quarta Parte – Figuras do Selvagem ❖ Capítulo 7 – O Iletrado Esclarecido 331

sobre o encontro de um jovem maravilhosamente esclarecido na vida espiritual", editada por Pierre Champion, em
Nantes, em 1695.[5] Seu texto é idêntico ao de um manuscrito parisiense que data do fim do século XVII,[6] se exce-
tuarmos, todavia, uma distração e principalmente uma in-
terversão, ocasionada, sem dúvida, pelo deslocamento de
um fólio[7] no exemplar que utilizava o copista (N). Champion, não tendo reproduzido essa ordem – por si completamente tão verossímil quanto a sua –, pode-se daí concluir
que ele se serviu de outra cópia do mesmo texto. O manuscrito de Paris (N) provém das Missões estrangeiras,[8] e
como, por outro lado, ele reúne cartas cujos destinatários
habitam frequentemente a região bordelesa, ele representa provavelmente uma coletânea constituída por Anne
Buignon, religiosa de Notre-Dame em Poitiers, muito ligada aos jesuítas – aquela mesma que ela tinha enviado a
Paris para ser impressa, esperava ela, graças à intervenção dos Senhores Vincent de Meur e François Bézard, os
dois diretores do Seminário das Missões estrangeiras, e
do Sr. Philippe Aubery, que tinha "reunido em Bordeaux
e outros lugares" escritos de Surin.[9] O projeto fracassou,

---

5   *Lettres spirituelles* par ***, t. 1, Nantes, J. Mareschal, p. 1-16. Edi-
      ção designada pela cifra: *c* (*i. e.* éd. Champion).

6   Paris, BN, FR. 24809, f. 1-27, designado pela sigla: N.

7   N coloca no fim da carta (f. 19-23) um bloco que, em *c*, se coloca
      no início (*c* I, p. 3-5): "Eu o coloquei sobre todos os pontos da
      vida espiritual..." até "[a prática do jovem] presentemente é de
      referi-los [dons] a ele [Deus] e dá-los a ele e". Cf. m1, 4, nº 7: 5, nº
      9: 9, nº 25. A ordem de Champion é atestada pelo conjunto dos
      manuscritos: o de N só pode ser então o efeito de um erro, como
      o mostra por acréscimo a correção artificial das duas passagens
      próximas em N. f. 4 (m: *Lettres spirituelles*. Éd. Michel-Cavallera.
      Toulouse, 1926. t. 1; 1928, t.2).

8   Cf. o carimbo das Missões estrangeiras em N. f. 1.

9   Cf. as cartas de Anne Buignon a Henri-Marie Boudon, 15 de agos-
      to e 18 de dezembro de 1679, em *Correspondance*, p. 74-77.

e enviou-se mais tarde a Champion o manuscrito, após ter tirado dele uma cópia que seria o exemplar conservado em Paris. Esse texto nos conduz, então, para o Sul: Poitiers e Bordeaux, em torno dos anos de 1670, antes da morte de Vincent de Meur (1668), que via frequentemente a presidente de Pontac em Paris, em 1665,[10] e tinha encontrado Anne Buignon em Poitiers, em 1664.[11]

Uma referência mais antiga permite seguir essa tradição até 1661. Nessa data, Surin indicava a Anne Buignon, já preocupado com uma publicação, que ele mesmo tinha reunido antigas cartas com vistas a uma edição: "Eu tinha preparado algumas cartas que eu estimava muito úteis, que também fracassaram tendo sido apresentadas [à revisão das autoridades jesuíticas]; elas foram escritas há muito tempo, e várias foram impressas. Meu pensamento era de fazer delas um volume, antes de voltar àquelas que você pensou recolher, que eu escrevi desde que Nosso Senhor me deu a liberdade de escrever [1657]."[12] Nosso texto, já várias vezes impresso, devia fazer parte das "grandes" cartas a propósito das quais Surin declarava à mesma correspondente, em abril de 1661: "Eu a nomeei a pessoa que tem a maior parte das grandes." Quem é essa pessoa? Para outros manuscritos, ele designa, em outro lugar, depositários: o Sr. de la Roche du Maine, vigário geral de Paniers; a presidente de Pontac; a marquesa de Ars etc. Em março de 1661, não tendo recebido das autoridades "o passaporte" para a edição dessas cartas, ele acrescentava: "Não cabia a mim me produzir... Eu lamentaria somente se algo se perdesse."[13] O zelo de Anne Buignon que "não ousava tocar" nos textos de Surin, mesmo onde ela constatava "alguns termos rudes", e que preservava

---

10   Cf. *ibidem*, p. 1.672-1.673.
11   *Ibidem*, p. 1.547-1.548.
12   Carta a Anne Buignon, 31 de março de 1661; *ibidem*, p. 1.096.
13   Carta a Anne Buignon, 14 de abril de 1661; *ibidem*, p. 1.106.

Quarta Parte – Figuras do Selvagem ❖ Capítulo 7 – O Iletrado Esclarecido

"os originais",[14] é garantia bastante de que ela não perdeu nem traficou o texto; por ela, a edição de Champion nos retorna até esse período.

Em 30 de junho de 1659, Surin menciona, como se verá, "a carta do encontro que tivemos com esse santo jovem, no caminho de Rouen a Paris", como um texto que parece que ele não tem mais. Mas o Sr. Pouget, padre em Tulle, possui um exemplar dela (manuscrito, ao que parece) do qual ele deve enviar uma cópia ao Sr. Poncet, "conselheiro na corte das Aides, rua d'Anjou, em Paris";[15] nessa época (1657-1658), ele está em posse de manuscritos de Surin, seja pelo Padre Tillac, jesuíta de Limoges, seja pelo Sr. Friquet, jovem membro da Aa e ligado a uma família bordelesa amiga de Surin, os Du Sault.[16]

Semelhante a essa versão por todo o detalhe do estilo e pelo pensamento que o inspira é o manuscrito conservado hoje na Biblioteca de Carpentras.[17].Mas, se as variantes são quase sempre idênticas entre esses textos, falta ao último um certo número de passagens que, no primeiro, tendem seja a justificar ou a precisar as palavras do jovem,[18] seja a completá-las por propósitos sobre a caridade ou sobre o controle da sensibilidade,[19] até mesmo a

---

14 Carta a Boudon, *ibidem*, p. 76.

15 *Ibidem*, p. 812.

16 *Ibidem*, p. 613.

17 Carpentras, Biblioteca municipal, ms. 1816, f. 497r-498v; designado pelo sinal: Ca.

18 Assim a impossibilidade de rezar com uma intenção particular sem moção divina especial é *justificada*, em N, por Santa Catarina de Gênova (N I, 7; m I, 5-6); a união com Deus na doença é *ilustrada*, em N, pela vida de São Luís Gonzaga (N I, 12; m I, 7-8) etc.

19 Cf. as duas grandes passagens de N (N I, f. 13-17 e 18-19, 23) e *c* (*c* I, p. 10-12 e 13-14) que constituem sozinhas o quarto do texto na versão longa.

corrigi-las.[20] Não se encontra também aí a indicação do Padre Louis Lallemant como destinatário, nem os "meu Reverendo Padre" que abrem e terminam a carta na edição Champion e a cópia (N) de Paris. Ora, o manuscrito de Carpentras é muito mais antigo. Ele pertencia ao ilustre astrônomo e colecionador Nicolas-Claude Fabri de Peiresc, morto em 1637.[21] De 1623 até sua morte – portanto, desde antes da redação da carta, em maio de 1630 –,[22] Peiresc morou na Provença, em Aix ou em Belgentier, perto de Hyères. Mas, em 1623, voltando de Paris após uma estada de seis anos, ele passou por Bordeaux para aí visitar sua abadia de Guîtres, e foi então que foi concluído entre ele e o "reitor e síndico do noviciado dos Jesuítas" um "acordo" sobre o dízimo de Fronsac, propriedade dos jesuítas que dependia da abadia.[23] Esse contrato foi renovado em 1628 e em 1629,[24] prova de relações seguidas entre o erudito e os religiosos bordeleses. Tudo leva a crer que esses elos explicam o paralelismo dos manuscritos de Paris e de Carpentras, e que é por Bordeaux que a carta chegou a Peiresc.

---

20   "Uma alma que é separada de seus próprios interesses pode velar quase continuamente sobre si mesma, *sem prejudicar a saúde do corpo*" (N I, 19): essa frase não existe em Ca e atenua singularmente a passagem que se lê algumas linhas antes em N e em Ca: "Ele me disse... que uma de nossas grandes desgraças é de não usar bem os sofrimentos do corpo nos quais Deus tem sobre nós grandes desígnios, *unindo-se à alma bem mais perfeitamente pela dor que pelas grandes consolações*" (N I, 22).

21   Cf. a carta de M. R. Caillet, conservador da Biblioteca de Carpentras, ao P. Cavallera, 14 de setembro de 1924 (Archives SJ de Toulouse).

22   Essa data, dada por Champion, é confirmada por um outro manuscrito. Cf., p. 350.

23   Carpentras, Bibl. munic., ms. 1820, f. 314.

24   *Ibidem*, f. 326 e 319.

Um outro indício corrobora essa hipótese. De Paris, em 1° de julho de 1635, o Padre Mersenne escreve a Peiresc: "Eu não sei... se você sabe que um padre jesuíta, tendo ido a Loudun para exorcizar, ficou possuído ou obcecado ele próprio, como suas próprias cartas o comprovam."[25] Seu amigo lhe responde, em 17: "Se a possessão ou a obsessão desse bom padre exorcista tem progresso, ele será mais notável que todas as outras coisas dessa natureza, que caem comumente sobre espírito de mulherzinhas bem fracas."[26] Peiresc detém então algum documento sobre Surin? Por Mersenne, não, parece. Mas, em 12 de julho, ele recebeu do Sr. de Saint-Sauveur Du Puy, muito ligado à Senhora de Pontac, nascida em Thou,[27] um "pequeno impresso do Padre Seurin", edição da carta na qual este descrevia sua doença a d'Attichy (3 de maio de 1635). Peiresc responde a Du Puy, em 24: "Esse pequeno impresso do P. Severin [*i. e.* Surin] é bem estranho. Fazia-se correr aqui outra relação escrita que parece vir dele mesmo e que não seria mal reunida. Você a terá aqui, embora eu duvide que ela não lhe seja notória; totalmente ao acaso, no caso em que você não a tiver visto, possivelmente não a verá tão mal normalmente, em consequência da outra."[28] Essa "relação" manuscrita enviada a Du Puy seria a carta sobre o jovem da diligência? Com a diferença de *La Relation véritable de ce qui s'est passé aux exorcismes des religieuses possédées de Loudun, en la présence de Monsieur*[29] (de quem podia tratar-se também), o texto de 1630 não foi ainda publicado, ele leva o nome de seu autor e pode ser

---

25   P. Marin Mersenne, *Correspondance*, éd. Madame P. Tannery e C. de Waard, t. 5, p. 271.

26   *Ibidem*, p. 320.

27   *Correspondance*, n° 1, p. 950.

28   Nicolas-Claude Fabri de Peiresc, *Correspondance*. Éd. P. Tamizey de Larroque. t. 3, p. 347.

29   Cf. *Correspondance*, p. 270-271.

"notório" a um erudito de Paris, cidade onde ele já circula, embora sob uma outra forma. Qualquer que seja a natureza de sua inscrição na rede meridional que constituem Bordeaux, Poitiers, Tulle, Paris, Nantes etc., a versão de Carpentras não comportava, entre 1630 e 1637, parágrafos ou membros de frases que, estreitamente imbricados na versão parisiense, não poderia ter sido o objeto de uma distração e cujo conteúdo, por si só, impõe a hipótese de uma adição posterior. Embora a questão do destinatário fique aberta, o argumento a *silentio* sendo insuficiente, retenhamos também a ausência, por volta de 1635, das homenagens prestadas a "meu Reverendo Padre".[30]

O mapa dessa circulação meridional seria, pois, mais ou menos este:

---

30 Não se deve majorar o alcance desse último indício. O Sr. Caillet observa, na carta citada, que "nas coletâneas ou registros manuscritos de Peiresc, que contêm um número muito grande de cartas em cópias, é frequente ver aí omitido tudo o que é de pura fórmula, isto é, o início e o fim das missivas". Fica que, para outras cartas, o destinatário é designado. Além disso, aqui, o fim da relação é inteiramente dado, salvo o "meu Reverendo Padre". Notemos que depois da morte de Peiresc suas "coletâneas" passaram ao seu irmão, Palami de Fabry de Valavez; elas foram, em seguida, levadas a Paris; trazidas a Aix em 1660; recolhidas pelo conselheiro de Mazaugues (1647-1712), cujo nome figura no início do manuscrito da carta ("Para M. de Masaugues"), e finalmente, depois de muitas perdas, reunidas em 1747 por Malachie d'Inguimbert, bispo de Carpentras. Cf. J. Delisle, *Le Cabinet des manuscrits*, I, p. 283-284.

A Fábula Mística

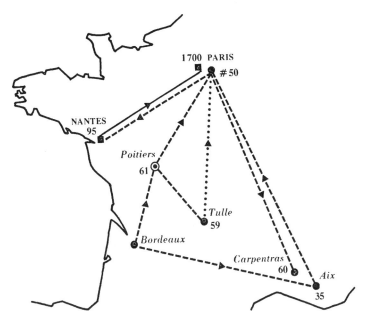

Os números correspondem às datas (só os dois últimos números são dados para todas as datas do século XVII).

- ● Manuscrito
- ■ EDIÇÃO
- ⟶ Circulação de um impresso
- - - ▸ Circulação de um manuscrito
- ······▸ Circulação suposta ou deduzida

b. *Uma tradição "nórdica"*. Desse circuito meridional se distingue nitidamente um circuito nórdico. Na extremidade de sua difusão no tempo e no espaço, encontra-se, editado por Pierre Poiret em Cologne, em 1690, o opúsculo intitulado: *Le berger illuminé ou entretien spirituel d'un*

338 A Fábula Mística ❖ Michel de Certeau

berger et d'un ecclésiastique.[31] No *Prefácio* que apresenta
ao leitor as intenções e o conteúdo de todo o volume, Poiret se explica sobre a proveniência desse texto : "A edição
de Mons do ano de 1648,[32] que era a quarta, e que é a que
se seguiu, levava como título: *Colloque spirituel d'un dévot ecclésiastique et d'un berger.* Mas preferiu-se pegar o
título da tradução flamenga que se acaba de publicar em
Anvers e que o intitula: *Le Berger illuminé*, retendo, no entanto, o texto francês de Mons, que é o texto original, com
a reserva de algumas palavras fora de uso e de algumas
frases obscuras e embaraçosas que se cuidou de tornar
mais claras, deixando todo o resto na simplicidade em
que estava."[33] E ele acrescenta, a fim de provar que essa
"aventura" não é imaginada "para dar à matéria algum
ar de atração ou de novidade": "É um encontro muito verdadeiro que aconteceu realmente com o Reverendo Padre
Buzin, jesuíta da Província de França, que, em uma carta
que ele escreveu sobre esse assunto a outro religioso chamado Reverendo Padre François Poiré, lhe conta que foi
ele mesmo quem encontrou e entrevistou esse admirável
pastor, e lhe fez o relatório quase palavra por palavra de
uma grande parte dessas conversas. Eu encontrei entre
os papéis de um eclesiástico de grande piedade e que tinha muitos conhecimentos em todas as partes, o começo
de uma cópia dessa carta, que contém essas particularidades, e que eu conservo ainda."[34]

---

31   [Pierre Poiret], *La Théologie du cœur.* Colônia: Chez Jean de la
     Pierre, 1690. t. 1, p. 1-72.
32   Sobre essa edição de Mons, 1648, *Le berger illuminé, ou colloque
     spirituel d'un dévot ecclésiastique et d'un berger*, em de la Bruyè-
     re, cf. *Bibl. Catholica Neerlandica*, nº 10.260 e 10.261.
33   *Ibidem, Préface*, sem p., [p. 18], IV, 2.
34   *Ibidem*, [p. 18-19].

Quarta Parte – Figuras do Selvagem ❖ Capítulo 7 – O lletrado Esclarecido

Cartesiano convertido à mística,[35] "filho espiritual" de Antoinette Bourignon desde 1676, Poiret morava, então, em Rijnsburg, perto de Leyde, desde 1688, depois de uma estada de oito anos em Amsterdam, onde, coincidência curiosa, ele se tinha ligado aos discípulos desse Jean Labadie que vamos encontrar[36] e que muito frequentou Surin em Bordeaux.[37] Nada de surpreendente que ele tivesse conhecido a edição flamenga e, por isso, sem dúvida, a de Mons, que ele reproduz.

A edição de Mons foi aprovada em 26 de setembro de 1646, em Tournai,[38] pelo doutor Matthias de Nave, então censor dos livros e examinador real, que já tinha colocado sua ciência a serviço das novas correntes da piedade – devoção a São José e aos santos, culto do Santo Sacramento.[39] Já identificada por um círculo fervoroso (as *Approbations*, como se sabe, revelam frequentemente, na época, alianças e grupos), nascida sob os auspícios de uma teologia preocupada com a "espiritualidade", ela apresenta uma versão diferente das que mencionamos até aqui. Se ela omite, em relação ao manuscrito de Paris, as mesmas passagens

---

35 Cf. Marjolaine Chevallier, Pierre Poiret (1646-1719), tese de Strasbourg, 1972, inédita, consagrada às *Cogitationes rationales* (1677); e Geneviève Lewis, *Le Problème de l'inconscient et le cartésianisme*. Paris, 1950. p. 190-200. Breve e vigorosa exposição de sua teologia mística em Erich Seeberg, *Gottfried Arnold*. Die Wissenschaft und die Mystik seiner Zeit. Darmstadt, 1964. p. 347-351.

36 Cf. M. Wieser, *Peter Poiret, der Vater der romanischen Mystik in Deutschland*. Munique, 1932. p. 54-58.

37 Cf., p. 446-447.

38 A *Approbation* foi reproduzida por Poiret no início de sua edição.

39 Matthias de Nave, ou "Naveus", de quem Poiret reproduz a aprovação (op. cit., I, 72), era doutor da Faculdade de teologia de Douai; depois de uma curta temporada em Arras, ele se instalou em Tournai (1633), onde permaneceu até sua morte (1660 ou 1661). Cf. J. F. Foppens, *Bibliotheca belgica*. Bruxelas, 1739. It. I, p. 877-878; *Biographie nationale*. Bruxelas, 1899. t. 15, p. 491.

que o manuscrito de Carpentras, ela é redigida em um estilo seco e vivo, frequentemente arcaizante e às vezes canhestro, que testemunha, por centenas de variantes, em favor de sua autenticidade e que decide com a maneira mais acadêmica e mais "devota" da tradição meridional. A comparação dos dois textos manifesta uma divergência mais profunda: o "jovem" do texto de Mons é um desses ignorantes "iluminados" que sabem mais sobre Deus que os eruditos. Surgido não se sabe onde,[40] sem rosto e sem história, arauto anônimo, ele sai da multidão para a "Defesa e ilustração" da ciência dos santos. Ele é o "soldado desconhecido" de uma batalha espiritual. O "jovem" dos textos de Paris e de Carpentras é, ele, um personagem de hagiografia. O que ele diz importa menos que o que ele é; suas palavras, menos que suas virtudes. Encontrado na estrada de Rouen, crescido na solidão de nossos campos, eis, leitores, um santo em sua ingenuidade – uma ingenuidade já envolvida com a linguagem prudente que a introduz, devidamente aureolado, no mundo da edificação. Ínfimos, inúmeros, os retoques transformaram o sentido da história. Há aí dois estilos e dois quadros: um provoca, o outro quer emocionar; um eleva o ignorante como a testemunha de uma ciência ignorada dos eruditos; o outro descreve a inocência virtuosa de um modelo oferecido à admiração e à imitação. É o mesmo relato, mas ele não tem o mesmo sujeito. Outros indícios temperam as conclusões que sugere essa divergência. Na edição nórdica, o jovem "é agora pastor".[41] Ausente dos manuscritos meridionais, essa identidade literária, que liga o relato às "Pastorais"

---

40 A menção da cidade de Rouen está faltando nas edições de Mons e de Colônia.

41 [Poiret], op. cit., I, p. 6. Essa *única* menção do "pastor" na "primeira" conferência se encontra nas edições francesas até a (não incluída) de 1695, que marca o triunfo da tradição "meridional".

Quarta Parte – Figuras do Selvagem ❖ Capítulo 7 – O lletrado Esclarecido 341

do tempo,[42] serve de apelo para quatro "conferências" que vêm na sequência e que, também atribuídas ao "nosso pastor",[43] foram certamente acrescentadas ao texto.

Esse, aliás, termina com uma observação (em itálico, sinal de seu caráter adventício), sutura entre os dois blocos e artifício para prender quatro novas "entrevistas" à primeira: "*Tudo o que em cima foi a primeira conferência.*"[44] Ele é, pois, colocado no limiar de um conjunto de que se destaca, no entanto, pelo estilo e pela doutrina, e que, assim como o M. Viller o mostrou em detalhe, não pode ser de Surin.[45] Manifestamente, sua carta serviu de ponto de partida para um desenvolvimento ulterior. Mas a costuragem é visível. O próprio Poiret, que atribui o todo ao mesmo autor, indica a existência de pedaços isolados: a carta ao padre François Poiré, "relatório quase palavra por palavra de uma grande parte dessas conversas"; ou ainda,

---

42 Cf. *Les Bergeries de Vesper ou les amours d'A.* Florette et autres bergers et bergères de Coste (1618); *L'Heureuse Bergère* (1614), *Le Berger inconnu* (1621), *La Bergère de la Palestine* do normando Bazire d'Amblainville; *La Bergére amoureuse* (1621) de Du Verdier; *Les Bergeries* de Racan (1625); *L'Orphyse de Chrysante* (1626) de Sorel, que zombará em seguida das "pastorais" em *Le Berger extravagant* (1627) e em *L'Anti-roman ou l'histoire du berger Lysis* (1633-1634). *Le Berger extravagant* de Thomas Corneille, em 1653, ou o *Berger gentilhome* de Chavigny provam a persistência dessa moda literária. Há, também, na literatura popular dos séculos XVII e XVIII, dois tipos de "pastor": o que conhece os segredos do céu, o astrólogo (cf. *Le Grand Calendrier et Compost des Bergers* etc.), e o que contesta o luxo e a depravação, dizendo: "Não faça caso de riqueza e de preocupação..." (cf. R. Mandrou, *De la culture populaire en France aux XVIIe e XVIIIe siècles*. Paris: Stock, 1964. p. 56-80; e M.-T. Kaiser-Guyot, *Le Berger en France aux XIVe et XVe siècles*. Paris: Klincksieck, 1974).

43 [Poiret], op. cit., I, 13.

44 *Ibidem*

45 M. Viller, La première Lettre de Surin. In: *RAM*, 1946, t. 22, p. 276-299, e 1947, t. 23, p. 68-81.

342 A Fábula Mística ❖ Michel de Certeau

"encontrado entre os papéis de um eclesiástico", "o começo de uma cópia dessa carta".[46] Provavelmente, esse "relatório quase palavra por palavra" e esse "começo" visam os dois ao mesmo texto, o da "primeira conferência". Poiret os apresenta como aditivos, enquanto são dublês. Ele não conhece a carta a "François Poiré" senão por sua cópia que dela teria feito esse "eclesiástico de grande piedade e que tinha muito conhecimento por toda parte". Só trabalhando na edição de Mons, ele supõe, por um lado, que a "cópia" é apenas um "começo", já que ela dá somente a primeira conferência; por outro, que tendo a forma da carta (não é o caso do texto editado que ele reproduz), essa cópia representa *outro* texto, hipótese por ele confirmada pelas "particularidades" que ele aí constata, ausentes do *Colloque spirituel* publicado em Mons. Essas "particularidades", a forma epistolar, a menção do destinatário (aqui, Poiré; em N, Lallemant), a designação do autor (aqui, Buzin; em N, Seurin), todas essas indicações dão a pensar que a "cópia" se liga à tradição meridional, assim chegada até Colônia, mas com falha e sem ter sido produzida no dia, visto que ela foi curtocircuitada pela versão curta já publicada em Mons. Segundo Poiret, o "eclesiástico" que atesta esse acesso nórdico da versão longa parece morto em 1690; mas ele poderia ter esse texto longo do arquidiácono Henri-Marie Boudon, apaixonado de Surin,[47] que passou em Flandres e principalmente em Mons em 1687,[48]

---

46 [Poiret], op. cit., I, *Préface*.
47 Boudon publicou em Chartres, em 1683, *L'Homme de Dieu en la personne du R. P. Jean-Joseph Seurin*. Entre 1679 e 1685, ela fala frequentemente dessa obra e de Surin em sua correspondência. Cf. M. de Certeau, Les œuvres de J.-J. Surin. In: *RAM*, 1964, t. 40, p. 449-453.
48 Boudon descreve ele mesmo essa viagem a M. Bosguérard: "Em Valenciennes, em Lille, em Tournai, em Mons, em Bruxelas, em Angers, em Namur, e por toda parte onde ela [a divina providência] nos fez ir, ela nos fez anunciar as verdades do Evangelho,

ele mesmo "de grande piedade" com "muito conhecimento em toda parte".

Apesar da vantagem que lhe dá seu estilo mais "selvagem", o texto de Poiret e de Mons deve ser tido como infiel por causa do suplemento que o compromete com quatro "conferências" estranhas e catequizadoras, ou por causa dessa palavra que lança *uma vez* um disfarce de pastoral sobre o camponês místico? Dois manuscritos mais antigos confirmam, ao contrário, sua autenticidade. Um: *Copie d'une lettre écrite par un père jésuite à ses confrères au collège de la Flesche*[49] – faz parte da coletânea que foi constituída pelo Padre Rybeyrete (1676) e compreende peças muito diversas, quase todas dirigidas ao padre René Ayrault,[50] morto em La Flèche, em 1644. Contrariamente ao que pensa o Padre Michel,[51] essa cópia não é da mão do Padre Ayrault.[52] Ela foi enviada em envelope "ao Reverendo

---

particularmente em Mons durante um mês..." (carta 142, em *Œuvres complètes* de Boudon. Migne, 1856. t. 3, col. 967). O autor (R. de Roquemont?) de *La Vie et les vertus de feu Mr. Henry Marie Boudon* (Anvers, 1705. p. 64) cita uma carta escrita de Mons (carta ausente das *Œuvres complètes*) onde Boudon fala com entusiasmo de sua estada nessa cidade, antes de sua partida para Anvers. Seu *Dieu seul* é, aliás, traduzido em flamengo no momento em que Boudon passa por Flandres, e *Le Triomphe de la Croix* foi publicado em Bruxelas logo antes dessa viagem, em 1686.

---

49 Chantilly, Archives SJ, recueil Rybeyrete, doc. 190, 2 f. O título é seguido da menção por uma outra mão (f. 1r): "Aventura extraordinária."

50 Cf. Sommervogel, t. 7, *c*. 341.

51 M I, XL.

52 Como prova a comparação da escrita com a de um texto da mesma coletânea (doc. 99, *Notata pro congregatione provinciali* [1628], escrito e assinado pelo Padre René Ayrault, então reitor do colégio de Sens.

Padre [Claude] Pasquier"[53] que, de 1628 a 1640, foi ministro do colégio de la Flèche.[54] Se o autor fica indeterminado ("um Padre Jesuíta"), não acontece o mesmo com os destinatários ("seus confrades no colégio de la Flèche"). O final e os detalhes do texto (por exemplo, omissão de "Rouen"),[55] como o sentido geral, aí são os mesmos que nas edições de Mons e de Colônia. Uma só variante notável: não é o caso de "pastor" na cópia Rybeyrete.

O outro manuscrito – *Copie de la lettre du R. P. Seurin Jésuite à ses confrères du collège de la Flèche*[56] – é idêntico ao precedente, salvo alguns detalhes insignificantes. Mas ele termina com uma nota escrita por outra mão: "Tudo o que acima foi a primeira conferência."[57] Depois do que seguem, em um outro fólio, os "Pontos resumidos das devotas conferências do angélico pastor".[58] Vem, enfim, uma nota final com a mesma escrita: "Essas conferências foram impressas a partir de então em Paris por Sébastien Piquay de Gèvre na Victoire, no ano de 1649, e o livro se intitula os *Segredos da vida espiritual Ensinados por Jesus Cristo a uma Alma devota e por um pastor a um bom religioso*, em Paris, por Sébastien Piquet, 1649; ela leva, assinada "em Paris, neste 20 de dezembro de 1647", a aprovação de Le Fevre e, quem teria acreditado?, de Launoy — o célebre Jean de Launoy (1603-1678), um dos melhores teólogos de Paris, censor real para os livros de teologia (1645-1648).[59]

---

53 Rybeyrete, doc. 190, f. 2v. O documento leva ainda o vestígio das dobras.
54 Cf. Carrez, t. 3 e 4, *passim* (título dessa obra: nota 95).
55 "*Au sortir de mon pays*" (Rybeyrete, f. 1r) e "*à la sortie de mon pays*" (éd. Colônia, I, 5), enquanto N e c levam: "*au sortir de Rouen*".
56 Paris, BN, fds fr. 19231, f. 131r-132v. Designado pela sigla: P^1.
57 *Ibidem*, f. 132v.
58 *Ibidem*, f. 133r-144v.
59 Sobre Jean de Launoy, cf. o artigo *Launoi* em Moreri, *Le Grand Dictionnaire historique*. Paris, 1759. t. 6, p. 197-198; P. Féret, *La Faculté de théologie de Paris, époque moderne*. Paris, 1907. t. 5,

Quarta Parte – Figuras do Selvagem ❖ Capítulo 7 – O lletrado Esclarecido   345

Quantos *"segredos...* ensinados por um pastor a um bom religioso" (programa suspeito quando é colocado em paralelo, no título, com os "segredos... ensinados por Jesus Cristo a uma alma devota") e revelados no decorrer de uma "aventura extraordinária" sejam achados "dignos de serem dados ao público" por esse "espírito férreo", "ousado crítico" de quem muito se contou que "ele tirava todos os anos um santo do paraíso", aí há de que se surpreender. Seria, no entanto, desconhecer, eu penso, o problema oculto sob os estudos consagrados por Launoy, *veritatis assertor perpetuus,*[60] à história da espiritualidade (Dionísio o Areopagita, a *Imitation de Jésus-Christ*, São Bruno, Simon Stock etc.). Com certeza, não se deve fixar-se muito no aspecto *doutrinal* de uma aprovação, aliás, banal ("não achamos nada que seja contrário à fé católica, apostólica e romana"). Nem por isso, ela deixa de ser um sinal. No momento em que o doutor toma posição contra a tese jansenista sobre a satisfação[61] e vai ter com a "ciência" aristotélica,[62] onde ele recusa essas duas obrigações teológicas, a nova e a antiga, Launoy não tem mais linguagem científica para suas convicções religiosas (incontestáveis) e sua vida *privada*, isolada da erudição "positiva", só tem para se dizer o caminho da devoção.[63] Todavia, por

---

p. 5-30; Bruno Neveu, La vie érudite à Paris à la fin du XVII siècle. In: *Bibliothèque de l'École des Chartes*, 1966. t. 124, p. 496-497.

---

60   Epitáfio de Launoy, cit. em P. Féret, op. cit., p. 29, n° 1.

61   Cf. P. Féret, op. cit., p. 9.

62   Cf. René Pintard, *Le Libertinage érudit*, 1943. t. 1, p. 409.

63   Problema da coexistência da crítica histórica e da convicção religiosa. Simplificar-se-iam as coisas se se dissesse como se fazia com Launoy "que ele tira todos os anos um santo do paraíso e que há risco de que ele tire, finalmente, o próprio Deus" (Guy Patin). Mesmo se a crítica dos eruditos é frequentemente um sinal ou um presságio de sua descrença, não é a experiência de muitos dentre

346 A Fábula Mística ❖ Michel de Certeau

toda parte onde elas aparecem, nossas "conferências", "extratos", diz o subtítulo,[64] "de uma carta que esse mesmo religioso escreveu", parecem bem indicar, pelo frágil canal desse texto, a ressurgência das mesmas águas: uma espiritualidade "ignorante", aqui contestadora, lá, oculta. Um movimento de êxodo se declara ou se trai.

Conforme Sommervogel, o livro teria tido uma primeira edição parisiense em 1648:[65] nós nunca o encontramos, embora sua data seja compatível com a da aprovação. Em todo caso, houve outras em seguida, todas idênticas, todas acompanhadas da mesma aprovação: em Rouen, em 1649, em Jacques Besongne;[66] em Paris, em 1650, no mesmo Sébastien Piquet,[67] e em 1661, em Sébastien Huré;[68] em Bruxelas, em 1661, em François Foppens;[69] em Lyon, em 1658 ou 1659, em Nicolas Vetet,[70]

---

eles, em quem se aprofundam na "interioridade" da devoção as convicções às quais seus métodos de trabalho se tornam estranhos. Cf. *Religion, érudition et critique à la fin du XVIIe siècle et au début du XVIIIe*. Paris: PUF, 1968.

---

64 *Les Secrets*, 1649. p. 123.

65 Sommervogel, t. 3, *c.* 581, art. *Febvre (Turrien Le)*, n° 5.

66 Tendo pertencido à biblioteca pessoal de Louis Cognet, o volume leva a data MDCXLIV (1644). É um erro tipográfico (*IV* em vez de *IX*); a aprovação é a de Launoy e de Le Fevre (20 de dezembro de 1647). A paginação, o conteúdo, os textos publicados e até a disposição das linhas são estritamente idênticas nessa edição e na de Paris (1649), exceto a menção de *Seurin*.

67 Chantilly, Bibliothèque SJ, E 92.5.

68 Paris, BN, D 40063 e D 51848; Chantilly, Bibliothèque SJ, E 92.5.

69 Chantilly, Bibliothèque SJ, W 115. Aprovação de Launoy e Le Fevre, como os outros.

70 Pode-se induzi-lo da aprovação do Procurador do Rei nas edições lionesas de 1665 e 1668: "Tendo em vista as aprovações dos Doutores [Launoy e Le Fevre] e do Senhor Vigário Geral [o abade de Saint-Just], não impeço para o rei que a impressão do presente livro intitulado *Les Secrets*... seja dada ao público por Nicolas Ve-

em Pierre Compagnon,[71] e em 1668, em Claude Chancey.[72] É preciso ligar a esse grupo a edição de Liège, em 1657.[73] O nome de Surin só aparece, no entanto, na edição de Rouen (1649),[74] depois muito mais tarde, em 1661, em Paris (p. 133), em Bruxelas[75] e, em 1668, em Lyon. Mas os destinatários são identificados em um prefácio retomado em toda parte: "O relatório que fez esse religioso conhecido na França por sua virtude e grande capacidade não pode suportar que se duvide que essas conferências não tenham existido e que elas não tenham acontecido da maneira como ele as colocou por escrito, ele mesmo, em uma carta que ele destina aos que eram seus mais familiares em uma casa religiosa muito bem regrada, muito sabiamente conduzida e muito considerável pelos santos exercícios de piedade e de doutrina que aí se praticam todos os dias."[76] Todas essas edições têm em comum duas variantes que as distinguem dos dois manuscritos: a qualidade de "pastor" dada ao jovem, e a menção "Rouen". Com toda evidência, elas se reproduzem e decorrem umas das outras.

A essa circulação nórdica, é preciso acrescentar uma rede em língua *flamenga*, de que restam quatro referências. A primeira é a edição de Malines, em 1648: *Gheestelijcke T'samen spreeckinghe tuss'chen eenen devoten per-*

---

tet... Em Lyon, neste 18 de novembro de 1658. Vidaud." A confirmação, pelo abade de Saint-Just, da Aprovação dos doutores parisienses, data de 5 de julho de 1658.

---

71   Lyon, Fourvière, Bibliothèque SJ, 235786.

72   Lyon, Bibliothèque municipale, 805615.

73   *Colloque spirituel d'un dévot ecclésiastique...* Tournai: Luik, 1657. Cf. *Bibl. Catholica Neerlandica*, nº 11.379.

74   *Extraicts d'une Lettre du R. P. Seurin de la Compagnie de Iesus* (p. 123).

75   "Sevrin" na edição de Bruxelas.

76   *Les Secrets.* Paris, 1649, *Avis aux bonnes âmes*, não paginado.

348   A Fábula Mística ❖ Michel de Certeau

soon, ende eenen Scaepherder.[77] Esse texto, já publicado ou ainda manuscrito (como é mais provável), parece ser o que Joanna Van Randenraedt lê em Ruremonde antes de 1684 e que ela colocou na lista onde ela anotava suas leituras espirituais.[78] Uma terceira referência é fornecida por um manuscrito de Bruxelas datável do meio do século XVII; ele tem por característica nomear Surin como autor e intitular "conferência" (*Discours*) um texto qualificado de "conversa" ou de "colóquio" (*T'samen spreeckinghe*) pelas duas peças precedentes.[79] Enfim, há a edição de Anvers, exatamente publicada em 1690 e cuja existência não nos é conhecida senão por Poiret.[80]

Esses quatro documentos (ou pelo menos os dois que podemos controlar) se inscrevem em outra área teológica. À aprovação de Launoy e Le Fevre, substituiu-se a de Matthias de Nave, aquela que acompanha o texto francês de Mons e de Colônia (mas não o de Bruxelas) e à qual se acrescenta, para a versão flamenga, a autorização de Alexandre Van der Laen.[81] Há transmissão de poder, ao mesmo tempo que mudança de território. Mas o grupo co-

---

77   Mechelen [Malines], Veuve Jaye, 1648; Bibliotheek van het Ruusbroec-Genootschap (Anvers). A primeira conversa começa na p. 1.

78   Cf. L. Verschueren, De Boeken eener Geestelijke Dochter. *Ons geestelijk Erf.* 1939. p. 185-209. Grande leitora de mística (Ruusbroec, Herp, Canfield etc.), Joanna Van Randenraedt intitula o texto: *Gestelijcke tsamenspreekinge tussen eenen devoetten persoen en eenen schaepherder* (cit. *ibidem*, p. 195, n° 3).

79   Gheestelyck Discours van den Eerw. P. Surin van de Societeyt Iesu [de la province de Paris] met een ionghman oudt tusschen achtien ende negentien iaren. Bruxelas: Bibl. Royale, ms. 2459 (49f), f. 1-11.

80   Cf. p. 329.

81   A tradução do francês em "Neder-duytsche" é aprovada, em 1° de setembro de 1648, por "Alexander van der Laen, Aerdts-Priester, ende Canoninck van Mechelen, visitateur de Boecken" (Éd. Malines, p. [136]).

Quarta Parte – Figuras do Selvagem ❖ Capítulo 7 – O Iletrado Esclarecido   349

locado sob a égide do doutor de Nave não é homogêneo.
Com certeza, em sua totalidade, ele se distingue do circuito que leva o selo Launoy-Le Fevre: ausência de Rouen;[82]
substituição de "religioso" pela designação mais vaga de
"eclesiástico" ou de "pessoa espiritual".[83] Por outro lado,
a tradução flamenga representa, em relação a esse grupo,
uma vanguarda mais "iluminista" que apaga as alusões
dogmáticas (à Virgem, aos apóstolos)[84] e que acentua a
oposição entre o "pastor iluminado" e os eruditos teólogos: o título da edição de Malines como o do manuscrito
de Ruremonde nos falam "dos grandes segredos e mistérios da divina sabedoria que Deus revela às almas puras
e simples para a própria instrução das mais sábias".[85] Detalhes reveladores de deslocamentos no sentido e no funcionamento do texto. Vestígios, também, de um subgrupo
flamengo (Malines, Ruremonde e Anvers) na constelação
formada por Mons, Malines, Anvers, Colônia e Bruxelas
(ms),[86] ela mesma ligada a essa outra constelação "nórdica" que representam já, no mapa, Paris, Rouen, Lyon,
Bruxelas (éd.) e, parece, Liège. Por uma nota final, o manuscrito "nórdico" de Paris (P¹) permite precisar uma origem comum a essas duas "constelações" e a relação de
difusão "parisiense" com o impresso de onde partimos, o
de Mons-Colônia (1646-1690).

---

82   Cf. éd. Malines, 1648. p. 2.
83   Cf. *ibidem*, p. 1.
84   Cf. éd. Malines, 1648, p. 9: comparações entre São José e a Vir-
      gem ou os apóstolos, só sobra, em flamengo, o que é dito do pró-
      prio José, "um dos maiores santos", com "a plenitude do Espírito
      Santo".
85   Cf. éd. Malines, 1648. p. 1.
86   O *manuscrito* de Bruxelas (e não a *edição* francesa de Bruxelas,
      1661, que se liga a Paris) parece, ainda que flamengo, um ele-
      mento de junção entre essa constelação nórdica e o subgrupo
      Malines-Ruremonde-Anvers.

350   A Fábula Mística ❖ Michel de Certeau

Depois de ter dado o texto, o copista acrescenta, com efeito: "Uma cópia das presentes, datada de 5 de janeiro de 1631, foi enviada de La Flèche a Saint-Jean-d'Angély,[87] e de Saint-Jean-d'Angély a Reims por um religioso da Ordem de São Bento".[88] Essa precisão, observemo-lo primeiramente, se acorda com a data indicada por Champion: 1630; e não há nenhuma razão para duvidar que, como ele o afirma com o manuscrito N,[89] a carta tenha sido escrita em 8 de maio desse ano.[90] Que relação provocou o envio de uma cópia a Saint-Jean-d'Angély? Talvez, respondendo a essa pergunta, chegarão a identificar um daqueles aos quais essa carta foi destinada. Mas já a informação fornecida pelo manuscrito P[1] corrobora a identidade e a localização dos destinatários indicados pelas edições do texto curto: "Aos seus mais familiares, em uma casa religiosa bem regrada." P[1] precisa que se trata de La Flèche. Ora, entre os Padres presentes em La Flèche em 1629-1630, vários são dos "que eram os mais familiares" de Surin: Jean Bagot e Achille Doni d'Attichy.[91] Além disso, nós conhecemos doravante um dos caminhos seguidos pelas cópias. De Saint-Jean-d'Angély, de que, em 1623, a antiga abadia acabava de ser retomada pelos mauristas[92] (e seu carimbo representa uma boa garantia para um manuscrito!), a car-

---

87   "Angély" é devido a uma segunda mão, que corrigiu "Angélique".
88   Paris, BN, fds fr. 19231, f. 132v.
89   Paris, BN, fds fr. 24809, f. 1.
90   Só a segunda edição de Champion, Paris, 1700, determina o lugar da redação: "Bordeaux".
91   Chantilly, Arch. SJ, microfilme do "Catalogus anni 1630 exeuntis".
92   Cf. A. Mesnard, Le retour des Bénédictins à Saint-Jean-d'Angély (27 octobre 1623). In: *Rev. Saint. et Aunis*, 1925, t. 41, p. 177-182. Sabe-se o papel desempenhado pelos mauristas de Saint-Jean-d'Angély na conservação dos documentos pascalinos que lhes tinha confiado a família Périer (cf. B. Pascal, *Œuvres complètes*. Éd. J. Mesnard. Paris: DDB, 1964. t. I, p. 117-131 e 279-292).

Quarta Parte – Figuras do Selvagem ❖ Capítulo 7 – O Iletrado Esclarecido 351

ta é enviada para Reims. O que quer que seja do correspondente de Reims,[93] ela deve ter chegado entre as mãos dos jesuítas do colégio onde se encontrava então todo um grupo desses "místicos reformados" que foram apagados da história depois de ter marcado uma virada espiritual.[94] De 1629 a 1632, René Ayrault era reitor[95] aí; em 1631-1632, François Poiré aí era conselheiro espiritual;[96] Pierre le Cazre, professor de teologia;[97] René de Trans, professor de retórica.[98] Uma vez mais, como um fio de Ariadne, a circulação da "relação" traça o mapa dos "lares" espirituais e manifesta entre eles elos frequentemente invisíveis.

Foi de Reims, sem dúvida, que a carta chegou seja a Mons – talvez pelo desvio de Pont-à-Mousson onde d'Attichy residiu a partir do fim de 1632 –,[99] quase sem retoques,[100] seja a Paris, onde a presença dos jesuí-

---

93 Os mauristas só se instalarão em Saint-Nicolas em 1636, mas havia já beneditinos em Saint-Pierre-le-Haut. Cf. H. Cottineau, *Répertoire topo-bibliographique des Abbayes et prieurés*, t. 2, p. 2434 e segs.

94 Cf. cap. 8. A proximidade levaria a pensar que a cópia manuscrita de Semoine (perto de Arcis-sur-Aube) vem desse grupo de Reims. De fato, é o texto publicado por Poiret em Mons (atribuído a "Buzin", tornado "Burin" em Semoine), e provavelmente copiado bem antes de 1718 que essa cópia serve para a encadernação de um caderno de registros paroquiais do cura Gilles Guillaume.

95 Carrez, *Catalogi sociorum et officiorum provinciae Companiae SJ*. Châlons, t. 3, p. 23, 43 e 63.

96 Carrez, op. cit., t. 3, p. 63.

97 *Ibidem*.

98 *Ibidem*, p. 64.

99 Carrez, op. cit., t. 3, p. 79 e 82.

100 Tem-se "região" em vez de "Rouen" na edição de Mons como no ms. BN, fds fr. 19231. Uma leve modificação na edição de Mons prova indiretamente o respeito do texto original: "... para a perfeição, era preciso se fazer violência", dizia somente o jovem nos manuscritos de Rybeyrete e Paris 19231 (f. 131v); a edição de Mons acrescenta, mas em *itálico*, a título de adição, uma retifica-

352 A Fábula Mística ✤ Michel de Certeau

tas explica provavelmente primeiro a precisão do lugar ("Rouen"), depois, em 1661, a identificação do autor ("Seurin").[101] Mas é difícil pensar que o impresso de Paris provenha de Mons,[102] apesar da semelhança dos textos: eles não têm, de um lado e outro, nem as mesmas variantes características,[103] nem a mesma aprovação. Se eles reproduzem os dois, como primeira parte, a tradução, publicada em Douai, em 1647, pelo Padre Turrien Le Febvre, de um texto do Padre Gaspar de La Figuera, jesuíta: Diálogos entre Jesus Cristo e uma alma religiosa, nos quais são representados e revistos como em um quadro resumido os segredos mais ocultos da vida espiritual",[104] nada permite atribuir a edição de Mons ao mesmo Turrien. É mais provável que os editores de Paris e de Mons tenham retomado cada um esse texto acrescentando-lhe, como uma segunda parte, as "conferências" cujos manuscritos lhes tinham chegado por vias diferentes, entregando assim ao público, com "aprovações" e "permissões" próprias, volumes paralelos, mas independentes. A cópia de Paris (P¹) não é, aliás, a origem dessas obras visto que ela menciona

---

ção que nada distinguirá em seguida nas edições parisienses: era preciso "*conhecer-se e corrigir-se*", e "fazer-se violência" (Poiret, op. cit., I, 8).

---

101 A menção excepcional de *Seurin* na edição de Rouen, 1649 (menção que não reaparece nas edições senão a partir de 1661) sugere uma tradição local ligada ao evento. Ou, então, ter-se-ia apagado o nome (dado no ms.) em Paris, para lhe substituir "esse religioso conhecido na França por sua virtude e grande capacidade" (éd. Paris, 1649, *Advis*)?

102 Apesar de M. Viller, op. cit.

103 Por exemplo, "Rouen".

104 Cf. Sommervogel, t. 3, *c.* 581. A "irmã" Joanna Van Randenraedt lia, em Ruremonde, a edição flamenga de 1653, feita sobre o texto publicado em Douai em 1647. Cf. L. Verschueren, *De Boeken...*, op. cit., p. 202 (cf. nota 79).

Quarta Parte – Figuras do Selvagem ❖ Capítulo 7 – O Iletrado Esclarecido

como contemporânea a edição parisiense de 1649, mas ela é uma testemunha da tradição que leva a isso e que se liga, por uma filiação cuidadosamente guardada, ao texto de 1630. O manuscrito Rybeyrete, esse, deve ter sido expedido ao Padre Pasquier – portanto, a La Flèche – para que pudesse ser controlado em seu ponto de partida uma carta que já circulava. O Padre Ayrault tinha sido enviado para lá em 1635[105] e aí ficou até sua morte, em 1644.[106] Foi, portanto, aí, mesmo se ele já tivesse tomado conhecimento desse texto em Reims, que ele recolheu essa cópia, durante a duração ou até o fim da estada de Pasquier, portanto, antes de 1640. Depois de 1644, o documento, com outros também recolhidos por Ayrault ou a ele destinados, passou para o Padre Rybeyrete. Em tais condições, o manuscrito apresenta todas as garantias desejáveis.

O mapa da tradição nórdica pode, portanto, ser traçado como segue:

---

105 Carrez, op. cit., t. 3, p. 161.
106 Cf. Catalogue de la Province de France, microfilm, Archives SJ, Chantilly.

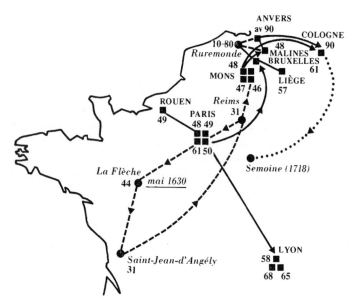

Os números correspondem às datas (só os dois últimos números são dados para todas as datas do século XVII).

- ●   Manuscrito
- ■   EDIÇÃO   av: antes da data de...
- ⟶ Circulação de um impresso
- - - ▶ Circulação de um manuscrito
- ······▶ Circulação suposta ou deduzida

c. *Estratos*. Uma vez esclarecido esse primeiro estado da carta, tempos que são também lugares do texto podem ser determinados, enquanto eles se estratificam nas últimas versões. Essa anatomia corresponde, aliás, a dois pontos que ainda é preciso elucidar: por um lado, na tradição meridional, as amplificações posteriores a 1635 e, sem dúvida, mais tardias ainda, a designação do Padre Lallemant como destinatário; por outro, a autenticidade e a natureza dessa "carta ao Padre François Poiré", cujo editor de Cologne registra em 1690.

Em relação à versão nórdica, o texto de Carpentras deve ser considerado como retocado. Mas se essa revisão, por numerosas e pequenas correções, acaba por mudar o conjunto do quadro, ela não acrescenta aí novas peças. Inspirada pela piedade e destinada a edificar, ela deixa, no entanto, passar muitos desses propósitos que levarão mais tarde os copistas a lhes acrescentar explicações e justificações. Ela não visa a provar. Ela aumenta os traços de uma bela história. Corresponde à maneira como um devoto lia o texto: ela reflete os meios onde o militante camponês devia aparecer na postura que se destinava aos santos. Nessa circulação, depois da época "mística" (representada pela tradição nórdica), é sua época "devota".

Vem, em seguida, uma nova mutação, terceira época, da qual o manuscrito N é a testemunha. Sobrecarregando-se com provas, exemplos, retificações e considerações morais, o jovem se arma e passa à defensiva. Ele não se lança à aventura. Ele responde. Ele se fortalece. Essa transformação se situa no Sul, entre 1640 e 1660, no tempo dos violentos ataques contra os espirituais,[107] enquanto Surin é envolvido pela loucura, encarcerado no "calabouço" da enfermaria em Bordeaux, e que seus escritos se difundem como se eles já fossem póstumos.[108] É ele quem, no momento em que volta ao dia, couraça e estofa seu herói? Com certeza, em junho de 1659, ele coloca o abade Pouget nos vestígios de sua relação.[109] Mais tarde, em 1661, ele pensa na edição de suas "grandes cartas" (das quais esta faz parte

---

107 Cf. *Correspondance*, p. 433-460, e, em J.-J. Surin *Guide spirituel*, ed. de M. Certeau. Paris: DDB, 1963, Introdução, p. 39-50: "Resposta ao Examinador da teologia mística."

108 Cf. *Correspondance*, p. 467-470 etc.

109 Cf. p. 333.

evidentemente) e parece tê-la preparado.[110] Nessa época (1660-1661), ele corrige seu manuscrito e o *Guide spirituelle* para esclarecer certos pontos práticos e para afiar sua crítica dos antimísticos.[111] Ele pode ter agido assim também para o relato de seu encontro. De seu estilo também poderiam levantar alguns traços dessa versão, por exemplo, a irrupção de "um cavaleiro com um manto escarlate". Mas, no conjunto, a correção é medrosa, somente defensiva. Não é o gênero de Surin. Quando ele aumenta, ele, antes, "enriquece". Ou, então, ele rediz de outra maneira a mesma canção. Teria ele envolvido seu jovem com essas "máquinas de teologia" que ele vai ridicularizar?[112] Teria ele feito do iletrado místico um novo doutor? É difícil acreditar nisso. Sabe-se, aliás, que ele reprovava as edições e o que elas tinham *acrescentado* ao seu texto.[113] Mas não é ele que é o corretor? Talvez algum de seus "amigos" e utilizadores faz melhor que ele esse trabalho de reajuste. Assim é que então sua carta tomou ainda uma outra imagem e que nesse estágio de sua história se pode reconhecer nesse aumento o peso da polêmica.

O nome de Lallemant, respeitado em toda parte, quase o único a não ter sido levado com o refluxo dos místicos,

---

110 Cf. p. 332.

111 Cf. J.-J. Surin, *Guide spirituel*, Introdução, p. 53-54.

112 *Guide spirituel*, IV, 4; op. cit., p. 185.

113 Suas reprovações, que seus editores ulteriores registraram, referem-se às *adições*. O P. Champion, em sua edição de 1695, escreve: "Esta carta já foi muitas vezes impressa em diversos lugares, mas nenhuma dessas edições é sincera. O autor as reprovava todas, por causa das adições que aí se fizeram contra a verdade da história" (*Lettres spirituelles*. Nantes, 1695. t. I, p. 1). Trata-se aqui das cinco "conferências" que seguem o texto da carta. Quanto a Boudon, ele se faz também eco do primeiro protesto, mas ele fala de "pastor" e cita a 6ª conferência dos *Secrets* como sendo de Surin (*L'Homme de Dieu en la personne du Révérend Père Jean-Joseph Seürin*. Chartres, 1683. p. 30 e 51-52).

faz parte da mesma campanha defensiva. Ele vem cobrir com uma autoridade indiscutível um autor contestado. Desde sua morte (1635), ele foi "polido" por seu editor, Pierre Champion, que o reviu e separou de toda aliança comprometedora (sua história, no entanto, está cheia disso).ele se tornou, no fim do século XVII, o monumento do que parece "recebível" na corrente mística do início do século.[114] Na ausência de qualquer indicação anterior, ele aparece como uma nova garantia, uma última precaução. Mas essa menção decide sobre as relações de Lallemant com o jovem Surin que no Terceiro Ano "ele conheceu muito".[115] Jamais, aliás, esse nome se encontra nas obras de Surin. Além do mais, como observou A. Hamon,[116] seria estranho ver dirigida ao Instrutor de Rouen uma carta cujo autor critica indiretamente todo ensino teórico e afirma, a propósito de seu camponês: "Tudo o que eu li ou ouvi [sobre a vida espiritual] não é nada em comparação com o que ele me disse dela."[117] O corretor, preocupado com uma defesa, esqueceu a inverossimilhança de sua ostentação. Quanto a François Poiré, como poderia ele ter conhecido e encontrado Surin? Ele tinha passado em Dijon (1616-1620), em Pont-à-Mousson (1620-1621), em Nancy (1621-1625), em Lyon (1625-1628) e de novo em Pont-à-Mousson (1628-1631) todos os anos durante os quais o Bordelês se formava em Guyenne ou na província de Paris. A referência de Poiret, portanto, surpreende. Ela se explica, no en-

---

114 Cf. p. 434-436.

115 Henry-Marie Boudon, *L'Homme de Dieu en la personne du Révérend Père Jean-Joseph Seürin*. Chartres, 1683. p. 30.

116 "Fico bem persuadido de que ele (Lallemant) jamais viu essas páginas cheias de inverossimilhanças", observava A. Hamon na *RAM*, 1924, t. 5, p. 264; e, assim também, na *Revue apologétique*, 1927, t. 44, p. 462: "O Padre Lallemant ignorou sempre, na minha opinião, essa (carta) que lhe foi destinada."

117 *Correspondance*, p. 140.

358   A Fábula Mística ❖ Michel de Certeau

tanto, se a cópia da carta lhe vem de Reims, como a semelhança dos textos permite supor, e se o Padre François Poiré, partidário convicto da "nova espiritualidade",[118] se fez o propagador de um escrito tão conforme às suas próprias convicções. Ele teria, pois, sido tomado como o destinatário da carta que ele divulgava. Não é um membro ativo na campanha mais ou menos oculta que faziam os "espirituais" e onde, desde 1631 e desde seus primeiros passos literários, Surin já fazia em tantos lugares figura de porta-bandeira?

2. O ANJO DO DESERTO

Surin não pensa nem na polêmica nem na pastoral. Ele coloca, aliás, o que Champion chama audaciosamente a "verdade da história".[119] Prisioneiro de outra guerra, ele se preocupa pouco com "Pastorais". Em sua carta, nenhuma palavra, nenhum olhar para os verdes campos que gritam a primavera e que acalma a doçura do céu normando. Nenhum vivente mora aí. Nada existe a não ser esse "jovem". A "companhia", cenário indeterminado, só intervém uma vez nesses lugares abstratos, mas como uma sombra fugidia, logo afastada.[120] Todas as outras vozes estão ausentes. Só, única, eleva-se no deserto a palavra de um anjo.

a. O *"deserto"*. Ao sair do Terceiro Ano, "no caminho de Rouen a Paris", dirá ele,[121] Surin penetra no "deserto".[122]

---

118   Cf. p. 418 e segs.
119   *Lettres spirituelles*. Nantes, 1695. t. 1, p. 1.
120   Seguiremos doravante a edição dada anteriormente, p. 324 e segs. A versão longa coloca em cena a vizinha que mantém na diligência "algum maldoso discurso", e "um cavaleiro com um casaco escarlate" (N I, 14-15; m I, 8).
121   Carta de 30 de junho de 1659, Cf. p. 333.
122   A palavra voltará muitas vezes para designar o mundo. Cf. a carta de 16 de junho de 1631, a d'Attichy: *Correspondance*, p. 52.

Quarta Parte – Figuras do Selvagem ❖ Capítulo 7 – O Iletrado Esclarecido 359

"Ao sair de meu país...": ele abandona o lugar certo da vida reclusa em Deus.[123] Se julgarmos conforme a data de sua relação (8 de maio), sua partida foi adiantada, por razões que essa carta indicará. É, pois, prematuramente arrancado da casa-mãe, pela decisão do "padre" – Lallemant. De volta ao mundo que deixou para procurar Deus, ele é excluído da família por uma ordem que vem, no entanto, de Deus e que, como Abraão, o expulsa de seu retiro: "Deixa teu país...".[124] Ele obedece a uma ordem incompreensível quando por sua vez ele "sai de seu país".[125] A desolação não é somente o fato dessas regiões estrangeiras; ela é mais secreta, como o provam as questões que coloca a seu confidente essa criança muito cedo privada das coisas do mundo. "Eu lhe propus todas as dificuldade de meu interior." Quais são elas? Dois problemas, bem reveladores, voltam várias vezes. Um diz respeito às "enfermidades do corpo" que muito provavelmente motivaram a partida de Surin. E o jovem lhe "diz maravilhas para a consolação e direção de uma alma que, tendo atrações pela oração e desejos de virtude, ficou impedida (*retardée*)[126] pelas enfermidades do corpo". A "alma", que procura, assim, "consolo" e "direção" não é mais que Surin. Ele se sente "impedido" em seus desejos pela fraqueza que o machuca. Ele tem em seu próprio corpo um inimigo que diminui nele a vontade de "se fazer violência". Sua derrota já está

---

123 Adotando a variante "ao sair de meu país" (mais que "ao sair de Rouen"), eu corrijo a edição da *Correspondance* (p. 140), porque essa variante é dada pelas melhores testemunhas (Rybeyrete, P[1]; éd. Mons, 1648; éd. Malines, 1648 etc.).

124 Gênese, 12, 1.

125 Em algumas versões que a conservam, essa palavra pareceu fornecer uma informação sobre a origem do autor: "Jesuíta da província de França" (Éd. de Mons e de Colônia, *Prefácio*; cf. B[1]), "Jesuíta da província de Paris" (ms. Carpentras, f. 497r).

126 *Retarder* tem o sentido de *impedir, ser obstáculo.*

inscrita nele por esse estrangeiro que é, no entanto, ele, e que contraria seu desejo.

Mais insidiosa ainda é a inquietude de que testemunha o outro problema. Ela aparece por meio de uma resposta à qual ele atribui uma "particular" importância. "Ele me discorreu", diz ele,... "sobre segredos que Deus lhe tinha feito conhecer no que diz respeito aos seus atributos, e, particularmente, sobre sua justiça referente as almas que não avançam nada na perfeição, embora elas o desejem". O final soa estranhamente. Ele faz eco a esses desejos que a enfermidade reduz à impotência. Mas ele indica algo diferente. Surin volta a isso mais adiante, observando um pequeno "discurso" que só a obsessão que povoa esse diálogo com seu duplo explica: "Ele me disse que os homens de nossa profissão que não combatem o prazer que há em ser louvado pelo mundo não saborearão jamais Deus; que eles são ladrões; que suas trevas crescerão sempre; que a mínima inutilidade obscurece a alma; que o que impede a liberdade do coração é certa dissimulação habitual em nós que a retém: eu uso seus próprios termos." Que esse propósito seja o eco da corrente reformista e, bem mais ainda, retome o ensino tradicional sobre as exigências da perfeição, a coisa é evidente. "Nós passamos os anos inteiros, e frequentemente toda a vida, a regatear se nos daremos completamente a Deus", Lallemant o tinha dito.[127] Surin, com muitos outros, o redirá depois dele. Mas a vocação do religioso não se apresenta aqui como um apelo a um dom mais total; só aparece o negativo. Como há pouco, a "justiça" divina planava sobre os que não progridem apesar de seus desejos, aqui a atenção se fixa sobre um estado de fato – as "trevas" – e sobre seu desenvolvimento lógico: "suas trevas crescerão".

---

127 *La Vie et la doctrine spirituelle du P. Lallemant.* Éd. Courel. Paris, 1960. p. 90.

Quarta Parte – Figuras do Selvagem ❖ Capítulo 7 – O Iletrado Esclarecido

A situação já está fixada; seu futuro, definido. Os "ladrões", arrebatadores da glória de Deus, ouvem o Julgamento. Eles já são relançados para o lado do inferno. A causa da condenação é mais perturbadora ainda: "A mínima inutilidade..." Quem ousaria pretender ter evitado "a mínima inutilidade"? Como escapar desses desvios infinitesimais, que engrossam infalivelmente as trevas? São elas somente voluntárias? Não, sem dúvida, e menos ainda essa vaga "dissimulação habitual" que sufoca a liberdade sem ruído e sem que percebamos. Se assim é, a falta não se liga a nenhum ato particular, e todas as ações se encontram englobadas em uma culpabilidade que coloca em causa a própria pessoa. Bem mais, enquanto não há falta determinada, um fato se impõe, preciso, incontestável: as trevas – a incerteza, o mal-estar ou a aridez espiritual. Dessa "obscuridade", o religioso *deve concluir* que há nele, sem o saber, pecado: "É a pura falta[128] dos religiosos, se eles não são todos perfeitos"; de sua imperfeição, pode-se deduzir a falta, uma falta impossível de localizar, destruidora porque ela se identifica ao próprio ser. Para Surin, o problema não é quimérico: "nem todos perfeitos"; alguns se excluíram sem que se dessem conta. Ele sabe bem de quem ela está falando, ele que "propõe todas as dificuldades de seu interior em terceira pessoa" e que, esta vez como com tantas outras, "tira" de frente a frente muito "simples" as verdades com duplo gume com que mantém seu mal. Na verdade, esses "homens de nossa profissão" o representam a ele próprio. Eles mostram o rosto de sua angústia. Porque não se trata mais somente de uma derrota, mas de uma exclusão; não somente de um exílio no corpo, mas de um exílio longe de Deus.

---

128 "Voluntária" foi acrescida posteriormente pelo ms. de Carpentras. Corretivo e atenuação características.

Para compreender seu estado, é preciso remontar aos seus anos de filosofia e de teologia. Então, dizem-nos, "tendo muito espírito, ele tem êxito perfeitamente em seus estudos e ele parecia com brilho em todas as ocasiões".[129] Ele foi, pois, "louvado pelo mundo". Ele mesmo, em uma carta escrita em 1634 a seu amigo d'Attichy, confessará o prazer que ele tinha outrora nesses exercícios literários: "Acho que você não sente mais gosto em escrever cartas gentis e eloquentes; para mim, eu lhe confesso francamente que meus gostos mudaram extremamente há algum tempo..."[130] Visto que nada, em suas cartas de 1630 a 1634, indica tal "mudança", e que, dirigindo-se a um companheiro de estudos, ele evoca o passado comum[131] deles, de estudantes, como o das "gentilezas" e da eloquência, a conversão dataria de uma crise[132] anterior a 1630, mas posterior a 1624. É, com efeito, durante os anos de 1626-1630 que ele descreve a uma correspondente (não identificada) qual é seu estado:

> "Toda espécie de consolação me foi tirada, fora a única de escrever-lhe ainda e de receber notícias suas, que me trazem um pouco de reconforto. Mas é somente um pouco d'água em um grande incêndio".

---

129 *La vie du P. Surin* (ms. de la Bibl. SJ de Chantilly), p. 9 ; cf. H.-M. Boudon, op. cit., p. 29, que corrige o início: "Como ele tinha um belo espírito..." Sobre o período escolar de Surin, cf. *Correspondance*, p. 103-107.

130 Carta de 7 de outubro de 1634 ao P. d'Attichy; *Correspondance*, p. 231.

131 D'Attichy se encontra com Surin na teologia, no colégio de Clermont, em Paris, durante o ano escolar de 1623-1624.

132 "Crise" à qual corresponderiam 17 cartas (In: *Correspondance*, p. 107-136).

Ou escrito perto de Vitré:

"Eu tive, toda essa semana, muitas tarefas que me ocuparam muito tempo, e minha natureza sentiu aí alguma folga e se apascenta como ela pode dessas carnes, mas como ela é extremamente gulosa e ávida, ela se apega com excesso a essas criaturas, arrasta para aí a razão e tudo o que há de sensível. Assim, não vejo um momento que não seja cheio de infidelidades. Sinto meu exterior na dissipação e na confusão, e quando penso em olhá-lo nesse estado, caio em uma ansiedade premente, querendo, por um lado, ser fiel em me separar das criaturas e, por outro, preocupado em esquecer tudo o que me olha; e depois, de repente, me sinto arrancado de mim mesmo para ser mergulhado no vazio tenebroso onde imediatamente me perco e não me vejo mais."

Ou escrito mesmo de Vitré:

"Desde minha chegada a esta cidade, eu passei por uma rude prova do corpo e do espírito. Fiquei até o momento com remédios que me enfraqueceram extraordinariamente, tendo-me em minhas indisposições de estômago e vômitos que me tinham ocorrido, havia seis semanas, como eu lhe havia contado em Laval. Em seguida, fiquei oito vezes meio comprometido. Em vez de aí encontrar consolo, foi só aumento de dor, de fraqueza e de langor geral, a febre quase todos os dias, indigestões perpétuas, um apetite terrível. Com isso, um desgosto extremo de meu viver ordinário.

Jamais eu me havia sentido tão mal. E para lhe dizer, durante tudo isso, os sofrimentos e as agonias de meu espírito, é o que não posso exprimir de tanto que meus sofrimentos são pungentes, porque eu não tinha experimentado um abandono e uma cegueira igual, deixando-me algumas vezes ir das impaciências e sensibilidades extraordinárias aos menores males, amarras e zelos e inquietudes para procurar alívio nos remédios, gosto em algum viver particular; fazendo esforço para achar algum divertimento e consolação entre as criaturas, a fim de aliviar um pouco mais minhas dores. E com tudo isso, o Espírito de Deus me faz grandes violências, em todas essas magnitudes, a minhas inclinações."[133]

---

133 Cartas, 9, 11 e 13 (*Correspondance*, p. 124, 127, 130-131).

364 A Fábula Mística ❖ Michel de Certeau

A crise se acentuou, mudando para o Terceiro Ano? "Foi nessa bendita solidão que ele se enterrou *de novo* no túmulo de Jesus Cristo para só viver da morte, dizendo um *adeus* eterno a todas as criaturas."[134] Em seus sucessos, Surin reconheceu essas "inutilidades" de que a menor aumenta as trevas da alma? Mas onde começa a "inutilidade"? Quando ela se torna culposa? O mal-estar não se fixa em nenhum ato; ele não tem nem lugar nem momento. É um poço sem fundo e que não tem margens identificáveis. Ele se generaliza, mal de que a morte é o único remédio ao mesmo tempo que o único sentido. Separar-se radicalmente não somente das criaturas, mas de si mesmo, para sair de uma vida que é "mistura"[135] ou "habitual dissimulação"; separar absolutamente o que é da natureza e o que é da graça; romper com a própria existência e enterrar-se em um túmulo; escapar da ambiguidade por um ato definitivo e encontrar, enfim, a "liberdade": tal é a ideia que obceca o prisioneiro de sua angústia. Ele está determinado a "viver a morte".

Em Rouen, ele não foi muito incentivado por Lallemant: "Ele comunicou os desígnios de uma tão grande e tão longa separação do ser criado para o Padre Louis Lallemant, que era seu diretor nessa casa de retiro. Como era um homem de graça, ele experimentou muito."[136] Uma frase cutelo. Contrariamente ao camponês da diligência, o instrutor recusou fazer-se garantidor de um gesto que, para acabar com a duplicidade, tendia ao nada. Donde a partida, a "saí-

---

134 *La Vie du P. Surin*, ms. citado, p. 9; cf. H.-M. Boudon, op. cit., p. 29. Destaque do autor.
135 *"Mélange" est l'un des most caractéristiques du vocabulaire de Surin.*
136 *La Vie du P. Surin*, ms. cit., p. 9-10; cf. H.-M. Boudon, op. cit., p. 29-30.

da", para Paris ou para a província.[137] Mas a ansiedade não se arrazoa. Essa partida não lhe ensinou nada; só aumentou a impressão de ter perdido a oportunidade de pureza que a morte lhe oferecia, de ser relançado em uma noite mais profunda e ter voltado a esse mundo onde seus olhos não podiam mais ver além de um deserto.

b. *O Anjo*. Ora, eis, "maravilha", que "Nosso Senhor", ele mesmo, o "receba" aí! Eis que o exilado encontra um mensageiro de Deus, como Tobias, enviado para fora de sua casa, "encontrou Rafael, o anjo, de pé, diante dele, sem suspeitar que era um anjo de Deus".[138] Habitado por esses textos antigos que ele citará frequentemente, ele foi elevado, ele também, no meio desses anjos cuja proximidade e as aparições são tantas vezes mencionadas nas biografias mais sérias do tempo como nas crônicas do Carmelo: estranha visão do além, nas fronteiras do dia e da noite, nos interstícios do tempo e do ver. Voltado para uma presença por um desejo que exacerba a nostalgia do Ausente, Surin suspeita imediatamente da identidade do jovem que, como Rafael, "sabe todos os caminhos",[139]

---

137 Para a província, se a carta de 8 de maio é escrita de Bordeaux. Mas a menção desse lugar de redação não aparece senão em 1700 (2ª edição de Champion), isto é, 70 anos depois da redação. Além disso, o "Supplément" do Catalogue da província de França observa, para o ano de 1630: "*Em agosto*, o P. Jean Seurin e o P. Jean Simon voltaram para sua província da Aquitânia" (*ARSJ*, Franc. 22, f. 257). Simon acaba então seu segundo ano de teologia em *Paris*, no colégio de Clermont. É provável que Surin tenha ficado em Paris até agosto. Mais tarde, em 1683, H.-M. Boudon escreverá que o encontro do jovem aconteceu "quando ele [Surin] voltava para sua província" (op. cit., p. 30). Ele bloqueia, sem dúvida, as duas etapas do retorno. Sobre a fé dessa simplificação, Champion ou seu editor teria concluído, em 1700, que a carta tinha sido escrita em Bordeaux.

138 Tobias, 5, 1.

139 Tobias, 5, 10.

366   A Fábula Mística ❖ Michel de Certeau

cura o cego e revela os "segredos" divinos: "Eu acreditava
que fosse um anjo e essa dúvida ficará até que ele me pediu, em Pontoise, que se confessasse e comungasse, porque os sacramentos não são feitos para os anjos." Ele precisa de um argumento teológico para voltar de sua primeira
ideia. Uma regra do espírito somente pode arbitrar sobre
os objetos e decidir, na "dúvida" criada pelo desejo, uma
ambiguidade que os olhos não conseguiriam desfazer. Se
o objeto muda de natureza, fica uma aparição. Como um
anjo surge, imprevisível, sem elo com o resto, esse "jovem"
se ergue de repente, "encontrado" e "descoberto" no vazio do mundo. Tudo nele leva a marca do "extraordinário":
"extremamente grosseiro", "extremamente simples", "sublime" em sua oração, ele "diz maravilhas": "jamais vi algo
de semelhante", declara a testemunha, e "tudo o que li ou
ouvi nada é em comparação...". Estranho às leis e às medidas ordinárias, por si incomparável, o fenômeno ultrapassa,
então, também, tudo o que pode "exprimir-se" ou "escrever-se". Ele se situa fora da linguagem e fora da natureza.
Ele só aparece para desaparecer, como o *Angelus Novus* de
Klee, interpretado por Walter Benjamin como "o canto de
um instante antes de desaparecer no nada": "Ele mora nas
coisas que eu não tenho mais. Ele as torna transparentes, e
por trás de cada uma delas mostra-se a mim aquele a quem
elas são destinadas." É uma força de ausência, um lugar
de desvanecimento das coisas. "Ele se distancia em saltos,
ele recua inflexivelmente."[140] Ele cria um vazio nos objetos
onde insinua o que está por trás deles e por trás dele – um
ato enunciativo, uma abertura do outro. Só o vemos desaparecer – até que um homem se substitui ao desaparecido.

Por sua vez, Surin se abstrai de todas essas coisas
que, no ver do que aparece-desaparece, perdem sua opa-

---

140   W. Benjamin, Agesilaus Santander *(1933)*. In: *Zur Aktualität Walter Benjamin*. Frankfurt/Main: Suhrkamp, 1972. p. 94-102.

Quarta Parte – Figuras do Selvagem ❖ Capítulo 7 – O Iletrado Esclarecido

cidade de real ou de sentido. "Eu me separei da companhia para ficar com ele tanto quanto eu pudesse, fazendo com ele todas as minhas refeições e todas as minhas conversas." Seu anjo reconstrói o retiro "materno" de que ele acaba de ser privado.[141] "Nós descíamos muitas vezes da diligência para conversar mais à vontade e ficar menos distraídos." Ele fica, enfim, "à vontade", refugiado na perda. Não há mais "inutilidade" no vazio extraordinário de que esse discurso desdobrado ocupa o lugar. A abertura do céu cria uma parede singular. As criaturas se apagam como um cenário insignificante em torno dessa clausura.

c. *O pobre, esse "tesouro"*. A "conversa" que organiza o relato evoca o combate que Louis Chardon descreve em 1647, a propósito da luta de Jacob com o anjo. Surpreendido pelo Inimigo vitorioso, Jacob viveu primeiramente no diálogo "o espanto de uma chegada tão brusca e imprevista desse Todo-Poderoso que bate antes de avisar". Mas essa guerra se torna uma luta amorosa: "Em vez de tirar do desespero de um combate começado com tanto calor entre duas partes desiguais", ele "se excita, no entanto, com a confiança. Os abraços de seu antagonista o tranquilizam. Seus apertos lhe inflam a coragem. Suas abordagens o fortificam. Suas sacudidas o tornam cada vez mais firme. Essa guerra começa a agradar-lhe, só pelo fato de que os combatentes não têm como fim a separação um do outro, mas a união". A ferida que o enfraquece o apega àquele que o golpeia.[142]

Aqui é a cena de uma outra luta. Cortando todo elo com os outros, Surin não tem mais relações com o jovem camponês. Ele vê em seu interlocutor menos uma pessoa que um milagre, um "bem" inestimável, "cheio de todos

---

141 Repetição de uma cena primitiva. Sobre as relações de Surin com sua mãe, cf. *Correspondance*, Introdução.

142 Louis Chardon, *La Croix de Jésus*, III, 27; Éd. Florand, 1937. p. 526-527.

os tipos de graças e de dons interiores", de quem ele procura "tirar" "segredos maravilhosos". Não há conversação. *A priori*, aliás, ela é impossível. Não se conversa com o extraordinário. Surin está aí como diante da sarça ardente. Ele não discute. Ele recolhe as palavras. Ele só pode cercar de atenção o "tesouro" que ele "descobriu"; escutar avidamente tudo o que sai dele; suscitar as revelações, de que a menor distração, a menor falta de jeito o privariam. "Com um maravilhoso artifício" ele oculta seu fervor, "fingindo que [ele] não faz nenhum registro" do inspirado, para não espantá-lo; e, ao mesmo tempo, ele se salvaguarda para não esquecer nenhum dos problemas que poderiam lhe fornecer a sorte de um novo oráculo: "Eu o coloquei sobre todos os pontos da vida espiritual em que pude pensar durante três dias, tanto sobre tudo o que diz respeito à prática quanto à especulação." Ele tem precauções de avaro ou de apaixonado pelo objeto fugidio que o fascina. Enfim, seu "artifício" tem sucesso: o menino "se descobriu mais do que ele pensou". Essa expressão, que termina a carta, proclama a vitória: de que possessão? Para responder, seria preciso saber o que é. Carta de amor, em todo caso, feita de simulações, de astúcias e de seduções geradas por um segredo que a palavra abre e retira ao mesmo tempo. Frestas furtivas. No relato, o jovem se esconde atrás de outras "almas"; mas por meio de suas graças inventadas, Surin reconhece as de sua aparição, que são elas mesmas o romance daquilo de que ele é excluído. Essas "outras" pessoas lhe são o espelho da que ele encontra, alterada ela mesma em espelho da presença de que ele é privado. Subtrações em abismo. Rede em que se multiplica o que desaparece. Onde está o corpo em que se fixar? Um jogo infinito de despedidas conta a ausência do outro. Uma paixão cria esse irreal. Ela só conhece a estranheza que a move.

Mas ele come, esse menino. Ele existiu mesmo, a coisa parece certa. Há provas suficientes disso. Primeiro

Quarta Parte – Figuras do Selvagem ❖ Capítulo 7 – O Iletrado Esclarecido 369

as informações que dá o autor de uma antiga *Vie du Père Surin*:[143] "Esse jovem", escreve ele, "era um pobre menino, filho de um padeiro do Havre na Normandia, que, tendo trabalhado com os religiosos de Saint-Antoine, em Rouen, ia para Paris para aí tomar o hábito de religioso na qualidade de irmão leigo."[144] Era, portanto, um empregado do hospital mantido pelos antoninos, em Rouen.[145] Outra prova: Surin recebe desse encontro um choque que modifica sua paisagem e que torna inverossímil a hipótese de um relato de ficção. Se houve ilusão, seria preciso supô-la intacta depois de 30 anos, porque, em 1659, ele fala ainda do "encontro que tivemos com esse santo jovem";[146] ele se refere a um acontecimento, e não a uma invenção literária. Uma última prova parece também nítida, embora menos evidente à primeira vista: a experiência que traduzem os propósitos recolhidos tem sua coerência própria; e não é a de Surin. Ela se inscreve ela mesma em um cosmo hierárquico e místico bastante estranho ao pensamento do jesuíta. Deus Trindade é sua origem; ele move por seu Espírito as "diversas posições dos anjos e dos santos"; ele "opera no interior das almas pelo Verbo", expandindo uma vida

---

143 Só existe desse texto uma cópia tardia (fim do século XVII?), nos Arquivos SJ de Chantilly. Parece, no entanto, anterior ao livro de Boudon (*L'Homme de Dieu...*, Chartres, 1683): os dois textos são quase idênticos, salvo que o primeiro não comporta longas considerações e elevações de Boudon, mas dá, por outro lado, certo número de precisões cuja ausência, em Boudon, pode, cada vez, explicar-se por precauções doutrinais ou pelas precauções devidas aos contemporâneos sobreviventes e aos membros das famílias interessadas. Essa biografia poderia ser "a Vida do Padre" de que Anne Buignon, em 1679, solicitava ao Sr. Bézard (Missões estrangeiras) o envio a Boudon (*Correspondance*, p. 77). Este último teria envolvido seu texto em sua prosa devota. Nessa hipótese, *La Vie du P. Surin* dataria de antes de 1679, isto é, da primeira década que segue sua morte.

144 *La Vie...*, ms. cit., p. 10; cf. Boudon, op. cit., p. 30.

145 Cf. L. H. Cottineau, op. cit., t. 2, *c*. 2550.

146 Cf. p. 333.

que faz brotar do silêncio a luz, e dessa luz a ação, até parecer enfim na caridade, na humildade e na força de suas criaturas. Atributos de Deus, "estados" da vida espiritual, concepção da oração contemplativa, crítica dos êxtases: por seus diversos temas, o ensinamento do futuro irmão leigo fica original. O jovem tem sua vida própria, mesmo no espelho dessa relação.

O que cria problema aqui não é sua existência, mas o que ela é para seu interlocutor. Ora, Surin discerne logo o preço de sua descoberta. Ele não se engana sobre a qualidade desse ouro. As palavras que ele transcreve tornam sensível o eco nele da experiência de seu interlocutor, profunda e unificada, selvagem, rígida em suas afirmações, viva em uma linguagem inteira. "A oração consiste não em receber de Deus, mas em lhe dar" — *non amari sed amare*: a definição se situa na verdade mística, uma vez dissipada a inquieta busca dos favores divinos. O jesuíta é muito privado, muito faminto desses penhores para que o Outro faça ouvir nele uma observação tão pura. Tal limpidez não é invenção sua. Mas ele a reconhece. Ele a escuta como a voz que ele espera. Ela lhe ensina também o segredo de um silêncio que não é um vazio: "Ele disse ainda que São José tinha sido um homem de grande silêncio; que na casa de Nosso Senhor, ele falou muito pouco, mas Nossa Senhora ainda menos, e Nosso Senhor ainda menos que qualquer um deles; que seus olhos lhe ensinavam muitas coisas sem que Nosso Senhor falasse." A Aliança é tão antiga. Ela precede e ultrapassa qualquer comunicação. Ela não tem mais necessidade de fazer notar por uma linguagem particular; tudo a diz. "Sem que Nosso Senhor falasse": como Surin, obcecado por outro silêncio e atento a levantar cada termo da revelação,[147] teria ele inventado

---

147 "São suas próprias palavras"; "Eu digo seus próprios termos" etc.

Quarta Parte – Figuras do Selvagem ❖ Capítulo 7 – O Iletrado Esclarecido 371

essa expressão de uma presença que "abisma" em si todo sinal singular? Mas ele discerne o sentido disso, "cheio de espanto". É o evento: em seu universo, algo acontece. São apenas palavras, nada que fala do nada e que diz "*depois*" desse tesouro, a pobreza. E eis que, como um poema, eles dão palavra ao que não podia falar, "in-fans". Eles fazem começo. Eles não inventam um corpo. Eles nem mesmo o designam. *A fortiori* eles não exprimem uma realidade: ela é incerta, ambivalente, suspeitável. Mas eles ocupam sua vez, eles a simbolizam e a precedem como a palavra "mística" visa a um corpo que ainda está ausente.[148] Eles abrem um espaço que não é autorizado por seres. Eles fazem crer no que não está aí. Eles criam o outro. E, segundo a imagem de que Surin se servirá tantas vezes, o náufrago, perdido no meio de seu oceano, acaba de descobrir, maravilhado, um "novo mundo".[149]

Esse país é o país de um pobre. Não se vê aí nem ciência nem boas maneiras. Ele tem o exterior desse menino "grosseiro" e "sem letras". Nada de brilhos que uma arte sutil introduz então até nas "casas mais bem conduzidas". No entanto, Surin, filho de notáveis e de parlamentares, está aí com ele. A confiança que lhe inspira um "simples" que se tornou em alguns momentos seu mestre sob a máscara de uma criança interrogada contrasta com a dificuldade que, por sua própria confissão, ele terá sempre que falar livremente com seus pares ou seus superiores. A pobreza do iluminado é misteriosamente cúmplice da sua. Surin se diz, com uma espécie de precipitação cujo ritmo rápido e irregular de sua carta conserva o eco. Ele está à vontade, ele pode "respirar" no espaço que lhe oferece seu interlocutor. Ele se descobre na cena do outro. Ela fala nessa palavra vinda de alhures e de que não é mais

---

148 Cf. cap. 3.
149 *Correspondance*, p. 150.

o caso de saber se ela é de um ou de outro. Será o estilo de suas cartas e de seus tratados ser uma palavra – uma "canção" – que nasce nos e dos seus correspondentes.[150] Essa palavra não se ergue nele, mas nos outros e de sua hospitalidade: sua pobreza é o que a inventa. "Você escondeu seus segredos aos sábios da terra e os revelou aos menores, isto é, às almas mais humildes": tal é, como bem sentiu o editor parisiense de 1649,[151] o segredo anunciado. Surin é lembrado em seu país que não é outro senão aquele que ele habita, como "criança" e "pobre" que ele é.[152]

Isso basta. Nenhuma necessidade de outra autoridade. No limite, essa palavra dispensa até Escrituras. Ela é a estrutura do Espírito, ou do nascimento por graça. "Como eu o pressionava para dizer-me se ninguém lhe havia ensinado, ele me disse que não e que havia almas a quem as criaturas só podiam prejudicar; que quando o Evangelho perecesse, Deus lhe teria ensinado o suficiente para sua salvação." A sabedoria não está mais ligada a uma tradição oral ou escrita, assim como o próprio inspirado não é ligado ou comparável às realidades da Terra. É estranho que o jovem iletrado repita a Surin palavras que Inácio de Loyola, esse outro místico autodidata, se dizia no tempo de Manrèse (1522) e que ele lembra em seu *Récit du pèlerin*: "Muito frequentemente ele disse a ele mesmo que, se não houvesse Escrituras para nos ensinar essas verdades da fé, ele estaria pronto a morrer por elas, unicamente por causa do que ele tinha visto então."[153] O "pai" parece voltar nesse filho do padeiro do Havre que restaura "a autoridade" fundadora. Retorno e desvio do fundador em sua juventude pioneira e selvagem. A sombra do pai aparece como um espírito de começo, um anjo nesse deserto.

---

150 Cf. *Correspondance*, Prefácio, p. 56-66.
151 *Les Secrets*. Paris, 1649, "Avis aux bonnes âmes", não paginado.
152 Carta a d'Attichy, 7 de junho de 1631; *Correspondance*, p. 154.
153 *Récit du pèlerin*, n° 29.

Quarta Parte – Figuras do Selvagem ❖ Capítulo 7 – O Iletrado Esclarecido

3. O LENDÁRIO DO POBRE

Tentando remontar de texto em texto até um manuscrito original para destacar sua significação, repetimos o que fizeram as versões sucessivas da "relação": uma lenda, isto é, um enunciado *do que é preciso ler*. Cada uma das interpretações que demarcam a circulação do relato é uma maneira de compreendê-lo ao mesmo tempo que um revelador do grupo que, um momento, "encontra" o jovem ou o pastor em sua estrada. A nossa, hoje, pertence a essa viagem: ela marca somente uma etapa a mais, em um relato sempre colocado sob o signo da diligência – viagem do texto, viagem inumerável sob a formalidade fundamental de uma tessitura a dois. Só há história "revista e corrigida". Ela mistura, como outrora, os aspectos recíprocos de uma "conversa" entre vários; ela é ao mesmo tempo nossa leitura de Surin, sua leitura do evento e nossa inteligência do presente por meio de uma "relação" com esse passado. A relação com o outro funciona simultaneamente sobre esses três registros. No momento em que o estudamos, o "pobre" é igualmente o próprio Surin, seu jovem e essa parte de nós mesmos à qual uma troca dá linguagem. Cada uma das leituras do texto é, pois, ao mesmo tempo, história e lenda. Verdadeiro da nossa, isto o é também da versão que chega mais perto do evento de 1630.

a. *O doutor leigo*. A relação de Surin só é, por sua vez, uma reinterpretação de um tema mais antigo, e, sem dúvida, seu sucesso é devido, em grande parte, à ressurgência, sob a forma de um panfleto e de um relato fervoroso, do mito que, há três séculos, liga a mística ao ignorante – ao *Idiotus* iletrado e iluminado. Assim, o evento do encontro, objeto fantasma de e em nosso estudo, é ele mesmo a revivescência de um grande relato, o retorno histórico de uma lenda. Ele é a nova "aparição" de um personagem cuja esteira traça uma linha fundamental da espiritualidade moderna: a conversão do teólogo pelo "Amigo de Deus

374 A Fábula Mística ❖ Michel de Certeau

de Oberland", episódio cuja data, real ou não, se situaria por volta de 1345. Desde a primeira edição de seus Sermões, em 1498, Tauler era identificado com o "Mestre da Santa Escritura", herói da "Maravilhosa história" onde o leigo, Amigo de Deus, declarava ao sábio, padre e Mestre: o Cristo "me ensinou no espaço de uma pequena hora o que você não é capaz de me ensinar, você, Mestre, e todos os doutores da Terra, até o dia do julgamento".[154]

Que a fábula do humilde leigo, diretor espiritual do doutor, tenha sido muito provavelmente a obra de Rulman Merswin, banqueiro estrasburguês e amigo de Tauler,[155] que ela se refira, talvez, também a uma conversão de Tauler em torno da quarentena,[156] isso foi estudado em outra parte e nos importa menos aqui que outro fato, patente nesse texto e que explica sua difusão: *a emergência do leigo* em face dos clérigos; a protestação de questões comuns a todos contra os profissionais que se apropriam do sentido; a aparição da testemunha não padre que faz do Mestre um aluno e que, sem ter frequentado as escolas, sem possuir a ciência da Escritura – ciência das ciências – e, só pelo fato de ser iluminado, derruba as relações hierárquicas tradicionais. Mesmo se, como é provável, Merswin não tem intenções polêmicas e não visa diretamente ao clero,[157] mesmo se ele dirige primeiro seu romance edificante à comunidade dos joanitas reunida na Ilha Verde,

---

154 Cf. A. Chiquot, *Histoire ou légende?* Jean Tauler et le "Meisters Buoch", 1922. p. 6-13.

155 É a tese que Chiquot retoma do P. Denifle, e que ele nuança supondo retoques de Nicolas de Louvain. Cf. op. cit., p. 117-141.

156 Cf. I. Weilder, *Johannes Tauler Bekehrungsweg*, 1961. p. 232, e o problema de conjunto que Louis Cognet abre a partir dessa sugestão, na *Introduction aux mystiques rhéno-flamands*, 1968. p. 121-123.

157 Cf. A. Chiquot, op. cit., p. 179-190, cuja argumentação precisa falta nuançar.

Quarta Parte – Figuras do Selvagem ❖ Capítulo 7 – O Iletrado Esclarecido

mesmo se ele dá ao seu herói a modéstia mais reverencial em relação ao padre de que ele vai tornar-se o diretor, sua obra só é mais reveladora de uma revolução silenciosa de que os "Amigos de Deus" estraburgueses contam entre as primeiras testemunhas. Esses leigos, cedendo ao movimento de "abandonar-se" ao Absoluto (*sich ganz zu Grunde zu lassen*) para aí encontrar sua morada oculta (*in siner verbogenen Heimlichkeit*), se tornam "os fundamentos da santa Igreja".[158] Uma experiência se descreve. Ela não precisa ainda defender-se, ou não pensa, em seu fervor nativo, dever dar lugar a uma polêmica. Mas já, embora em outros termos, o "ignorante" de ontem declara, como o jovem da diligência, "que, quando o Evangelho perecesse, Deus lhe teria ensinado o bastante para sua salvação". Já o teólogo, seu face a face, escreve mais ou menos como Surin: "Ele me falou (da vida espiritual) com tanta sublimidade e solidez que tudo o que eu li e ouvi dela não é nada em comparação com o que ele me disse."

A análise dos manuscritos e das edições do "Meisterbuch" estrasburguês, seguindo sua circulação e as correções que a mudaram no caminho, mostraria o eco que encontrou essa lição, e também as sutis ou violentas "recuperações" que tentaram refazer seu sentido. Um dos primeiros e mais visíveis desses deslocamentos consistiu em colocar a história no crédito do padre e do pregador Jean Tauler: nas *Vidas* edificantes que vão seguir, há inversão de herói. É o doutor que, "convertido de uma maneira estranha", é o "Sublime e iluminado Teólogo", que chegou a "uma maravilhosa santidade de vida".[159] A iluminação, o sublime e o maravilhoso mudaram de lado. Só resta ao leigo ser o selvagem por quem o culto aumenta

---

158 Cf. A. Chiquot, art. "Amis de Dieu". In: *DS*, t. I, *c*. 493-500
159 *Les Institutions divines et salutaires*. Enseignemens (sic) du R. P. F. Thaulère..., Arras, 1595, título.

376 A Fábula Mística ❖ Michel de Certeau

seu valor. Mas isso é outra história, que não tem que ser contada agora.

A fábula do Amigo de Deus não deixa de habitar um número crescente de teólogos até o século XVII, de todos os que, como Bérulle (para citar apenas o maior deles), vão procurar nos subúrbios ou sótãos e encontram sob a roupa dos mais humildes ofícios o Amigo ou a Amiga de Deus que lhes ensinará a divina lição. Antiga tradição que remonta à "Idiota" do Egito[160] e a uma tensão que já divide a Igreja antiga.[161] Ela demarca o século XV com a história-lenda da Schwester Katrei sobre o tema de "uma simples mulher" que "tiunfa sobre um teólogo erudito".[162] Ela tem sua polaridade teórica com a *Idiota* de Nicolas de Cusa[163] e sua polaridade popular,[164] sem falar de uma tradição literária onde se ergue o imemorial da sabedoria irônica de Sancho Panza.[165] Para ficar no domínio religioso, basta reler Bremond para encontrar 100 vezes o gesto que imita a docilidade do "Mestre da Santa Escritura". O

---

160 Cf. cap. 1.

161 Cf. Jules Lebreton, Le désaccord de la foi populaire et de la théologie savante dans l'Église chrétienne du IIIe siècle. In: *RHE*, t. 19, p. 481-505 e t. 20, p. 5-37.

162 Cf. F. P. Pickering, A German Mystic Miscellany of the late 15th Century in the John Rylands Library. In: *Bulletin of the John Rylands Library*, t. 22, p. 455-492, 1938; G. Constable, The Popularity of 12th Century Spiritual Writers in the late Middle Ages. In: A. Molho e J. A. Tedeschi (éd.). *Renaissance studies in honor of Hans Baron*. Dekalb III, 1971. p. 3-28.

163 *Idiota de sapientia*. In: Nicolaus von Cues, *Philosophische Schriften*. Éd. A. Petzelt. Stuttgart, W. Kohlhammer, 1949. p. 300-369, onde, como em Surin, "Idiota" ("*pauper quidam idiota*") é o interlocutor de "*Orator*" numa praça de Roma (lugar de circulação), no espaço de trocas organizado pelo "*Auctor*", isto é, pelo texto.

164 Cf. Robert Muchembled, *Culture populaire et culture des élites*. Paris: Stock, 1978.

165 Cf. Mauricio Molho, *Cervantes*: Raíces folklóricas. Madri: Gredos, 1976. p. 217-336, "Raiz folklórica de Sancho Panza".

"bem-amado de Deus", desconhecido saído do fundo de Oberland, se insinua em toda parte, reconhecível, mesmo se ele recebe novas identidades ou se destaca de Tauler depois de ter sido por muito tempo ligado a ele.

Tema caro à espiritualidade do tempo e que coloca o profeta sob o signo de Amos, "tirado de trás de suas vacas". Assim é, entre 1610 e 1650, com esses místicos "selvagens" que falam a "linguagem das montanhas" e não conhecem nada dos livros, mas recebem tudo de Deus, de quem eles não conseguiriam "ir até o fim".[166] Da camponesa de Die de quem fala Louis de La Rivière e a quem "jamais ninguém tinha dado a menor instrução", o "discurso era na verdade muito grosseiro e rústico, mas temperado com uma maravilhosa sapiência".[167] Assim também, a "pobre vaqueira" de Ponçonas, no Dauphiné;[168] Anne Le Barbier, "que guarda as ovelhas no campo", perto de Caen, e "que não tem, então, outros diretores além do Espírito Santo";[169] Barbe, "pobre serva" de Compiègne, "que guarda as vacas no campo", e de quem o Padre de Condren dizia que ele "não tinha jamais visto ninguém que tivesse tanto conhecimento... de Jesus Cristo crucificado".[170] Cem outras aldeãs ou pobres "meninas" fazem irrupção em um saber que elas rasgam em nome de uma ciência estranha; e cada vez, o homem culto que "descobriu" uma dentre

---

166 Cf. *La Vie de la Mère de Ponçonas* (1602-1657)... Lyon, 1675. p. 26-27, citado em H. Bremond, *Hist. Litt. du sentiment religieux en France*, t. 2, p. 66.

167 L. de La Rivière, *Histoire de la vie et mœurs de Marie Tessonnier*... Lyon, 1650. p. 120-124, cit. *ibidem*, p. 65.

168 *Ibidem*, p. 66.

169 *Éloges de plusieurs personnes illustres en piété de l'Ordre de Saint- -Benoît*. Paris, 1679. t. 2, p. 132-133, *ibidem* p. 66.

170 Amelote, *La vie du Père Charles de Condren*. Paris, 1643. p. 264-265.

378 A Fábula Mística ❖ Michel de Certeau

elas declara como o Padre Coton: "Sua conversação me fez mais bem que tudo o que eu jamais li de bons livros."[171]

Por volta de 1650, o "verdadeiro padre" que é o Sr. Renar encontra um carpinteiro sem letras, que lhe fala admiravelmente de São José e do silêncio, e "que não se servira jamais de nenhum livro".[172] Alguns anos mais tarde, o admirável "método de oração" que apresenta o *Agneau occis dans nos cœurs* é atribuído a Jean Aumont, vinhateiro em Montmorency, "pobre camponês sem outra ciência nem estudo além do de Jesus Cristo crucificado".[173] Mas aqui o doutor que deve fazer-se o discípulo do iletrado não faz mais parte do texto; é o próprio leitor, a quem o "pobre camponês" dá esse "recado", no início do encontro: "Não é uma obra de próprio estudo, nem ensinado por força de raciocínio, mas por prática, graça e divina infusão da Sabedoria divina, incriada e pelo ministério de seu divino Espírito."[174] Dessa "terra incógnita" que é a França rural e da montanha, sai a França de uma outra sabedoria, país selvagem que encontra de repente uma saída fora das fronteiras de uma sociedade de "clérigos" (no sentido profano que assumiu a partir de então a palavra). Momento de tensão, antes que o iletrado entre nos "currais" populares, "levando seu báculo... como seria um bispo ou um abade, seu

---

171 P.-J. d'Orléans, *La Vie du Père Pierre Coton*. Paris, 1688. p. 276.

172 L. Abelly, *L'Idée d'un véritable prestre... exprimés en la vie de M. Renar*. Paris, 1659. p. 61. As palavras do carpinteiro sobre São José são longamente citadas, *ibidem*, p. 62-63.

173 *L'Ouverture intérieure du Royaume de l'Agneau occis dans nos cœurs...*, Paris, 1660, com aprovação de Grandin e Le Bail. A edição do *Abbrégé de l'Agneau occis* (Rennes, 1669) leva a autorização de dois "aprovadores" de Surin, M. Grandin e Gilles de Gain (cf. M. de Certeau, Les oeuvres de J.-J. Surin. In: *RAM*, t. 40, p. 475-476, 1964).

174 *Abbrégé*, op. cit., "Avis au lecteur chrétien".

cajado",[175] levando para um disfarce as insígnias de seu face a face de ontem, e que o jovem bárbaro se torne a *Criança sábia de três anos*, "instrução cristã", famosa, catecismo popular "onde toda a sabedoria do mundo é generosamente emprestada à criança inocente".[176]

b. *O "idiota" e o "pobre"*. Abstração feita dos manuscritos e das edições que A. Chiquot levantou[177] minuciosamente, o tema se amplia. Os termos mudam. O Amigo, por exemplo, aparece como Solitário, como Anacoreta, como Pobre, como Mendigo etc. A relação permanece. Ela é estrutural. Ela é, no entanto, afetada por problemas novos que carregam pouco a pouco seu sentido primeiro. Onde havia uma oposição não somente entre o leigo e o teólogo-padre, mas entre uma *ciência mística e um saber livresco*, o contraste vira para o lado *social*: progressivamente, a pobreza ocupa o "lugar" da mística; ela se quer destinada a uma função de contestação em uma sociedade onde a riqueza e a cultura cessam de ser cristãs. O face a face muda. Ele não confronta mais dois tipos de conhecimento religioso ou duas categorias eclesiais, mas dois grupos sociais: o sábio se torna o rico e o "libertino"; o ignorante se identifica com o pobre e com o crente.

Se nos prendermos à evolução do tema do fim do século XVI ao fim do século XVII, há inicialmente o face a

---

175 *Le Compost des Bergers*, cit. em R. Mandrou, *De la culture populaire*, op. cit., p. 160.

176 R. Mandrou, op. cit., p. 84. Mas a "criança" já leva reivindicações sociais. A esperança dos mercadores, diz ela, será pouco "porque eles adquirem por fraude ou enganação". Os lavradores, ao contrário, terão sua recompensa eterna: "A maior parte será salva, porque eles vivem de seu simples ganho e o povo de Deus vive de seu trabalho" (cit. *ibidem*, p. 85-86); a produção rural é um valor sobre o qual o eterno se julga.

177 A. Chiquot, *Histoire ou légende?* p. 15-34 (p. 30-31, para o século XVII francês).

380 A Fábula Mística ❖ Michel de Certeau

face que situa um diante do outro "(eu), homem laico e pobre idiota, e você, grande doutor em teologia".[178] O "idiota" aqui é ainda, no sentido primitivo do termo, o simples particular, aquele que não tem a patente oficial do saber teológico e da função sagrada. O adjetivo "pobre" designa menos a modéstia (a virtude do Amigo, no relato antigo) do que um *status*. O critério do trabalho e do lugar ocupado em uma hierarquia não mais religiosa, mas social, vai se impor. Aqui também, como no caso de "místico", "pobre" se torna de adjetivo a substantivo. É uma classe, um estado – e também o mito de outra ciência. Queimemos as etapas de uma evolução complexa e ramificada. Em 1639, com um amigo de Surin, Nicolas Du Sault, um autor espiritual muito esquecido,[179] o pobre de Tauler é agora um mendigo com feridas.[180] Ainda alguns anos, e o mesmo personagem, em 1652, nos é pintado como "um mendigo, coberto de pobres farrapos, descalço e todo lodacento, objeto de um aspecto que inspira dó". O bom Rojas acrescenta, e seu pobre é, no entanto, apresentado em francês por Cyprien de la Nativité, o tradutor de João da Cruz.[181] Henri-Marie Boudon não irá tão longe, mas ele opõe aos

---

178 *Les Instititutions divines...* [Tauler]. Paris, 1587, f. 18. A tradução de Louis Chardon, em 1650, enriquece: "Eu sou apenas um mesquinho homem leigo, sem estudo e sem suficiência, e você é um doutor qualificado e famoso doutor em teologia" (*Institutions...*, 1650. p. 531).

179 Cf. L. Cognet, *Histoire de la spiritualité chrétienne*, III. La Spiritualité moderne. Paris, 1966. p. 452. Sobre os Du Sault, cf. *Correspondance*, p. 1.422-1.423.

180 *Traité de la Confiance en Dieu*, livro I, cap. 1; em N. Du Sault, *Œuvres spirituelles*. Paris, 1651. t. I, p. 361-364. O "mendigo" é feliz, e ele tem essa palavra admirável, falando de Deus: "Ele faz tudo o que ele me agrada quando ele faz tudo o que lhe agrada" (*ibidem*, p. 362).

181 Rencontre merveilleuse et très digne de remarque, rapportée par Taulère... In: A. de Rojas, *La Vie de l'esprit*. Trad. Cyprien de la Nativité. Paris, 1652. p. 186-203.

Quarta Parte – Figuras do Selvagem ❖ Capítulo 7 – O lletrado Esclarecido 381

"hábeis" o "pobre ignorante", esse "sábio idiota" que ensinou a Tauler a "ciência dos santos" fazendo-o passar por "uma vida ridícula" aos olhos do mundo.[182] Cedo, no limiar do século das Luzes, uma congregação religiosa se colocará sob o signo dos "idiotas". Mas o próprio Boudon, que volta várias vezes a esse "homem simples e pobre", aí retém logo exemplos contemporâneos: "Eu conheci", escreve ele, "um pobre artesão casado a quem os maiores prelados do reino pediram opiniões e conselhos, e mesmo nas tarefas da maior consequência...".[183] O que ganha peso, nesse texto, é, mais que a qualidade de doutor ou de padre, a evocação desses "grandes prelados" e dessas "tarefas" de que um "artesão" é o juiz. Uma relação social se substitui a uma relação de *status* religoso ou de conhecimentos.

O deslize vai acentuar-se. Mil relações ou lendas acompanham essa reinterpretação de uma espiritualidade doravante marginalizada e localizada em um dos termos de um conflito sociocultural: a religião está aqui do lado do pobre. Elas se orientam em um sentido que esclarece o caso literariamente mais fascinante em seu brilho estranho e fugidio, o face a face de Don Juan e do Pobre, em Molière (*Don Juan*, III, 2): saído da floresta, vindo de lugar nenhum e sem nome, "retirado sozinho nesse bosque há 10 anos", como um eremita, "o pobre" é o único interlocutor que obriga o grande senhor a ceder e lhe dá uma lição. Ele não tem outro poder senão o de responder à chantagem pelo "Não, Senhor, prefiro morrer de fome", que é talvez a expressão para a qual essa cena foi inventada. A irredutível dignidade à qual um libertino presta homenagem por "amor à humanidade" seria a "ciência" que o pobre ensinará doravante ao rico e em razão da qual ele pode impor

---

182 Carta 184, em H.-M. Boudon, *Œuvres complètes*. Migne, 185v, t. 3, c 1024.
183 Carta 181; *ibidem*, c. 1019.

382 A Fábula Mística ❖ Michel de Certeau

ao mestre outra história, amanhã revolucionária? Enigma no cerne da obra-prima de Molière, essa cena não o diz. O outro pobre, o da mística, não deixa de sobreviver. Como prova esse encontro da Sra. Guyon com um arrombador (de portas). É o dublê biográfico da carta sobre o jovem da diligência, e ele cai também (como o fazia já o relato consagrado à idiota do século IV) no silêncio.

Um dia que eu tinha resolvido ir a Notre-Dame a pé, eu disse ao lacaio que me seguia que me conduzisse pelo caminho mais curto. A providência permitiu que ele me perdesse. Como eu estava em uma ponte, veio até mim um homem bem mal vestido: eu me achei no dever de lhe dar a esmola. Ele me agradeceu, e me disse que não era pedinte: aproximando-se de mim, ele começou sua conversa pela grandeza infinita de Deus, de quem ele me disse coisas admiráveis. Ele me falou em seguida da Santa Trindade de uma maneira tão grande e tão realçada, que tudo o que tinha ouvido dizer até então me pareceram sombras comparado ao que ele me disse. Continuando, ele me falou do Santo Sacrifício da Missa, de sua excelência, do cuidado que se devia ter em ouvi-la e assistir a ela com respeito. Esse homem, que não me conhecia, e que não via nem mesmo meu rosto que estava coberto, me disse em seguida: Eu sei, senhora, que a senhora ama a Deus, que a senhora é muito caridosa, e dá muitas esmolas (e muitas outras coisas das qualidades que Deus me havia dado), mas, no entanto, disse ele, a senhora está bem longe da conta. Deus quer mesmo outra coisa da senhora. A senhora ama sua beleza. Depois, fazendo-me uma pintura ingênua, mas verdadeira, de meus defeitos, meu coração não podia desacreditar do que ele me dizia. Eu o escutava em silêncio e com respeito enquanto os que me seguiam diziam que eu estava conversando com um louco. Eu sentia que ele era esclarecido com a verdadeira sabedoria. Ele me disse, além disso, que Deus não queria que eu me contentasse em trabalhar como os outros garantindo minha salvação, evitando somente as penas do Inferno; mas que ele queria, além disso, que eu chegasse a uma perfeição tal nessa vida que eu evitaria até as do purgatório. Nessa conversa, o caminho, embora longo, me parecia curto: eu não me dei conta senão de minha chegada a Notre-Dame, onde meu extremo cansaço me fez cair desfalecida. O que me surpreendeu é que, tendo chegado à Pont-au-Double e olhando de todos os lados, eu não percebi mais esse homem,

Quarta Parte – Figuras do Selvagem ✢ Capítulo 7 – O Iletrado Esclarecido   383

e jamais o vi desde então. Eu lhe perguntei, ouvindo-o falar assim, quem era ele: ele me disse que ele tinha sido outrora arrombador (de portas), mas que não era mais. Isso não me causou absolutamente tanta impressão então quanto me causou desde então. Eu a contei primeiro como uma história, sem dizer o que ele me havia dito por último; mas, tendo concebido que aí havia algo de divino, eu não falei mais disso.[184]

---

184   *La Vie de Mme J. M. B. de la Motte-Guyon, écrite par elle-même*, Colônia, 1720. p. 131-132. Donde o apelo que, na Sra. Guyon, faz eco a esse encontro: "Oh, pobre gente, espíritos grosseiros e idiotas, crianças sem razão e sem ciência, espíritos duros que não podem nada reter, venham fazer oração e vocês se tornarão sábios" (*ibidem*, p. 42).

Capítulo 8

OS "PEQUENOS SANTOS" DA AQUITÂNIA

Uma outra espécie de "Amigos de Deus" se encontra, por volta dos mesmos anos de 1630, entre os jesuítas franceses. Não se trata mais de um solitário em um "deserto", mas de um grupo que vive no interior de uma instituição poderosa, dinâmica, bem organizada e que não tem ainda um século de idade, a Companhia de Jesus. Os "selvagens" aparecem, dessa vez, na mais moderna das empresas do sentido. Enquanto ela faz da reforma seu programa, sua cruzada e sua "glória", eles pedem sua reforma interior e uma vida mais fiel em seus começos. Esses alguns "jovens", "pequenos profetas e pequenos santos", como os chama um de seus censores,[1] em suma os irmãos do jovem da diligência, instauram um movimento análogo ao que João da Cruz e seus amigos tinham criado na velha Ordem carmelita, dando origem aos carmelitas "reformados" ou "descalços". Eles reivindicam uma "pureza" espiritual, no próprio seio da instituição que tem esse discurso e que lhe dá um lugar social. Mas a história não se repete.

---

1   Nicolas Du Sault, *Caractères du vice et de la vertu*, 1655. p. 247-248. Deve-se lembrar que o termo "santo" designa então o que nós chamamos de "místico".

386   A Fábula Mística ❖ Michel de Certeau

Onde João da Cruz ganhou, eles perdem. Teriam eles chegado muito tarde?

Sua situação é paradoxal. O fundador, Inácio de Loyola, morreu há apenas 70 anos (1556) e acaba de ser beatificado (1609): é um "homem desse século", dirá ainda Surin 30 anos mais tarde. Eis, no entanto, que esses "místicos reformados" se levantam já como os fantasmas de uma origem perdida. Prevalecendo-se dela e de Inácio, eles protestam contra as atividades profanas e mundanas que a Ordem privilegia na distribuição de suas tarefas e de seus objetivos. Curiosamente, seus críticos e suas aspirações juntam-se àquelas que as instâncias superiores jesuíticas manifestavam pouco antes (1606). Mas desde que eles aparecem, eles são acusados de introduzir uma doutrina "estranha" ao espírito da Companhia de Jesus, "perigosa", na verdade "perniciosa" em relação às regras que organizam uma missão apostólica, e caracterizada por dois termos igualmente pejorativos nos documentos das autoridades: ela é "nova" e ela é "mística". Seguem-se os procedimentos de uma marginalização que conduz os "profetas" ou a alinhar-se, ou a apagar-se, ou ainda a irem embora. Obedecer, calar-se ou partir: três saídas para testemunhas que pretendiam lembrar à instituição seu "espírito". Vencidos, pois, mas sem ter combatido uma Ordem à qual eles queriam pertencer,[2] eles aí representam uma "resistência" mística cuja expressão social não pode ser trazida nem à seita nem mesmo ao grupo de pressão, e cujo insucesso não o impedirá, aliás, de ter toda uma posteridade literária e espiritual. Sua descendência nascerá de sua derrota. No interior da Companhia, eles não têm mais poder do que a "idiota" em seu mosteiro de Tismê-

---

2   Esquema que alcança o problema colocado por L. Kolakowski (*Chrétiens sans Église*. Trad., Paris: Gallimard, 1969) em função de sua experiência pessoal passada no partido comunista polonês. Cf. Introdução.

Quarta Parte – Figuras do Selvagem ❖ Capítulo 8 – Os "Pequenos Santos"... 387

nai. Eles entendem até respeitar sua "condição". Eles não opõem outra instituição à que lhes define um "estado". Mas eles introduzem aí uma *diferença*. Qual e de que maneira? Esse caso particular deve permitir precisar como essa "diferença" se manifesta socialmente e também como ela ressurge de seu recalcamento para passar a outra parte – à maneira desses cantos revolucionários que sobrevivem à derrota das realizações históricas e levam mais longe um espírito.[3]

Mas é preciso voltar primeiro aos começos institucionais desse reformismo, isto é, à forma que ele recebe oficialmente na Companhia de Jesus, antes que jovens zelotes místicos façam dele sua causa e paguem seu preço.

1. "OS DÉFICITS" DA COMPANHIA (1606)

Com efeito, o reformismo chega a Roma bem antes que se inquietem em vê-lo aparecer entre jovens religiosos franceses. Em meio século, os jesuítas decuplicaram o número de seus membros (mais de 13 mil em 1615), multiplicaram suas fundações, diversificaram suas ocupações, estenderam sua influência e aumentaram seus bens. Eles são respeitados, temidos, admirados e criticados. Novos problemas surgem, devidos, em parte, às modificações qualitativas que provoca o crescimento quantitativo além de certos limites, devidos também à transformação mental da Europa. Sob o generalato de Claudio Aquaviva (1581-1615),[4] duas questões se impõem de uma maneira cada vez mais aguda: uma interessa o caráter internacional da Ordem que

---

3   Cf. M. de Certeau, *L'Invention du quotidien. 1. Arts de faire*. Paris : UGE, coll. 10-18, 1980. p. 58.

4   Sobre esse homem muito pouco estudado, cf. J. de Guibert, in *La Spiritualité de la Compagnie de Jésus*. Roma, 1953. p. 219-237; e principalmente Mario Rosa, Aquaviva (Claudio). In: *Dizionario biografico degli Italiani*. Roma, 1960. t. 1, *c*. 168-178.

388 A Fábula Mística ❖ Michel de Certeau

se desenvolve à época em que as nacionalidades se afirmam e se separam; a outra concerne às determinações e à natureza de seu apostolado no momento em que os ministérios objetivos se tornam especialidades progressivamente autônomas em relação ao espírito que leva jesuítas a adotá-las. A revisão necessária toca, então, à organização interna da Ordem como à sua atividade exterior; ela deve permitir superar as dificuldades particulares que provocam em um instituto ainda jovem, por um lado, a mutação da cristandade na Europa, e, por outro, a laicização em curso da filosofia, das ciências e das atividades humanas.

A primeira dificuldade se manifesta principalmente a respeito da posição ocupada pelos espanhóis: por muito tempo preponderantes entre os "professos"[5] e na hierarquia romana da Ordem, eles não admitem, sem reagir, que se conteste um privilégio aparentemente fundado nas origens da Companhia. Eles são apoiados pelo papa Sixto V (†1590), que precisa do apoio de Filipe II. De volta a Roma graças ao rei da Espanha, J. Acosta, provincial do Peru, trabalha em sua causa e se concilia com Toledo (muito influente na Cúria e elevado ao cardinalato em setembro de 1593). O que quer que seja de intervenções pró

---

5   Dado o papel privilegiado desses "professos" ditos "dos quatro votos" na organização interna da Companhia, há aí um fato notável. Em 1574, sobre 273 membros, as próprias províncias francesas contam sobre um total de 10: dois professos espanhóis, cinco franceses, dois escoceses (exilados) e um italiano (cf. os catálogos de 1574, em ARSJ, *Hist. Soc.* 41, f. 190-196). Sobre os problemas colocados pela seleção desses "professos" e pelos critérios intelectuais (mais que espirituais) que a comandavam (são necessários títulos universitários), cf. A. Demoustier, Dificuldades em torno da profissão na França sob Borgio e Mercurian, 1565-1580. In: *AHSJ*, t. 37, p. 317-334, 1968. A predominância espanhola é, aliás, mantida também pelo fato que, durante algum tempo, estudantes jesuítas franceses são enviados à Espanha para aí se formarem.

Quarta Parte – Figuras do Selvagem ❖ Capítulo 8 – Os "Pequenos Santos"... 389

ou antiespanholas,[6] uma quinta congregação geral é decidida por Clemente VII (15 de dezembro de 1592) e praticamente imposta a Aquaviva; reunida de 3 de novembro de 1593 a 18 de janeiro de 1594, ela abre um dossiê já considerável de projetos reformistas. Se as decisões dos delegados tendem a melhor controlar o poder geral, garantindo uma mais forte representação da Ordem,[7] ou a garantir a independência do governo romano em relação aos nacionalismos,[8] é que na origem da congregação e no centro dos debates há uma tensão entre os novos patriotismos políticos e a unidade religiosa. Essas deliberações e essas oposições são acompanhadas de relatórios sobre os remédios chamados pelas "faltas" (*detrimenta*) de que sofrem, nesse ponto de vista, as instituições da Companhia. Assim, o Português Hernando de Mendoça comporá logo para a sexta congregação geral (1608), traduzidos e publicados pouco depois em francês,[9] seus *Advis de ce qu'il y a à réformer en la Compagnie des Jésuites*, texto "apresentado ao Papa e à congregação geral": ele coloca aí em causa o generalato perpétuo;[10] ele propõe um geral preposto especialmente nos negócios espanhóis[11] ou pelo menos a institucionalização de uma alternância entre um

---

6   Do lado espanhol, em 1595, tentar-se-á fazer nomear Aquaviva na sede de Cápua, para eliminar assim um homem julgado muito independente. Cf. M. Rosa, op. cit., *c.* 170.

7   Por exemplo, em 3 de dezembro de 1593, têm-se em vista congregações gerais periódicas.

8   Em 21 de dezembro de 1593, a congregação geral reprova os comprometimentos políticos dos membros da Companhia.

9   Sommervogel, t. 5, *c.* 898, indica 1615 como data (sem lugar de edição). O impresso que encontramos em Paris (BN, fds fr. 15781, f. 365-384v) leva, manuscrita, a data de 1609. Mendonça sai da Companhia em 1608 e se torna arcebispo de Cuzco (Peru) em 1611.

10   Paris, BN, fds fr. 15781, f. 366 (p. 3 do impresso).

11   *Ibidem*, f. 366v (p. 4 do impresso): "Que haja como um geral na Espanha, para todos os negócios desta."

390 A Fábula Mística ❖ Michel de Certeau

geral espanhol e um geral "estrangeiro";[12] ele pede que se reduza o tempo da formação e, acrescenta, "que se dê ordem para que tantas pessoas não saiam da Companhia, como se faz todos os dias, ao cabo de 20 e 30 anos, de maneira que há muitos mais fora que dentro".[13] Outras memórias análogas aparecerão, como o *Discours du père Iean Mariana, Iesuite Espanhol. Des grands défauts qui sont en la forme du gouvernement des Iesuites*, publicado em 1625, e, talvez, desde 1624.[14]

A esse tipo de reformismo se junta um outro, espiritual. Assim como há uma oposição entre a realidade das pertenças nacionais e a unidade religiosa da Ordem, um cisma se produz entre os apostolados efetivos e o espírito que, ontem, os inspirou. Desse ponto de vista também, jesuítas se interrogam. As críticas despertadas pelo sucesso encontram, aliás, entre eles um eco. Tão próximos ainda de seu fundador, não se deixariam levar pelos seus trabalhos longe das "virtudes sólidas" que ele queria para sua "pequena Companhia"? Assim como lhes censuram isso em Roma e alhures, não se afastariam eles dos objetivos que lhes foram primitivamente fixados? Em 27 de setembro de 1585, Aquaviva pede a Lorenzo Maggio que estabeleça um dossiê a esse respeito. Terminado no fim de novembro de 1585 e remetido ao geral em 24 de janeiro de 1586, essa memória, intitulada *De naevis Societatis et remediis*, analisa as deficiências da Companhia, suas causas e os remédios a encarar. Ele insiste sobre a urgência

---

12   *Ibidem*, f. 367 (p. 5 do impresso): "Que se um geral for estrangeiro, que o outro seguinte seja espanhol..."

13   *Ibidem*, f. 370 (p. 11 do impresso).

14   O texto, datado de 1625, já teria sido publicado em 1624. Cf. Sommervogel, t. 5, *c*. 563-564. Cem anos mais tarde, as *Mémoires de Trévoux* (ano de 1765, p. 1895) pretenderão que o impresso é a obra de um dominicano.

de uma formação na oração.[15] Em 1593-1594, a questão é retomada e desenvolvida com a criação de uma comissão *Ad detrimenta cognoscenda*, que reforça a quinta congregação geral e deve prolongar seu trabalho. *Detrimenta*: a própria palavra volta como um obsessivo leitmotiv nas memórias, os relatórios e os debates desse fim do século XVI e primeiros anos do século XVII. É, enfim, o tema de uma imensa investigação – processo que o geral utiliza várias vezes para uma tomada de consciência coletiva e uma circulação da informação.[16] Em 1605, enquanto se preparam já as solenidades de que se acompanharão as canonizações de Inácio de Loyola e de Francisco Xavier (1612), Aquaviva pede a todas as províncias jesuíticas um exame *De Detrimentis Societatis*. Cada congregação provincial deve reunir-se e enviar um relatório sobre os déficits constatados, sobre os remédios já empregados e seus resultados, enfim, sobre os meios de garantir no futuro uma maior fidelidade. Cada jesuíta tem a possibilidade de dirigir também a Roma uma memória sobre essas mesmas questões. O conjunto do dossiê[17] representa o julgamento

---

15 A memória ainda existe. ARSJ, *Inst.* 107, f. 1-38. Cinco anos depois, vice-superior da casa professa de Roma, Maggio pede ainda aos Padres de sua casa que concedam mais tempo à oração e à penitência. Cf. B. Schneider, Der Konflikt zwischen Claudius Aquaviva und Paul Hoffaeus. In: *AHSJ*, 1957, t. 26, p. 20, n° 66a. Ele é logo suspeito de promover "novidades" e de difundir um espírito "estranho" à Companhia. Cf. Schneider, *ibidem*, n° 80. É sob a direção desse defensor de Gagliardi que Bérulle, em 1602, faz em Verdun seu retiro; sobre a importância desse encontro para o fundador do Oratório, cf. J. Orcibal, *Le Cardinal Bérulle*. Paris, 1965. p. 25-41.

16 Em 1611, Aquaviva empreenderá outra grande investigação em toda a Companhia, mas dessa vez, junto a teólogos: *Pro soliditate atque uniformitate doctrinae per universam Societatem*. As respostas são conservadas in ARSJ, *Inst.* 213, agrupadas por províncias.

17 ARSJ, *Hist. Soc.* 137.

392 A Fábula Mística ✤ Michel de Certeau

que faz sobre ela mesma uma geração. Ele constitui também um corte em toda a espessura de um corpo social.

Para a França, as respostas objetivam principalmente os problemas de espiritualidade. Elas são lúcidas e severas, e vêm de personalidades notáveis, dentre as quais os melhores autores espirituais do tempo. O processo de Lyon é assinado por Louis Richeome, provincial; o de Paris, por Étienne Charlet, ele também provincial, e ele é aumentado com uma memória pessoal atribuída a Pierre Coton, então "pregador do rei", na corte de Henrique IV. A mais longa dessas *Informationes de statu provinciae* é a da Aquitânia: 20 fólios enviados a Roma em 4 de fevereiro de 1606. Se julgarmos conforme essas memórias francesas, os superiores se interessam muito pouco pela formação espiritual de seus sujeitos e praticam um autoritarismo todo exterior que é criticado com insistência quase por toda parte. Assim, na casa professa de Paris, o superior "governa despoticamente (*"despotice"*)..., preocupa-se pouco com as pessoas da casa e muito com ele mesmo, conduz-se de uma maneira muito dura e definitiva".[18] Sobretudo, os jesuítas não atribuem à oração e à leitura espiritual o tempo previsto pelas regras, e as têm muitas vezes como uma ocupação dos noviços. O relatório da Aquitânia observa "uma excessiva dificuldade em recolher-se, mesmo nos exercícios espirituais".[19] Os re-

---

18   ARSJ, *Hist. Soc.* 137, f. 152. A renovação espiritual é, aliás, frequentemente ligada a uma melhor escolha dos superiores. Tudo depende da qualidade dos superiores: cf. também o Brevis tractatus De adhibendo remedio iis malis quae aut jam in Societate irrepiere aut in eandem irrepere in posterum possent (ARSJ, *Inst.* 186d, f. 42-52).

19   ARSJ, *Hist. Soc.* 137, f. 161r-v. Esse déficit é mencionado até na província de Lyon que, no entanto, entre os capítulos previstos por Aquaviva em seu questionário, despreza o que concerne à *interna cultura*, o *studium orationis* etc.; Richeome observa: "*Passim maximus invaluit languor et negligentia in oratione, meditatione, exercitiis spiritualibus...*" (*ibid.*, f. 177).

Quarta Parte – Figuras do Selvagem ❖ Capítulo 8 – Os "Pequenos Santos"... 393

ligiosos aparecem muito inclinados a excederem-se nas ciências e preocupados mais pelos trabalhos intelectuais do que pela prática das virtudes.[20] Indicam-se falhas quanto à pobreza, por exemplo, em Paris, o uso crescente do relógio, em princípio reservado ao provincial e a Pierre Coton –,[21] a apropriação técnica do tempo dependendo também da pobreza. Mas o mais frequentemente notado desses *detrimenta*, é uma "grande difusão no exterior" (*magna effusio ad exteriora*), para "ocupações externas imoderadas que absorvem o homem todo".[22] Explicada pela urgência das tarefas e pela penúria dos operários, essa *effusio ad exteriora* é, segundo os relatórios coletivos, a "verdadeira raiz" de todos os outros déficits. A lei do trabalho é maior do que a da contemplação.

Pierre Coton é o autor da mais interessante memória pessoal,[23] um texto que dá início à longa tradição espiritual (de Lallemant ou Surin até Caussade e Grou) das críticas internas visando ao ativismo jesuítico. Ele se prende, diz

---

20 A província de França indica: "*Nimia attentio ad studium et desiderium excellentiae in talentis externis, ad satisfactionem hominum et pompae...*" (*ibidem* f. 130). A da Aquitânia: "*Major affectus ac diligentia ad litteras et doctrinam quam ad virtutes et sanctimonium*" (*ibidem*, f. 161v). Quinze anos mais tarde, Pierre Coton, reitor do colégio de Bordeaux, constatará a regularidade da vida religiosa, mas ele achará que ela continua muito exterior, que a preocupação com os exames preocupa muito os estudantes jesuítas, que o excesso no estudo prejudica a oração e a pregação etc. (carta a Vitelleschi, 31 de janeiro de 1621; ARSJ, *Aquit.* 18, f. 233-235v).

21 ARSJ, *Hist. Soc.* 137, f. 152. Em 1625, o Padre Vitelleschi autoriza Étienne Binet a conservar o relógio que lhe foi dado, mas somente durante seu provincialato (carta de 26 de maio de 1625; ARSJ, *Camp.* 7, f. 159).

22 Cf. *Informationes* da província de França, ARSJ, *Hist. Soc.* 137, f. 129v. *Informationes* da Aquitânia, *ibidem*, f. 161v etc.

23 Ele se encontra em dois exemplares, os dois autógrafos, nos Arquivos romanos; ARSJ, *Hist. Soc.* 137, f. 132-139 e 140-149. O segundo parece ser uma atualização do primeiro.

ele, ao que constatou na casa professa de Paris, única casa da província onde ele residiu. Mas aí, acrescenta, "eu penso dever dizer que a maior parte se preocupa muito pouco com o homem interior".[24] No capítulo "De cura spiritualium internaque cultura", ele tenta analisar as causas do mal e seus remédios. Entre as causas, há primeiro e essencialmente uma "má formação para a vida interior" (com, como corolário, a insuficiência de confessores e de superiores que saibam o que é o "culto interior"); depois, a segurança encontrada nas tarefas "exteriores"; enfim, uma sequência de defeitos concernentes aos superiores, gestionários mais que espirituais, suspeitos, intrigantes, intocáveis e seguros deles mesmos.[25] Em conformidade com a demanda romana, esse julgamento severo só objetiva as responsabilidades da instituição: a educação, a distribuição das tarefas, os funcionários. Mas ele evoca, em contraponto, negativamente, a solidão da experiência à qual a Ordem supostamente dava forma social. Tudo parece acontecer como se os itinerários do "espírito" fossem "estranhos" ao funcionamento efetivo da organização jesuítica.

Os remédios indicados por Coton visam, em princípio, às medidas que as autoridades podem tomar para curar o mal e para "salvar" a Ordem (como escrevia já em 1579 o grande teólogo jesuíta francês Maldonat, "com justos lamentos sobre a Companhia que se perde").[26] De fato, ele apresenta uma mistura de pontos relativos a intervenções institucionais possíveis e princípios gerais necessariamente deixados à discrição de cada um. Por um lado, são necessários superiores "bons e espirituais", confessores "que saibam instruir e não se contentem em absolver"

---

24 *Ibidem*, f. 132.
25 *Ibidem*, f. 132. Os textos originais latinos e suas variantes são editados in M. de Certeau, Crise sociale et réformisme spirituel au début du XVIIe siècle. In: RAM, 1965, t. 41, p. 347 e segs.
26 Cit. in A. Demoustier, op. cit., p. 326.

etc.; é preciso também – indicação curiosa que precede de perto de 40 anos a campanha realizada por Antoine Arnauld em *De la fréquente communion* – "não abusar" da eucaristia e da missa como se faz quando o hábito esgota sua utilidade e que se "despreza" assim a presença do Cristo. Por outro lado, são recomendados "o conhecimento e o desprezo de si", "a união com Deus e caminhar em sua presença", uma fidelidade às "moções do coração" (*motiones animi*), uma conduta que se origina na "afeição interior do espírito" (*interior animi affectio*) e não na sensibilidade, o costume ou a ambição, um permanente exame de si mesmo, a leitura assídua e quotidiana das obras espirituais, enfim, uma vida voltada para "somente Deus, único necessário".[27] A mesma insistência sobre as "moções do coração" e sobre a pureza de intenção se encontra no capítulo "Ministeria zelusque animarum utrum langueant vel efflorescant", que afirma o primado do *affectus* sobre o *effectus*, isto é, a prioridade de uma docilidade aos movimentos interiores do espírito em relação ao interesse objetivo que apresentam atividades sociais: "Ir não das realidades exteriores para as interiores, mas das interiores para as exteriores... Obedecer não ao apelo do objeto (*non vocari ab objecto*), mas ao de Deus".[28] É a inversão de uma estratégia que fixaria tarefas conforme seu interesse público. No âmbito de uma dicotomia entre o "interior" e o "exterior", os movimentos do "coração" devem fornecer o critério das ações a empreender.

A questão essencial é a do "sujeito" (*subjectum*) e não a do "objeto" (*objectum*). Tudo depende, finalmente, da "disposição" do primeiro, e não "da qualidade ou da quantidade" do segundo. "Não há menos pessoas avaras por

---

27   ARSJ, *Hist. Soc.* 137, f. 132 e 140. Texto latino completo in Certeau, op. cit., RAM, p. 347-348.

28   *Ibidem*, f. 142v.

396   A Fábula Mística ❖ Michel de Certeau

uma pequena soma que por uma grande." Assim também, pode-se ser dissipado por um nada como por um grande número de tarefas.[29] O importante não é mudar as tarefas, mas mudar os corações. A oração (*oratio*) será, portanto, a mola da reforma: um retorno ao "interior", ao movimento (ao mesmo tempo *motus*, princípio motor, e *motio*, inspiração conjuntural) que vem do alto, com uma "força" que, do interior, dá sentido e direção (*intentio*) às atividades quotidianas. É a retomada de um axioma medieval – *actus sequitur esse* –, mas ao "ser" colocado em uma ordem cósmica se substitui o impulso vindo de um querer absoluto, e ao "ato" que manifesta essa ordem se substitui a operação que "produz" esse impulso interno na cena pública, de maneira que a reforma consiste em remodelar as coisas visíveis a partir das energias divinas de que o coração (*"voluntas" et "affectus"*) sente as chegadas. Essa concepção permanece cósmica, mas na perspectiva dinâmica de forças que animam o querer humano, e às quais é preciso encontrar saídas no espaço teatral desse mundo.

É em seu capítulo sobre a oração ("De studio orationis")[30] que as visões de Coton se explicitam então. Elas se resumem na oposição de dois polos, um designado pela "luxúria espiritual", o outro por algumas fórmulas centrais tais como "querer Deus segundo Deus" ("Deum velle secundum Deum"), "usufruir de Deus" ("Deo frui") em vez de utilizá-lo ("Deo uti"). O espírito mercenário que tira proveito da referência divina para fins de promoção individual ou coletiva, e o espírito de "luxúria" que desvia o amor de Deus para amor de si representam temas tipicamente "místicos". Eles levam Coton a um desenvolvimento que (por prudência?) ele suprime em sua redação definitiva: a luxúria dos sentidos, condenável que seja, é menos grave

---

29   *Ibidem*, f. 143v. Cf. Certeau, op. cit., RAM, p. 349.
30   *Ibidem*, f. 143v-145. Cf. Certeau, op. cit., RAM, p. 349-351.

Quarta Parte – Figuras do Selvagem ❖ Capítulo 8 – Os "Pequenos Santos"... 397

que a luxúria do espírito, ela mesma tanto mais frequente nos religiosos que eles se liberaram mais dos prazeres da "carne". Leitmotiv "iluminista": a verdadeira luxúria, que faz do outro um objeto de proveito, é do coração, não do corpo. A segunda não é, em suma, senão a figura sensível de uma traição mais fundamental que perverte o ascetismo e substitui a rentabilidade de um lugar, de uma relação ou de uma autoridade à hospitalidade do coração.[31]

A orientação positiva é dada por uma série de sentenças, como por sacudidas e por fragmentos – uma direção traçada com pequenas pedras brancas:

> Guardar-se puro (*"immaculatum"*) do século... Querer Deus segundo Deus, isto é, da maneira que ele quer. Não achar alegria senão no que leva a ele e dor senão naquilo que distancia dele... Ter como alegria o que sofremos por aquele que viveu por nós e que morreu por nós. Fazer-se um paraíso do que o glorifica. Aniquilar-se a si mesmo (*"exinanire semetipsum"*)... Conservar o cuidado de andar diante da face de Deus, sem jamais (tanto quanto possível) desviar os olhos daquele que nos olha sem cessar com seus olhos paternos... Conversar, discutir, estudar, circular, administrar os sacramentos não somente segundo Deus e na presença de Deus, mas em Deus, como as aves se movem no ar que as envolve, ou os peixes no mar, de maneira que vivamos na experiência do Deus que está aí e que invade nossas ações... Os mercenários preferem utilizar Deus mais que usufruir dele ("frui"), eles não querem servi-lo senão às suas custas... É preciso esperar Deus até o momento, durante todo o tempo, à maneira e pelo que lhe agradar... Enfim, ficar disponível no que se empreende (*in negotio otiosum esse*), isto é, o coração e o espírito quase jamais distantes de Deus, principalmente nas tarefas exteriores que são facilmente compatíveis com essa atenção.

---

31 Várias vezes Aquaviva, depois seu sucessor Vitelleschi, condenaram a tese sobre a "leviandade da matéria" na luxúria; cf. A. Astrain, *Historia de la Compañía de Jesús en la Asistencia de España*. Madri, 1920. t. 6, p. 144; Massimo Petrocchi, *Il problema del lassismo nel secolo XVII*, Roma, 1953. p. 55.

398 A Fábula Mística ❖ Michel de Certeau

Assim se desenha o modelo do que falta. Ele se junta a algumas das proposições que Lorenzo Maggio fazia desde 1585. É assim que um eco dos grupos espirituais italianos aos quais Coton esteve ligado, em particular a pequena rede tecida em Milão em torno de Achille Gagliardi – um "diretor espiritual" jesuíta que, segundo um esquema frequente, segue a experiência de sua "filoteia", Isabella Bellinzaga (como a Beatriz de Dante, essa viajante mística o conduz através dos paraísos, dos purgatórios e dos infernos da alma). Enquanto Gagliardi se faz o intérprete e o teórico de sua "dirigida" em um livro, o *Breve compendio*, que é imediatamente muito discutido,[32] Coton aprende dela o que é a humildade "mais pura".[33] Ele é mais flexível, mais brilhante e menos vigoroso que seu confrade milanês. Mas ele testemunha, as aspirações "espiritualistas" que murmuram um pouco por toda parte nos parlatórios de residências jesuíticas e que, aos olhos das autoridades, aparecem, cada uma, benéficas, embaraçosas ou suspeitas, principalmente depois dos "casos" espanhóis de Antonio Cordeses e de Balthasar Alvarez.[34]

---

32 Sobre Gagliardi, cf. a ed. do *Breve compendio* por Mario Bendiscioli, Florença, 1952 (com uma Vita di Isabella Bellinzaga, p. 155-203), e os documentos publicados por Pirri (AHSJ, t. 20, 1951, p. 231-252), concernentes aos julgamentos feitos em 1590 em Milão (por J. B. Vanino, o mais severo), depois em Roma (por E. Tucci, mais temperado) sobre o manuscrito de Gagliardi. Os papéis de Gagliardi (sobrecarregados de correções do autor) e as censuras de que eles foram o objeto formam o dossiê de um "caso" milanês análogo e anterior à dos "pequenos profetas" da Aquitânia: Roma, ARSJ, *Opp. NN*. 304; Fdo Gesuitico, *Ep. Select.*, 646 e 653; Pont Univ. Gregor., ms. 973 e 1463 etc.

33 P. Roverus, *De vita Patris Cotonis libri III*. Lyon, 1660. p. 20.

34 Sobre Balthasar Alvarez, a quem se censurava uma "maneira estranha de rezar" ("modo peregrino de orar"), e sobre as medidas tomadas contra ele por Everard Mercurian, um flamengo bastante rígido (geral de 1573 a 1581), cf. DS, t. 2, *c*. 2314-2319.

Quarta Parte – Figuras do Selvagem ❖ Capítulo 8 – Os "Pequenos Santos"... **399**

De um ponto de vista geral, os relatórios de 1606 têm, sem dúvida, tendência a fazer negro o quadro dos *detrimenta*. É a lei do gênero. Mas eles destacam unanimemente dois pontos decisivos na conjuntura e para o futuro: uma antinomia entre um trabalho apostólico tornado excessivo ou cativante e a vida interior; a urgência de uma (melhor) formação espiritual. Dupla surpresa, dupla quebra em relação à tradição: as tarefas, pelo fato de sua tecnicização, podem afastar de Deus; e o "espírito", em uma sociedade florescente, pode faltar. O enorme desenvolvimento de empresas (desde 20 ou 30 anos, muitos religiosos se preocupam com sua multiplicação excessiva ou prematura), a extensão e a mobilização dos jesuítas em todas as frentes da cruzada pós-tridentina, a "secularização" dos métodos e das práticas quebram a imagem eufórica da "pequena companhia" primitiva dos "padres reformados". A *effusio ad exteriora*, antes de ser a falha dos religiosos criticados pelos relatores franceses de 1606, é o fato da ordem inteira. A essa efusão/difusão, a esse perigo de crescer, corresponde, no início do século XVII, um refluxo para o interior: um trabalho para defender uma identidade e para fixar um "próprio".[35] Trata-se de contrabalançar a lógica das ocupações "exteriores". Essa reação não poderia, pois, apoiar-se sobre essas ocupações em si, sempre necessárias, mas tornadas perigosas. Ela consiste, pois, em uma política da espiritualidade. Ela tem por programa a *construção de um "interior"*. Coton, esse confessor do rei, percebeu muito bem o alcance institucional do que o secretário da Companhia, Bernard de Angelis, chama de "administração espiritual". Essa política da mística se organiza em torno de uma fronteira que

---

35 Desde os primeiros anos do generalato de Aquaviva, o "próprio" é um *slogan* das autoridades romanas. Cf. F. Londoño, *Espíritu propio e impropio de la Compañía de Jesús* (1590). Bogotá, 1963.

é preciso definir mais rigorosamente e que separa duas regiões cujos nomes obcecam os documentos da época: "*nostrum*" e "*alienum*" (ou "*peregrinum*") – o que é "nosso" e o que é "estranho".

No centro desse programa, há a necessidade para a instituição de assumir a preservação de sua "interioridade" ou de um "espírito". Uma fórmula, ela também frequente, designa esse ponto estratégico: "o espírito de nosso Instituto". Essencialmente, isso não significa que *há* um "espírito" *na* instituição, mas que a organização jurídica e intelectual da sociedade (isto é, seu "instituto") deve formar e garantir um espírito próprio (o espírito da casa), mesmo que seja contra seus próprios membros, visto que a erosão ou, como o dizem alguns, a "perda" da Companhia é causada pelos próprios jesuítas. Difícil problema essa política do espírito. De qualquer maneira, se ela combate a insuficiência de uma "vida interior" entre seus trabalhadores, ela não admitirá mais que essa espiritualidade se manifeste fora das normas institucionais. Ela se diversifica em três direções.

Primeiro, uma série de medidas e de leis que regulamentam o noviciado (1580), os primeiros anos de estudo (1608), as "renovações" das promessas religiosas (1608), o terceiro ano de noviciado ao termo dos estudos (1593-1594), a oração quotidiana (1581), os retiros anuais de oito a 10 dias (1608), a manutenção da vida espiritual pelos superiores (1598), a maneira de dar os *Exercícios espirituais* (1599) etc. Esse aparelho administrativo estreita por práticas espirituais uma Ordem que se "difunde" por suas práticas apostólicas. Ele é seguido de um trabalho análogo no setor dos estudos, com a *Ratio studiorum* de que o primeiro projeto data de 1585 e que transpõe sobre a cena pedagógica os métodos tirados de uma disciplina espiritual. Aliás, foi, sem dúvida, preciso que a Companhia tivesse que elaborar as regras institucionais de uma

Quarta Parte – Figuras do Selvagem ❖ Capítulo 8 – Os "Pequenos Santos"... 401

interioridade e de sua transmissão, isto é, uma economia
social do espírito, para que ela pudesse produzir um sistema pedagógico global e coerente.[36]
A produção de uma literatura espiritual constitui outro meio de circunscrever o espaço de um espírito. Ela depende também de uma política da instituição. Ela é, pois,
estimulada, e controlada, por Aquaviva. Até aí, se há uma
grande abundância de "conferências" (ou "pláticas"), de
"diretórios" e de "cartas", essa produção concerne essencialmente a problemas práticos, a "maneiras de proceder",
e desenvolve principalmente, sob forma de comentários,
a tradição interna dos *Exercícios espirituais* de Inácio de
Loyola. Para o resto, recorre-se aos grandes textos dos re-
noflamengos, da escola carmelita e das "amantes de Jesus Cristo" que são Gertrude d'Helfta, Angèle de Foligno,
Catherine de Gênova, Madeleine de Pazzi etc. Essas grandes vozes contemplativas, vindas do "exterior", contras-
tam com os textos um pouquinho estagnados de "Diretórios" mais que reservados em relação a uma interpretação
mística dos *Exercícios*.[37] Elas embriagam. Elas arrebatam.
Daí as medidas drásticas tomadas por Mercurian, em
1575, contra um grande número dessas "leituras" (Tauler,
Ruusbroec, Suso, Gertrude, Mechtilde, muitos outros são

---

36 Sobre essa "administração espiritual", cf. Pedro de Leturia, *Estudios ignacianos*. Roma, 1957. t. 2, p. 189-378, e também as observações gerais de Mabel Lundberg, *Jesuitische Anthropologie und
Erziehungslehre in der Frühzeit des Ordens (ca. 1540 – ca. 1650)*.
Uppsala, 1966. p. 219-229.
37 Cf. *Directoria Exercitiorum*. Roma, 1955. p. 301 e segs. O problema
se coloca, em particular, para a "aplicação dos sentidos", inter-
pretada seja como um trabalho da imaginação, seja por referência
à tradição mística dos "sentidos espirituais": González Dávila, em
1585-1588, censura no segundo ponto de vista suas "sutilezas".
Há finalmente "depreciação" da própria aplicação dos sentidos,
em favor da meditação discursiva. Cf. Joseph Maréchal, in DS,
t. 1, *c.* 813-816.

402 A Fábula Mística ❖ Michel de Certeau

excluídos).[38] Aquaviva estimula outro estilo, notável já no tratado, escrito sob sua inspiração, que Bernardino Rossignoli publica em Ingolstadt, em 1600, a *Disciplina christianae perfectionis*. Os textos se tornam mais técnicos e menos afetivos. As referências não são mais limitadas a uma tradição interna, elas abraçam toda a literatura cristã. Não se trata mais somente de práticas, mas de problemas teóricos da vida cristã e das grandes questões do tempo. Um *corpus* doutrinal se forma. Aparecem o *De vita spirituali* de Alvarez de Paz (1608), o *Ejercicio de perfección* de Alfonso Rodriguez (1609), o *De virtute et statu religionis* de Francisco Suarez (1608-1625), a *Intérieure occupation* de Pierre Coton (1608), a *Vida del V. P. Balthasar Alvarez* de Luis de La Puente (1615), o *De summo bono* de Léonard Lessius (1615) etc. Obras maiores, nascidas da confrontação com as correntes teológicas e místicas da época, e que fixam, ilustram, justificam o que, em Roma, se chama de *"via regia"* da espiritualidade, uma "via real" doravante referencial ao longo de todo o século XVII. Elas instituem, sob a inspiração das diretivas dadas por Aquaviva, uma linguagem de interioridade – um lugar do espírito.

Enfim, estabelece-se uma imagem oficial do fundador. É a origem revista e corrigida. As primeiras gerações de jesuítas tinham conhecido seu retrato, edificante com certeza, mas familiar, pintado por Ribadeneyra em sua *Vita Ignatii Loiolae* (1572) – um sucesso: sete edições latinas, o mesmo tanto em espanhol, três francesas, duas italianas, uma alemã e uma inglesa. Aquaviva exige de Ribadeneyra, pouco entusiasta, que ele corrija seu livro e dê aí mais importância às instituições.[39] Uma outra biografia é pedida a

---

38 Cf. F. de Dainville, Pour l'histoire de l'Index... In: *RSR*, 1954, t. 42, p. 86-98; P. de Leturia, *Estudios*, op. cit., t. 2, p. 269-378.

39 Cf. P. de Ribadeneyra, *Vita Ignatii Loiolae*. Éd. C. de Dalmases, Roma, 1965 (principalmente os "Prolegomena", p. 1-54, e o texto das "censuras" da obra, de 1572 a 1609, p. 933-998) e uma

Quarta Parte – Figuras do Selvagem ❖ Capítulo 8 – Os "Pequenos Santos"...

G. P. Maffei em 1573 e, em 1585, ela é editada simultaneamente em Roma, Veneza, Colônia, e Douai: lançamento europeu de outro retrato, governamental aquele, mais "objetivo", e espelho da obra presente em sua gênese. Os dois textos entram em competição: imagem desdobrada do pai. Mas a segunda se impõe pouco a pouco, como na iconografia, onde o cavaleiro, o peregrino, o padre reformado em hábito romano, os episódios próximos da *Flos sanctorum* são substituídos pelo fundador em hábitos sacerdotais, levando como um ostensório os textos de uma lei inspirada por Deus. O instituto tornou-se o verdadeiro fundador. O que resta dos "milagres" primitivos está aí para provar que esse instituto é o de "nosso" espírito.[40]

2. A CAÇA ÀS "DEVOÇÕES EXTRAORDINÁRIAS" (1615-1645)

Em 15 de novembro de 1615, os 74 membros da sétima congregação geral elegem, no quarto escrutínio e não sem discussões, Muzio Vitelleschi como sucessor de Claude Aquaviva. Em 2 de janeiro seguinte, Jean-Pierre Camus, o amigo e admirador polígrafo de Francisco de Sales, o apresenta ao reitor do colégio de Chambéry: "Eu me regozijo com o senhor pelo muito digno geral que tem sua companhia na pessoa do R. P. Muzio Vitelleschi, fidalgo romano que eu vi e ouvi em Roma com admiração. É um personagem que, em tudo, só respira santidade e cuja suficiência é extrema, especialmente em fato de pregação... Não sei se Vossa Reverência já o terá visto: ele tem toda a aparên-

---

interessante "apologia" do texto: Jakob Gretser, *Libri quinque apologetici pro Vita Ignatii Loiolae... edita a Petro Ribadeneira.* Ingolstadt, 1599.

---

40 Cf. P. Tachi Venturi, *S. Ignazio nell'arte dei secoli XVII e XVIII.* Roma, 1929, e as vidas ilustradas de Inácio, como a de N. Lancicius e Ph. Rinaldi (Roma, 1609) ou a *Vita... ad vivum expressa* inspirada por Ribadeneyra (Anvers, 1610).

cia do Padre Coton; eu o digo não só quanto ao rosto, mas também nas palavras e no proceder. Deus abençoe essa eleição tão canônica de um progresso tal como eu desejo, eu, arquijesuíta de alma e de tudo."[41] Esse novo Coton é um homem profundamente religioso (sua oração é atravessada de lágrimas),[42] vibrante orador, outrora autor de poemas ("juventude" que sobre seus velhos dias ele evoca com ternura)[43] e dado às transações. Ele repete: "*beati non fortes, sed mites*" – mais vale a suavidade que o vigor.[44] Sua excessiva prudência decide com a autoridade audaciosa de Aquaviva; ela tinha feito hesitar seus eleitores de 1615.[45] De fato, ele abandonará algumas das iniciativas de seu predecessor, por exemplo, para constituir um clero negro, para criar centros especializados na pesquisa científica etc. Mesma conduta em matéria de espiritualidade. Aquaviva, se ele canalizava as correntes místicas, as reconhecia pelo menos e frequentemente contra alguns de seus assistentes, como Hoffaeus.[46] Vitelleschi vê aí um "perigo": o termo "*periculum, periculosum*", que volta constantemente em suas cartas a esse respeito, diz o fundo de seu pensamento. Mas esse retrato, ele o traçou ele mesmo com lucidez: "Se eu não pudesse evitar as falhas opostas nem atingir o justo meio, meu caráter me levaria a preferir o excesso de

---

41 Chantilly, Arch. SJ, Recueil Rybeyrete, n° 220, original. Cf. a edição (não absolutamente fiel) em F. Garasse, *Histoire des jésuites de Paris (1624-1626)*. Éd. A. Carayon, 1864. p. 232.

42 Cf. um "memoriale" de 1645 sobre Vitelleschi: ARSJ, *Vitae* 127, f. 214.

43 Ele o confia a Le Moyne em 15 de janeiro de 1636: ARSJ, *Camp.* 7, f. 333v.

44 Carta de 12 de março de 1624: ARSJ, *Gall.* 41, f. 148.

45 Cf. as explicações e as justificações dadas no dossiê consagrado a Vitelleschi: ARSJ, *Vitae* 127.

46 Cf. Schneider, op. cit., p. 3-56.

Quarta Parte – Figuras do Selvagem ❖ Capítulo 8 – Os "Pequenos Santos"... 405

reserva a um zelo indiscreto, e eu preferiria ser mais tímido a ser muito audacioso ou temerário."[47]

Sua correspondência nos faz assistir à subida de um perigo místico na França. As perturbações ("turbationes") se situam em torno dos anos de 1625-1635. De Roma, Vitelleschi parece seguir sobre o mapa francês os avanços de um mal contagioso de que, no local, não se está muito consciente. Primeiro sintoma em 1626: uma propensão às "revelações" no colégio de Poitiers, "caso de grande importância", escreve o geral, que pede ao provincial da Aquitânia que seja vigilante a fim de evitar um agravamento.[48] Em junho, depois em dezembro do mesmo ano, é ainda o caso desse colégio perturbado, "sob pretexto de devoção", pelas "ilusões" espirituais de alguns jesuítas. Essa "novidade" é grave e ela corre o risco de se espalhar se não se coloca ordem aí quanto antes.[49]

Que medidas se tomam no lugar? Não se parece preocupado. Em 1627, Vitelleschi volta sobre essa história "extremamente perigosa", que ele acreditava resolvida: "esse espírito de devoção novo e estranho", "esse espírito particular" está absolutamente "longe da conduta comum da Companhia"; ele deve ser combatido pelos responsáveis locais antes que se insinue por toda parte. O geral escreve isso, dessa vez, em Bordeaux.[50] Mas em Limoges também, três jesuítas, atingidos pelas "devoções extraordinárias", gabando-se de um "espírito interior", declaram que "a Companhia deve ser reformada" e querem "introduzir nela não

---

47   Carta de 12 de setembro de 1623: ARSJ, *Gall.* 41, f. 125v.

48   Carta a Nicolas Villiers, provincial da Aquitânia, 6 de abril de 1626, ARSJ, *Aquit.* 2, f. 281.

49   Cartas de 20 de junho e de 12 de dezembro de 1626 ao mesmo: ARSJ, *Aquit.* 2, f. 284v e 291v.

50   Carta a Malescot, reitor do colégio de Bordeaux, 23 de março de 1627: ARSJ, *Aquit.* 2, f. 295v.

406 A Fábula Mística ❖ Michel de Certeau

sei que melhoria".[51] Em Lyon[52] ou em Paris,[53] o "fogo" se estende. Em Bordeaux, com alguns jovens jesuítas (Cluniac, du Tertre, "ainda outros"), não se constataram esses fenômenos "extraordinários", "novos", "particulares", "perigosos": é preciso parar a "contaminação" punindo os interessados, isolando-os e, se possível, dispersando-os, antes de utilizar remédios mais violentos se aqueles não bastarem.[54] As injunções se multiplicam, dirigidas a Bordeaux ainda,[55] a Paris,[56] a Nancy,[57] a Dijon[58] etc., durante anos. Elas são minuciosas. Na imprecisão da "novidade", elas procuram apreender os detalhes estratégicos. Por exemplo, nas casas de formação, elas proíbem atribuir um culto "novo e desacostumado" a São José[59] – que, desde Teresa de Ávila, se tornou uma bandeira da mística e, segundo Surin, "o

---

51   Cartas a Bosquet e a Villiers, 22 de fevereiro e 24 de agosto de 1627: ARSJ, *Gall.* 41, f. 162, e *Aquit.* 2, f. 302v.
52   Carta a Charlet, 7 de agosto de 1627: ARSJ, *Gall.* 41, f. 40.
53   *Ibidem.*
54   Cartas a Villiers, 23 de março e 1º de dezembro de 1627: ARSJ, *Aquit.* 2, f. 295 e 306.
55   Cf. a carta precedente, e também as cartas a Villiers (29 de fevereiro de 1628) e a Bosquet (21 de março de 1628): ARSJ, *Aquit.* 2, f. 309 e 311. Cf. ainda em 1639, as cartas a Barthélemy Jacquinot sobre esse "espírito estranho", em 15 de junho, 16 de agosto, 1º de novembro, 25 de dezembro etc. (ARSJ, *Gall.* 40, f. 38v: *Aquit.* 2, f. 525, 528v, 533, 535v etc.).
56   Carta a Jean Filleau, provincial de Paris, 5 de abril de 1629: ARSJ, *Franc.* 5, f. 291.
57   Cf. uma carta bem característica a François Poiré, 26 de maio de 1625 (ARSJ, *Camp.* 7, f. 158) e toda uma série de cartas a Bernard Dangles e Nicolas Javelle, de 1626 a 1636; ou, ainda, um relatório de Gérard Bouvier ao geral Carafa, em 14 de julho de 1646, sobre as devoções "extraordinárias" e "místicas" em Nancy (ARSJ, *Camp.* 36, f. 231-232).
58   Carta a Henri Adam, 15 de dezembro de 1626, a propósito das "revelações" e das "aparições": ARSJ, *Camp.* 7, f. 187v.
59   Carta a Filleau, 5 de abril de 1629: ARSJ, *Franc.* 5, f. 291.

Quarta Parte – Figuras do Selvagem ❖ Capítulo 8 – Os "Pequenos Santos"... 407

patrono de quase todas as grandes almas desse século".[60] Ou, então, elas pedem que, nas conversações, seja excluída, mesmo por brincadeira, toda alusão aos "iluminados",[61] como se a publicidade feita na França ao édito de Sevilha (1623) contra os "alumbrados" espanhóis ou ao caso dos "iluminados" da Picardia (1630-1635)[62] ocupasse o espírito dos jovens jesuítas.

A preocupação romana, nutrida por uma multidão de informadores locais, é motivada, ao mesmo tempo, por um particularismo regional que ameaça a unidade da ordem, por um iluminismo que substitui à atividade apostólica uma "inação" contemplativa, e por um "espírito de novidade" que escapa à instituição ou à "administração espiritual". O primeiro ponto, sempre sensível na organização inaciana da obediência, decisivo entre os anos de 1580-1610, perde provisoriamente sua vivacidade depois da centralização efetuada por Aquaviva. Os dois outros ocupam toda uma literatura administrativa e espiritual contra os "*neoterici*" que "excluem toda ação humana" e definem a perfeição por uma pura "inação de Deus".[63] Problemas gerais criam o quadro, a uma só vez imaginário e político, onde se registram os mil detalhes enviados por informantes. A experiência espanhola, povoada pelos "alumbrados" do século XVI, e a experiência italiana

---

60   Carta de 20 de dezembro de 1632, in J.-J. Surin. *Correspondance*, p. 177.

61   Carta a Binet, provincial de Paris, 2 de dezembro de 1636: ARSJ, *Franc.* 5, f. 515.

62   Cf. A. Dodin, Saint Vincent de Paul et les illuminés. In: RAM, 1949, t. 25, p. 445-456.

63   Assim, entre 100 outros, Jan Van Crombeeck (ou Crombecius), em seu *De studio perfectionis*, Anvers, 1613; I, cap. 30 (o livro é traduzido logo por Chesneau, *De l'estude de la perfection*, Saint-Omer, 1615). O debate se complica frequentemente com um equívoco sobre "inação", que significa entre uns "ausência de ação" e entre os espirituais, "ação interior" de Deus.

408 A Fábula Mística ❖ Michel de Certeau

também, múltipla, tumultuosa, pesam com grande força sobre a interpretação das notícias chegadas da França: o aparelho romano, ainda majoritariamente espanhol, faz do passado castelhano ou andaluz a grade de análise da atualidade da Lorena e da Aquitânia.

Vistos do lado francês, os fatos são diferentes, principalmente nas províncias do Sul, ainda predominantes. Esses "jovens" não aparecem tão "perigosos". Suas ambições estão, aliás, tão distantes do que chamavam alguns de seus "antigos", como Pierre Coton em 1606? Além disso, acabam as guerras de religião. Estilo Luís XIII. Os suspeitos, com a pena no chapéu, praticam essa "virtude heroica que se serve dos excessos e da grandeza das paixões"[64] e que anda com uma ostentação toda "barroca".[65] Sua cruzada é a da oração. Colegiais, eles leram a *Vida* de Teresa por Ribera, traduzida por Jean de Brétigny com uma frescura franciscana, cheia de "alegria" e de milagres (1601, 1607 etc.). Propõem-na até aos alunos como assunto de composição. Em Paris, em 1614-1615, um dos acusados de 1627, Claude Bernier, tem 13 anos quando ele é iluminado por esse livro que um colega lhe emprestou;[66] em Bordeaux, em 1613, Jean-Joseph Surin (também tido como "perigoso" por Vitelleschi) tem a mesma idade quando é tomado pela mesma leitura.[67] Muitos outros têm uma experiência idêntica. Dez anos mais tarde, em 1625, em Nancy, François Poiré (um primogênito) dirá também que "o exemplo de Santa Teresa" (trata-se da *Vida*) o tornou atento aos "movimentos íntimos" do coração e conduziu a preferir às

---

64 Guez de Balzac, *Les Premières Lettres*. Ed. Bibas et Butler, 1933. t. 1, p. 153 (carta de 25 de fevereiro de 1624 a Boisrobert).
65 Cf. Jean Rousset, *La Littérature de l'âge baroque en France*. 1953. p. 219-228; Jean-François Maillard, *Essai sur l'esprit du héros baroque (1580-1640)*. 1973. p. 91-116.
66 ARSJ, *Franc.* 33, f. 87v.
67 *Correspondance*, p. 46-49.

Práticas "esse Espírito silencioso que o oprime".[68] Há um estilo teresiano à francesa. Ele é, ele mesmo, levado por uma vaga mais profunda e mais antiga. Citando os escritos antigos e místicos de Hermes Trismegisto ("Mercúrio muito grande"), Guillaume du Vair a caracteriza com uma palavra que evoca "esse movimento de coragem que Mercúrio muito grande chama *palavra interior*".[69]

As "devoções extraordinárias" não se limitam, com efeito, à Companhia de Jesus. Encontram-se por toda parte. Essa corrente atravessa as instituições. Essencialmente, ela não depende, mesmo se é colorida, precipitada ou canalizada pelos lugares onde se insinua, como uma água pelos solos onde ela circula. Assim, antes de abordar um grupo desses jesuítas suspeitos, o "caso" bordelês, é preciso pelo menos evocar muitos outros "pequenos profetas" e "inspirados" cujas passagens são mal traçadas nos arquivos, e que a história, dócil à lógica dos documentos produzidos pelo passado, conhece somente por meio das censuras, dos processos ou das exclusões de que eles são objeto. Essas "médias e pequenas figuras", muito mais numerosas do que se pensaria e que formam redes, como na Itália,[70] pululam em Bordeaux.

Abramos, portanto, as janelas desses conventos em Bordeaux. Uma lufada de ar passando. É um lugar de encontros internacionais: os irlandeses têm aí seu colégio; os flamengos são muito numerosos nos Chartons; os espanhóis, grupo mais influente, têm um papel importante no ensino do colégio de Guyenne (Juan Gelida, Francesco Suarez de Villegas etc.) e eles possuem até livros em sua

---

68   Cf. carta de Vitelleschi a Poiré, 26 de maio de 1625: ARSJ, *Camp.* 7, f. 158.

69   G. du Vair, *La Sainte Philosophie*. Ed. Michaut, 1946. p. 55.

70   Cf. M. Petrocchi, *Il quietismo italiano*, p. 17, n° 12.

410 A Fábula Mística ❖ Michel de Certeau

língua, impressos no local etc.[71] Negociantes, joalheiros, médicos, os judeus portugueses (cerca de 500 no meio de século XVII) intensificam as "passagens" entre países europeus (elos familiares conectam Bordeaux a Lisboa, Amsterdam, Gênova, Nápoles), entre religiões (esses "cristãos novos" vivem nas fronteiras das instituições e voltarão maciçamente às práticas judaicas no fim do século XVII) e entre línguas (o espanhol, o português, mas também o hebraico de que, por exemplo, Julius Otto, em 1630, propõe o ensino em cartaz, ao mesmo tempo que a explicação do Talmud).[72] Sem dúvida, como na literatura mística espanhola,[73] um gênero particular de marranismo é reconhecível até entre os escritores religiosos, sensíveis aos trânsitos do mesmo "espírito" por meio das clausuras institucionais – como o cônego teologal Jérôme Lopès, um dos melhores teólogos bordeleses, judeu e português de origem, muito ligado aos grupos espirituais da cidade.[74]

---

71 Cf. M. de Certeau, Bordeaux. In: Surin, *Correspondance*, p. 30 e segs.

72 Toulouse, Arch. SJ, fonds Carrère, ms. Cros. *Documents...*, t. 1, 1630.

73 Cf. p. 36-39.

74 Caso típico de uma rede familiar: um irmão, Pierre, é professor na Faculdade de Medicina de Bordeaux; outro, François, médico na Faculdade de Paris; um terceiro, Antoine, proprietário de uma baronia nas Flandres; um quarto, Jean (que se faz chamar por Jacob Francès), será o pai do célebre Francisco Lopès de Lis, em Haia; uma irmã se casa com Abraham da Veiga, bem conhecido entre os judeus portugueses de Amsterdam etc. Cf. Callen, Vie de Jérôme Lopès. In: J. Lopes, *L'Église métropolitaine et primatiale Saint-André...* Bordeaux, 1882. t. 1, p. 1-94; AHG, t. 58, p. 31, 1929-1932; E. V. Teixera de Mattos, Les frères et sœurs du chanoine théologal J. Lopès. In: *RHB*, 1932, t. 25, p. 135-136. Cf. também os cursos inéditos de J. Lopès sobre a graça (Bordeaux, Bibl. municip., ms. 258), inspirados pela teologia espiritual de Agostinho e de Bernard de Clairvaux. Sobre os judeus bordeleses no século XVII, cf. Théophile Malvezin, *Histoire des Juifs à Bordeaux*. Bordeaux, 1800; G. Cirot, Les Juifs à Bordeaux. In: *RHB*, 1936, t. 29;

Quarta Parte – Figuras do Selvagem ❖ Capítulo 8 – Os "Pequenos Santos"... 411

De fato, Bordeaux é também o lugar de uma proliferação reformista e espiritual. Em uma vintena de anos (1602-1626), as fundações pululam aí: os capuchinhos (1602), as Filhas de Nossa Senhora (1606), as ursulinas (1606), as dominicanas (1608), as mínimas (1608), as carmelitas (1610), as Irmãs ou Órfãs de São José (1616), as Mães da Assunção (1618), as carmelitas ainda (segundo convento, 1618), as religiosas de São José (1622), os carmelitas descalços (1626) etc. Intensa fermentação, associada à ascensão social dos "robins" (que usam toga) que fornecem grande número de noviços ou de "doadores" dessas fundações, antes que sejam ameaçados pela "república" ormista dos comerciantes e burgueses extremistas (1648-1653) e que, obrigados a se submeter ao poder real, eles veem seus privilégios se acharem diminuídos ou desvalorizados.

Entre as "devoções extraordinárias" que acompanham, música vinda de outro país, a instauração ativa, na verdade apressada, de instituições reformadas, um só exemplo bastará. Ele se situa em maio de 1627. Um "vigário substituto" escreve ao seu arcebispo, o cardeal de Sourdis, que conduz a reforma *manu militari*. Seu nome foi "corroído pelo tempo", na carta onde ele se designa como o "criado" do grande senhor seu bispo, ao qual ele se dirige. Ele confessa o "impulso do alto" que lhe aconteceu. Para esse "acidente", que abriu a falha de outro espaço nos ritos da missa, ele pede conselho e punição ao instituidor das regras litúrgicas:[75]

Frances Molino, *The Sephardic Jews of Bordeaux*. Alabama, 1978, cap. 1. No século XVIII, os escritores judeus observarão o caráter inteiramente original da comunidade sefarade bordelesa (cf. Isaac Pinto, *Réflexions critiques*, Éd. in abbé Guénée, *Lettres de quelques Juifs*, 1821. t. 1, p. 12 e segs.).

---

75 Publico a cópia feita por Cros, *Documents...*, 1627, t. 1. Toulouse, Arch. SJ, fonds Carrère. Cros observa que, no original, "o nome do padre foi corroído pelo tempo". Eu não pude encontrar o manuscrito nos Archives dép. de la Gironde.

412   A Fábula Mística ❖ Michel de Certeau

A congregação esteve em 13 do presente mês, em Saint-Palais. Seu criado diz aí a missa alta, onde lhe aconteceu um acidente que foi um impulso do alto. É que os senhores eclesiásticos cantavam o restante do *Gloria in excelsis*, seu criado se pôs a meditar, onde ele acreditava ter uma devoção extraordinária; mas era antes uma indevoção, assim que pude entender pelo que aconteceu.

O *Gloria in excelsis* acabado, tendo dito *Dominus vobiscum* e *Oremus*, eu disse: *Emitte Spiritum tuum et creabuntur.*[76] Voltando a mim, eu digo a oração exigida – embora tivesse necessidade de pedir ao Espírito Santo para conhecer se a consolação que tive, acompanhada de lágrimas de suavidade, era da parte de Deus, ou se não era alguma indevoção da parte do inimigo da salvação de nossas almas, que nos persegue por toda parte e toma às vezes o manto de luz para nos fazer dar com a cara no chão. Assim eu fiz.

E digo, além disso, que não serei mais tão devoto, embora eu tema não o ter jamais sido como se deve, pelo que peço perdão a Deus e a Vossa Senhoria Ilustríssima, submetendo-me a tal punição que for do agrado de Vossa Grandeza me ordenar.

Eu devia estar sentado. Mas porque eu vi que havia somente um banquinho para o celebrante e não para o diácono nem para o subdiácono, eu tinha escrúpulo de estar sentado, enquanto um padre, que é tanto quanto eu, ficava de pé.[77] Por isso eu me pus a meditar, durante o *Gloria in excelsis* e o Símbolo.

Suplico a Vossa Grandeza me ordenar se eu devo, absolutamente, rejeitar toda devoção extraordinária.

Padre Charles[78] me aconselhou, há algum tempo, não rejeitá-la nem procurá-la. Obedecendo a Vossa Grandeza, nisso e em outras coisas, acredito agradar a Deus, como o Apóstolo que diz: *Obedite praepositis vestris.*

Sem resistência às autoridades eclesiásticas, mas a experiência de outra coisa: esse iluminado anônimo e modesto

---

76   São 16 de maio de 1627, domingo da oitava da Ascensão. Depois do "Oremus" ("Rezemos"), o celebrante devia ler a oração do dia, em vez de se deixar levar por um hino ao Espírito Santo: "Envia teu Espírito, e tudo será criado."

77   O celebrante estava, pois, sentado, enquanto seus confrades padres, tendo a função de diácono e de subdiácono, ficavam de pé.

78   Desconhecido.

Quarta Parte – Figuras do Selvagem ❖ Capítulo 8 – Os "Pequenos Santos"... 413

poderia ser o representante do que "acontece" a muitos outros, no próprio seio de instituições que eles respeitam. "Acidentes" os arrebatam para outro lugar. São saídas para as aspirações que não têm linguagem nessas instituições. Elas não designam uma rebelião, mas um escapismo. Que o "espírito" fuja para fora do Instituto, que o desejo do absoluto se exile dos empreendimentos apostólicos da Igreja pós-tridentina, eis o "perigo" que as autoridades romanas jesuítas percebiam muito bem. Esses "acidentes" colocam em causa a própria articulação entre a organização hierárquica das tarefas e a "origem" divina que funda a legitimidade dos objetivos e o investimento dos sujeitos. É assim com a própria natureza da Companhia. Mais amplamente, depois do concílio de Trento, a teologia e a pastoral católicas visam muito precisamente a reconciliar o visível e o invisível, junção nevrálgica para a qual os intermináveis debates sobre a natureza e a graça procuram uma teoria. Ora, pouco a pouco, essa combinação, afirmada no princípio, é desfeita pela história. As práticas se autonomizam em relação ao espírito de que elas supostamente dependem.[79] As "devoções extraordinárias" são apenas sintomas precursores do que o quietismo vai manifestar, exibindo o divórcio entre os processos do conhecimento ou da ação e um amor "puro" de todo saber e de todo interesse: é a derrota do reformismo pós-tridentino. Mas "crianças", primeiro, apontam uma quebra onde a instituição pretendia garantir a reconciliação. Elas não contestam as autoridades. Ao contrário, frequentemente, à maneira do "vigário substituto", elas confessam como uma falta o que, em sua vida, não obedece mais às normas litúrgicas ou apostólicas. Simplesmente, elas não podem fazer de outro maneira. Isso escapa a elas. Elas confessam

---

79 Cf. M. de Certeau, *L'Écriture de l'histoire*. Paris: Gallimard, 1978. p. 153-212: "La formalité des pratiques."

414 A Fábula Mística ❖ Michel de Certeau

sua impossibilidade de serem simultaneamente fiéis à inspiração interior e aos trabalhos objetivos que lhes são pedidos. No discurso da Ordem, é um lapso o retorno indecente de uma divisão expulsa.

Uma fórmula das origens fornece um teste da mudança que se produz. Esse provérbio, frequentemente repetido, recorta exatamente uma escolha. O apóstolo, dizia-se, deve "deixar Deus por Deus" — o que Ribadeneyra precisava e nuançava assim: "Deixar às vezes Deus (conhecido) nele mesmo (*Deum ipsum in se*') por Deus (procurado) no próximo."[80] Em outros termos, abandonar o Deus que se encontra na oração ("*relinquere Deum*") pelo Deus que se serve na ação ("*propter Deum*"). Poder-se-ia também traduzir: deixar de falar *a* Deus para falar *dele*. Supondo uma disjunção exclusiva (um ou outro), a fórmula convida a passar de um a outro, deixando a cena interior do desejo. Ela coloca o princípio de uma equivalência ou de uma troca: um em vez do outro. Com certeza, ela remete a uma antiga tradição: "Deixa teu país, tua família e a casa de teu pai, para o país que eu te indicarei."[81] O conselho de "deixar Deus" repete (e transpõe) um gesto mítico e fundador. Mas ele liga agora o trabalho, ou a missão, a um exílio longe do paraíso interior: em vez de Deus, a "glória de Deus". No começo das atividades, uma perda define o que elas se põem a procurar fora, *ad exteriora*. Uma separação as instaura. As práticas históricas se originam no luto de uma intimidade. Por aí se marca também, no que concerne à relação com Deus, uma problemática de

---

80   "*Deum ipsum in se (ut ita dicam) propter Deum in proximis aliquando relinquat*" (*Vita Ignatii Loyolae* (1556), lib. V, cap. 10; éd. in *Fontes narrativi SJ*. Roma, 1965. t. 4, p. 870-872). Em 1599, o padre Favard repete ainda: "Só é bom deixar às vezes Deus em si mesmo para encontrá-lo em nosso próximo" (*La vie du R. Père Ignace de Loyola*. Avignon, 1599. p. 563).

81   Gênese, 12, 1, palavras de Yahvé a Abraão.

Quarta Parte – Figuras do Selvagem ❖ Capítulo 8 – Os "Pequenos Santos"... 415

"modernidade", a tarefa de produzir impondo-se a quem não tem mais lugar na "casa do pai". Além disso, no uso inaciano da fórmula, é a instituição religiosa que assume a substituição do "encontrar em sua casa" por um "procurar fora". Ela garante o trânsito de um a outro. É um transformador de oração em obediência. Esse trocador produz uma história apostólica com a mística de seus sujeitos. A instituição é em si a lei do luto. Ela capta a linguagem do desejo (a oração) para fazer dela práticas sociais (uma expansão da Companhia). Mas também, mais fundamentalmente, ela se coloca no lugar do Deus em nome de quem ela organiza e hierarquiza atividades de busca; ela é, em si, o *propter Deum* que se substitui ao *Deum in se*; ela se instala no lugar do Outro. Assim, ela faz "saírem" seus sujeitos da interioridade que simboliza seu desejo (a casa do pai) para enviá-los aos seus próprios trabalhos. O "deixar Deus por Deus" não define, pois, somente um trânsito dos sujeitos, mas o mecanismo da instituição que os conduz de sua interioridade (indeterminada) a suas tarefas (determinadas), e que fabrica sua atividade dando-lhes a "procurar" aquela de que elas ocupam o lugar. Ela precisa construir-se onde o desejo fala em uma oração (nada de Ordem religiosa sem formação espiritual), para poder substituir sua história social ao Silêncio de Deus. Ela não pode deixar escapar nenhum desses dois elementos, visto que ela tem como motor a transformação de um no outro. Assim, ela "cumpre" (ela objetiva e articula), mas também suprime (explora e substitui) o desejo ab-soluto, inominável, que ela altera em seu serviço. No duplo sentido do termo, ela o "acaba".

Mas precisamente essa operação não anda mais com os "espirituais" que não podem aceitar essa troca, ou, então, ela se põe a andar muito bem com os "bons sujeitos" que esqueceram seu preço. Para os primeiros, a fórmula não concerne mais à passagem da oração à ação, mas um exílio interno na oração. Ela se separa da questão institucional, como se as atividades exteriores deixassem de ser pertinentes no momento em que não se pode mais distrair-se do que acontece no interior. O deserto está dentro. "Deixar Deus" torna-se o indício de uma "aridez" espiritual e de uma "desapropriação perfeita". É preciso deixar as "consolações" para procurar Deus "puramente", sem proveito, na privação dos "regalos" de que falava Teresa de Ávila. Em 1587, Giuseppe Blondo, provincial de Milão e amigo de Gagliardi, retoma a fórmula, mas sob a forma: "Privar-se de Deus por amor a Deus".[82] Do sentimento de ser abandonado e "deixado" consigo, nada deve desviá-lo. Em relação a esse "vazio", as atividades são apenas divertimentos. O desejo se fixa aí, nesse lugar em que ele é despossuído do único objeto que ele não pode esquecer. A experiência dessa "privação" vai intensificar-se até tomar a figura de uma danação possível, exclusão definitiva da "casa do pai". Não é a instituição (nem os sucessos que ela obtém) que pode consolar desse luto. Ela é precisamente seu lugar. Como os altares-mestres barrocos, sua "glória" tem por centro um vazio. Esses orantes ficam, pois, no lugar, vigílias de um Silêncio.

Para outros, a fórmula tradicional justifica ativos a quem a oração se torna difícil ou impossível. Por falta de (poder) "entreter-se com Deus", eles se investem mais nas tarefas institucionais que são seu substituto e supõem que, por seus serviços, "eles deixam Deus por Deus" – expressão a partir de então escandalosa aos olhos dos "espirituais" e de que Surin, por exemplo, critica vivamente o

---

82 "Privarsi di Dio per amore dello stesso Dio" (*Essercitti spirituali del R. P. Ignatio*. Milano, 1587. p. 55). Bérulle dirá no mesmo sentido: "Devemos deixar Deus pelo próprio Deus" (cit. in J. Orcibal, *Le Cardinal de Bérulle*, 1965. p. 28).

uso.[83] Resta saber se os adversários não se opõem ao título do mesmo exílio, uns visando a preencher uma perda por seu trabalho a serviço de um Instituto que faz as vezes do ausente (são provavelmente os "modernos"), e os outros, semelhantes à Antígona antiga, lembrando o luto a partir do qual se instaura uma Ordem ativa, portanto, necessariamente levados às margens de uma sociedade que não deve entendê-los nem utilizá-los.

Deixando um instante o campo da história, parece que a fórmula se põe a falar por si só. Ela levava desde o início, mas revela pouco a pouco a perigosa verdade de um cisma entre o Deus do coração e o Deus de uma sociedade no trabalho, entre aquele que fala, alterado em "devoção extraordinária" e em "milagre", e o que justifica, transformado em ideologia e em programa de uma instituição. Ela se torna o sílex de um significante. Seria a importante dificuldade desse cristianismo: que a busca de Deus (*propter Deum*) se inaugure em uma perda irreparável, figurada ora por uma falta originária (ter abandonado Deus), ora por um distanciamento de Deus (ele nos abandona). Se voltarmos aos "pequenos santos" da Aquitânia, surpreende o fato que eles têm em comum com a maior parte de seus superiores locais a consciência de que algo de essencial se perdeu. Esse reformismo não é mais triunfante. Ele é agravado por um "pecado" anônimo do tempo, que remete a uma natureza corrompida. Ele se inscreve no fundo de um peso da história. Assim, os "místicos" são menos seguros de seus desejos, e os ativos, menos seguros da instituição onde, modestamente (seria já uma ética mais que uma fé?), eles praticam uma disciplina com cor de muralha.

---

83   Assim Surin, *Correspondance*, p. 1575 (carta de 12 de outubro de 1664).

3. "UMA ESPÉCIE DE ILUMINADOS"

Em 1655, um jesuíta da Aquitânia, Nicolas du Sault, evoca, à maneira de fantasmas "uma espécie de iluminados", surgida "em diversos lugares" alguns anos mais cedo e inspirada por "três ou quatro jovens muito bem feitos" que "não deixavam de ter boas qualidades naturais". Felizmente, diz ele, "não sobra mais nada ou quase nada mais" do que ele chama, em outra parte, "nossos místicos reformados", "nossos novos reformadores".[84] "História para dormir em pé", pensava Henri Bremond.[85] De fato, além das inúmeras correspondências inéditas, romanas e francesas, que perseguem por toda parte esses "novos místicos", suas confissões e autobiografias existem ainda nos fundos de arquivos. Elas eram destinadas a uma circulação secreta. Acesso proibido ao público. Trata-se de explicações internas, de cartas confidenciais que excluem o piscar de olho para uma audiência. Hesito em trazê-las à tona. Seria indiscreto? Mas essas sombras, tornadas inverossímeis até para um colecionador de "almas" como Bremond, contam uma história que devolve à mística seu *status* de estar perdida na multidão, anônima extravagância de um desejo preocupado pela visibilidade de seus excessos.

Esses "jovens muito bem feitos" são mais numerosos do que o diz Nicolas du Sault. Identificando seus textos, pode-se fazer uma lista desses heróis ocultos, Polyeuctes de uma "nova espiritualidade". Há (especificando a província jesuítica à qual eles pertencem): Jean d'Argombat (Toulouse), Achille d'Attichy (França), Jérôme

---

84 N. du Sault, *Caractères du vice et de la vertu*. Paris, 1655. p. 247-248, 190-201. É já Bossuet quando du Sault acrescenta a propósito desses "novos místicos": "Refinando muito a piedade, ela é perdida" (*ibidem*, p. 194 e 200). Cf. p. 172-173.

85 H. Bremond, *Histoire littéraire du sentiment religieux en France*, 1932. t. 2, p. 182.

Quarta Parte – Figuras do Selvagem ❖ Capítulo 8 – Os "Pequenos Santos"... 419

Baiole (Aquitânia), Claude Bernier (France), Jean (?) Bonnet (Aquitânia), Pierre Cluniac (Aquitânia), André Dabillon (Aquitânia), Bernard Dangles (Champagne), Jean Jacquinot (Champagne), Jean Labadie (Aquitânia), François Poiré (Champagne), Étienne Petiot (Aquitânia), Jacque du Tertre (Aquitânia), René de Trans (Champagne) etc. Muitos têm mais ou menos a mesma idade. A maioria é sulista: proximidade da Espanha e da Itália, familiaridades com as origens da Companhia, tradições regionais (desde os Albigenses!), coexistência com os calvinistas do Languedoc e de Saintonge, influência de Bordeaux e de Marselha? De qualquer maneira, a estatística é sem pertinência: há muitos "casos" desconhecidos, ou duvidosos. Entre eles, aventureiros de gênio, tais como Surin ou Labadie, estudados em outro lugar.[86] Entre os outros, uma escolha é necessária, para entender pelo menos algumas dessas relações e cartas autobiográficas que datam de 1627-1632 e que são contemporâneas da confissão do "vigário substituto" bordelês.

O menos conhecido desses "pequenos santos" é Pierre Cluniac. A "Relação de nosso irmão Pierre Cluniac sobre as coisas extraordinárias que lhe aconteceram na oração ou fora dela, escrita por sua mão e assinada"[87] é dirigida a Vitelleschi. O manuscrito leva a indicação romana *per manus*, sinal de que ele devia ser comunicado aos assistentes do geral, que, de fato, têm cada um aposta a inicial de seus nomes depois de tê-lo lido: caso de Estado para a "admi-

---

86   Cf. caps. 6, 7, 9, e o volume 2, a ser publicado.

87   *Relatio fratris nostri Pierre Cluniac de iis quae sibi extraordinarie contingunt, sive in oratione, sive extra illam. Scripta ipsius manu et subscripta*. ARSJ, *Franc*. 45, f. 310-311v. É o título dado à administração romana. "Irmão" designa um religioso não padre. Originais latinos dos fragmentos citados em uma tradução original, publicados por Certeau, *op. cit.*, in RAM, p. 364-369.

420   A Fábula Mística ❖ Michel de Certeau

nistração espiritual".[88] Ele data do fim de 1627: em 25 de fevereiro de 1628, Vitelleschi indica a Bordeaux que ele recebeu as memórias de Cluniac e de du Tertre, enviados em novembro último.[89] Cluniac tem 21 anos. Nascido em 1606 em Périgueux, onde ele fez seus estudos no colégio jesuíta, ele entra para o noviciado de Bordeaux em 4 de junho de 1622;[90] professor de gramática em Saint-Macaire em 1625, estudante de filosofia no colégio de Bordeaux desde 1626, ele começa aí seus estudos de teologia (1628), antes de terminá-los em Pau com dois outros estudantes (1629-1630),[91] sem dúvida conforme à regra dada pelo geral, no fim de 1627, de isolar e dispersar os suspeitos.

Desde 23 de março de 1627, Vitelleschi interroga o provincial e o reitor de Bordeaux sobre o jovem filósofo que teria, assim como um *"poitevin* (de Poitou, Poitiers) enganado pelo mau espírito", predito a hora de sua morte, e a quem se deve fazer recomeçar seu noviciado se ele desobedece às regras.[92] Oito meses mais tarde, o geral agradece ao reitor por garantir-lhe que Cluniac tem menos esse "espírito estranho" que se notava nele, mas, acres-

---

88   S. N. Ni. T. [?] J. (*ibidem*, f. 311v), iniciais que designam respectivamente Stephanus Charletus (assistente da França de 1627 a 1646), Nunius Mascaregnas (assistente de Portugal de 1615 a 1637), Nicolaus Almazan (assistente da Espanha de 1619 a 1631), Theodorus Busaeus (assistente da Alemanha de 1615 a 1636) e Jacobus Croce (assistente da Itália de 1618 a 1638).

89   Cartas a Nicolas Villiers, 25 e 29 de fevereiro de 1628; ARSJ, *Aquit.* 2, f. 308-309.

90   Cf. ARSJ, *Aquit.* 6, f. 172 e 175, catálogo do colégio de Périgueux (naquele ano, cinco alunos do colégio entram para o noviciado de Bordeaux) e ARSJ, *Aquit.* 9, f. 452v.

91   ARSJ, *Aquit.* 6, f. 198,203, 208v, 213v, 228 e 235. Em 1633, Cluniac será professor de filosofia no colégio de Bordeaux, onde ele terá Jérôme Lopès como aluno (cf. Callen, Vie de J. Lopez, op. cit., p. 7, e p. 410).

92   Cartas de 23 de março a Nicolas Villiers e a Ignace Malescot; ARSJ, *Aquit.* 2, f. 295.

Quarta Parte – Figuras do Selvagem ❖ Capítulo 8 – Os "Pequenos Santos"... 421

centa ele, outros padres lhe dão notícias completamente contrárias e mencionam que o estudante tem "discípulos e imitadores".[93] Qual é, pois, esse "espírito estranho" que seduz Cluniac falando-lhe de seu fim próximo? Para explicar-se, o jovem envia a Roma sua "Relação". Ele observa aí que, criança, ele ficou surpreso de terror pela aparição de Satã como uma "besta ameaçadora", e que a "presença" de Jesus e de sua mãe, expulsando todo medo, lhe indicou o caminho da salvação. Esse terror inicial, então, é encontrado por toda parte. Ele é mesmo o pano de fundo sobre o qual se vai traçar o quietismo: "a inquietude a vencer e a 'quietude' a encontrar".[94] Quanto aos diabos e aos anjos, eles frequentam o imaginário do tempo. Como prova, 100 outros exemplos, os "Alguns pontos notáveis da vida do R. P. Coton" (morre naquele ano como provincial de Paris), que redige em 1626 o reitor do colégio de Tournon: Coton, esse confessor do rei, esse notável jesuíta, "via frequentemente os anjos, especialmente o seu e os de algumas pessoas que ele conduzia, aprendendo por eles as necessidades e dúvidas daquelas pessoas... Esse bom padre, entrando na igreja das Acoles em Marselha, viu, sob o barrete de um padre, em vez de uma cabeça de homem, uma cabeça terrível de sapo...".[95] Por meio desse relato edificante, tem-se ainda o universo de Jérôme Bosch. O mundo percebido, mutável e poroso, torna-se um quadro das paixões, uma cena onde circulam os bons e os maus anjos. Por que o que é "notável" em Coton seria suspeito em Cluniac? Este descreve em seguida essa oração "extraordinária" que causa problema. Depois do noviciado,

---

93   Carta a Malescot, 1º de dezembro de 1627; ARSJ, *Aquit.* 2, f. 305v.

94   M. Petrocchi, *Il quietismo italiano del Seicento*. Roma, 1948. p. 18.

95   Chantilly, Arch. SJ, coletânea Rybeyrete, doc. 20, 2 f. O documento é destinado à circulação: ele foi enviado de Tournon ao noviciado de Nancy; daí, ao colégio de Sens etc.

422 A Fábula Mística ❖ Michel de Certeau

tempo de aridez (por causa da rigidez dos métodos?), veio
a "abundância das consolações". Eis, pois, agora, sua maneira de rezar:

> Assim que eu entro em oração, ainda que eu tenha pre-
> parado seu assunto, é como se Deus, antes, tivesse ele próprio
> preparado o que ele devia apresentar a minha alma (*mens*): uma
> verdade se oferece imediatamente (como: Deus deve ser amado,
> Deus nos ama, Deus encarnou-se, é glorioso diante de Deus sofrer
> perseguições e aflições pelo Cristo etc.), com uma tal luz e preen-
> chendo de tal forma meu espírito (*intellectus*) que ele encontra aí
> um total repouso, que ele é captado por essa visão e que, mantido
> em suspense por uma verdade cuja clareza se impõe, ele adere a
> ela sem nenhum raciocínio. Ao mesmo tempo, a vontade se infla-
> ma em uma suave adesão a Deus, não sem dúvida com o repouso
> contínuo que conhece o espírito, mas, às vezes, com uma com-
> placência muito simples em um objeto de que o amor e a atração
> arrebatam com tanta suavidade e facilidade que essa inclinação
> parece inata e não vinda dele.[96]

Duas questões relativas a essa oração. Ela não se dobra ao método que quer impor a meditação das circunstâncias quotidianas nas quais praticar uma série de virtudes programadas, método de que Surin comparará as
vítimas a "animais presos a uma estaca, que não podem
ir além de onde sua corda pode estender-se e que, depois,
só podem rodopiar aborrecidos".[97] No entanto, ela é compatível com a prática das virtudes e estimulada pelo trabalho, bem longe de ser seu contrário. Para Vitelleschi, é
o ponto essencial.

> Na própria oração, eu posso raramente dedicar-me às oca-
> siões de virtudes que apresenta, de uma maneira mais determi-

---

96 ARSJ, *Franc.* 45, f. 310. A propósito dessa inclinação "inata", Surin falará de um "instinto": problema de uma natureza orientada
para Deus.

97 *Catéchisme spirituel*. Rennes, 1657. p. 71.

Quarta Parte – Figuras do Selvagem ❖ Capítulo 8 – Os "Pequenos Santos"... 423

nada, a prática quotidiana. No entanto, quando, fora do tempo da oração, eu me examino a esse respeito, eu sinto uma coragem muito grande para empreender as coisas mais ousadas, e a própria experiência comprova que só a oração é mais que todo o resto uma fonte de melhoria em meus modos de agir. Além disso, essa graça da oração não se prolonga somente durante todo o tempo destinado à oração, ela se estende a outros momentos com mais ou menos intensidade, de maneira que ela é em mim quase perpétua e que a atenção e o amor por Deus presente quase não cessam. Essa ocupação e atração interiores da alma ("*mens*") me desviam tão pouco dos trabalhos internos ou externos que elas aumentam antes à proporção de minha aplicação aos estudos ou a outras coisas.[98]

Feita de detalhes, a análise se exerce na fronteira entre o que vem do "interior" e o que vem do "exterior". Como a "inclinação" se articula sobre as regras de uma organização religiosa? Mal. Dissentimento em relação aos métodos ensinados, consciência de ser destinado a uma "tempestade de aflições", garantia de morrer aos 21 anos (antes de enfrentar a teologia):[99] confissões significativas, em uma carta escrita para provar a conformidade com o Instituto. Cluniac tem também "discípulos" entre seus confrades:

> Entre eles, vários vieram a mim completamente sem minha interferência, afirmando que eles aí estavam especialmente trazidos por Deus, e outros a eles se juntaram, persuadidos pelos primeiros, sem que eu soubesse. No início, resisti. Mas obrigado ao mesmo tempo por sua insistência e por um aviso, celeste, parece-me, que me instruía que isso lhes seria proveitoso, eu acabei cedendo e comunguei com eles, muito ardorosamente, sem dúvida, mesmo fora dos tempos autorizados para as conversas e, mais frequentemente do que pedia a caridade que se deve a todos.

---

98   ARSJ, *Franc.* 45, f. 310v.
99   *Ibidem*, f. 310-311.

424 A Fábula Mística ❖ Michel de Certeau

Qual é o conteúdo dessas discussões apaixonadas? Trata-se de saber como "esforçar-se para exprimir em sua vida a perfeição" que exige o Instituto. Mas jamais "críticas contra a Companhia", jamais, a despeito do "que o rumor espalha em sentido contrário".[100] Há, pois, uma atmosfera de suspeita e de denúncia. Os documentos dão a impressão de uma multidão de informações entre os indivíduos e Roma, contrastando com o pouco de comunicações livres entre eles. O pequeno grupo de fervorosos reunidos em torno de Cluniac para falar da "perfeição" rompe a harmonia e conspira. De seu herói juvenil, o que fazer? Em 1633, ele é nomeado professor de filosofia em Bordeaux. Em 1634, talvez porque ele recusa esse posto supostamente brilhante mas muito intelectual, como André Baiole no mesmo ano recusa uma cadeira de teologia porque não é um trabalho bastante "espiritual",[101] ele é pregador em Pau; em 1635, em Périgueux; em 1636-1638, em Poitiers; em 1639-1640, em Angoulême. Deslocamentos incessantes, como se, sempre estrangeiro "lá onde ele está, ele errasse à procura de um lugar espiritual" nessa sociedade. Em 1642, enfim, ele deixa a Companhia.[102] Dois anos mais tarde, ele tem valor exemplar: eis, escreve Vitelleschi,[103] para onde conduz a nova espiritualidade!

Outro caso: Jacques du Tertre, objeto de um "exame" romano ao mesmo tempo que Cluniac. Mais velho, nascido em Saumur, em 1591, Jacques du Tertre fez sua filosofia e

---

100 *Ibidem*, f. 311.
101 Carta a Vitelleschi, 10 de novembro de 1633; ARSJ, *Aquit*. 19, f. 22-23.
102 ARSJ, *Aquit*. 6, f. 249, 252, 258, 266, 277, 287, 293, e *Aquit*. 2, f. 554v.
103 Carta a Jean Ricard, provincial da Aquitânia, 1º de julho de 1644; ARSJ, *Aquit*. 3, f. 39v.

Quarta Parte – Figuras do Selvagem ❖ Capítulo 8 – Os "Pequenos Santos"... 425

sua teologia no colégio de Bordeaux (1612-1621)[104] e, padre em 1621, ele aí ensina de novo quando, em 4 de novembro de 1627, envia também a Roma sua autobiografia, escrita, diz ele, "por ordem do padre provincial".[105] Antes de ser professor de filosofia (1626-1627), depois de teologia (1628), esse homem "elevado aos estados místicos"[106] foi missionário no Béarn, uma região confundida pela bruxaria e pelas fogueiras, no mesmo ano (1622) em que Pierre de Lancre, conselheiro do rei no Parlamento de Bordeaux, "discípulo e imitador de Montaigne",[107] conta como ele mandou queimar por centenas esses "mágicos" entre os quais ele coloca tanto os "alumbrados" quanto os Rosacruzes.[108] No meio dessas guerras sociais e espirituais, a mesma vigilância inquieta de Vitelleschi. Em 1624, ele recomenda a du Tertre as "virtudes sólidas" e lhe censura uma excessiva tensão do espírito (*"religiosae mentis contentio"*).[109] Em 1626, ele teme que sua manutenção em Bordeaux semeie a "confusão"

---

104 Em 28 de março de 1620, "aluno de teologia" e, portanto, também professor nas classes mais jovens, du Tertre depõe, com vários outros padres do colégio de Bordeaux, contra os motins de seus estudantes, particularmente contra um certo Jovit, "o qual se esforçava em derrubar e remexer em vários dos tais padres" (Toulouse, ARSJ ms. Cros, *Documents...*, t. 1, doc. 388).

105 Essa memória, conservada nos Arquivos romanos (ARSJ, *Aquit.* 18, f. 292-293), foi editada por Alfons Kleiser, Das Selbstzeugnis P. du Tertres über seine inneren mystichen Erfahrungen. In: ZAM, 1926, t. 1, p. 187-192. Do mesmo, P. Jakob du Tertre. Ein Beitrag zur Geschichte der Mystik in Frankreich im Anfang des 17. Jahrhunderts", *ibidem*, p. 183-186.

106 P. Pourrat, *La Spiritualité chrétienne*, 1930. t. 4, p. 103.

107 Henri Busson, *Littérature et théologie*. Paris, 1962. p. 13.

108 Pierre de Lancre, *L'Incrédulité et mescréance du sortilège plainement convaincue*. Paris: N. Buon, 1622. p. 20-22.

109 Carta a du Tertre, 4 de novembro de 1624: ARSJ, *Aquit.* 2, f. 261. Oito meses antes, Vitelleschi pedia a Coton, provincial de Paris, que retardasse em um ano a "profissão solene" de du Tertre (9 de abril de 1624; ARSJ, *Gall.* 40, f. 22v.).

426 A Fábula Mística ❖ Michel de Certeau

no colégio.[110] Em 1627, du Tertre escreve ele mesmo a Roma que "rumores diversos circulam na casa, segundo os quais ele está na ilusão e segue uma maneira de rezar e de agir contrária ao Instituto". Ao que ele acrescenta que seus superiores não veem nada a condenar em seus "ardores", e que o provincial, Nicolas Villiers, até lhe disse que "ele contava com ele para espalhar o fogo divino em toda a província".[111] Esse provincial, que pede enfim a du Tertre que envie a Roma sua autobiografia (será uma justificação), é precisamente o que na mesma data Vitelleschi não cessa de salvaguardar contra "as devoções extraordinárias e novas".[112] Onde está, portanto, o verdadeiro espírito? Entre Roma e Bordeaux, há um mal-entendido que du Tertre mesmo evoca e teme.[113]

Em seu relatório, mais maduro que o de Cluniac (ele tem 36 anos) e inteiramente consagrado ao *ardor animi* (uma expressão que é o leitmotiv do texto), ele expõe, em um vocabulário inspirado de Teresa de Ávila e de Catarina de Sena,[114] como a vontade de "conformar-se mais com o Instituto" nasce nele de uma presença que inflama e desnuda o coração, o inunda, o arrebata ou o coloca em uma profunda paz.

> Esse ardor do espírito me retém de vários modos. Às vezes, minha alma se desnuda de tudo o que ela sabe para se revestir de Deus; às vezes, estar mergulhado em Deus a enche; às vezes, esquecida de todo o resto, ela só se lembra de Deus e se nutre dele;

---

110 Carta a Nicolas Villiers, provincial da Aquitânia, 28 de julho de 1626; ARSJ, *Aquit.* 2, f. 285v.

111 A Vitelleschi, 4 de novembro de 1627; ARSJ, *Aquit.* 18, f. 291.

112 Vitelleschi a Nicolas Villiers, 1º de dezembro de 1627; ARSJ, *Aquit.* 2, f. 306.

113 Du Tertre a Vitelleschi, 24 de janeiro de 1628; ARSJ, *Aquit.* 18, f. 294.

114 *"Aestus animi"*, *"ardor animi"*, *"flammae"*, *"excessus"*, *"conjungere se Deo ardentius"*, *"cordis motus"*, *"stimuli acutiores"* etc.

Quarta Parte – Figuras do Selvagem ❖ Capítulo 8 – Os "Pequenos Santos"... 427

às vezes, ela se perde no louvor a Deus, colocando todo seu poder a serviço de sua glória; mais raramente, uma vez por semana mais ou menos, ela é de repente arrebatada em Deus, adora-o profundamente, submete-se a ele mil vezes e encontra assim, pouco a pouco, um soberano repouso em Deus. Enfim (eu passo por uma infinidade de outros modos que me fazem conhecer e amar em Deus um esposo, um mestre, um rei, um pai), o modo habitual e permanente consiste em uma dileção que me une a ele, presente e socorrível em todos os lugares, e também em todas as tarefas.

Desse *ardor animi*, du Tertre distingue um *ardor cordis*, mais intenso e violento, que, diz ele, se faz cada vez mais raro: "Às vezes, esse ardor do coração parece projetar, e fazer ferver,[115] e liquefazer e espalhar e alimentar um fogo de que a saída é sempre muito estreita." Essa paisagem vulcânica contrasta com a prudência romana. Uma espécie de "furor" do espírito habita esse interior, uma selvageria que encontra seu repouso em um silêncio também estranho ao Instituto. É surpreendente que, para du Tertre (e é o mesmo para muitos outros), as normas institucionais constituem um quadro constrangedor que permite a prática necessária da humildade e das virtudes da socialidade, mas a fonte de que vive seu espírito vem de outro lugar: águas desconhecidas brotam no porão da casa.

Preocupante estranheza: Vitelleschi tem razão. Em sua resposta, ele reconhece a sinceridade de seu correspondente, mas ele lhe pede que não "regresse por algum caminho novo" que se distanciaria da "norma comum de nosso Instituto"; ele lhe lembra que a obediência é o único meio de evitar "o total e lamentável naufrágio ao qual con-

---

115 "Ebullire": reminiscência eckartiana? Para Eckhart, uma "efervescência" (*bullitio*) interna da divindade precede e produz uma "efervescência" externa (*ebullitio*). A primeira é "parto de si" (*parturitio sui*). A segunda é criação: quando ela cria, a divindade "*bulliat extra*" (*Die lateinische Werke*, t. 2, *Expositio libri Exodi*, 1, Stuttgart, W. Kohlhammer, 1954. p. 21-22).

428 A Fábula Mística ✤ Michel de Certeau

duzem o sentido próprio e a vontade própria".[116] Du Tertre respeitará, pois, a lei de sua "condição", como mais ou menos todo mundo no século XVII. Doente (de que febre?) há alguns anos,[117] ele procurará aí um lugar descentrado onde viver sua paixão. Quando La Rochelle foi tomada pelos exércitos católicos de Richelieu, o geral pede ao provincial que envie a essa cidade protestante e desmantelada alguns padres zelosos.[118] Missão difícil. O "místico" é nomeado, mas morre no ano seguinte, em Bordeaux, em 7 de março de 1630.[119]

Na data em que Cluniac e du Tertre escreviam suas confissões, há em Bordeaux muitos outros suspeitos – "alios atque alios", escreve Vitelleschi.[120] Outubro-novembro de 1627: um deles, o jovem Surin, que segue os cursos de teologia do colégio, é precipitadamente mandado para Paris.[121] Mas aí, no colégio de Clermont (onde Louis Lallemant ensina a teologia escolástica), ele encontra testemunhas com o mesmo espírito. Em particular, Claude Bernier, outro "caso" que preocupa Roma.[122] Ele tem 26 anos. Ele tem, também ele, "discípulos" e admiradores

---

116 Carta adu Tertre, 20 de março de 1628: ARSJ, Gall. 41, f. 163. Cf. sua carta a Antoine Bosquet, que tinha denunciado du Tertre, 21 de março de 1628; ARSJ, Aquit. 2, f. 311.

117 Em 28 de julho de 1626, Vitelleschi já fazia alusão a isso; ARSJ, Aquit. 2, f. 285v.

118 24 de fevereiro de 1629; ARSJ, Aquit. 2, f. 327.

119 Em Saintes, as missas e as capelas fundadas na ocasião de sua morte são um indício de sua expansão. Cf. O obituário do colégio de Saintes. In: Archives historiques de la Saintonge et de l'Aunis, 1896. t. 25, p. 372.

120 A Nicolas Villiers, 1º de dezembro de 1627; ARSJ, Aquit. 2, f. 306.

121 Cf. Correspondance, p. 101-105.

122 Cf. já Alfons Kleiser, Claude Bernier SJ (1601-1654). Ein französischer Mystiker aus dem 17, Jahrhundert. In: ZAM, t. 2, p. 155-164, 1927, e t. 5, 1930, p. 366-368; Michel Olphe-Galliard, Bernier (Claude). In: DS, t. 1, c. 1521-1522.

Quarta Parte – Figuras do Selvagem ❖ Capítulo 8 – Os "Pequenos Santos"... 429

entre seus condiscípulos: François Chauveau, que se faz
o difusor dos papéis de seu herói; François Ragueneau,
que solicitará simultaneamente do geral a permissão para
partir ao Canadá e a "de poder falar de seu progresso e
da perfeição de sua alma com o padre Claude Bernier";[123]
outros ainda. Em torno dele, a admiração e as solicitações
se multiplicam. Em 1618, Le Gaudier, uma autoridade em
matéria de espiritualidade, desejou ter por escrito um "catálogo das luzes" de seu noviço e teria declarado então
"que ele não teria jamais conhecido alma mais disposta à
santidade".[124] Em 1623, o reitor do colégio de Nevers, onde
Bernier é um jovem professor de 22 anos, lhe pede que
redija e faça circular suas notas espirituais.[125] Em 1625-
1626, Coton lhe "encomenda escrever o que lhe aconteceu
durante sua vida", texto que Chauveau comunica amplamente.[126] Filleau, que sucede a Coton como provincial de
Paris, toma sua defesa em Roma, onde se questiona a fidelidade do religioso à "via real" ("*via regia*") dos jesuítas.[127]
O que é mais extraordinário que as devoções temidas por
Vitelleschi é a curiosidade que elas despertam, a paixão
pelos relatos de viagem em um mundo outro, a avidez
com a qual as experiências desse "além" são fichadas,
colocadas por escrito, traçadas no texto deste mundo e
alteradas em relíquias. Em Roma, expulsam-se as bruxas.
Na França, por mil redes, procuram-se as aparições de um
"espírito" que parece perdido: o fato de se terem tornado
raros e não sua delinquência os torna "extraordinários".
Donde a exorbitação hagiográfica dessas viagens, final-

---

123 Cf. a resposta de Vitelleschi a Ragueneau, 24 de janeiro de 1629;
     ARSJ, *Franc.* 5, f. 283.
124 ARSJ, *Franc.* 33, f. 92 e 103.
125 *Ibidem*, f. 96v, 98 e 100v.
126 *Ibidem*, f. 96v e 98v.
127 Cartas de Vitelleschi a Bernier, 18 de maio de 1626 e 28 de agosto
     de 1632; ARSJ, *Gall.* 41, f. 110 e *Franc.* 5, f. 381v.

430   A Fábula Mística ❖ Michel de Certeau

mente tão solitárias quanto o da "idiota" outrora; donde o equívoco de seu sucesso junto a "discípulos", clérigos jovens ou velhos, que procuram uma voz, um corpo experimentado pelo alhures, um "selvagem" que sua notícia e decepcionante tecnicidade lhes permite articular.[128]

De fato, Bernier é uma espécie de camponês do Danúbio, sem brilho e sem compromisso, perseguindo com seu passo pesado a "pureza" de que o desejo o apreendeu, lento em seus estudos,[129] bastante esquivo frente a seus admiradores,[130] modesto e autônomo. Nascido em 1601, em Orléans, ele tinha 10 ou 11 anos quando "andava ruminando e propondo os desígnios de uma vida melhor", como ele o diz em sua autobiografia.[131] Aos 13 anos, a *Vida* de Teresa de Ávila o revela a ele próprio: "Eu me afeiçoei grandemente à oração... Como Deus me propunha interiormente uma maneira de segui-lo na plenitude de coração, por via de estreita união com ele, eu gostei tanto da leitura dessa *Vida* que me parecia que aí tinha encontrado tudo o que procurava, e eu tinha sempre em meus pensamentos, palavras e obras."[132] É sua Bíblia, visto que, em sua casa, como na de seus confrades "espirituais", não sobram do Antigo ou do Novo Testamento senão alguns pedaços decisivos, fragmentos que falam ainda em um *corpus* alterado no objeto de uma erudição.

Como Teresa e Catarina de Siena, autores aos quais ele se refere,[133] ele é apaixonado pela "clareza". Nele, algo do corpo é "tocado", que funda a severidade e a moderação

---

128   Situação geral. Cf. p. 42-43, a propósito da "tradição humilhada".

129   Em 1631, Vitelleschi se surpreende que se tenha irregularmente autorizado Bernier a seguir os cursos do ano superior apesar da insuficiência de seus exames; cf. ARSJ, *Franc.* 5, f. 290.

130   Cf. sua "zanga muito grande" contra a indiscrição amigável de Chauveau; ARSJ, *Franc.* 33, f. 96v.

131   *Ibidem*, f. 84v.

132   *Ibidem*, f. 87v.

133   *Ibidem*, f. 102 e 104.

Quarta Parte – Figuras do Selvagem ❖ Capítulo 8 – Os "Pequenos Santos"... 431

das palavras. Noviço, diz ele (ele fala a Deus, e não a um superior), "eu era da opinião que, por um toque inexplicável, eu me sentia em você e você em mim".[134] Nascimento de um corpo que escapa ao discurso. Ele gera uma rigidez na linguagem, uma literalidade que não conhecesse jogo, como o falar fixo de alguém que sofre e que é ocupado alhures: "Eu sentia igualmente um grande espírito de verdade que me distanciava de dizer, como se fazia muito frequentemente sob pretexto e eutrapelia, nenhuma palavra de risada, na verdade até por caridade; e espantar todas as que tivessem testemunhado o menor sinal de amizade particular com quem fosse... Aquele espírito me levava a ser sério com todo mundo e dizer ingenuamente tudo o que eu pensava no que quer que fosse."[135] Ele reconhece que "houve excesso", mas ele não muda verdadeiramente. *"Puritas, puritas, puritas"*, tal é o programa que ele inscreve no início de seu diário. Uma pureza de tentar – risco e tentação – no meio do universal compromisso.

Autônoma também, a concepção que ele se faz do Instituto. Ele escreve, dirigindo-se a Deus:

> Quero colocar no número de suas inúmeras misericórdias as tribulações que tive desde a entrada na santa companhia... (No noviciado), você sabe que eu tive grandes sofrimentos em ver as maneiras de agir de alguns dos nossos, maneiras que me pareciam tão estranhas e me afligiam tanto que eu não tinha nenhum descanso... Mas quando aprouve, alguns anos depois, à sua bondade fazer-me conhecer o espírito da Companhia e de Santo Inácio, não somente todas essas dificuldades foram plenamente sofridas, mas também eu vi como tinha sido sem comparação bem diferente em todo sentido e mais perfeito que eram as ideias dessas pessoas que aí se diziam sábias...[136]

---

134 *Ibidem*, f. 91v.
135 *Ibidem*, f. 90v.
136 *Ibidem*, f. 92v. As últimas palavras ("que aí se diziam sábias") e outras na sequência (ilegíveis) foram cuidadosamente barradas no manuscrito. Reação de prudência de Chauveau, que copia e envia esse texto às autoridades?

432 A Fábula Mística ❖ Michel de Certeau

O conhecimento objetivo da Companhia é aquele, amargo, de seus déficits "estranhos" (através de "tribulações" e "sofrimentos"), a que se substitui a revelação interior de seu "espírito". "Eu sei, mas assim mesmo." A re-presentação do que se perde lhe ocupa o lugar do que ele constata. Como se, para permanecer *aí*, Bernier devesse produzir o ideal objeto de amor de que a experiência o priva. Seus "discípulos" reforçam o processo dessa idealização necessária a seu trabalho a serviço da sociedade. Assim, François Chauveau, o que fala facilmente, com segurança, sem mentira do grupo, quando, em 16 de agosto de 1631, de Rouen, "no fim do terceiro ano" onde ele esteve na escola de Louis Lallemant, ele escreve a Étienne Charlet, assistente da França em Roma. Ele lhe suplica que peça a Bernier que redija uma *Vida* de Inácio de Loyola,

> em lugar de todas aquelas que até o presente foram publicadas, porque as quatro[137] são faltosas e bem abaixo da ideia que seria necessário ter tanto desse grande santo quanto de nossa companhia; ela compreenderia tudo o que cada uma tem de bom e daria as noções mais próximas das grandezas desse grande santo oculto até da maioria de seus filhos.[138]

Refazer esse retrato do Pai, construir uma Imagem fundadora: essa produção de uma mitologia conforme as necessidades da época só retoma a política espiritual de Aquaviva, mas, invertendo-a, visto que, enquanto Aquaviva queria colocar no espaço autorizado das Origens (ou da "Igreja primitiva" jesuíta) o quadro administrativo estabelecido sob seu reino, o grupo dos "espirituais" deseja

---

137 Entre as vidas de Santo Inácio publicadas antes de 1631, as "quatro" são provavelmente: P. de Ribadeneyra, *Vita Ignatii Loiolae* (Napoli, 1572); G. P. Maffei, *De vita et moribus Igantii Loiolae* (Roma, 1585); P. Bombino, *Vita di Sant'Ignazio Lojola* (Napoli, 1615); P. Morin, *La Vie du glorieux S. Ignace de Loyola* (Paris, 1622).

138 ARSJ, *Franc.* 33, f. 104.

Quarta Parte – Figuras do Selvagem ❖ Capítulo 8 – Os "Pequenos Santos"... 433

alojar aí uma "ideia" totalmente contrária à dos pretensos "sábios" e fazer de Inácio o espelho de sua mística. O "retorno a Inácio", isto é, a uma figura do Pai evidentemente "desconhecida" e que permaneceu "oculta" até aqui de seus próprios "filhos", será a invenção de uma terceira ou de uma enésima imagem, um efeito de fragmentação que mede o distanciamento do modelo.[139] De fato, a origem é o campo fechado de um debate entre duas "reformas" e dois "espíritos". Evocando o período durante o qual Bernier "estava em grande perplexidade com os defeitos de vários que não procediam segundo o espírito da companhia" (o "espírito estranho" está, desta vez, no outro campo), Chauveau acrescenta:

> Não sei se foi então ou num outro momento que ele escreveu a ideia que teve do espírito da companhia. Mas eu sei que é uma das mais belas peças e das mais espirituais que eu li ainda em tais matérias, e ele toma um voo tão alto que eu o tenho, apesar de mim, entre as coisas espirituais, o que é, entre as divinas Escrituras, o *In principio* de São João.[140]

A despeito (ou por causa) dos exageros de Chauveau e de outros discípulos, a despeito (ou por causa) do silêncio de Bernier (suas notas são conhecidas por indiscrições e não porque ele as comunicou), trata-se, pois, de um novo Evangelho. No fundo, Vitelleschi não está errado: esse "espírito" estranho tende a ocupar o lugar do do Instituto. Onde, em matéria espiritual, Aquaviva fazia administração, Vitelleschi conduz uma guerra. O que o preocupa, e surpreende também o historiador, é a rapidez e a facilidade com as quais essa mística se insinua por toda parte na França.

---

139 Cf. p. 401 segs., e M. de Certeau, L'épreuve du temps. In: *Christus*, 1966, t. 13, p. 311-331.

140 ARSJ, *Franc.* 33, f. 104v. "O *In principio* de São João" designa o prólogo do Evangelho segundo São João, o apóstolo representado pela águia.

434 A Fábula Mística ❖ Michel de Certeau

Se o geral tem para ele inúmeros denunciadores que lhe enviam informações (a informação é o nervo dessa guerra secreta), ele constata que o "perigo" não se refere somente a alguns jovens reformistas e a pequenos grupos de zelotes em torno deles (já se trata do futuro), mas às simpatias que eles encontram nas autoridades e nos notáveis da Companhia. Essas alianças e semelhanças surpreendem, com efeito. Já se viram muitos exemplos. Um a mais, somente, e maior aquele, visto que se trata do autor espiritual jesuíta mais célebre do século XVII: Louis Lallemant.

Chauveau, que conheceu Lallemant e Bernier no colégio de Clermont em Paris (1627-1628), torna-se lírico para falar disso: "Jamais vi dois santos simbolizarem e se confraternizarem como eles fazem. Desde minha teologia, onde fui aluno de um e companheiro do outro, eles me pareceram ficar juntos como duas gotas de água."[141] Ele conta como eles discutiam, "sozinhos no quarto" de Bernier sobre a natureza dos anjos, e o aluno "selvagem" instrui o professor de teologia: a cena da diligência só vai repetir essa conversação em uma cela, mas Surin terá aí o papel de Lallemant. Uma carta deste mostra, aliás, suas relações com a família de Bernier.[142] Essa "simbolização" se repete com outros. Em 1625, "enquanto (Pierre Coton) era provincial e que visitava o colégio de Rouen, ele ficou sabendo que o padre Louis Lallemant (...) tinha muita relação com um devoto que se dizia ter revelações; ele proibiu ao padre ver esse homem até que se tivesse a ocasião de experimentar por que espírito ele era conduzido".[143] Durante esses anos, as devoções extraordinárias de Lallemant (em particular ao místico São José, que Vitelleschi

---

141 ARSJ, *Franc*. 33, f. 106v.
142 Carta de L. Lallemant ao Sr. Boutard, residente no colégio de Clermont, 5 de dezembro de 1630; éd. in *RAM*, 1935, t. 16, p. 228-229.
143 P. J. d'Orléans, *La Vie du Père Pierre Coton*. Paris, 1688. p. 305. Lallemant é então reitor e mestre dos noviços em Rouen.

Quarta Parte – Figuras do Selvagem ❖ Capítulo 8 – Os "Pequenos Santos"... 435

proibiu então aos estudantes jesuítas) lhe valem "o desprezo e, às vezes, insultos" da parte dos confrades.[144] O que de surpreendente que, por sua vez, em 1629, o geral "se surpreenda" que o que ele acaba de nomear instrutor do terceiro ano, guardião por excelência do espírito do Instituto, passe por inteiramente místico (*"totus mysticus"*) e por "querer conduzir todo mundo a uma devoção extraordinária"?[145] Segue um novo caso.

Serão necessários mais de 60 anos antes que as notas espirituais de Louis Lallemant sejam publicadas por um discípulo de Surin, Pierre Champion: a *Doctrine spirituelle* (1694). Então, como dizia Nicolas du Sault, "não falta mais nada ou quase nada" dessa "espécie de iluminados". Ele escrevia em 1655: Labadie deixou os jesuítas em 1640; Cluniac e Dabillon, em 1642; d'Argombat se fez dominicano; Surin fica "louco", encarcerado em um "calabouço" da enfermaria de Bordeaux; du Tertre morreu em 1630; d'Attichy, em 1646; Bernier, nesse mesmo ano de 1655. Disseminados. Houve, em torno dos anos de 1630-1640, um endurecimento geral da Companhia, que não podia suportar por muito tempo a lógica dessa "efervescência": ele é notável em teologia como na espiritualidade, compensado por acréscimo de atividades externas (normal inversão das medidas defendidas em 1606) e por um ascetismo da fidelidade no interior. Mas "pode acontecer, finalmente, que os vencidos não estejam errados".[146] No fim do século, em seu Far West, Pierre Champion recolhe as ruínas mais brilhantes desses místicos esquecidos, por meio do que lhe traz uma geração intermediária. Ele colaciona os papéis de Lallemant, como ele fez, inicialmente,

---

144 *Summa vitae R. P. Lud. L'Allemant.* Chantilly, Arch. SJ, recueil Rybeyrete, doc. 25, f. 3.

145 Carta de 5 de abril de 1629 a Filleau; cf. éd. A. Kleiser, in *ZAM*, 1927, t. 2, p. 162.

146 Alfred Loisy, *Mémoires*. Paris, 1931. t. 3, p. 252.

para os textos dispersos de Surin, seu herói, "o homem mais esclarecido desse século", diz ele.[147] Separado de seu ambiente passado (outrora suspeito e doravante esquecido), em parte construído sobre o modelo fornecido por Surin (ao mesmo tempo mais próximo e mais intenso), enobrecido por uma prosa límpida e lapidar (a do próprio Champion), eis que se ergue um monumento de mármore, obra-prima serena – com somente um pouco mais de atraso que foi preciso para publicar João da Cruz.[148] É, primeiro, nesse monumento, túmulo de toda uma geração e começo de sua história anônima e póstuma, que é preciso buscar os pequenos iluminados de outrora. Eles estão perdidos nesse texto, como os loucos de outrora na multidão.[149]

---

147 (Louis Jobert), *La Vie du R. P. P. Champion*, ms. (Chantilly, Arch. SJ), f. 114v.

148 Sobre a história textual desse livro, muito debatida, e esperando um estudo em preparação sobre o assunto, cf. A. Hamon, Qui a écrit la *Doctrine spirituelle* du Père Lallemant?. In: *RAM*, 1924, t. 5, p. 233-268; A. Pottier, Rigoleuc ou Lallemant?. In: *RAM*, 1935, t. 16, p. 329-350; B. Julio Jiménez, Em torno a la formación de la *Doctrine spirituelle* del P. Lallemant. In: *AHSJ*, 1963, t. 32, p. 225-292; M. de Certeau, in Surin, *Correspondance*, p. 71-84.

149 Resumo muito rápido, é claro. Há também inúmeros documentos manuscritos sobre outras "perturbações" espirituais (impossíveis de apresentar aqui), em particular em Nancy e Pont-à-Mousson, de 1620 a 1648. O movimento se marginaliza, mas ele não para.

Capítulo 9

LABADIE, O NÔMADE

Wandersmann, ao mesmo tempo errante e migrante: um "caminhante".[1] Homem do Sul pelos modelos que o inspiram, Labadie vai para o norte, sempre mais ao norte, como a mendiga de Marguerite Duras desce para o sul.[2] Da Guyenne, onde nasceu e onde se fez jesuíta, ele segue para Paris, Amiens, Montauban, Orange – oscilações francesas – , em seguida, talvez, irá para Londres, não é Genebra, depois os Países-Baixos, Utrecht, Middelburg, Amsterdam, mais longe ainda a Dinamarca, Altona, onde ele morre no meio do grupúsculo que formou ("os sequestrados de Altona"?) e que continua sem ele sua migração para a América do Norte. O "nomadismo incansável" desse herói barroco[3] torna pertinente uma problemática do espaço. A viagem interior se altera em itinerância geográfica. A história de Labadie é o espaço indefinido criado pela impossibilidade de um lugar. As etapas aí são marcadas pelas "religiões" que ele atravessa uma por vez: jesuíta, jansenista, calvinista, pietista,

---

1   É o título dado aos poemas místicos de Angelus Silesius. Cf. p. 20.

2   Cf. p. 49 e Marguerite Duras, *Le Vice-consul*. Paris: Gallimard, 1966.

3   J. M. Maillard, *Essai sur l'esprit du héros baroque*. Paris: A. Nizet, 1973. p. 162-163.

quiliasta ou milenarista, enfim "labadista" – etapa mortal. Ele passa. Ele não pode parar.

Ele evoca João Batista, o caminhante, tal como Donatello o esculpiu, no instante em que o movimento é uma perda de equilíbrio. Essa queda se torna uma marcha se acontece que um segundo lugar existe seguindo-se ao primeiro, mas o artista, isolando o personagem, torna incerta essa hipótese: como saber se ele cai ou se ele anda? Para Surin, andar é lançar-se para fora, lançar-se pela janela. Labadie cai assim fora dos lugares onde ele não pode manter-se, e isso se torna uma marcha, acaba fazendo uma história porque, cada vez, por milagre, outros lugares o "recebem" ou, mais exatamente, como ele não cessa de repeti-lo, "preservam" seu corpo da queda "suportando-o". Cada um desses lugares fornece, no último momento, "um outro solo", diz ele, onde normalmente ele podia presumir o vazio, e, quando, no fim de sua vida, depois de uma nova partida, ele constata a ausência de um novo "suporte" (como se, por acaso, ele tivesse chegado ao fim das terras possíveis), ele o substitui por um delírio. Ele é, pois, sempre levado para fora do lugar onde se encontra e surpreendido pelo lugar que sobrevém em seguida, um, intolerável, e o outro, providencial; um, sinal da corrupção das sociedades, e o outro, prova de sua eleição. Ele vai de desequilíbrio em desequilíbrio, e de milagre em milagre. Só é "natural", sempre iminente, o movimento de cair. Sua vida inverte a peregrinação. Ela é a "teoria" (o desenvolvimento no modo de itinerário) de um divórcio entre a "graça" (o milagre) e a extensão.

É no momento em que a queda (re)começa e quando a aparição de "um outro chão" fica ainda improvável que a escrita de Labadie se multiplica e se precipita, como para preencher pelo discurso o vazio entre uma e outra. Escrita também ela nômade, interminável, panfletária e profética, lançada às pressas, com o ritmo do lugar, que ele condena,

Quarta Parte – Figuras do Selvagem ❖ Capítulo 9 – Labadie, o Nômade 439

perdendo-o, e do lugar, incerto e necessário, que ele anuncia como um próximo milagre. Seus textos não criam sistema. Eles são os efeitos, prolixos, excessivos, de uma maneira de sofrer com o espaço: Labadie sofre com o espaço como se tem dor de barriga ou de cabeça. Seus escritos formam a pontuação estranha, fantástica, de uma paisagem progressivamente esvaziada do real que eles rejeitam descobrindo-o, e preenchido pelo extraordinário que eles projetam sem jamais encontrá-lo. Cada vez, eles constroem uma terra de ficção relativa a uma instituição que falta. Esses processos de deslocamento, ligados às decepções e às expectativas de etapas sucessivas, aderem ainda àquilo de que elas se separam. Não se pode fazer disso um todo autônomo. Eles dispersam em fragmentos o quadro de uma autobiografia que não tem texto próprio. Cada um deles aparece para dizer: "Eu" não está mais aí. Exorbitação e defecção do discurso, essa literatura inteira lançada para uma exterioridade (ela própria disseminada como um espaço) fabrica uma atopia que não poderia ser a história de uma instituição, de um pensamento ou de uma personalidade "labadista" (toda história constrói uma legitimidade). Esse relato proliferante sobre os limiares conta acontecimentos que, em conjunturas diversas, são sempre quedas evitadas por milagre. Mas cada escrito, fixado no instante presente, como um êx-tase, esquecido dos precedentes, ignorando os seguintes, ocupado por uma queda e uma graça próximos, é também uma variante do "isso não pode durar". Desse modo entrecortado, o conjunto repete uma forma por assim dizer abstrata da experiência espacial: seu caráter aleatório e finalmente impossível. Ele não pertence, pois, a ninguém. É o texto de um não lugar.

Assim, não é surpreendente que os rumores cobrem tudo o que Labadie fez ou disse. Esses rumores são a forma social, atual, desse não lugar. Nenhuma instituição o reivindica, "suporte" necessário, como se sabe, para que haja produção de uma historiografia. Ele "traiu" a todas – no duplo sentido do termo: ele as deixa, passando para o inimigo da frente, mas desvenda também uma diferença intolerável entre seu discurso sobre elas e seu funcionamento efetivo, entre sua "verdade" e sua realidade. Ele as fere nessa juntura, intocável, com efeito, no interior da Igreja, do "partido" ou da organização social que legitima uma "verdade" da militância. Ele não se prende ao compromisso que supõe, para "salvar" a instituição e para ser moralmente autorizado a permanecer aí, que sua "verdade" se retirou "na base" (essa mística "interioridade" que tem como equivalente, na história revolucionária, "o povo" ou "as massas"); que ela é somente corrompida ou contradita pelos responsáveis; e que basta, pois, reformar estes para restaurar aquela. Ele julga com o espírito segundo o que ele vê, perspectiva espacial (mais uma vez) que não postula, por trás das condutas efetivas, um reino autônomo dos símbolos. Sua reação utopista é o efeito de uma análise "realista". A essa perspicácia ofensiva, as instituições respondem com rumores que desconsideram o locutor. Tática tradicional. No caso de Labadie, a multidão de suas "apostasias" fez proliferar de todos os lados essas lendas que apreendem o corpo do acusado para apagar seu discurso: seu temperamento, seu nascimento, suas doenças, suas violências, sua loucura, seu "voyeurismo", suas obsessões sexuais principalmente, terreno por excelência das manobras defensivas. O sexo desacredita o texto. Inútil juntar de novo essas tagarelices, de que Bayle, o erudito, o crítico, se faz ele próprio o eco, em uma entrada, escolhida habilmente, de seu *Dictionnaire*: o artigo "Mamillaires" – uma história de mamelas. Surpreende, antes, a sequência que cada instituição repete, fazendo suceder a um excesso de honra um excesso de indignidade: honra quando, chegando, Labadie comprova que ela é superior a seus rivais; indignidade quando, partindo, ele atesta que ela não é melhor. Todas

Quarta Parte – Figuras do Selvagem ❖ Capítulo 9 – Labadie, o Nômade 441

essas "indignidades" se acumularam. Elas enterraram o traidor. Elas o cobrem ainda, mesmo se, desde um artigo hagiográfico de *La France protestante*, em 1856,[4] a revisão do processo está em curso.[5] Duplamente oculto, por seus próprios textos e pelo rumor dos outros, Labadie não pode ser verdadeiramente apresentado. Ele não pode também ser esquecido sobre a cena mística da qual ele representou quase todas as figuras. Talvez, como Van Berkum o fez com uma erudição precisa, mas tratada à maneira de Alexandre Dumas, seu contemporâneo,[6] ele deveria aparecer como personagem de romance. De um modo dramático e no campo da espiritualidade, esse herói pertenceria à tradição que vai do Don Juan, de Tirso de Molina (o *Burlador de Sevilla*, 1630), até o *Neveu de Rameau*, "traidor" sedutor, "demônio" da passagem, espírito em busca de um corpo impossível... Fica também a possibilidade de que sua silhueta fugidia atravesse o teatro do texto. Os vestígios numerosos, editados e, ainda mais, manuscritos, que demarcam suas

---

4 Eug. et Ém. Haag, *La France protestante*. Paris, 1856. t. 6, p. 140-147. Desde 1786, Sénébier, na *Bibliothèque littéraire de Genève* (t. 2, p. 208 e segs.), tinha marcado reservas a propósito da "imoralidade" de Labadie, esse personagem "orgulhoso, ambicioso, fanático".

5 Alguns estudos gerais: H. Van Berkum, *De Labadie em de Labadisten*. Sneek, 1851, 2 vol. (muito romanceado, mas cheio de informações precisas e plagiadas por todos os seguintes); Heinrich Heppe, *Geschichte des Pietismus und der Mystik in der reformierten Kirche, namentlich der Niederlande*. Leyde, 1874 (cap. 4: a teologia mística de Labadie), p. 240-374; C. B. Hylkema, *Reformateurs. Geschiedkundige Stüdien over de godsdienstige bewegingen uit de nadagen onzer gouden eeuw*. Haarlem, 1900-1902, 2 t. (tese: a oposição da liberdade individual às instituições); William Linderboom, *Stiefkinderen van het christendom*. La Haye, 1929. p. 369-376 (o individualismo socialista de Labadie); Leszek Kolakowski, *Chrétiens sans Église*. Paris, 1969. p. 717-797 (retomada de Berkum e Hylkema para a apresentação marxista de um caso psicológico).

6 Cf. nota anterior.

442 A Fábula Mística ❖ Michel de Certeau

viagens, desenham a singularidade de um percurso (mais que a suposta psicologia de um indivíduo ou a configuração de uma doutrina). Elas evocam igualmente o que do "espiritual" já cai e passa com ele. Aqui, ter-se-á, pois, somente um traço, que risca a (falsa) vitrine da mística.

1. UM ESPÍRITO EM BUSCA DE UM LUGAR

No momento em que ele os deixa, Labadie declara aos seus "amigos" católicos: "Mudando de comunhão, eu não mudei de vocação."[7] Tema, ou antes, *motiv* musical de um *translatus*, "transporte" místico e geográfico, que é a transgressão da lei própria a cada lugar e transplantação indefinida. Nascido em 13 de fevereiro de 1630, em Bourgen-Guyenne, onde seu pai, Jean-Charles, era tenente da cidadela, Jean de Labadie se sente desde sua juventude marcado por Deus, "tanto pela graça interior de seu Espírito quanto pela de sua Escritura", duas fontes que se farão sempre voltar para ele na palavra interior. "Do mais longe que me lembre", acrescenta ele, "tenho a memória de ter sentido as impressões de seu Espírito que minha infância não me permitiiu discernir quando o recebi, mas eu soube perfeitamente e senti desde não ser e não ter sido senão o seu". Essa inspiração não se distingue dele senão por um efeito ulterior da aprendizagem e da linguagem. Mas inicialmente ela é um instinto, uma "inclinação inata", como o dizia Cluniac em 1628.[8] Algo nele nasce que é ele. Assim, "nessa pequena idade", ele é "tocado por essa palavra que era bom a uma criança carregar o jugo de Deus logo cedo".[9] Essa referência a uma infância

---

7   *Lettre de Jean de Labadie à ses amis de la communion romaine touchan as Déclaration...* Montauban: P. Braconnier, 1651, "Au lecteur".

8   Cf. p. 422-423.

9   *Déclaration de Jean de Labadie... contenant les raisons qui l'ont obligé à quitter... l'Église romaine.* Montauban: P. Braconier, 1650.

Quarta Parte – Figuras do Selvagem ❖ Capítulo 9 – Labadie, o Nômade   443

fundadora separa imediatamente o "selvagem" da educação esclarecida, para a qual é preciso "nos desfazer dos preconceitos de nossa infância".[10]

Ele entra no noviciado jesuíta de Bordeaux em 28 de dezembro de 1625: ele tem então 15 anos.[11] Esses dois primeiros anos de formação[12] são já ocupados pela composição de "tratados" sobre a mística. Depois de estudos de filosofia em Bordeaux (1628-1631), no momento em que se discutem aí as "devoções extraordinárias" de Cluniac, du Tertre etc.,[13] ele parte dois anos para Périgueux (1632-1633), depois um ano no colégio de Agen (1634), antes de voltar a Bordeaux, para fazer aí sua teologia. Em 1639, ele é designado como padre.[14] Desde 1637, Muzio Vitelleschi, geral da Companhia de Jesus, se preocupa em saber que o padre Jérôme Baiole vai por toda parte repetindo que "um jovem teólogo com o nome de Labadie... viveria *per modum puri spiritus* (à maneira de um puro espírito), teria atingido o estado de visão beatífica, e outras histórias absolutamente estranhas ao espírito da Companhia".[15] A despeito das admoestações romanas, os talentos e o vigor do jovem profeta lhe atraem um número crescente de admiradores, tal como André Dabillon, que entrou no noviciado em 1622,[16] professor de lógica, e que, em 1642,

---

p. 41-42. Haverá uma segunda edição da Déclaration (Genève, J. A. e S. de Tournes, 1666).

---

10   A. Arnauld e P. Nicole, *La Logique ou l'Art de penser* (1662). éd. P. Clair e F. Girbal. PUF: Paris, 1965. p. 76 (I, cap. 9).

11   ARSJ, *Aquit*. 9, f. 422.

12   ARSJ, *Aquit*. 6, f. 211.

13   Cf. p. 418 e segs.

14   ARSJ, *Aquit*. 6, f. 272.

15   De Roma ao P. Jacquinot, 20 de março de 1637; ARSJ, *Aquit*. 2, f. 471.

16   ARSJ, *Aquit*. 6, f. 154.

444 A Fábula Mística ❖ Michel de Certeau

deixará os jesuítas para seguir Labadie,[17] porque "ele só encontrou em sua vida um único bom religioso"[18] – aquele mesmo de que Jean du Ferrier evoca os "começos tão belos", como de "uma estrela que se ergue".[19]

"Sua sociedade", dirá (não sem excesso) o erudito Nicéron, "o olhava como um prodígio de espírito e de piedade". Por quê? "Ele prega diante de todo mundo a antiga doutrina dos Apóstolos."[20] Prestígio da Igreja primitiva, que é o lugar do Espírito. Diferentemente dos "pequenos santos", que são seus confrades em Guyenne, Labadie remonta às origens da Igreja, e não somente às da Companhia. Por essa volta a um começo, ele pertence, no entanto, como eles, a esses "místicos reformados" que Vitelleschi teme como a peste. Ele visa a uma reunião dos "regenerados". Mas como esse Espírito fundador lhe é conhecido senão pelo espírito de sua própria infância, por uma inspiração que o faz o contemporâneo desse passado hoje corrompido? "Eu vi (...) que para fazer uma verdadeira cópia ou um quadro de Igreja cristã era preciso tirá-la de seu vivo original; que esse vivo original era o primeiro cristianismo, tal como Jesus Cristo fundou, e que os apóstolos prometeram, tal como o Evangelho o pede e que os *Atos* o descrevem (...). Deus, mantendo-me num grande desejo dessa grande obra, me manifestou cedo depois que (...) seu desígnio era de me fazer trabalhar nessa cruzada reformista.[21] A primeira operação consiste, pois, em produzir uma representação: fazer ou "tirar um retrato", como se dizia no século XVII, é construir uma imagem, como nos "admiráveis artifícios" caros à catoptromancia, que se desenvolve, então, entre os

---

17 ARSJ, *Gall.* 46, f. 238.

18 Paris, BN, ms., fds fr. 15722, f. 173.

19 Paris: Bibl. Ste-Geneviève, ms. 1480, f. 64.

20 J.-P. Nicéron, *Mémoires pour servir à l'histoire des hommes illustres*. Paris, 1732. t. 20, p. 143-144.

21 *Déclaration de Jean de Labadie...*, op. cit., p. 91.

Quarta Parte – Figuras do Selvagem ❖ Capítulo 9 – Labadie, o Nômade   445

próprios jesuítas.[22] Nenhuma época, sem dúvida, conheceu melhor os artifícios da imagem. Com efeito, se a "visão" faz surgir o que *não* está *aqui*, um ausente (um morto, um passado ou o rei), ela desvenda por isso um desdobramento do eu. O que eu vejo na imagem do outro sou eu; eu não estou aqui onde estou, mas alhures, no espelho que representa o outro ausente, e eu não o sabia: tema icônico desses anos. O outro que aparece na visão é um eu desconhecido. O "puro espelho" (*speculum sine macula*) é, pois, o "enigma", a "palavra obscura" que diz uma ausência a si mesmo. Ele é apenas uma ficção ou um simulacro da alma. A clareza do objeto aparecido designa a obscuridade que separa o espírito dele mesmo. Ela é um "artifício", mas interior. Labadie depende desse "misticismo visionário barroco",[23] mas a "cópia" ou o "retrato" que ele tira das origens é precisamente o não lugar de seu espírito, uma "morada emprestada", uma metáfora, um transporte fora de si. Sua própria visão lhe ensina que ele não está nele. Ele está privado dele mesmo pelo lugar onde está.

O gesto de deixar os jesuítas não é, no fundo, senão um efeito lógico dessa experiência. Ele escreve que, com o "desígnio" de tornar efetiva a "cópia" das origens, com o desígnio de estar, enfim, na Imagem (essa verdade estranha), ou de fazê-la coincidir com um lugar onde ele esteja, Deus "após uma cláusula que me causou, no início, espanto, mas não me lançou por isso em uma verdadeira desconfiança; foi que eu só serviria a esse desígnio fora do lugar onde eu me encontrava e separado da sociedade

---

22   Somente entre os autores jesuítas, há M. Bettini, *Apiaria universae philosophiae mathematicae* (Bolonha, 1642); A. Kircher, *Ars magna lucis et umbrae* (Rome, 1646); a *Tabula scalata* du P. du Breuil (1649) etc. Mas outros os precederam: J. Leurechon (1624), Cl. Mydorge (1630), J.-P. Nicéron (1638), etc. Cf. Jurgis Baltrušaitis, *Le Miroir*. Paris: Elmayan-Le Seuil, 1978. p. 67-94.

23   Baltrušaitis, op. cit., p. 83.

446 A Fábula Mística ❖ Michel de Certeau

à qual eu estava unido".[24] Traço surpreendente, essa "cláusula" lhe é significada também pela palavra de outro, uma palavra que funciona como a imagem do outro ensinando-lhe que, aí onde ele se encontra, ele não está em sua verdade (Deus). "Uma pessoa tão luminosa quanto piedosa" lhe diz: "Faça o que Deus quer e que ele o carregue e o leve a fazer, que é que você saia dos jesuítas..."[25] Ele fala na palavra dessa "pessoa luminosa" como ele habita a imagem da Igreja ideal, mas essa palavra e essa imagem se mantêm fora do lugar que ele ocupa (seu corpo, e esse corpo social). Elas lhe ensinam sua alienação. Mas é (será) principalmente a imagem, esse espaço outro, que faz com que ele *veja* seu exílio. A própria visão é exílica. Mais amplamente, parece que, construindo-se um universo óptico,[26] os espíritos do século XVII se separam das realidades que articulavam sua identidade. Em todo caso, para voltar a um caso particular, Teresa de Ávila, que se lamentava por não ter imaginação, experimenta antes o indeterminado de um interior sem fundo, divino, que a "nostalgia" das coisas visíveis, portanto distintas, que soletrariam fora dela sua impossível verdade.

Labadie vai "sair dos jesuítas" na primavera de 1639. Durante o ano que precede (1638-1639), ele mora com Jean-Joseph Surin, no colégio de Bordeaux. Eles já se encontraram várias vezes juntos. Surin, que tem 10 anos a mais, volta ferido de suas batalhas de exorcista no teatro da possessão de Loudun. Ele está doente, louco, suspeito.[27] Labadie goza ainda de uma admiração geral, mas ele

---

24 *Déclaration...*, p. 91.
25 *Ibidem*, p. 102.
26 Sobre o movimento que, a partir do século XIII, privilegia o "ver", cf. p. 127-135.
27 Cf. M. de Certeau, *La Possession de Loudun*. 2. ed. Paris: Julliard-Gallimard, coll. Archives, 1980, e Surin, *Correspondance*, op. cit., p. 241-464.

Quarta Parte – Figuras do Selvagem ❖ Capítulo 9 – Labadie, o Nômade

já não está mais aí. Sua confrontação está na altura de seus gênios estranhos e diferentes. Em 1663, Surin evocará esse tempo em que, "por ordem de meu provincial, eu me comuniquei com ele". Ele podia, supostamente, ser ajudado, em seu triste estado, pelos conselhos do jovem profeta. Reflexões de Surin: "Ele tinha coisas muito boas, e várias semelhantes às que eu tive, e se Deus não me tivesse dado o desejo de não me apoiar em meu sentido e de não me separar jamais de minha primeira vocação, e principalmente da obediência, não duvido que, nessa mistura de espírito, eu tivesse naufragado tanto quanto ele... Eu lhe falei de sua ilusão... Ele se deixava conduzir ao espírito extraordinário que, na minha opinião, no começo era bom e tinha sido aprovado por vários grandes servidores de Deus, mas, por causa dessa falta de humildade, por se fazer preferido ao espírito de sua vocação (...) e por se ter abandonado aos seus instintos, terminou, enfim, a acreditar-se inspirado de Deus, deixou-se enganar com falsas aparições e revelações... O orgulho o tinha desmontado tanto que ele se foi arrastando-se entre os arbustos."

Resposta de Labadie: "Ele me disse que via em mim muitas coisas do Espírito de Deus, e que eu poderia prestar grandes serviços a Deus e me adiantar muito, mas que a obediência me reteria sempre para baixo e me ataria as asas; que por isso eu não iria jamais longe."[28] Uma palavra faz clivagem: a "vocação", definida por um como uma positividade social que impõe a um espírito "universal" o limite de um corpo, de um real e, finalmente, de uma morte, e pelo outro, como uma revelação interior à qual seu eleito deve inventar um corpo. Duas simbólicas se enfrentam também, igualmente fundamentais em cada um

---

28 Surin, La Science expérimentale. In: *Correspondance*, p. 436-438. Surin fará frequentemente alusão a esse debate; cf. *Guide spirituel*, I, cap. 7; VI, cap. 6; *Fondements de la vie spirituelle*, V, cap. 7 etc.

448 A Fábula Mística ❖ Michel de Certeau

deles. Marítima como em Surin (ele mesmo preso em uma tempestade): "seu barco naufragou", diz ele, "abandonado" aos ventos por presunção e arrastado (*drossé*) para os recifes. Aérea em Labadie: um espírito retido "embaixo" e que se deixa "atar as asas". Um, navegador em alto-mar, condena uma "conduta" temerária que desdenha as marcas; o outro, prisioneiro de um lugar, despreza uma força que, por covardia, não assume sua subida.

Quando Labadie solicita deixar os jesuítas, em fim de 1638, ele surpreende as autoridades. As razões que ele alega concernem a dificuldades de saúde (em particular a falta de sono). Depois de se ter surpreendido por não ter jamais ouvido falar,[29] Vitelleschi tira dessa partida uma lição que vai ter êxito: "Quanto ao padre Jean Labadie, eis desvanecidos os sonhos dos que enchiam com seus méritos páginas inteiras e que nos enchiam os ouvidos. Que eles reconheçam pelo menos, agora, de que natureza foi sua precipitação em louvá-lo..."[30] "Sobre seu pedido e em razão de sua má saúde", Labadie é, pois, "liberado de toda obrigação em relação à companhia", por carta assinada do provincial, em 17 de abril de 1639.[31]

Procurando fundar uma "secreta escola para os simples",[32] Labadie é "recebido" em diversos lugares: Bordeaux, Paris (várias estadas), Amiens (1643-1644), Ab-

---

29 Carta a Labadie, 8 de dezembro de 1638; ARSJ, *Aquit.* 2, f. 511.

30 25 de fevereiro de 1639; ARSJ, *Aquit.* 2, f. 520. Labadie vai tornar-se um "tipo", um *exemplum*, sobre um modelo que comporta três tempos e que se encontra já em Surin: 1. "começos maravilhosos"; 2. perda da "deferência" para com o outro; 3. "saídas" deploráveis. Cf. por exemplo N. du Sault, *Caractères du vice et de la vertu*, 1655. p. 233; Paul Lejeune, *Épîtres spirituelles*, 1665. p. 537 etc. Por aí encontram-se justificados os elogios que ele recebeu de jesuítas, exaltada a virtude de obediência e "explicada" sua partida.

31 Paris, BN, ms., Dupuy 641, f. 130.

32 *Déclaration...*, p. 435.

beville, Toulouse (1645 e 1649), Bazas, La Graville... Não que, padre secular, ele se queira itinerante. Cada vez, ele responde a um convite que lhe fornece um "outro chão", no momento em que ele cai de um lugar. São postos estatutários: ele é titular de uma cátedra de pregador em Guyenne, cônego na igreja Saint-Nicolas de Amiens, diretor e confessor das *"tiercerettes"* em Toulouse, ou das ursulinas em Bazas etc. Muito depressa, sua eloquência cativa uns e revolta os outros. "Que se ache bom que eu diga a verdade, como se merece, isto é, um pouco fortemente";[33] tal é sua máxima oratória. A palavra corta o lugar. O não lugar do discurso decide na opaca estratificação de que é feita a coesão de um grupo e aí planta a faca de uma ficção dicotômica: "Deus chama (...) uns, por justiça, aos suplícios eternos, os outros, pela misericórdia, à sua glória."[34] Operação cirúrgica, "anatômica", como em Diego de Jesus,[35] que visa a recortar no real o que poderia dar um lugar à Imagem.

É o tempo das simpatias, depois dos dissentimentos com Port-Royal.[36] Há proximidades doutrinais. Supôs-se até elos ulteriores, ou pessoais ou intelectuais entre Laba-

---

33   *Ibidem*, "Avis" préliminaire.

34   *Récit véritable du procédé tenu par Mgr l'Illustr. Évêque d'Amiens (...) pour servir de défenses aux sieurs de Labadie (...) et Me Dabillon...*, slnd [1644], p. 10-11 (Paris, BN, ms., Dupuy 641, f. 123-130). Labadie foi atacado nos sermões do "padre O Juiz, jesuíta".

35   Cf. p. 230 e segs.

36   Cf. *Le grand chemin du jansénisme au calvinisme enseigné par (...) Labadie.* 2. ed. Paris, 1651; *Lettre d'un docteur em théologie* (Antoine Arnauld) (...) *sur (...) l'apostasie (...) de Labadie*, s. l. 1651; le sieur de Saint-Julien (= Godefroy Hermant), *Défense de la piété et de la foi (...) contre les mensonges (...) de J. de Labadie, apostat.* Paris, 1651 (Hermant responde em nome dos jansenistas à censura que lhe dirigem por ter conduzido Labadie à heresia) etc.

450 A Fábula Mística ❖ Michel de Certeau

die e Pascal.[37] Seria a história tão fantástica quanto supõe
Sainte-Beuve (não misturemos os puros com os comprometidos)? Como os jesuítas, os jansenistas apagaram os
vestígios do sedutor depois de sua traição. Mas, Freud o
diz a propósito desse gênero de recalcamento, "o crime
não é jamais perfeito". Ficam indícios, por exemplo, uma
coletânea jansenista de propósitos mantidos ou escritos
por "autoridades" ou amigos de Port-Royal: Labadie aí se
encontra em boa companhia, com Le Camus (o futuro bispo "reformador" de Grenoble), M. Lombert (tradutor de
A Cidade de Deus), N. Manessier (teólogo e logo deputado jansenista em Roma), todos notáveis da casa.[38] Mas
cada apostasia provoca humores negros. Por Godefroy
Hermant, em nome de Port-Royal, ele é apresentado como
um "libertino" de costumes vergonhosos.[39] Em Amiens,
acusam-no de relações sexuais com as religiosas, donde

---

37 Por exemplo, segundo as memórias de dois protestantes, Pascal
teria sido mais tarde instruído por Labadie da religião reformada
e se teria "servido dele para fazer escrever a seus amigos suas
Lettres provinciales" (cf. Sainte-Beuve, Port-Royal, II, cap. 13;
Pléiade, 1953. t. 1, p. 659, e Kolakowski, op. cit., p. 787). Ou, então,
L'Impiété convaincue (1681), tratado escrito por Yvon, o mais fiel
discípulo de Labadie, contra o ateísmo de Spinoza, seria a origem
da "religião do coração" em Pascal (cf. Paul Vernière, *Spinoza et
la pensée française avant la Révolution*, 1954. t. 1, p. 43-47). Estão
aí figuras para um problema que fica em aberto.

38 Paris, BN, ms., fds fr. Nouv. Acq. 4333, f. 113-114. De um "M. Labadie" (que parece bem o nosso) são citados propósitos sobre os
socinianos: "Os calvinistas responderam melhor aos socinianos
que os católicos. Os holandeses erraram ao deixar traduzir em
língua vulgar os livros dos socinianos. Quase todos os bispos da
Inglaterra são socinianos." Dados os debates de Labadie com os
socinianos e suas relações na Inglaterra e na Holanda, não há
hesitação sobre a identidade do personagem.

39 Cf. nota 36.

Quarta Parte – Figuras do Selvagem ❖ Capítulo 9 – Labadie, o Nômade   451

um processo que remonta até ao chanceler Séguier.[40] Mesma denúncia em Abbeville. Em Toulouse, contam que ele espalha as ideias dos adamitas e dos alumbrados entre as religiosas "*tiercerettes*", ou que ele dança diante do altar – uma definição muito bela, como só inimigos sabem achar.[41] Em Bazas, que ele semeou o veneno da "doutrina de Jansenius" entre as ursulinas.[42]

Ele publica *La Solitude Chrestienne* (1645) durante essas passagens e essas tempestades. O livro, um de seus melhores (obra de sua verde maturidade: ele tem 35 anos), funda a união com Deus sobre a separação com o mundo, como se tomasse de Port-Royal o que precisamente ele vai censurar-lhe. Ele trata aí da eleição mais do que a contemplação. "A consumação em Deus", que vai "até

---

40   Cf. G. Hermant, *Mémoires*, éd. A. Gazier, 1905. t. 1, p. 293; René Rapin, Mémoires, éd. L. Aubineau, 1865. t. 1, p. 52; H. Van Berkum, op. cit., t. 1, p. 176; Bonnault d'Houet, Les débuts du jansénisme dans le diocèse d'Amiens. In: *Mémoires de l'Académie des sciences, lettres et arts d'Amiens*, 1920. t. 63, p. 1-59.

41   Cf. G. Doublet, *Jean du Ferrier*, 1906. p. 112. Essa "dança diante da arca" não é, aliás, inverossímil: Labadie a instaura e a pratica em suas comunidades de Hervort e Altona, no fim de sua vida. Será um alvo dos panfletários. Cf. Door Jacobus Loelman, *Der Labad. Dwalingen ontdekt* (os erros de Labadie descobertos), p. 152-158, 217. Mas já, no início do século XVII, os "devotos" franceses eram escandalizados vendo as carmelitas espanholas dançar diante do santo sacramento.

42   Cf. [Rivet], *Supplément au nécrologe* (de Port-Royal), p. 67 e segs. (as altercações, em 1645, entre Labadie e o bispo de Bazas, Henri Litolfi-Maroni); Le Fougeray, Arch. De la Visitation, ms. "Lettres spirituelles de Loudun", vol. 2, f. 988 e segs. (julgamento do novo bispo, Samuel Martineau, em 1652, sobre o convento "adulado" por Labadie). Cf. a curiosa *Lettre du R. P. Antoine Sabré, prêtre, religieux solitaire, écrite au Sr Labadie...*, Bazas, 1651 (Sabré, superior de l'Hermitage d'Agen, é um "seduzido"); e detalhes, pouco críticos em A. de Lantenay (i. e. M. Bertrand), *Labadie et le carmel de Gravelle*. Bordeaux, 1886.

452   A Fábula Mística ✦ Michel de Certeau

a unidade com ele por sua aderência" (uma palavra be-
rulliana), é, para os eleitos, indissociável de sua "solidão",
porque eles "vivem em outro solo e respiram outro ar".[43]
Mas essa "solidão", esse "retiro", ou esse "refúgio" não é,
como na ideologia religiosa da época, o nome de um lugar
constituído e protegido.[44] O "outro solo" designa um não
lugar: o homem estando por toda parte "fora" e "não podendo por si mesmo senão se perder", não há experiência
efetiva senão a da queda. O "solitário" é um "vagabundo", sempre enganado pelo solo onde ele acreditou reconhecer o seu. Sua vida nômade é a manifestação espacial
da permanente relação que ele mantém com a lei de sua
perda. Para ele, nada o segura. Não parece que haja em
Labadie, nascida de um "aniquilamento" da inquietude
subjetiva por uma evidência interior, uma certeza capaz
de enfrentar (como alguns estóicos), de aceitar (como alguns quietistas) a ideia da predestinação "natural" a uma
morte eterna. Ele experimenta a lei dessa queda dos espíritos, que é também a lei de uma separação, um pouco
à maneira como Aristóteles encarava a queda dos corpos.
Uma ameaça "antiga", concernente à defecção do cosmo,
reaparece em um desenraizamento religioso "moderno".
Única salvação: o milagre de ser mantido, recebido, eleito. A necessidade que ele tem disso reforça em Labadie
a afirmação do milagre de que ele se beneficia e que lhe
significa, acontecimento cada vez surpreendente, o "suporte", a recepção e a eleição de que ele é o objeto em
um lugar novo. Mas esse acolhimento não lhe basta. Ele
conhece, tanto quanto Surin, sua "ilusão". Ele precisa receber do exterior uma confirmação mais sólida. Ele a espera dos próprios públicos que quebram sua esperança

---

43   *La Solitude chrestienne, ou la vie retirée du siècle.* Paris: S. Piquet,
      1645. p. 79 e 142.

44   Cf. p. 32.

Quarta Parte – Figuras do Selvagem ❖ Capítulo 9 – Labadie, o Nômade

de encontrar aí um lugar. Sua recusa lhe é uma garantia mais segura que sua admiração. Ele o provoca, então. Em sua violência, ele "tenta" essas audiências para tirar delas precisamente o que elas lhe recusam. Sua hostilidade lhe vale o lugar excepcional de um mártir que tem como privilégio o não lugar para onde eles o afastam. Eles apoiam assim sua eleição: prova pelo negativo. Eles fazem dele o verdadeiro "solitário". Sua oposição é finalmente uma graça mais "eficaz" que seu entusiasmo primeiro.

Antiga tradição mística, mas deslocada. João da Cruz pensava já que só a dor não engana: não que ela constitua o essencial da experiência, mas, em matéria de conhecimento, essa escrita que altera o corpo atesta uma diferença, como, em ciência, o insucesso inscreve o real em um quadro de expectativas teóricas. Em Labadie, a dor não concerne exatamente a seu corpo, mas à "união" que ele tinha pensado encontrar com um corpo social, ela fere a juntura com o corpo que ele acreditava dado ao seu espírito. Por aí mesmo, o espírito ressurge como espírito "solitário", "vivendo em outro solo". A dor restaura a Imagem em sua pureza. Bem longe de se perder na multidão (que é a metáfora social do Real), Labadie não cessa de provocá-la. À sua maneira, ele a desafia. Ele ri dela. Com impaciência, com arrogância, ele espera que se revele a mentira da multidão, visto que sua eleição interior se escora nessa mentira. O descrédito do real se torna fonte de verdadeiro.

Estranha retórica de seus textos. Seu estilo combina a arte de fazer crer com a necessidade de agredir. Ele seduz e ele irrita. Há muita edificação em seus discursos, e frequentemente monótono. Mas sob esse manto anônimo, brilha o cutelo com o qual ele surpreende os públicos e os dogmas tranquilamente instalados em um consenso. Ele corta. Ele opõe uma interpretação inspirada na positividade do texto recebido. Ele retira das práticas rituais suas justificações escriturárias. Ele separa da realidade social que o aprisiona o espírito feito para "respirar outro ar". Linguagem barroca, composta de gestos contraditórios que, no entanto, são todos atos disjuntivos. Ele não cessa de praticar a "crise" evangélica: "Eu vim para dividir."[45] Mas, finalmente, cenas que ele desempenha em tantos teatros diferentes, onde está o autor? Quem é ele? Um morto em instância? Um milagroso da graça? Um Don Juan? Um comediante? Os públicos se repartem com paixão os personagens que eles acreditam reconhecer em seu repertório. Quanto a ele, ele designa bastante exatamente a relação que sua vocação mantém com todas essas mentiras quando ele a chama de "obscura noite da fé".

Em 1650, ele passa para o calvinismo. Aí é acolhido calorosamente. A agressividade entre as Igrejas faz de todo imigrante de uma a cobiça da outra. Mas, outro elemento decisivo nos meios que ele frequenta, o código social impõe a cada um uma casa identificatória no tabuleiro das "portas" e dos "estados" religiosos: se você não está aqui, você, então, está lá; se não jesuíta, então jansenista; se não jansenista, então calvinista. A itinerância de Labadie obedece à lei do terreno. Ela segue docilmente, de casa em casa, uma ordem preestabelecida. Com certeza, essa ordem tem um "sentido" objetivo, como uma direção indicada pela inclinação da história. De casa em casa, de modelo em modelo, ele desenrola um diagrama onde o ideal "primitivo" se intensifica à medida que se desfaz o elo do grupo social com a "presença" de sua origem. Ele desenvolve as variantes sucessivas pelas quais há historicização da Origem (e também fragmentação, "as origens"): de ato sacramental presente, o Começo se torna representação textual passada. Pivô estratégico dessa evolução, como

---

45   Evangelho segundo São Lucas, 12, 51; cf. Mateus, 10, 34.

Labadie o mostra muito bem a propósito da eucaristia,[46] o sacramento, efetuação dialogal da união entre o homem e Deus, se cliva em um gesto ético (desafio da fé) e em uma positividade escriturária (cena primitiva); entre as duas metades, a mística conserva a marca inacessível de sua junção. Etapa fundamental desse desenvolvimento, o calvinismo oferece a Labadie de que "anunciar" a relação explodida, brilhante, que um desafio (absoluto, desunido) mantém com uma Imagem (distante), e a eleição incompreensivel que as une. Em princípio, essa Igreja circunscreve somente um lugar cujo contéudo é uma inatingível regeneração. Ela marca, pois, suas fronteiras de uma maneira tanto mais rígida que o "dentro" é retirado de toda apropriação pelo saber, pela vontade ou pelos sentidos. Mas por isso, ela vai tornar logo intoleráveis a Labadie autoridades tornadas políticas (cívicas e moralizadoras) em nome até de um "espírito" que lhes escapa.

Os primeiros tempos são eufóricos. O padre que se converte em Montauban (1650) aí exerce logo o cargo de pastor (1652-1657), depois de ter dirigido aos "seus amigos da comunhão romana" sua longa *Declaração*, depois uma *Carta* a seu respeito.[47] Ele embaraça muito seus amigos jansenistas, pretendendo que "a doutrina da predestinação e da graça pressuposta, tal como Jansenius a explica e que ele faz ver que é a única ortodoxa e a verdadeira, é a pura e inteira doutrina da Igreja reformada".[48]

---

46   Cf. J. de Labadie, *Le bon usage de l'Eucharistie*. Montauban: P. Bertié, 1656, uma grande tese, notável por seu radicalismo místico.

47   *Déclaration...*, cf. anterior; e *Lettre de Jean de Labadie à ses amis de la communion romaine touchant sa déclaration, divisée en deux parties dont la première leur fournit douze advis et motif a ce qu'ils ne jugent pas son action injuste ou mauvaise; la seconde leur fournit douze autres advis ou moyens de se désabuser de l'erreur et de rencontrer la vérité*. Montauban: P. Braconier, 1651.

48   *Lettre...*, p. 36.

456 A Fábula Mística ✤ Michel de Certeau

É justamente aquilo de que os jesuítas acusam os jansenistas. Um panfleto jesuíta utiliza imediatamente contra
Port-Royal a afirmação de Labadie.[49] Ele acrescenta, em
uma segunda edição "aumentada com elogios que os jansenistas deram ao tal Labadie": de fato, ele não pode ale-
gar senão uma página da *Seconde apologie pour Jansénius*
onde Labadie e Dabillon são tratados de "eclesiásticos de
uma virtude exemplar".[50] Em sua resposta, bastante em-
baraçada, Arnauld restabelece as diferenças que Labadie
não cessa de comprometer fazendo "circular" os lugares
como o traidor[51] ou o cornudo nos relatos tradicionais. O
convertido não se contenta em deixar lugares; como um
"shifter" (no sentido que Jakobson dá a esse termo), ele
os coloca em movimento e os confunde como cartas.

De 1657 a 1659, ele está em Orange. O vice-legado de
Avignon, Gaspare Conti, informa regularmente a Secreta-
ria de Estado romana sobre as atitudes do "apóstata", que
ele chama "a Abadia". Rede de cartas secretas.[52] O fantasma[53] passa de novo nos escritórios romanos – os de "Vossa Eminência" (o cardeal Pamphili) e não mais os de "Vossa
Paternidade" (Vitelleschi) –, mas com o mesmo *motiv* que
outrora: "A corrupção do bem é o que há de pior."[54] Ele se
deu mal. A questão é antes saber como ele vai se virar. Ele
fugiu das "perseguições" de que era objeto em Montauban;

---

49   *Le grand chemin...*, nota 36.
50   *Ibidem*, p. 15-16.
51   Cf. Louis Marin, *Sémiotique de la Passion*. Paris: DDB-Aubier, 1971.
      p. 97-186: "Sémiotique du traître".
52   Cf. Roma, Archivio Segreto Vaticano, Segreteria di Stato, Legazio-
      ni, Avignone, nº 56 e 173.
53   Descrição de "l'Abadie": "primeiro jesuíta na província de Vien-
      na, depois carmelita e eremita, enfim apóstata calvinista e minis-
      tro dessa seita" (Archivio Segreto Vaticano, ibid., nº 56, p. 92).
54   "La corrotione del buono è pessima"; carta de G. N. Conti à Secre-
      taria, 20 de novembro de 1658; Archivio Segreto Vaticano, *ibidem*,
      nº 56, p. 60.

elas se reiteram em Orange. Ele está em relações com Londres, de onde um longo relatório já fala de seus méritos: O "Sr. de Labadie, ministro de uma vida muito exemplar e de uma doutrina singular (...), tendo abjurado outrora a Religião papética, se tinha retirado em Montauban onde ele tinha tão bem conseguido por suas pregações que grande número de pessoas tivessem seguido seu exemplo, o que tinha movido a última Assembleia realizada em Paris a obter, por sua importunidade, do Rei da França que ele deixasse o Reino para impedir assim que seu ministério fizesse maior progresso em Montauban e cercanias pela conversão dos que o iam ouvir. Esse ministro, tendo-se retirado, para evitar perseguições, para o condado de Orange, fora do Reino, aí não tinha deixado de ter sucesso, os de Avignon e da vizinhança indo para lá em multidão para ouvi-lo, tanto que, se o Legado não tivesse dado ordem aos do condado de Avignon que não mais fossem lá, havia aparência de grande conversão naquela região".[55]

A igreja francesa reformada de Westminster, em Londres, lhe oferece um posto de pregador (1659). Depois de ter consultado os pastores da igreja reformada de Paris (Drelincourt, Daillé, Gasche), ele aceita, com o projeto de passar por Genebra e pela Alemanha. Mas seus sucessos na cidade de Calvino vão fixá-lo aí por sete anos (1659-1666). O "Registro da Companhia dos pastores" faz seguir, de semana em semana, a passagem da sedução à exclusão. Sexta-feira, 10 de junho de 1659, "chegada de Mr. de Labadie a Genebra".[56] Ele pregará no dia 12. Terça-feira, 14 de junho, em razão da "satisfação que nosso povo recebeu de seus sermões", parece bom "retê-lo aqui

---

55 Datado de Londres, 24 de outubro de 1658; *ibidem*, n° 56, p. 72.
56 Genebra, Archives d'État, Dépt de l'Église nationale protestante, Cp. Past., R. n° 11 (1658-1665), "Registre de la Cie des pasteurs et professeurs de l'Église et Académie de Genève", f. 75-76.

como pastor".[57] Paixão. No dia 18, já, ele explica à Companhia "que sua vocação é divina"[58] e ele vai repeti-lo 100 vezes, e inicialmente em um longo discurso autobiográfico, no dia 21.[59] Ele é recebido como pastor, mas "tira-se promessa dele que ele não vai ter nem quer ter parte nas novidades".[60] Todas as instituições se parecem. Em 29 de julho, primeira dificuldade: as pregações que lhe atribuem no templo de Saint-Pierre caem "em concorrência" com as de M. Turrettin. A Companhia mede compromissos.[61] Em novembro, já, pessoas falam "um pouco impacientemente" dele.[62] Em dezembro, é ele quem ataca, sobre um detalhe, mas central: em um sermão, ele afirma que é "necessário tirar as imagens dos Apóstolos que estão nas janelas do dito templo" (de Saint-Pierre). A Companhia responde alegando argumentos escriturários, um decreto do Conselho, um costume antigo. Nada o convence. Ele julga que esses vitrais "são objeto de idolatria".[63] Há uma só Imagem, o "quadro da Igreja cristã" que lhe é interior. Ela é a relíquia de seu corpo espiritual, algo de análogo à "penúltima imagem" sobre a qual, segundo Freud, o fetichista se fixa ferozmente porque ele *sabe*: ele viu a ausência que a seguia. A imagem protege, ficticiamente, de uma falta já conhecida que lhe dá precisamente sua importância. Lugar ao mesmo tempo protetor e testemunha do não lugar, portanto, intocável. Labadie não pode fazer concessão. A Companhia lhe impõe "não mais pregar contra (essas) imagens" e também "abreviar seus sermões" – ele é sempre muito longo, ele não pode "parar". As dificul-

---

57 Genebra, Archives d'État, *ibidem*, f. 77.
58 *Ibidem*, f. 78.
59 *Ibidem*, f. 78-80.
60 *Ibidem*, f. 81.
61 *Ibidem*, 85-86.
62 *Ibidem*, f. 100.
63 30 de dezembro de 1659, *ibidem*, f. 105-106.

dades se multiplicam: a propósito dos professores e dos estudantes de teologia, que ele acusa nomeadamente (um caso que dura mais de um ano, 1662-1663); a propósito dos panfletos de Mauduit publicados contra ele em Lyon e Grenoble,[64] aos quais lhe pedem que dê uma resposta e que a mostre[65] etc. Debates indefinidos.

Período intenso, no entanto. Em Genebra, ele encontra Philipp Jacob Spener, poeta da *"Seelensprache"* (a "língua da alma", que é uma língua materna e uma língua popular), profeta de um "despertar" espiritual pela "piedade prática", e que lhe deveria a inspiração pietista de seus *Pia desideria* (1675).[66] Ele faz aí seus discípulos mais seguros: Pierre Yvon (1646-1707), que será seu sucessor no comando dos labadistas; o pastor Pierre du Lignon, vindo da Academia de Saumur etc. Nesse importante lugar teológico, ele trata das questões fundamentais: a cristologia, a eclesiologia, a Eucaristia, a exegese, o ministério pastoral. Ele tirará daí suas obras doutrinais mais importantes (mas não são as mais originais): *Le Hérault du Grand Roi Jésus* (Amsterdam 1667), *La Puissance Ecclésiastique Bornée à l'Écriture et par Elle* (Amsterdam, J. Van Elsen, s. d.), *La Réformation de l'Église par le Pastorat* (Middelburg, H. Schmidt, 1667-1668) etc. Esses textos são transferidos adiante. Eles proliferam, no início, de Genebra, saídos do lugar abandonado. Eles daí "saem". Na vigilância miudinha de que Labadie é

---

64 [François Mauduit], *Advis charitable à Messieurs de Genève touchant la vie du Sieur Jean Delabadie* (Lyon, 1662), rééd. in J. H. Bolsec, *La Vie, mort et doctrine de Jean Calvin.* Lyon: A. Offray, 1664. Segundo o "Registre de la Compagnie" (Genebra, Archives d'État, *ibid.*, f. 269, 30 de janeiro de 1663), o segundo livro de Mauduit, impresso em Grenoble é intitulado: "Second Advis à Messieurs de Genève touchant le Sr. Jean Delabadie". Eu não o encontrei.

65 Genève, Archives d'État, *ibidem*, f. 274, 309 etc.

66 Cf. M. Queckbörner, *Ph. J. Speners Reformtätigkeit in Frankfurt/M. Unter bes. Berücksichtigung seines Verhältnisses zu Jean de Labadie*, tese de teologia, Mayence, 1960.

460 A Fábula Mística ❖ Michel de Certeau

cada vez mais o objeto desde 1662[67] (ele se queixa disso frequentemente à Companhia), não há somente a repetição de mais antigas prisões, mas uma questão teórica concernente, uma vez mais, à autoridade de que o poder se confia para disciplinar o espírito: "Eu nego que os pastores ou bispos sejam ordenados como legisladores sobre os fiéis, para constituir regras de viver ao seu prazer, ou obrigar a guardar seus decretos ou seus estatutos."[68] Ele não critica o poder do Estado e dos magistrados. Ao contrário, ele se faz seu apologeta e condena o "clero romano" por ter querido se "subtrair" daí.[69] Mas ele recusa a autoridade espiritual que se dá o "poder civil", e principalmente, reciprocamente, a assimilação de uma comunidade de "regenerados" em uma sociedade hierarquizada.

Durante seus últimos anos em Genebra, desenvolve-se o tema milenarista. Não, a Igreja não está evidentemente onde ele está, nos "bastiões" dessa "cidade santa". Mas se Genebra mesmo não é o lugar disso, onde procurar o reino do Espírito? É preciso esperar uma nova vinda do Messias, depois de mil anos. Visto que os lugares são enganosos, é preciso confiar no tempo; e menos os lugares aparecem capazes de capitalizar o tempo, de constituir as reservas de uma história, de uma tradição ou de um sentido, isto é, finalmente ter figura de autoridades, mas o tempo lhes escapa, liberado de suas codificações, alterado em puros acontecimentos ou em milagres. O milenarismo é um efeito

---

67 Por exemplo, ele mantém "assembleias" em sua casa à noite: por que, lhe perguntam, a partir de "certa hora", ele fecha a porta? Pastores o denunciam porque ele junta as mãos recitando o "pai nosso" (texto evangélico) e ele as separa recitando o "símbolo dos apóstolos" (texto eclesiástico) etc. Também ele os censura "por terem paixão contra ele". Cf. Genebra, Archives d'État, *ibidem*, f. 243-251 (julho-setembro de 1662).

68 *La Puissance ecclésiastique*, p. 140.

69 *Ibidem*, "Épître dédicatoire", cit. in Kolakowski, op. cit., p. 794.

da autonomização do sentido em relação a uma laicização dos lugares, até eclesiásticos, na experiência crente. Ele exprime uma esperança para a qual resta somente a possibilidade de confiar o Espírito ao tempo e de encarregá-lo disso. Ele se difunde nos meios reformados, com, por exemplo, o comentário do Apocalipse escrito por Pierre de Launay, em 1635, mas publicado precisamente em Genebra, em 1651. Amyrault, o grande teólogo de Saumur, não considera uma tarefa fútil a refutação do livro em seu *Du règne de mille ans* (1654). Nathanael Homes retoma o assunto no mesmo ano, e, em 1664, Samuel Des Marets (o mesmo que escreverá logo contra Labadie) tenta ainda rachar o milenarismo no *Chiliasmus enervatus*. Sem dúvida, essa literatura se desenvolve na sequência dos rumores temíveis que produz a confusão do cosmo celeste, o eclipse de 1654 ou a execução do rei Charles I Stuart (1649), equivalente à queda de um planeta.[70] Para Labadie, essas quedas de astros não são provavelmente mais surpreendentes que as das sociedades ou das Igrejas. Importa mais o movimento que faz fugir no tempo futuro, isto é, no sentido da marcha, a Imagem que era passada, já distante, mas de que o retorno parecia prometido às Igrejas. O milenarismo marca uma nova fronteira atravessada; é a passagem das Igrejas para as seitas.

Convidado pela comunidade valona de Middelburg, Labadie chega a Utrecht em junho de 1666, com um grupo de "pobres de Lyon". Aí ele encontra os Van Schurman – Johann Gottschalck (médico) e principalmente a irmã, Anna Maria, de quem se pretendeu (erroneamente) que ele a tinha desposado,[71] mas de quem a autobiografia dá as

---

70 Cf. Élisabeth Labrousse, L'Entrée de Saturne au Lion. *L'éclipse de soleil du 12 août 1654*. La Haye: Nijhoff, 1974.

71 H. Van Berkum (op. cit., t. 2, p. 204) mostra que Labadie morreu sem ter sido casado, apesar das afirmações que lhe supõem como mulher uma jovem Van der Haer, ou uma jovem Sommelsdijk, ou ainda Anna Maria Van Schurman.

462 A Fábula Mística ❖ Michel de Certeau

melhores informações sobre o último período do profeta:[72] essa *apasionada* erudita não o deixará mais; ela aponta em fórmulas de um radicalismo intenso um itinerário fixado sobre o "ódio" (*"odium"*) que faz agir Deus, como se todas as coisas lhe falassem a linguagem de um furor solitário e sem consolo a que responder por um amor sem retorno.[73] Esse Deus que "sai", mas para uma luta de morte contra sua decepcionante criação, um deus fora de si no limite onde ele está exilado ao mesmo tempo dele mesmo e do mundo, furioso por um desejo sem objeto, parece, talvez, com o Labadie dos últimos anos. Pouco importa, no fundo. O apelo à psicologia nada explica, porque o nômade é a cena, mais que o autor, da paixão que se ergue onde um espaço exterior falta tanto quanto um espaço interior. Anna Maria Van Schurman reconhece, sob sua forma teórica, uma estrutura "absoluta" do desejo; ela sabe ouvir (última maneira de "cuidar") uma guerra que não opõe mais deuses, mas se desencadeia no interior do deus, como Jacob Boehme já o tinha visto situando o "ódio" no próprio começo da Deidade.[74] É o momento em que Labadie, instalado em Middelburg,[75] ligado ao "partido da reforma", próximo de Voetius (com quem Anna Maria o colocou em relação), acentua o milenarismo que as Companhias de pastores e os sínodos lhe censuram cada vez mais.

---

72   A. M. Van Schurman, *Eukleria seu Melioris partis electio*. Tractatus brevem vitae ejus delineationem exhibens. Altona, 1673.

73   *Ibidem*, p. 60-65, 108 etc. Encontra-se na época, em outros, a *visão* de um "ódio" primitivo em Deus, mas, em A. M. Van Schurman, essa experiência parece *auditiva*.

74   Cf. Jacob Boehme, *Mysterium Magnum*, cap. 3, 11 etc.

75   Cf. J. de Labadie, *L'arrivée apostolique aux Églises, représentée par celle de l'apostre saint Paul aux Églises de Rome et de Corinthe*. Middelburg, J. Misson, 1667, e o sermão pronunciado em Amsterdam, em 15 de maio de 1667 : *L'Idée d'un bon pasteur et d'une bonne Église*. Amsterdam: A. Wolfgang, 1667.

Quarta Parte – Figuras do Selvagem ❖ Capítulo 9 – Labadie, o Nômade   463

Mas a polêmica mais violenta concerne à interpretação da Escritura, isto é, ao *status* da "verdadiera cópia ou quadro da Igreja cristã" que é o último "lugar" de Labadie. A querela é desencadeada pela *Philosophia S. Scripturae interpres* (1666), que publica anonimamente Louis Meyer, médico, poeta, filósofo cartesiano, amigo e primeiro editor de Spinoza, então preparando o *Tractatus theologico-politicus*. Sob pretexto de refutar a obra em seu *De Scripturarum Interprete* (Utrecht, 1668), Ludwig Wolzogen, que ensina em Utrecht, retoma por sua conta o racionalismo bíblico de Cocceius. Ele constitui a razão natural como critério do que é aceitável ou não nas Escrituras. Os textos bíblicos compõem um espaço metafórico e enfeitiçado onde é preciso selecionar um verossímil (que não é ainda o verdadeiro) segundo os critérios de uma erudição e de uma filosofia. Segue-se uma sublevação por parte dos sínodos e dos espirituais: 10, 20 panfletos. Com Yvon e em nome do consistório de Middelburg, Labadie denuncia Wolzogen diante do sínodo de Flessinge, em um livreto de 56 páginas. Por uma vez, é breve.[76] Apoiadas com referências à tradição da teologia reformada, as teses desenvolvidas são clássicas: "Wolzogen quer elevar a Razão acima da Escritura... A interpretação da Escritura (...) pertence ao Espírito Santo. (...) Para esse efeito, ele é em cada particular Fiel."[77] Labadie toma seu impulso a partir desse último ponto: a iluminação interior somente dá uma inteligência do livro. Ele isola uma convicção "mística" já central em Teresa de Ávila: o verdadeiro "livro" se lê na alma; é a alma em si, como uma "ficção" e uma "pintura" do Espírito. Em suma, a autonomia da Bíblia não existe

---

76 *Extrait de quelques propositions erronées et scandaaleuses couchées dans le livre du Sr. Louys Wolzogen, ministre de l'église walone d'Utrecht*, s. L. N. D. (1668).

77 *Extrait de quelques propositions*, p. 7-13, 31; cf. Kolakowski, op. cit., p. 750-755.

464 A Fábula Mística ❖ Michel de Certeau

mais para Labadie do que para Wolzogen; um reduz a Escritura ao que a iluminação interior aí encontra; o outro, ao que uma razão reconhece dela como sua. O texto não tem obscuridade, nada de próprio.

Por uma revirada espetacular que é, no entanto, inteiramente lógica, o sínodo de Naarden, depois de uma série de dilações e de discussões, julga, em setembro de 1668, a posição de Wolzogen perfeitamente ortodoxa; a de Labadie, ao contrário, faltosa e exigindo uma retratação pública. Escândalo de Labadie, e novo escrito contra a parcialidade e o racionalismo dos membros do sínodo.[78] De fato, esses Senhores têm razão. Há 50 anos, os pastores se preocupam com o fato de que, conservando intacto o texto, eles não controlam mais o *sentido* que lhe dão os fiéis. A "letra" permanece nas Igrejas, mas o "espírito" se dissemina alhures. Há, pois, paralelo a uma reação análoga na Igreja católica,[79] um retorno aos "clérigos" e ao privilégio que tem a instituição para definir o sentido. Desse ponto de vista, a instituição eclesiástica e a instituição "acadêmica" se constituem laços fortes contra o "separatismo" subjetivo, principalmente se eles se creditam uma "iluminação". De fato, nesse debate, não se trata do texto, mas de duas *práticas* do texto, uma institucional,

---

78 Quatroze remarques importantes sur le jugement prononcé par le synode walon tenu à Naerden le 5 de Sept. 1668, s. l. n. d. É durante esse processo que Samuel Des Marets (que faz parte, em 1669, com seu irmão, do sínodo que exclui Labadie) publica anonimamente a Histoire curieuse de la vie, de la conduite et des vrais sentiments du Sr Jean de Labadie dont le nom et la réputation font tant de bruit parmi les gens de bien. La Haye: Th. Duurcant, 1670, 375 páginas de acusações.

79 Cf. logo, entre 100 outros exemplos, Fénelon mesmo, em sua carta "sobre a leitura da Escritura Santa em língua vulgar" (Œuvres complètes, 1848. t. 2, p. 190-201): "É ler as Escrituras ouvir os pastores que as explicam", porque "os pastores são Escrituras vivas".

Quarta Parte – Figuras do Selvagem ❖ Capítulo 9 – Labadie, o Nômade

conduzida por clérigos, funcionalmente "ortodoxos", e a outra, individualista, pela qual os fiéis escapam e seguem seus caminhos próprios. Quando a oposição entre essas duas práticas se torna preocupante, como é o caso no país valão, as querelas entre pastores e professores se calam e eles se aliam contra um perigo comum. Em 1668, Labadie recusando a inclinar-se, uma comissão censura seu milenarismo; ele é revogado de seu posto, assim como seus adjuntos Yvon, du Lignon e Menuret; os membros do consistório de Middelburg são quase todos mudados. No ano seguinte, um grupo de cossignatários teólogos confirma "a ortodoxia" de Wolzogen. O condenado persiste. Ele organiza em sua casa conventículos. Nova exclusão, pelo sínodo de Dordrecht (primavera de 1669). Enfim, a pedido do novo consistório de Middelburg, os Estados de Zelância lhe ordenam deixar a província. Os próprios pietistas rejeitam também o separatista.[80] O proibido de estada é destinado doravante a não ser mais que labadista.

A "comunidade dos santos" que lhe continua fiel ganha Amsterdam (1669). Lá, ela se organiza. Por sua vez, por mais difícil que seja a instalação, ela se torna uma instituição. Curiosamente, a informação a seu respeito se torna abundante: sobre os cinco últimos anos de Labadie (1669-1674) e sobre a "seita", a documentação e os estudos abundam.[81] Como instituição, ela tem direito a uma história. Ela tem também seu "renegado" escritor, Jacob

---

80 Cf. Herman Witsius e Johannes Van der Waeijen, *Ernstige betuiginge der Gereformeerde Kercke aen hare afdwalende Kinderen*. Amsterdam, 1670, refutação "pietista" de Labadie, e James Tanis, *Dutch Calvinistic pietism in the middle colonies*. La Haye: Nijhoff, 1967. p. 135-162.

81 Principalmente, é claro, H. Van Berkum (op. cit., t. 2, p. 1-174), explorado por todos os historiadores.

466 A Fábula Mística ✤ Michel de Certeau

Dittelbach.[82] Ela se estreita (partilha dos bens) e ela se recruta (propaganda em busca de "regenerado"), ela se hierarquiza (de um modo muito autoritário), ela se disciplina (severamente), ela se define (ritos e doutrinas), ela se estende (La Haye, Rotterdam, Utrecht, Dordrecht). Como ela faz muito barulho, a tolerância do burgomestre de Amsterdam, Konrad Van Beuningen, se cansa. Ele desejaria restringir Labadie no serviço interno de sua comunidade. Este procura uma casa fora da cidade. Os contatos com Antoinette Bourignon, essa outra mística nórdica, em vista de um estabelecimento comum na ilha de Noordstrand fracassam: "Os labadistas", dirá ela, "fizeram todo seu possível para me ter de seu lado e vir comigo a Noordstrand, apresentando-me toneladas de ouro de assistência se eu precisasse para a tal ilha de Noordstrand a fim de se estabelecerem aí, mas (...) Deus me fez ver, desde o começo quando os conheci, que eram apenas hipócritas em busca de acomodações humanas".[83] A predestinação labadista a revolta, aliás, tanto quanto as "querelas e contenções" do grupo. As coisas se envenenam: Yvon publica dois panfletos contra a "santa", que Pierre Poiret se apressa em defender.[84] Um convite de Élisabeth do Palatinado, abadessa d'Hervord, vem na hora certa para permitir a algumas dezenas de aderentes a instalarem-se em suas terras. Eles são muito mal recebidos pelos habitantes e pelo clero da cidade. Donde dois anos de semiencerramento, litúrgico e laborioso. A comunidade dispõe de

---

82 Jacob Dittelbach, *Verval em Val der Labadisten*. Amsterdam, 1692; é uma segunda edição, um sucesso.

83 Cit. in Marthe Van der Does, *Antoinette Bourignon. Sa vie (1616-1680)*. Son œuvre. Groningue, 1974. p. 132.

84 Cf. Max Wieser, *Peter Poiret, der Vater der romanischen mystik in Deutschland*. Munique: G. Müller, 1932. p. 52-53. Sobre Poiret, cf. também, p. 339, e Marjolaine Chevallier, *Pierre Poiret (1646-1719)*. Métaphysique cartésienne et spiritualité..., La Haye:, Nijhoff, 1975.

Quarta Parte – Figuras do Selvagem ❖ Capítulo 9 – Labadie, o Nômade   467

uma imprensa, que publica a *"Solemnis fidei declaratio"* do trio fundador sob o título-programa de *Veritas sui vindex*.[85] Problema de fundo: *"veritas se patefacit"*, escreve Spinoza na mesma época. Em que condições a "verdade" é sua própria prova? Mas como poderia ela ter outras? A questão, em todo caso, é colocada em toda parte de um modo que exclui a inspiração, e, para Labadie, a partir da descoberta chocante que a verdade não tem mais o poder de convencer.

Apesar das atitudes da princesa Élisabeth junto à Corte de Berlim para implorar a proteção do rei, os labadistas devem ceder às autoridades de Hervord, que não os querem mais em seu território. Eles vão embora para Altona, na Dinamarca (1672). No fim de alguns meses, é preciso ainda mudar de casa (1673) para que os "irmãos" de Brême possam juntar-se ao grupo. Doente, Labadie delira. Depois de um tempo de melhora, ele morre em 6 de fevereiro de 1674 (enterram-no no jardim), deixando uma comunidade que vai estabelecer-se em Frise (em Wieuwerd, até 1688), depois, exilar-se em Maryland, depois da viagem exploratória de Jasper Danckaerts e Peter Sluyter nos Estados Unidos, desde 1679-1680.[86] Será durante esse último período que Labadie teria escrito os poemas publicados depois de sua morte, em 1680?[87] Talvez, mas ele já

---

85 *Veritas sui vindex, seu solemnis fidei Declaratio Joh. de Labadie, Petri Yvon, Petri du Lignon, Pastorum*. Hervord, 1672. A obra compreende também um "tractatus" sobre "a diferença essencial e múltipla entre Nós e os que se chamam Quakers" – panfleto contra a "seita" de que a opinião pública aproxima o "Nós" labadista.

86 Cf. *Journal of Jasper Danckaerts*, 1679-1680, éd. B. B. James e F. Jameson, Nova Iorque, Barnes & Noble, 1959 (um "diário de viagem" bem notável); e também B. B. James, *The Labadist Colony in Maryland*. J. Hopkins University, 1899.

87 *Saintes Décades de quatrains de piété chrestienne par M. D. L.*, Amsterdam Vve J. Bruyning, 1680; *Poésies sacrées de l'amour divin par M. D. L.* Amsterdam: Vve J. Bruyning, 1680.

468   A Fábula Mística ❖ Michel de Certeau

havia composto e publicado alguns, em *Le Triomphe de l'Eucharistie*, em 1667:

> Você me arrebatou, meu Deus, você me arranca de mim...
> Enfim eu não sou mais eu mesmo, eu sou você.[88]

Uma extirpação, da qual a única saída possível seria, enfim, a poesia.

2. A INVENÇÃO DA EXTENSÃO

A historiografia pode a partir de então apoderar-se do nômade e dar-lhe um lugar – túmulo e jardim. "Aqui jaz Labadie", título do estudo histórico: essa literatura que honra e enterra com o mesmo gesto não falta.[89] Se preferirmos nos distanciar das biografias polêmicas ou edificantes que aparecem desde depois de sua morte, é preciso que nos fixemos pelo menos por um instante no julgamento que faz, 20 anos depois, o espírito mais aberto do tempo. Leibniz coloca Labadie entre os "condenativos" que "têm a distância para os que estão cheios de boa intenção, mas que não dão justamente em sua opinião", cuja conduta não se conforma com uma maneira "justa", exata e sem compromisso, em sua intenção. Muito sábio para aprovar, mas muito preciso e muito universal para não compreender essas "maneiras extraordinárias que dizem respeito ao que elas esclarecem" (elas ferem), ele acha "pena que

---

88   *Le Triomphe de l'Eucharistie*. Amsterdam, 1667. p. 17. Kolakowski acha esses poemas "sem a menor autenticidade poética" e "terrivelmente pedantes" (op. cit., p. 795-796). Há juízes menos severos: cf. Jean Rousset, Un brelan d'oubliés. In: *L'Esprit créateur*. Minneapolis, 1961. t. 1, p. 91-100, ou já A. Cherel, in RHLF, 1911, p. 823.

89   Cf. o panorama dessa historiografia, apresentado por Fabrizio Frigerio no Colóquio do Instituto de história da Reforma, Genebra, 17 de maio de 1976, "Jean de Labadie et la conscience religieurse au XVIIe siècle. État de la question", xerox, 32p.

seu zelo não seja acompanhado de mais ciência e, talvez, também de mais caridade geral".[90]

Lucidez notável. Ela distingue duas espécies de espírito e de conduta, em um universo em expansão cujos lugares, cessando de ser hierarquizados (até em um ponto supremo que era sua unidade), se justapõem interminavelmente. Descartes já o dizia, bom índice de uma nova antropologia: "A matéria extensa que compõe o universo não tem limites porque, em algum lugar onde queiramos fingir, podemos ainda imaginar além dos espaços indefinidamente extensos que nós não imaginamos somente,...[91]" Nesse "indefinidamente extenso", há espíritos fascinados pelo "geral", se possível sob o duplo modo da "ciência" e da "caridade". É a ambição de Leibniz: reconciliar pelo cálculo e pela relação o "infinito" das particularidades. Há também espíritos para quem o trabalho do infinito consiste em recusar sucessivamente todo lugar singular. Eles passam o tempo a "desligar-se" das identificações locais. Essa paixão do desligamento (do ab-soluto) reitera em cada etapa o gesto que diz: "não é isso", "não é isso", sem fim, até que as forças faltam. Esse gesto era a mola da vida mística. Uma fina palavra o designava, um "nada" do Outro, um termo infinito, comum e indefinidamente repetido: "Deus". Mas em um mundo hierarquizado, como era ainda aquele onde vivia João da Cruz, cada partida fazia figura de descida ou de "subida", e se ele era conduzido com discernimento, ele se inscrevia em uma "ascensão". Ele se tornava o movimento de ir *mais alto* (um comparativo indefinido). O mundo onde circula Jean Labadie não obedece mais verdadeiramente a essa hierarquização

---

90   Notas de leitura de 1695, in G. W. Leibniz, *Textes inédits*. Éd. Grua. Paris: PUF, 1948. t. 1, p. 93; e carta a Morell, 10 de dezembro de 1696, *ibidem*, p. 105.

91   R. Descartes, Les Principes de la philosophie, II, 21. In: *Œuvres et lettres*. Éd. A. Bridoux: Pléiade, 1953. p. 623.

cósmica e espiritual, que não é ainda inteiramente substituída pelo sistema, tão rígido e sutil, de uma hierarquização socioeconômica, de maneira que todo passo adiante consiste somente em ir "*mais longe*", e em descobrir, de etapa em etapa, que a uma ordem da graça e da criação se substitui um outro espaço: a "extensão".

Sem dúvida, é a "descoberta" maior de que Labadie dá testemunho por suas viagens. Ele vive ainda do mito fundador que há um lugar do verdadeiro (publica-se ainda, em sua época, mapas do paraíso terrestre), ele possui interiormente uma "verdadeira cópia" tirada do "vivo original" evangélico, e ele procura sua localização, mas com a surpresa (e a irritação) crescente de constatar que não é "aqui", nem "lá", nem alhures. Ele não cede em sua "vocação", que ele identificou, uma vez por todas e muito justamente, na função sacerdotal. Há, diz ele, um "divino selo em mim, não somente de promessa, mas de sacerdócio": "Minha grande intenção foi ter parte no verdadeiro Ministério da Igreja primitiva, cuja ideia estava em meu coração."[92] Um de seus primeiros textos (inédito) se intitulava *Du Sacerdoce*:[93] princípio motor de sua vida. O padre designa funcionalmente o "estar-aí" de um Espírito. Por seu estado e seu serviço, ele garante a uma sociedade que ela é o *lugar* do *sentido*. Assim ela julga intolerável que ele traia uma legitimidade local que os habitantes pagam sempre muito caro (nada de tão custoso quanto a "autorização" do lugar por uma verdade). Mas Labadie é um padre que não tem mais Igreja, como há militantes que não têm mais causa em que investir. Ele conserva a "ideia" de um lugar coincidente com essa vocação, mas, experiência após experiência, o espaço lhe é roubado. Ele não vai, então, para um fim definido pelo ponto inacessível de uma

---

92   *Déclaration...*, 1666, op. cit., p. 64 e 86.
93   *Ibidem*, p. 68.

verdade que focaliza e organiza um espaço; ele vai para o seu próprio fim, uma queda pessoal no tempo, nas fronteiras enganosas de uma extensão que não tem centro. Talvez ele se dirija constantemente para o norte à maneira como Descartes, como "homem que marcha sozinho e nas trevas",[94] decidia ir sempre à frente diante de si, única maneira de encontrar uma saída na floresta. De fato, o nomadismo de Labadie tem uma direção, uma orientação regular: ele o conduz para lugares onde se desfaz cada vez mais a concepção "sacramental" do espaço, isto é, para um horizonte onde a graça é cada vez mais estranha a cada lugar e onde, relativamente à esperança de localizar, enfim, o sentido, a extensão é cada vez mais "insensata".

Sua escrita se desenvolve essencialmente como uma maneira de caminhar. Não há, propriamente dizendo, uma "doutrina" de Labadie. É um *patchwork* que tece referências e fragmentos teóricos de toda origem. Seus livros se formam, no dia a dia, ou antes de "religião" em "religião", elementos que ele tira desta onde ele é recebido contra aquela que ele deixa – ou o contrário. Ele acumula sobre seus sapatos as relíquias das terras que ele atravessa. Ele não cria uma obra que seria seu lugar. Ele compõe uma espécie de *junk mysticism*, como há hoje uma *junk music*. Se (como é evidente) as ideias e as citações que ele retém de leituras tão numerosas (e frequentemente rápidas) quanto suas viagens obedecem a uma seleção pessoal, o critério dessas escolhas não provém de sua pertinência em um sistema em construção, mas do movimento que se apodera e se desfaz das obras como ele trata os lugares. Assim, os místicos que ele percorreu mais durante seu período católico: Richard de Saint-Victor, Bernard de Clairvaux, Tauler, Harphius, João da Cruz etc., textos onde ele pode ler

---

94 Descartes, Discours de la méthode, II. In: *Œuvres et lettres*, p. 136.

relatos de exílio relativos a "espelhos" evangélicos. Mas diferentemente dessas obras, seu texto está a caminho. Ele escreve com seus pés, isto é, geograficamente, uma história de que suas publicações, no entanto, múltiplas e volumosas, não constituem senão a pontuação, fragmentos e referências. A seu respeito, uma mudança de método se impõe, que permite pensar "geograficamente" a significação teórica daquela escrita.

Adiantando-se graças ao material simbólico (isto é, ao campo de exercício) que lhe fornece cada Igreja – um material que desenha a ficção utópica de um lugar antes de se tornar sua mentira –, Labadie não para aí. Ele não aproveita também de sua passagem para capitalizar informação. Sua impaciência tem um estranho poder de esquecer e de perder o que precedeu. Ele não pertence à raça dos viajantes – visitantes de terras ou de livros – que substituem pouco a pouco à garantia de uma verdade infinita a acumulação indefinida de um saber. Seu discurso não se estabiliza nem seu lugar. Fica somente, ele o repete 100 vezes, sua "vocação". Ela é um trabalho nessas linguagens diferentes, uma operação idêntica em elementos cambiantes. Desse ponto de vista, ela depende ainda da "maneira de falar" mística,[95] donde as simpatias com a *praxis pietatis* dos pietistas durante um tempo. Mas o que é primeiramente, na ciência mística, uma prática das verdades (ou dos enunciados), destinadas a fazer delas um "conversar" (ou uma enunciação), torna-se em Labadie uma prática dos lugares (sociais, geográficos) para fazer deles uma caminhada. Não há realmente aqui diálogo. A *oratio* se concentra em uma eloquência que violenta o lugar em nome da imagem que ele deveria ser, esperando que, "naturalmente", o apego do público se inverta em desligamento e em rejeição. Não resta da "oração" ou da

---

95   Cf. cap. 1.

Quarta Parte – Figuras do Selvagem ❖ Capítulo 9 – Labadie, o Nômade 473

"comunicação" senão sua negatividade, o puro movimento de deixar um sistema de lugares para um "não sei o quê", o gesto solitário de sair.

Ao isolamento dessa operação (a "vocação"), enfrenta uma neutralidade dos lugares, o "nem um nem outro" da extensão, espaço indefinido de uma ausência do sentido. Labadie, uma vez ainda, é a descoberta espiritual dessa extensão. Do lado da "vocação", ele não aprendeu nada. Ela lhe foi evidente toda sua vida, como uma "infância" que o conduziu por toda parte e que ele sustentou sem compromisso. Mas ela suscitou as traições sucessivas que marcavam de fato a revelação progressiva de um espaço desconstruído porque privado de lugares santos que o arquitetam. Um espaço sem limites porque ele não tem centro, e disseminado porque ele não tem sentido. Na realidade, do ponto de vista de Labadie, é o espaço que o trai. Esse deserto se percorre sem que seja possível "acreditar" aí em algo. Não é surpreendente que o nômade venha a considerar essa extensão como o teatro de um "ódio", o de seu autor. Esse ódio é a relação ainda pensável entre a fé tradicional em um Deus criador e a descoberta "moderna" da extensão.

Labadie não é evidentemente o único nômade em seu tempo. Eles proliferam nesse período, no momento em que as Igrejas cessam de arquitetar o espaço e antes que se confirme uma ordem política. Há de toda espécie, desde os pequenos passantes (como esses jesuítas que se fazem protestantes, ou inversamente, e cujos inúmeros dossiês dormem nos arquivos romanos), até os grandes itinerantes (como Quirinus Kuhlmann, que passou da Silésia a Constantinopla, daí à Suíça, depois a Moscou, onde ele é finalmente queimado vivo em 1689),[96] sem falar das "conversões" frequentemente mais radicais ainda, mas mais

---

96   Cf. Bernard Gorceix, *Flambée et agonie*. Sisteron: Présence, 1977. p. 157-228.

silenciosas, que se multiplicam nos conquistadores cativos do Novo Mundo, da África ou da Ásia. Talvez essas migrações por meio das instituições de sentido tenham tido por *exemplum* e por laboratórios as passagens do judaísmo ao cristianismo, ou do cristianismo ao judaísmo, frequentes na Espanha dos séculos XV e XVI.[97] O modelo cultural do converso se difunde como o indício, fundamental, de uma ruptura entre o lugar e o sentido – uma ruptura dificilmente tolerável, mas independentemente da qual não se poderia compreender, no século XVII, a restauração agressiva de legitimidades locais num modo político e nacional.

Apesar de ser apenas uma figura entre todos esses passantes, Labadie amarra, no entanto, por sua viagem singular, algumas das linhas de força essenciais à "mística" que se constituiu como uma "ciência" um século antes, e ele é uma testemunha lúcida, ainda que "condenativa", de sua defecção. Três eixos definiriam a reviravolta produzida por um movimento que ficou fiel ao dessa mística, mas fora do campo que ela pressupunha: a ideia de sacramento, a surpresa do não lugar, a prática da conversão. Três polos que corresponderiam ao esquema proposto no início dessa história.[98] A *ideia sacramental* se cliva, como se o discurso simbólico que fundava a legitimidade de uma Igreja, depois de ter sido a linguagem paradoxal ("oximórica")[99] da coincidência entre dois contrários, o Espírito e o lugar, não deixasse mais, relíquia de uma história milenar, senão a certeza original e subjetiva de uma "vocação". *O acontecimento* surge como a surpresa, repetida, da ausência de lugar: essa dor tem valor de confirmação para o espírito, mas ela traça nele uma privação de corpo,

---

97 Cf. a comunicação, infelizmente inédita, de M. J. Shatzmiller, no Colóquio de Toronto sobre o marranismo, 30 de abril-1º de maio de 1979.
98 Cf. p. 120 segs.
99 Cf. p. 227.

idêntica à privação de lugar. Enfim, *a conversão*, que pressupõe o paradigma ocidental de uma verdade única e que pratica as mudanças de lugar (ou de pertença) como a maneira de se encontrar mais "na" (ou em "sua") verdade, cessa de ser uma colocação em circulação social dos lugares de sentido, para tornar-se o gesto ético de um desafio que atravessa um deserto de sentido.

> *Tu es seul maintenant malgré ces étoiles,*
> *Le centre est près de toi et loin de toi,*
> *Tu as marché, tu peux marcher, plus rien ne change.*
> *Toujours la même nuit qui ne s'achève pas.*
>
> *Et vois, tu es déjà séparé de toi-même,*
> *Toujours ce même cri, mais tu ne l'entends pas.*
> *Es-tu celui qui meurt, toi qui n'as plus d'angoisse.*
> *Es-tu même perdu, toi qui ne cherches pas?*[100]
>
> Estás só agora apesar dessas estrelas,
> O centro está perto de ti e longe de ti,
> Tu andaste, tu podes andar, nada mais muda.
> Sempre a mesma noite que não termina.
>
> E veja, tu estás separado de ti mesmo,
> Sempre esse mesmo grito, mas tu não o ouves.
> És aquele que morre, tu que não tens mais angústia.
> Estás perdido, tu que não procuras?

O poema, como sempre, vem antes da caminhada. Mas, talvez, ela o tenha tornado possível, por um desses desvios que multiplicam as astúcias da história. Em todo caso, ela acaba mesmo nessa extensão que cessou de falar, muda, onde o nômade, se ele tem sempre esse mesmo grito, não tem mais para "dizer" senão a "mentira" de uma imagem. Ele não procura mais um lugar onde se perder, porque ele

---

100 Yves Bonnefoy, *Hier régnant désert*. Paris: Mercure de France, 1964. p. 14.

se perde em todo lugar. Isolar de uma vida particular a forma dessa experiência que fica mística leva a interrogar-se de novo sobre o que é feito do corpo, que aqui falta. É preciso, pois, reatravessar a mística, em busca não mais da linguagem que ela inventa, mas do "corpo" que nela fala: corpo social (ou político), corpo vivido (erótico e/ou patológico), corpo escriturário (como uma tatuagem bíblica), corpo narrativo (um relato de paixões), corpo poético (o "corpo glorioso"). Invenções de corpos para o Outro.[101] Labadie nos conduziu a uma margem extrema onde, formalmente, não haveria mais senão a relação entre um desafio e uma perda. Esse "excesso" marca um limite. É preciso voltar ao lugar "acabado", o corpo, que a ou o místico "infinitiza",[102] e deixar passar Labadie, cujo nomadismo escapa ainda aos eruditos que o veem somente atravessar o campo estreito de sua competência e de que só nos restam as sandálias, como de Empédocles.

ABERTURA A UMA POÉTICA DO CORPO

Très haut amour, s'il se peut que je meure
Sans avoir su d'où je vous possédais,
En quel soleil était votre demeure
En quel passé votre temps, en quelle heure
Je vous aimais,
Très haut amour qui passez la mémoire,
Feu sans foyer dont j'ai fait tout mon jour,
En quel destin vous traciez mon histoire,
En quel sommeil se voyait votre gloire,
Ô mon séjour...

---

101 Cf. o volume 2 desta obra, a ser publicado.
102 Cf. as observações de Rosario Assunto, *Infinita contemplazione.* Gusto e filosofia dell'Europa barocca. Napoli, 1979. p. 89-113.

Quarta Parte – Figuras do Selvagem ✤ Capítulo 9 – Labadie, o Nômade   477

Quand je serai pour moi-même perdue
Et divisée à l'abîme infini,
Infiniment, quand je serai rompue,
Quand le présent dont je suis revêtue
    Aura trahi,
Par l'univers en mille corps brisée,
De mille instants non rassemblés encor,
De cendre aux cieux jusqu'au néant vannée,
Vous referez pour une étrange année
    Un seul trésor
Vous referez mon nom et mon image
De mille corps emportés par le jour,
Vive unité sans nom et sans visage,
Coeur de l'esprit, ô centre du mirage
    Très haut amour.[103]

Muito alto amor, se é possível que eu morra
Sem ter sabido de onde eu o possuía,
Em que sol era sua morada
Em que passado seu tempo, em que hora
    Eu o amava
Muito alto amor que passa a memória
Fogo sem foco de que eu fiz todo meu dia,
Em que destino você traça minha história,
Em que sono se via sua glória,
    Oh minha estada...
Quando eu estiver por mim mesma perdida
E dividida no abismo infinito,
Infinitamente, quando eu estiver rompida,
Quando o presente de que eu estou revestida
    Tiver traído,

---

103   Catherine Pozzi, *Poèmes*. Paris: Gallimard, 1959. p. 15-16.

478 A Fábula Mística ❖ Michel de Certeau

Pelo universo em mil corpos rasgada,
De mil instantes não juntados ainda,
De cinza nos céus até o nada cansada,
Você refará por um estranho ano
Um só tesouro

Você refará meu nome e minha imagem
De mil corpos levados pelo dia,
Viva unidade sem nome e sem rosto,
Coração do espírito, oh centro da visão
Muito alto amor.

Publicado pela primeira vem em 1929, esse poema de
Catherine Pozzi avança em cadência até seu fim, que volta
ao seu início: "Muito alto amor." Sua música carrega palavras simples. Ela as rola como um mar. Ela as encanta. O
som enfeitiça o sentido. Uma água musical invade a casa
da linguagem, transforma-a e desloca-a. No começo, como
nas antigas místicas xamânicas ou hindus, há um ritmo.
Vindo de onde? Não se sabe. Ele captou palavras. Ele as
leva. Seu movimento é de repetição: ele remodela as frases
em encantações ("*je meure*"/ "*demeure*"/ "*quelle heure*");
ele murmura ao ouvido as mesmas sílabas ("*mille corps*"/
"*encor*"/ "*trésor*"/ "*mille corps*") e as mesmas insistências
fonéticas (o canto é uma variação em *m: mou/ meu/ mais/
mé/ moi/ mon/ meil/ moi-même/ ment* etc.). Semelhantes a
fragmentos de refrãos, os sons formam uma memória insó-
lita, anterior à significação e de que não se poderia dizer do
que ela é a lembrança: ela lembra algo que não é um passado; ela desperta do corpo o que ele ignora dele mesmo.

Assim também, os xamãs índios partem para a floresta
com ruídos inúmeros, em busca de uma música – um canto
de ave ou de vento – que faça nascer neles o que eles ainda não sabem. Diz-se que um "espírito" os chama. Nessa
"vocação", estranhamente familiar, eles passarão sua vida
a responder, uma vez de volta ao vilarejo. Assim o poema

Quarta Parte – Figuras do Selvagem ❖ Capítulo 9 – Labadie, o Nômade 479

"vinha" a Catherine Pozzi, à noite, sob sua forma quase definitiva. A música esperada e ouvida ressoa no corpo à maneira de uma voz interior que não se pode nomear e que reorganiza, no entanto, o uso das palavras. Quem é "apreendido" ou "possuído" se põe a falar uma linguagem obsessiva: a música vinda não se sabe de onde inaugura uma outra rítmica do existir – alguns dizem: um novo "respir", uma nova maneira de andar, um outro "estilo" de vida. Ao mesmo tempo, ela capta uma atenção do interior, ela confunde a ordem dos pensamentos, e ela abre ou libera novos espaços. Sem ela não há mística. A experiência mística tem, pois, frequentemente o andar de um poema, que se "ouve", como se entra em uma dança. O corpo é "informado" (ele recebe a forma) do que lhe acontece assim bem antes que a inteligência tenha disso conhecimento.

A marcha sonora do poema traça então um novo caminho de significações. Ela regula o passo de um pensamento. Ela coloca a existência inteira sob o signo e como sob a autoridde de uma "canção de amor". O canto ordena os pensamentos como outrora a flauta do pastor organizava o rebanho disperso. Em Catherine Pozzi, o ritmo dá sua forma viajante à experiência. Ele começa com a diferença de tempo ("seu tempo" é outro, "passado") e de lugares ("eu morra" se opõe a "sua morada") que separa "eu" e "você". Mas essa divisão inicial, que torna o outro desconhecido ("sem ter sabido de onde eu o possuía"), conduz, nas estrofes medianas, para o desmoronamento do "eu" presente ("perdida", "dividida", "rompida", "rasgada", "cansada" etc.) para terminar, nas estrofes quatro e cinco, na espera, injustificável e garantida, de uma refecção pelo interlocutor desconhecido e amado:

Você refará...
Você refará meu nome e minha imagem

480   A Fábula Mística ❖ Michel de Certeau

O despedaçamento do corpo e o desmoronamento de tempo em instantes darão lugar, inexplicavelmente, à "viva unidade sem nome e sem rosto". De estrofe em estrofe, desenha-se assim um itinerário que é o sentido da experiência. Ele associa, com certeza, mas sem causa nem razão, o "eu" quebrado em sua recreação pelo "muito alto amor". A verdade que o canto desfez (como a paixão desfaz uma cabeleira) é substituída por essa forma que orienta a história de amor para o sol onde ela se acaba e se perde: "Você."

Nessa dança do "eu" e "você", um dos parceiros se dissolve para renascer do outro. Paixão amorosa. Paixão mística. Mas o poema não se contenta em dar uma estrutura à experiência. Ele lhe permite inúmeras variações. Ele cria um campo onde são possíveis mil invenções. Jogos mais íntimos ou mais acidentais, entrelaçamentos de amor, se escondem nos efeitos musicais do poema, isto é, o que é audível mas não legível. Assim o paralelo "memória"/"história" faz ouvir o duo "eu"/"você" que ele não dá a ver. Ele sugere ao ouvido uma intimidade subjacente à oposição visível (legível) que separa da duração interior (a memória) o tempo do Outro (a história). É um exemplo entre 100.

Por sua musicalidade, o poema é um labirinto que se estende à medida que se circula nele e que aí não se ouve mais voz. É um corpo de viagens. Ele detecta e descobre a quem o repete uma proliferação de secretas analogias, de falares insuspeitos, de aproximações ou de separações, de surpresas e de aberturas. Ele se torna assim a casa assombrada pela experiência de que ele dava no início as notas essenciais, simples como as de uma melodia. Ele é tão plural quanto a voz cujas inflexões e os acentos dizem, com uma atenção amorosa, mais coisas que as frases formadas. Nesse espaço múltiplo, os percursos e os episódios que dependem todos do movimento que precipita "eu" para "você" ficam, no entanto, imprevisíveis. Como a experiência de que ela conta a fábula, a canção é em si a relação entre "mil corpos levados pelo dia" e a viva unidade sem nome e sem rosto: um jogo de surpresas, derivas e fugas em todo sentido, mas também o lugar de encontro onde "eu" volta a se perder nessa multidão que é, sem nome e sem rosto, presença de "você".

Do poema de Catherine Pozzi, ecos se fazem ouvir nas paisagens históricas mais diversas. Tradição milenar, essa poética mística passa de lugar em lugar e de idade em idade. Por toda parte remonta a experiência que no século XIII Hadewijch d'Anvers diz captada por uma "eternidade sem margens" e diladata "pela unidade que a absorve" – "inteligência com calmos desejos, destinada à perda total na totalidade do imenso". Místico e poeta, Hadewijch descreve esses caminhantes que atravessam a história, em busca do que lhes aconteceu:

> Eles se apressam, os que entreviram essa verdade, no caminho obscuro,
> Não traçado, não indicado, todo interior.[104]

Eles são, diz ela, "bêbados do que eles não beberam": embriaguez sem consumo, inspiração de não se sabe onde, iluminação sem conhecimento. Eles são bêbados do que eles não possuem. Bêbados de desejo. Assim, eles podem todos levar o nome dado à obra de Angelus Silesius: *Wandersmann*, o "caminhante".

É místico aquele ou aquela que não pode parar de andar e que, com a certeza do que lhe falta, sabe de cada lugar e de cada objeto que *não é isso*, que não se pode residir *aqui* nem se contentar com *isso*. O desejo cria um excesso. Ele excede, passa e perde os lugares. Ele faz ir

---

104 Hadewijch d'Anvers, *Écrits mystiques*. Trad., Paris: Seuil, 1954. p. 134.

mais longe, alhures. Ele não mora em parte alguma. Ele é habitado, diz ainda Hadewijch, por

um nobre eu não sei o quê nem isso, nem aquilo, que nos conduz, nos introduz e nos absorve em nossa Origem.[105]

Desse espírito de ultrapassagem, seduzido por uma intocável origem ou fim chamado Deus, parece que subsiste principalmente, na cultura contemporânea, o movimento de partir sem cessar, como se, por não mais pode fundar-se sobre a crença em Deus, a experiência guardasse somente a forma e não o conteúdo da mística tradicional. É, diz em um poema Nelly Sachs, *fortgehen ohne Rückschau*, "ir embora sem se virar para trás". E René Char: "Em poesia, não se habita senão o lugar que se deixa, não se cria senão a obra de que se separa, não se obtém a duração senão destruindo o tempo." Desancorado da "origem" de que falava Hadewijch, o viajante não tem mais fundamento nem fim. Entregue a um desejo sem nome, é o barco à deriva. A partir de então, esse desejo não pode mais falar a alguém. Ele parece transformado em *infans*, privado de voz, mais solitário e perdido que outrora, ou menos protegido e mais radical, sempre em busca de um corpo ou de um lugar poético. Ele continua, portanto, a andar, a se traçar em silêncio, a se escrever.

---

105 *Ibidem*, p. 141.

ÍNDICE ONOMÁSTICO

Este índice diz respeito aos nomes de pessoas mencionadas no texto e nas notas. Nas referências bibliográficas, não se levantaram nem os autores das edições críticas, nem os das traduções.

A

ABELLY, Louis, 378

ABRAÃO (patriarca), 137, 218, 359, 414

ACARIE (família de Barbe Avrillot, esposa de Pierre Acarie, depois na religião Marie de l'Incarnation), 35

ACCETTI, Jérôme, 163

ACONCIO, Giacomo, 202

ACOSTA, José de, 388

ADAM, 195, 204, 213

ADAM, Henri, 406

AGAR (escrava egípcia que deu um filho a Abraão), 137

AGOSTINHO (santo), 137, 138, 139, 150, 162, 165, 166, 239, 270, 410

AGRIPPA, Corneille (Heinrich Cornelius Agrippa von Nettesheim), 149

AGUESSEAU, Henri François d' (chanceler da França), 174

AGULHON, Maurice, 31

ALBERTO O GRANDE (santo), 202

ALBERTI, Leon Battista, 255

ALCUINO, 192

ALDANA, Francisco de, 308

ALONSO DE JESÚS, 210

ALONSO, ver Sánchez de Cepeda, Alonso.

AMASEO, Romolo, 184

AMELOTE, Denys, 377

AMOS (profeta), 377

AMPE, Albert, 37, 160

AMPÈRE, André Marie, 115

AMSTRONG, Edward A., 133

AMYRAULT, Moïse, 461

ANDRÉ DE JÉSUS, 158

ANDRÉ SALOS (ou André, o louco), 50, 62

ANDRÉ-VINCENT, P., 33

ANDRY DE BOISREGARD, Nicolas, 224

ÂNGELO DE FOLIGNO (santa), 279, 401

ANGELIS, Bernard de, 399

ANGELUS SILESIUS (Johannes Scheffler, dito), 8, 14, 20, 25, 39, 232, 253, 277, 437, 481

ANNE DE JÉSUS (madre), 181, 210

484 — A Fábula Mística ✤ Michel de Certeau

ANSELMO (santo), 253, 254

ANTOINE, 78, 156, 314, 369, 395, 410, 428, 449, 451

ANTONIN DE FLORENCE (santo), 131

ANTONIO O PIO (imperador romano)

AQUAVIVA (ou Acquaviva), Claudio, 387, 389, 390, 391, 392, 397, 399, 401, 402, 403, 404, 407, 433, 434

ARENDT, Hannah, 319

ARGENSON, René de Voyer d', 36, 143

ARGOMBAT, Jean d', 418, 435

ARIÈS, Philippe, 40

ARISTÓFANES, 107

ARISTÓTELES, 202, 204, 228, 308, 4523

ARMOGATHE, Jean-Robert, 114

ARMSTRONG, Edward A., 133

ARNAULD, Antoine, 395, 443, 449, 456

ARNOLD, Gottfried, 25, 339

ARS, Marie-Guillemette de Verdelin, marquesa de, 332

ASSUNTO, Rosario, 476

ASTRAIN, Antonio, 397

ATTICHY, Achille Doni d', 323, 335, 350, 352, 358, 362, 372, 418, 435

AUBERT, René, 160

AUBERY, Philippe, 331

AUGUSTIN (saint) 150, 239

AUMONT, Jean, 378

AUSTIN, John L., 192, 250, 257, 261, 274

AXTERS, Stéphane, 187

AYRAULT, René, 343, 351, 353

B

BACON, Francis, barão Verulam, 196

BAÊTA NEVES FLORES, Luiz Felipe, 33

BAGOT, Jean, 156, 350

BAIOLE, André, 424

BAIOLE, Jérôme, 419, 443

BALTRUŠAITIS, Jurgis, 84, 102, 445

BALTUS, Jean-François, 174

BALZAC, Jean Louis Guez, senhor de, 408

BARBE (serva), 377

BARTHES, Roland, 60

BARUZI, Jean, 15, 226

BASTEL, Heribert, 32

BATAILLON, Marcel, 33, 37, 210

BATTISTA DA CREMA (Giovanni Battista Carioni, dito), 169

BAUDELAIRE, Charles, 102

BAX, Dirk, 76

BAXANDALL, Michael, 134

BAYLE, Pierre, 175, 440

BAZIRE D'AMBLAINVILLE, Gervais de, 341

BEATRIZ (personagem de Dante), 398

BEATRIX DE NAZARETH, 183

BEAUCOUSIN, Richard (Dom), 144, 188

BÉGUIN, Albert, 42

BEHN, Irene,

BELARMINO, 155

BELL'HUOMO, Gottardo, 155

BELLINZAGA, Isabella, 282, 398

BELLMER, Hans, 107

BENDISCIOLI, Mario, 398

Índice Onomástico

BENJAMIN, Walter, 366

BENOÎT DE CANFIELD (Guillaume Filch, em religião), 35, 172, 282

BENVENISTE, Émile, 257, 259, 266, 276

BENZ, Ernst, 50

BERNARD DE CLAIRVAUX (São Bernardo de Claraval), 143, 162, 167, 193, 223, 239, 410, 471

BERNARDINO (queimado vivo em Florença), 36, 244, 308, 402

BERNARDINO DE LAREDO, 144, 308

BERNIER, Claude, 408, 419, 428, 429, 430, 432, 433, 434, 435

BERNINI, Gian Lorenzo (dito Bernin), 302

BERTRAND, M., 451

BÉRULLE, Pierre de (cardeal), 32, 43, 135, 142, 156, 160, 163, 376, 391, 416

BETTINI, Mario, 445

BEUGNOT, Bernard,

BÉZARD, François, 331, 369

BINET, Étienne, 160, 161, 393, 407

BIZET, Jean A., 264

BLOCH, R. Howard, 200

BLOMEVENNA, Pierre (Pieter Bloemeveen), 144, 186

BLONDO, Giuseppe, 416

BOEHME, Jacob, 38, 39, 267, 462

BOILEAU, Nicolas, 173

BOLSEC, Jérôme H., 459

BOMBINO, P., 432

BONAVENTURA (santo), 103, 143, 147, 158, 163, 220

BONNAULT D'HOUET, 451

BONNEFOY, Yves, 251, 311, 475

BONNET (Jean?), 419

BORGIA, César B., 243

BORROMINI, Francesco, 92

BORST, Arno, 185, 195, 249

BOSCH, Jerônimo (Jheronimus Van Aken, dito), 19, 75, 76, 78, 79, 80, 84, 85, 86, 87, 89, 90, 91, 92, 95, 99, 100, 101, 102, 103, 107, 108, 109, 229, 421

BOSGUÉRARD, 343

BOSQUET, Antoine, 406, 428

BOSSUET, Jacques Bénigne, 27, 146, 150, 170, 171, 172, 173, 174, 175, 176, 211, 418

BOTTICELLI (Sandro Filipepi, dito), 31, 244

BOUCHER, Jean, 153

BOUDON, Henri-Marie, 331, 333, 342, 343, 356, 357, 362, 364, 365, 369, 380, 381

BOUDON, Pierre, 156,

BOUGEROL, Jacques-Guy, 143

BOUILLARD, Henri, 145

BOURGOING, François, 156, 163

BOURGUIGNON, Claude, 156

BOURIGNON, Antoinette, 339, 466

BOUTARD, 434

BOUVIER, Gérard, 406

BOUYER, Louis, 119

BOYL, Bernard, 186

BOYLE, Marjorie O'Rourke, 203

BRÉHIER, Émile, 73, 272

BREMOND, Henri, 14, 173, 243, 376, 377, 418

BRENAN, Gerald, 38

BRÉTIGNY, Jean de, 408

BREUGHEL (ou Bruegel), Pieter (dito o Antigo), 92, 96

486   A Fábula Mística ❖ Michel de Certeau

BRION, Marcel, 92
BRUNETTO LATINI, 181
BRUNO (santo), 161, 223, 345
BRUNO, Giordano, 148, 161
BRUNOT, Ferdinand, 113, 223
BUIGNON, Anne, 331, 332, 369
BURSILL-HALL, Geoffrey L., 200
BUSAEUS, Theodorus, 420
BUSSON, Henri, 425
BUTLER, Cuthbert, 52, 57

C

CAILLET, R., 334, 336
CAJETAN, Thomas (Giacomo de Vio, em religião) (cardeal), 219
CALCAGNINI, Celio, 151
CALLEN, Jules, 410, 420
CALLIÈRES, François de, 224
CALVINO, Jean, 459
CAMILLA BATTISTA DA VARANO (beata), 244
CAMPANA, Pedro de, 226
CAMUS, Jean-Pierre (ou Pierre), 156, 180, 403, 450
CANGUILHEM, Georges, 101
CANIVET, Pierre, 55
CANTERA BURGOS, Francisco, 37
CARAFA, Vincenzo, 406
CARLOS I (rei da Inglaterra, da Escócia e da Irlanda),
CARLOS IX (rei da França),
CARLOS VIII (rei da França),
CARLOS V (imperador),
CARRANZA, Bartolomé, 171
CARREZ, L., 344, 351, 352, 353
CASEL, Odon, 182
CASTRO, Américo, 36, 37

CATERINA DA GENOVA, ver Catherine de Gênes.
CATHERINE DE GÊNES (Santa), 333
CATHERINE DE SIENNE (Santa Catarina de Siena)
CATHREIN, Viktor, 270
CAUSSADE, Jean Pierre de, 393
CAVALLERA, Ferdinand,
CAVE, Terence, 142, 196, 200, 233
CAZALLA (família), 36
CAZOTTE, Jacques, 89
CERTEAU, Michel de, 1, 14, 15, 17, 18, 33, 105, 115, 186, 263, 285, 292, 323, 342, 355, 378, 387, 394, 395, 396, 410, 413, 419, 433, 436, 446
CHAMPION, Pierre, 3, 192, 331, 332, 333, 334, 350, 356, 357, 358, 364, 365, 435, 436
CHAR, René, 482
CHARDON, Louis, 154, 160, 179, 314, 367, 380
CHARLES (padre), 15, 149, 160, 188, 191, 238, 245, 281, 377, 412, 442, 461
CHARLES Ier (rei da Inglaterra, da Escócia e da Irlanda), 461
CHARLET, Étienne, 392, 406, 432
CHARLETUS, Stephanus, ver Etienne Charlet.
CHARRON, Pierre, 169
CHASTEL, André, 78, 83, 247
CHAUVEAU, François, 429, 430, 432, 433, 434
CHAVIGNY DE LA BRETONNIÈRE, François de, 341
CHENU, Marie-Dominique, 26
CHÉREL, Albert, 176, 468

Índice Onomástico

CHÉRON, Jean, 170

CHESNEAU, René, 407

CHEVALLIER, Marjolaine, 30, 339, 466

CHEVALLIER, Philippe (Dom), 207

CHIQUOT, André, 374, 375, 379

CHOAY, Françoise, 255

CHOMSKY, Noam, 259

CHRÉTIEN, Jean-Louis, 277

CHYDENIUS, Johan, 138

CIROT, Georges, 410

CIVORÉ, Antoine, 156

CLÉMENT D'ALEXANDRIE, 139

CLICHTOVE, Josse, 149

CLUGNET, Léon, 61, 63

CLUNIAC, Pierre, 406, 419, 420, 421, 423, 424, 426, 428, 435, 442, 443

COCCEIUS (ou Coccejus), Johannes (Jean Coch, dito), 463

COCHOIS, Paul, 160

CODINA MIR, Gabriel, 206

COGNET, Louis, 329, 346, 374, 380

COLOMB, Christophe (Cristóvão Colombo), 91

COMBES, André, 156, 163

COMITO, Terry, 313

CONDREN, Charles de, 377

CONGAR, Yves M. J. (cardeal), 43

CONSTABLE, Giles, 192, 376

CONSTANTIN DE BARBANSON, 154, 157, 179

CONTI, Gaspare, 456

COQUET, Jean-Claude, 266, 269, 276

CORDESES, Antonio, 398

CORDIER, Balthasar, 159, 160

CORNEILLE, Thomas, 149, 341

CORTI, Maria, 129

COTON, Pierre, 378, 392, 393, 394, 396, 398, 399, 402, 404, 408, 421, 425, 429, 434, 435

COTTINEAU, Laurent Henri, 351, 369

COURCELLE, Pierre, 239

CROCE, Jacobus, 144, 420

CROMBECIUS, Joannes, ver Jan Van Crombeeck.

CROS, 411, 425

CURTIUS, Ernst Robert, 192

CYPRIEN DE LA NATIVITÉ, 158, 188, 208, 211, 380

CZEPKO, Daniel, 39

D

DABILLON, André, 419, 435, 443, 449, 456

DAGENS, Jean, 156

DAILLÉ, Jean, 161, 457

DAINVILLE, François de, 162, 402

DALGARNO, George, 224

DANCKAERTS, Jasper, 467

DANGLES, Bernard, 406, 419

DANIEL (monge), 15, 27, 29, 34, 61, 62, 63, 64, 66, 68, 74, 80, 201

DANIEL, Howard, 80

DANTE ALIGHIERI, 138, 181, 192

DA SILVA DIAS, José Sebastião, 187

DAVID (rei hebreu), 139, 219

DAVIES, Martin, 244

DEBUS, Allen G., 148, 169, 315

DECONCHY, Jean-Pierre, 9

DEGHAYE, Pierre, 267
DELARUELLE, Étienne, 104
DELCORNO, Carlo, 129
DELISLE, Léopold, 336
DEL RIO, Martin, 160
DE MAN, Paul, 140
DEMOUSTIER, Adrien, 388, 394
DENIFLE, Henri, 374
DENYS, ver Denys l'Aréopagite (Dionísio o Areopagita).
DENYS L'ARÉOPAGITE 135, 145, 157, 172, 221, 345
DENYS LE CHARTREUX, 102, 160
DESCARTES, René, 178, 190, 205, 469, 471
DES MARETS, Samuel, 461, 464
DESMARETS DE SAINT-SORLIN, Jean, 174
DEZA, Diego de, 203
DIEGO DE ESTELLA (Diego de San Cristóbal y Cruzat, dito), 37
DIEGO DE JÉSUS, 162, 180, 206, 208, 210, 211, 212, 213, 214, 215, 217, 218, 219, 223, 224, 225, 227, 230, 231, 232, 235, 237, 238, 239, 240, 299, 323, 449
DITTELBACH, Jacob, 466
DODIN, André, 407
DOMINGUEZ ORTIZ, Antonio, 37
DONAT (Donatus Aelius), 232
DONATELLO (Donato di Betto Bardi, dito), 438
DON (ou Dom) JUAN (personagem de Tirso de Molina, depois de Molière), 5, 381, 441, 454
DORIA, Nicolás, 209, 210
DOUBLET, Georges, 451

DOYLE, sir Arthur Conan, 153
DRELINCOURT, Charles, 457
DROSAY, Jean de, 148
DU BELLAY, Joachim, 113
DUBOIS, Claude-Gilbert, 195, 196, 223
DUBOIS, Jean, 228, 229
DU BREUIL (Jean?), 445
DUBY, Georges, 27
DU CANGE, Charles Du Fresne, senhor, 166
DUCHAMP, Marcel, 311
DUCROT, Oswald, 259
DU FERRIER, Jean, 444, 451
DU LIGNON, Pierre, 459, 465, 467
DU MARSAIS, César Chesneau, 227, 299
DUMAS, Alexandre, 441
DUMÉZIL, Georges, 54
DUMOUTET, Édouard, 132
DUPIN (Louis Ellies du Pin), 174
DUPRONT, Alphonse, 29, 30, 35
DUPUY, Jacques, prior de Saint-Sauveur, 448, 449
DURAS, Marguerite, 20, 49, 60, 310, 437
DÜRER, Albrecht, 81
DU SAULT (família), 333, 448
DU SAULT, Nicolas, 380, 385, 418, 435, 448
DU TERTRE, Jacques, 406, 419, 420, 424, 425, 426, 427, 428, 435, 443
DU VAIR, Guillaume, 409
DU VERDIER, Gilbert Saulnier, 341
DUVIVIER, Roger, 207, 211
DVOŘÁK, Max, 225

Índice Onomástico

E

ECK, Jean (Johannes), 160
ECKHART, Maître, 25, 184, 194, 260, 263, 264, 268, 269, 274, 282, 427
EFRÉN DE LA MADRE DE DIOS, 38, 305
EISENTEIN, Elizabeth L., 18
ELIAS (profeta), 214, 216, 217
ÉLISABETH, princesa palatina (correspondente de Descartes), 461, 466, 467
EMPÉDOCLES, 476
ERASMO, Désiré, 37, 161, 167, 201, 233
EULOGIO DE LA VÍRGEN DEL CARMEN, 145, 207
EVA, 82, 83, 94, 215
EVAGRO (diácono), 57, 61, 68, 277
EVAGRO O PONTICO, 277
EVAGRO O ESCOLÁSTICO, 68

F

FABRE, Daniel, 27, 86
FABRI, Pierre (Pierre Le Fevre, dito), 181
FARAL, Edmond, 192
FAULHABER, Charles, 191
FAVARD, François 414
FAVRE, Pierre (beato), 13, 171, 186
FAZIO, Bartolomeo, 113
FEBVRE, Lucien, 134, 189, 346, 352
FEDOTOV, G., 50
FÉNELON, François de Salignac de La Mothe, 25, 35, 146, 155, 157, 170, 171, 172, 174, 175, 176, 180, 181, 464

FÉRET, Pierre-Yves, 344, 345
FESTUGIÈRE, André-Jean, 150
FICINO, Marsile, 160, 161
FILLEAU, Jean, 155, 406, 429, 435
FILTEAU, Claude, 270
FLANDERS DUNBAR, H. 138
FLORISOONE, Michel, 215
FLUD (ou Fludd), Robert, 315
FONCK, Nicolas, 119
FOPPENS, Jean François, 330, 339, 346
FORMIGARI, Lia, 195, 197
FOUCAULT, Michel, 15, 27, 228
FRACHEBOUD, M.-André, 159, 162
FRAENGER, Wilhelm, 76, 78, 80
FRANCASTEL, Pierre, 31
FRANCÈS, Jacob, ver Jean Lopès.
FRANCKENBERG, Abraham von, 38, 39
FRANCISCO DE SALES (santo), 153, 156, 172, 193, 403
FRANCISCO XAVIER (santo), 391
FRANÇOIS, Michel, 29
FRASER, Russell, 195, 204
FREUD, Sigmund, 2, 11, 99, 133, 137, 234, 450, 458
FRIEDLÄNDER, Max J., 80
FRIGERIO, Fabrizio, 468
FRIQUET, Léonard, 333
FULGENCE (santo), 175
FUMAROLI, Marc, 184, 233
FURETIÈRE, Antoine, 21, 212

G

GAGLIARDI, Achille, 391, 398, 416
GAIN, Gilles de, 378

GANDILLAC, Maurice de, 83, 235, 237

GARASSE, François, 404

GARBER, Klaus, 103

GARCÍA VILLOSLADA, Ricardo, 166

GARCILASO DE LA VEJA, 185

GARIN, Eugenio, 151, 203, 262

GASCHE, 457

GASSENDI, Pierre (Gassend dito), 201

GAULTIER, René, 207, 208, 211, 212, 217, 235, 237

GELIDA, Juan, 409

GÉRARD DE CRÉMONE, 188

GÉRARD GROTE (Geert Groote, dito), 165

GERSON, F., 146, 156, 160

GERSON, Jean de (Jean Charlier, dito), 163

GERTRUDE D'HELFTA (santa), 159, 401

GHELLINCK, Joseph de, 163, 192

GICHTEL, Johann Georg, 25, 38

GIFFTHEIL, Friedrich Ludwig, 38

GILBERT, Neal W., 201, 204

GILSON, Étienne, 143, 167, 239

GINZBURG, Carlo, 153

GIOVANNA DELLA CROCE, 144

GIRY, Arthur, 192

GLANVILL, Joseph, 224

GLUM, Peter, 85

GODINEZ, Miguel (Michael Wadding, dito), 256

GODOT (personagem sempre ausente de Samuel Beckett), 295

GOLDAST, Melchior, 43

GOLDMANN, Lucien, 35

GOMBRICH, Ernst H., 80

GONZÁLEZ DÁVILA, Gil, 401

GORCEIX, Bernard, 15, 283, 473

GORÉ, Jeanne-Lydie, 175, 177

GOUHIER, Henri, 155, 173

GOULU, Jean (em religião Jean de Saint-François), 159, 160, 235, 237

GRACIÁN, Baltasar, 150

GRACIÁN, Jerónimo, 301

GRANDIN, Martin, 378

GRATIEN, ver Gracián, Jerónimo.

GREGÓRIO DE NISSA (santo), 23

GREGÓRIO O GRANDE (papa Gregório I) (santo), 232

GREGÓRIO XV (papa), 158

GREIFFENBERG, Catharina von, 38

GREIMAS, Algirdas Julien, 269

GRETSER, Jakob, 403

GROSDIDIER DE MATONS, José, 50, 61, 63, 65

GROU, Jean Nicolas, 393

GROULT, Pierre, 144

GUARINONIUS, Christoph, 148

GUELLUY, R., 167, 168

GUÉNÉE (abade), 411

GUEVARA, Felipe de (Don), 84

GUIBERT, Joseph de, 387

GUIGUES II LE CHARTREUX, 203

GUILHELM MOLINIER, 235

GUILHERME D'OCKHAM, 42, 43, 141, 199

GUILLAUME, Gilles, 329, 351

GUITTON, Georges, 172

GUYON, Senhora (Jeanne-Marie Bouvier de La Motte), 8, 25, 211, 260, 270, 272, 282, 382, 383

H

HAAG, Émile et Eugène, 441

Índice Onomástico

HADEWIJCH D'ANVERS, 25, 183, 481, 482
HALLÂJ (Jusayn Ibn Mansûr Hallâj), 42
HAMLET (personagem de Shakespeare), 2
HAMON, André, 357, 436
HARPHIUS, ver Henri Herp.
HARTOG, François, 290
HASKINS, Charles H., 188
HATZFELD, Helmut, 187
HAUSHERR, Irénée, 163, 277
HEGEL, Friedrich, 248
HEPPE, Heinrich, 441
HERMANT, Godefroy, 449, 450, 451
HERÓDOTO, 290
HERP, Henri (dito Harphius), 144, 186, 187, 348
HERRADE DE LANDSBERG, 102
HERSENT, Charles, 149, 160
HOFFAEUS, Paul, 391, 404
HÖLDERLIN, Friedrich, 248
HÖLLHUBER, Ivo, 34
HOLMES, Sherlock (personagem de Arthur Conan Doyle), 153
HOMES, Nathanael, 461
HONORÉ DE SAINTE-MARIE, 24, 180
HUEBNER, Friedrich Markus, 80
HUERGA, Alvaro, 37, 179
HUGUES DE SAINT-VICTOR, 141, 222
HUIZINGA, Johan, 134
HUMPHREY, Lawrence, 148
HURAULT DE CHEVERNY, Philippe, 39
HUS, Jean (ou Jan), 321

HUSBAND, Timothy, 321
HYLKEMA, Cornelis Bonnes, 441
HYMA, Albert, 206

I

IMBERT, Claude, 198, 254
INÁCIO DE LOYOLA (santo), 386, 391, 401, 402, 403, 414, 416, 431, 432, 433
INGUIBERT, Malachie d', 336
INOCÊNCIO III (papa), 129
INNOCENT DE SAINT-ANDRÉ, 154, 157, 210
INTRAS, Jean d', 153
ISAAC (filho de Abraão), 219
ISAAC DE NÍNIVE, 186
ISIDORA, 52
ISIDORO DE SEVILHA (santo)

J

JACOB (patriarca), 38, 181, 219, 314, 367
JACQUINOT, Barthélemy, 406
JACQUINOT, Jean, 419
JAKOBSON, Roman, 88, 456
JAMES, Bartlett Burleigh, 467
JANSÊNIO (Cornelius Jansen, dito), 165, 166, 167, 451, 455
JANSON, Toussaint de Forbin, cardeal de, 172
JAVARY, Geneviéve, 3, 216
JAVELLE, Nicolas, 406
JEAN DE SAINT-FRANÇOIS, 235
JEAN DE SAINT-SAMSON, 157, 172, 175, 180
JEAN DES ANGES, 144
JEAN SARRAZIN, 135
JÉRÔME DE SAINT-JOSEPH, 180

492   A Fábula Mística ✤ Michel de Certeau

JERÔNIMO (santo), 101, 161, 162
JIMÉNEZ, B. Julio, 436
JOACHIM DE FIORI, 216
JOÃO (apóstolo) (santo), 123, 244, 251, 285, 289, 290, 291, 292, 305, 433
JOÃO BATISTA (santo), 438
JOÃO DA CRUZ (santo), 7, 14, 15, 36, 144, 145, 158, 161, 162, 172, 185, 188, 191, 206, 207, 208, 209, 210, 211, 213, 214, 216, 217, 218, 219, 227, 228, 231, 238, 239, 250, 252, 262, 310, 312, 380, 385, 386, 436, 453, 469, 471
JOÃO SCOT ERÍGENA, 135, 139
JOBERT, Louis, 436
JOSÉ (esposo de Maria) (santo), 216, 326, 339, 349, 370, 378, 406, 411, 435
JOSEPH DU SAINT-ESPRIT (o Português), 160
JOVIT, 425
JUAN DE JESÚS MARÍA ARAVELLES, 210
JUAN DE LA CRUZ, ver João da Cruz.
JULIA, Dominique, 18
JURIEU, Pierre, 175

K

KAFKA, Franz, 3, 4, 19, 90
KAISER-GUYOT, Marie-Thérèse, 341
KATREI (irmã), 376
KELLER, Gustave, 102
KIRCHER, Athanase (ou Athanasius), 445
KLEE, Paul, 77, 102, 108, 366

KLEIN, Robert, 135, 247
KLEISER, Alfons, 425, 428, 435
KLIBANSKY, Raymond, 81
KLOSSOWSKI DE ROLA, Stanislas, 87
KOLAKOWSKI, Leszek, 14, 32, 34, 386, 441, 450, 460, 463, 468
KOLOGRILOF, 50
KRISTELLER, Paul Oskar, 192
KRYNEN, Jean, 207, 210
KUENTZ, Pierre, 191, 193
KUHLMANN, Quirinus, 38, 473

L

LABADIE, Jean de, 35, 321, 339, 419, 435, 437, 438, 439, 440, 441, 442, 443, 444, 445, 446, 447, 448, 449, 450, 451, 452, 453, 454, 455, 456, 457, 458, 459, 461, 462, 463, 464, 465, 466, 467, 468, 469, 470, 471, 472, 473, 474, 476
LABADIE, Jean-charles (père de Jean de Labadie), 442
LABROUSSE, Élisabeth, 247, 461
LACAN, Jacques, 11, 56, 105
LACROIX, Jacques, 27
LA FIGUERA, Gaspard de, 352
LAFONT, Robert, 27
LA FUENTE, Alonso de, 179
LA FUENTE, Miguel de, 158
LAFUMA, Louis, 149
LAINEZ, Louis, 38
LALLEMANT, Louis, 155, 156, 179, 330, 334, 342, 354, 356, 357, 359, 360, 364, 393, 428, 432, 434, 435, 436
LANCICIUS, Nicolas (Lenciskis ou Lenczycki, dito), 403

Índice Onomástico

LANCRE, Pierre de, 425
LANSSEL, Pierre, 159, 161
LANTENAY, A. de: pseudônimo de M. Bertrand.
LA PENA, Juan de, 171
LA POPELINIÈRE, Henri Lancelot Voisin de, 223
LA PUENTE, Luís de (venerável), 157, 179, 402
LA RIVIÈRE, Louis de, 377
LA ROCHE DU MAINE, Yves de, 332
LAS CASAS, Bartolomé de, 33
LAUNAY, Pierre de, 461
LAUNOY, Jean de, 161, 172, 344, 345, 346, 347, 348, 349
LAURENT DE PARIS, 162
LE BAIL, 378
LE BARBIER, Anne, 377
LEBENSZTEJN, Jean-Claude, 83
LEBRETON, Jules, 376
LE BRUN, Jacques, 27, 36, 170, 172, 175, 211
LE CAMUS, Étienne (cardeal), 450
LE CAZRE, Pierre, 351
LECERF, Guy, 86
LECLERCQ, Jean, 167, 203
LE FEBVRE, Turrien, 352
LE FEVRE, 344, 346, 347, 348, 349
LE GAUDIER, Antoine, 429
LE GOFF, Jacques, 26, 27
LEHMANN, Paul, 86
LEIBNIZ, Gottfried Wilhelm, 154, 197, 248, 468, 469
LEJEUNE, Paul, 448
LEMERY, Nicolas, 169
LE MOYNE, 404

LEÃO X,
LÉON DE SAINT-JEAN, 160, 162, 170
LÉONARD, M. A., 147
LÉPÉE, Marcel, 309
LE ROY LADURIE, Emmanuel, 18
LÉRY, Jean de, 229
LESSIUS, Léonard (Lenaert Leys, dito), 160, 161, 168, 180, 402
LETURIA, Pedro de, 401, 402
LEURECHON, Jean, 445
LEVINAS, Emmanuel, 279
LEWIS, Geneviève, 339
LINDERBOOM, William, 441
LITOLFI-MARONI, Henri, 451
LODWYCK (ou Lodwick), Francis, 197
LOISY, Alfrred, 436
LOMBERT, Pierre, 399, 450
LONDOÑO, F., 399
LOPE DE SALAZAR Y SALINAS, 166
LOPÈS, Antoine, 410
LOPÈS, François, 410
LOPÈS, Jean (dito Jacob Francès), 410
LOPÈS, Jérôme, 410, 420
LOPÈS, Pierre, 410
LOPÈS DE LIS, Francisco, 410
LOPEZ, J., 410, 420
LOT (sobrinho de Jacob, poupado em Sodoma), 307
LOUIS DE BLOIS (venerável), 161, 179
LOUIS DE GONZAGUE (São Luís Gonzaga), 333
LOUIS Ier LE DÉBONNAIRE OU LE PIEUX (emp016etur d'Occident), 159

LOUIS XIV (roi de France), 172

LUBAC, Henri de (cardeal), 115, 120, 124, 125, 138, 142, 143, 146, 155, 309

LUIS DE GRANADA, ver Louis de Grenade.

LUIS DE GRENADA, 144

LUIS DE LEÓN, 38, 158, 188, 208, 309

LUNDBERG, Mabel, 401

LÜTGE, Friedrich, 39

LUTHER, Martin, 145, 146, 224, 254

LYCONSTHENES, Conrad, 148

M

MACHUCA, Pedro, 226

MAETERLINCK, Maurice, 229, 230

MAFFEI, Giovanni Pietro, 403, 432

MAGGIO, Lorenzo, 390, 391, 398

MAILLARD, Jean-François, 408, 437

MALAVAL, François, 263

MALDONAT, Jean de (Juan de Maldonado, dito), 394

MALESCOT, Ignace, 405, 420, 421

MALLARMÉ, Stéphane, 310

MALVEZIN, Théophile, 410

MANDOUZE, André, 173

MANDROU, Robert, 134, 341, 379

MANESSIER, Nicolas, 450

MANTEGNA, Andrea, 31

MARAIS, Mathieu, 173

MARÉCHAL, Joseph, 330, 401

MARGUERITE PORETE, 183, 228

MARGUERITE-MARIE ALACO-QUE (sainte), 36

MARIA (esposa de José) (a Santa Virgem), 123, 216

MARIA DE MAGDALA, 123

MARIE DU SAINT-SACREMENT, 36

MARIE-MADELEINE DE PAZZI, 401

MARIJNISSEN, Roger H., 76, 92

MARIN, Louis, 130, 255, 456

MARINA, 67

MAROT, Clément, 104

MÁRQUEZ, Antonio, 37

MARQUEZ VILLANUEVA, Francisco, 37

MARROU, Henri-Irénée, 150

MARTIN, Henri-Jean, 189

MARTINEAU, Samuel, 451

MARTINENGUS, Celsius, 148

MARTÍNEZ DE OSMA, Pedro, 203

MARTIN-MÉRY, Gilberte, 92

MARTINO (o louco), 244

MASCAREGNAS, Nunius, 420

MASSAUT, Jean-Pierre, 167

MASSIGNON, Louis, 42

MATHIAS, Peter, 246

MAUDUIT, François, 459

MAUPASSANT, Guy de, 89

MAXSEIN, Anton, 270

MAZAUGUES, de, 336

MECHTILDE DE MAGDEBOURG (sainte), 402

MEILLET, Antoine, 189

MEINECKE, Friedrich, 30

MELCHOR, 36

MEMLING, Hans, 57

MENDOÇA, Hernando de, 389

MENSCHING, Gustav, 182

MENURET, 465

Índice Onomástico

MERCURIAN, Everard, 388, 398, 401

MERSENNE, Marin, 335

MERSWIN, Rulman, 374

MESNARD, Amédée, 351

MEUR, Vincent de, 331, 332

MEYER, Louis, 463

MICHAUD-QUANTIN, Pierre, 131

MICHEL II LE BÈGUE (imperador do Oriente), 159

MICHEL (padre), 343

MIGNE, Jacques Paul, 52

MILES (ou Milles), Jean, 223

MIRÓ, Joan, 4

MOHRMANN, Christine, 143, 182

MOLHO, Anthony, 376

MOLHO, Mauricio, 376

MOLIÈRE (Jean-Baptiste Poquelin, dito), 381, 382

MOLINO, Frances, 411

MOLINOS, Miguel de, 38, 173

MONTAIGNE, Michel Eyquem de, 227, 425

MONTRELAY, Michèle, 50, 60, 70, 310

MOODY, Ernest A., 142

MORELL, André, 469

MORERI, Louuis, 344

MORHOF, Daniel Georg, 201

MORIN, Pierre, 432

MORTLEY, Raoul, 139, 177

MUCHEMBLED, Robert, 376

MÜLLER, Gotthold, 24, 466

MUNDY, J., 26

MURPHY, James J., 192

MYDORGE, Claude, 445

N

NADAL, Jerónimo, 171

NAVE, Matthias de (dito Naveus), 339, 348, 349

NEVEU, Bruno, 345

NEVEUX, Jean-Baptiste, 39

NICAISE, Claude, 174

NICÉRON, Jean-Pierre, 444, 445

NICOLAS DE JESÚS-MARÍA (Centurioni), 158, 162, 181, 211, 212

NICOLAS DE LOUVAIN, 374

NICOLAS DE LYRE, 156

NICOLAS VON CUES, ver Nicolau de Cusa.

NICOLAU DE CUSA (Nikolaus Krebs, dito) (cardeal), 160, 161, 376

NICOLE, Pierre, 443

NIFO, Agostino, 204

NOVALIS, Friedrich, baron von Hardenberg, 78

NUNBERG, Herman, 218

O

OLPHE-GALLIARD, Michel, 428

ORCIBAL, Jean, 15, 35, 142, 143, 156, 162, 163, 169, 173, 181, 187, 207, 391, 416

ORLÉANS, Pierre-Joseph d', 191, 378, 430, 435

ORTIZ (família), 36, 37

OSANNA ANDREASI DA MANTOVA (beata), 244

OSUNA, Francisco de, 37, 308

OTTO, Julius, 410

OZMENT, Steven E., 40

P

PACIUS, Juius (Giulio Pace, dito), 148

PALLADIOS, 49, 52

PAMPHILI (ou Pamfili), Giovanni Battista (cardeal), 456

PANOFSKY, Erwin, 81

PARAMELLE, Joseph, 50

PARÉ, Ambroise, 229

PARENT, Nicolas, 153

PASCAL, Blaise, 21, 30, 146, 149, 154, 172, 227, 351, 450

PASQUIER, Claude, 344, 353

PATIN, Guy, 345

PATLAGEAN, Évelyne, 50, 67, 68, 70

PATRIZI, Francesco, 149, 262

PATTERSON, Warner F., 181

PAULO (santo), 55, 137, 145, 160, 171, 176, 218, 219, 223, 276

PEDRO (apóstolo) (santo), 251, 285, 289, 290, 291, 292

PEDRO REGALADO (santo), 36

PEIRCE, Charles Sanders, 83

PEIRESC, Nicolas-Claude Fabri (ou Fabry) de, 334, 335, 336

PÉPIN, Jean, 138, 139, 140

PERCIVAL, W. Keith, 113, 184, 197, 199

PÉRIER (família), 351

PERRIER, François, 59

PETIOT, Étienne, 419

PETROCCHI, Massimo, 244, 397, 409, 421

PICKERING, F. P., 376

PICO DELLA MIRANDOLA, Giovanni, 151

PIDOUX, Pierre, 253

PILLORGET, René, 39

PINTARD, René, 345

PINTO, Isaac, 411

PIRRI, Pietro, 398

PITÉROUM, 51, 52, 54, 56, 58, 64, 66, 74

PLANIS CAMPY, David de, 169

PLARD, Henri, 232

PLATÃO, 74, 107, 238, 239

PLOTINO, 73, 271, 272

POCOCK, John G. A., 243, 244

POIRÉ, François, 156, 338, 341, 342, 351, 355, 357, 358, 406, 408, 409, 419

POIRET, Pierre, 324, 330, 337, 338, 339, 340, 341, 342, 343, 348, 351, 352, 357, 466

POLANCO, Juan Alfonso de, 38

POLLET, Jacques, 165

PONCET DE LA RIVIÈRE, 333

PONS, Émile, 195

PONTAC, Henriette-Gabrielle Louise de Thou, presidente de, 332, 335

POPKIN, Richard H., 155

PORION, Jean-Baptiste (Dom), 25

POTTIER, Aloys, 436

POUGET (abade), 333, 355

POURRAT, Pierre, 425

POZZI, Catherine, 477, 478, 479, 481

PREMOLI, Orazio, 169

PSEUDO-DENYS, ver Dionísio o Areopagita, 160

PUECH, Henri-Charles, 27, 238, 281

Q

QUECKBÖRNER, M., 459

QUINE, Willard Van Orman, 231

QUINTILIANO, 240

Índice Onomástico

QUIROGA, Francisco de, ver José de Jesús María, 162, 210, 211

QUIROGA, Gaspar de, 208

R

RABANT (ou Rabant-Lacôte), Christiane, 105

RABELAIS, François, 184, 233, 258

RACAN, Honorat de Bueil, senhor de, 341

RAFAEL (anjo), 365

RAGUENEAU, François, 429

RAMUS, Petrus (Pierre de La Ramée, dito), 224

RAPIN, René, 451

RAPP, Francis, 43, 128

RATTANSI, P. M., 246

RÉCANATI, François, 231

REICHLER, Claude, 60

RENAR, François, 378

RENAUD, André, 224

REVEL, Jacques, 18

RIBADENEYRA, Pedro de, 402, 403, 414, 432

RIBERA, Francisco de, 408

RICARD, Jean, 424

RICARD, Robert, 187, 308

RICCI, Bartolomeo, 156

RICHARD DE SAINT-VICTOR, 471

RICHELET, César Pierre, 212

RICHELIEU, Armand Jean du Plessis, cardeal de, 30, 244, 428

RICHEOME, Louis, 153, 392

RINALDI, Ph., 403

RINGMAN, Mathias, 85

RIPALDA, Jerónimo, 38

RIVET, 451

ROBERT GROSSETESTE, 135

ROBINS, Robert-H., 198, 200

ROBINSON (herói de Robinson Crusoé), 278, 316

RODRIGUEZ, Alfonso, 402

ROHAN-CSERMAK, Geza de, 115

ROJAS, Antoine de, 380

RONSARD, Pierre de, 113

ROQUES, René, 135, 238

ROSA, Mario, 387, 389

ROSSI, Paolo, 195

ROSSIGNOLI, Bernardino, 402

ROTHE, Hans, 80

ROUSSET, Jean, 408, 468

ROVERUS, Petrus (Pierre Rouvier, dito), 398

RUANO, Argimiro, 305

RUIZ DE ALCARAZ, Pedro, 36

RULANDUS, Martinus, 148

RUUSBROEC, Jan (Van Ruusbroec), 144, 158, 186, 194, 229, 270, 272, 329, 348, 401

RYBEYRETE, Henri, 343,344, 352, 353,359, 404, 421, 435

S

SABRÉ, Antoine, 451

SACHS, Nelly, 482

SADE, Donatien Alphonse François, conde de (dito o marquês de), 108

SAINSAULIEU, Jean, 36

SAINT-CYRAN, Jean Du Vergier de hauranne, abade de, 15, 142, 156, 163

SAINTE-BEUVE, Charles Augustin, 450

SAINT-JULIEN, senhor de: pseudônimo de Godefroy Hermant.

SAINT-JUST, Abade de, 347

SAINT-LU, André, 33

SAINT-SAUVEUR DU PUY, ver Jacques Dupuy.

SALABLANCA Y BALBOA (família de Diego de Jésus), 208

SAMI-ALI, 234

SÁNCHEZ DE LAS BROZAS, Francisco, 199

SANCHO PANZA (ou Pança) (escudeiro de Dom Quichote segundo Cervantes), 376

SANDAEUS, Maximilianus (Van der Sandt, dito), 24, 113, 169, 180, 181, 223, 227, 232, 233, 269, 270

SANSON, Henri, 172

SARA (esposa de Abraão), 137, 140

SAVONAROLE (Girolamo Savonarola), 244

SAXL, Fritz, 81

SCHEFER, Jean Louis, 283

SCHEFFLER, Johannes, dito Angelus Silesius, ver esse nome.

SCHMITT, Jean-Claude, 27

SCHNEIDER, Burkhart, 391, 404

SCHOLEM, Gershom S., 34

SCHREBER, Daniel Paul (presidente), 79

SCHÜRMANN, Reiner, 268

SEARLE, John R., 250

SEBEOK, Thomas A., 184, 200

SECRET, François, 200

SEEBERG, Erich, 339

SÉFORA (ou Séphorah ou Çippora) (esposa de Moisés), 218

SEGALEN, Martine, 169

SÉGUIER, Pierre (chanceler da França), 451

SÉGUY, Jean, 26, 27

SEIDEL, Max, 76

SÉNÉBIER, 441

SÉVIGNÉ, Senhora de (Marie de Rabutin-Chantal, marquesa de), 174

SHATZMILLER, Joseph, 474

SHAVAR, Sh., 26

SHUMAKER, Wayne, 148

SIBILA, 57, 83, 84, 94, 109

SICROFF, Albert A., 37

SILVERMAN, Joseph H., 36, 37

SIMEÓN DE LA SAGRADA FAMILIA, 210

SIMON STOCK (santo), 345

SIMON, Jean, 365

SIMON, Richard, 146, 174

SIMONIN, Henri-Dominique, 125

SIRMOND, Jacques, 160, 172

SLUYTER, Peter, 467

SMYTH, Craig H., 225

SÓCRATES, 74

SOLIER, François, 156

SOMMELSDIJK (Mlle), 461

SOMMERVOGEL, Carlos, 329, 343, 346, 352, 389, 390

SOPHRONE, 119

SOREL, Chrles, senhor de Sauvigny, 341

SOURDIS, François d'Escoubleau, cardeal de, 411

SPARN, Walter, 15

SPEE, Friedrich von, 38

SPENER, Philipp Jacob, 459

SPINOZA, Baruch, 155, 450, 463, 467

STRAUB, Alexandre, 102

STRUBEL, Armand, 138, 141

SUÁREZ, Francisco, 155, 402

SURIN, Jean-Joseph, 3, 13, 14, 35, 65, 170, 180, 191, 193, 252, 262,

Índice Onomástico

263, 264, 271, 284, 287, 289, 292, 293, 295, 296, 310, 323, 328, 330, 331, 332, 333, 335, 339, 341, 342, 344, 346, 347, 348, 350, 352, 355, 356, 357, 358, 359, 360, 361, 364, 365, 366, 367, 368, 369, 370, 371, 372, 373, 375, 376, 378, 380, 386, 393, 406, 407, 408, 410, 416, 417, 419, 422, 428, 434, 435, 436, 438, 446, 447, 448, 452

SURIUS, Laurent, 188

SUSO, Heinrich Seuse dito (beato), 103, 104, 193, 264, 275, 401

T

TÁCITO, 244

TAMAJO (ou TAMAYO DE VARGAS), Tomás, 161

TANIS, James, 465

TAULER, Jean, 158, 172, 184, 238, 279, 321, 374, 375, 377, 380, 381, 401, 471

TAVIANI, H., 26

TEDESCHI, John A., 376

TEIXERA DE MATTOS, E. V., 410

TELLECHEA IDIGORAS, José Ignacio, 171

TENENTI, Alberto, 40

TENTLER, Thomas N., 131

TERESA DE ÁVILA (santa), 7, 14, 25, 36, 38, 41, 67, 144, 157, 158, 178, 190, 213, 214, 215, 216, 217, 226, 238, 252, 262, 297, 298, 300, 301, 302, 303, 309, 310, 311, 312, 313, 315, 406, 408, 416, 426, 430, 431, 446, 463

TERESA DE JESÚS, ver Teresa de Ávila.

TERESA DE LISIEUX (santa), 273

THÉODORET DE CYR, 55

THOMAS A JESU, ver Thomas de Jésus.

THOMAS A KEMPIS (Thomas Hemerken, dito), 143

THOMAS DE JÉSUS, 158, 169, 179, 180, 210, 211

THOMAS, Keith, 87, 148, 246

THOSS, Dagmar, 103

THUAU, Étienne, 30, 244

TILLAC, Louis, 333

TINSLEY, Lucy, 119, 144

TIRSO DE MOLINA (Gabriel Téllez, dito), 441

TOBIAS (personagem bíblico), 365

TODOROV, Tzvetan, 90, 257, 259

TOLEDO, Francisco de (cardeal), 171, 208, 209, 226, 305, 388

TOLETUS, Petrus Jacobus, 148

TOMÁS DE AQUINO (santo), 158, 160, 270

TOVAR, Bernardino, 36

TRANS, René de, 351, 419

TROELTSCH, Ernst, 34

TSCHECH, Theodor von, 38

TUCCI, Stefano (dito Étienne), 398

TURNER, William, 22, 88

TYVAERT, Michel, 30

V

VALAVEZ, Palami (ou Palamède) de Fabry, senhor de (irmão de Peiresc), 336

VALDÉS, Fernando de, 187

VALENCE, Grégoire de, 155, 168

VALLA, Lorenzo, 113

VALLEMBERT (ou VALLAMBERT), Simon de, 223

VAN AKEN (família), 92

VAN BERKUM, Hendrikus, 441, 451, 461

VAN BEUNINGEN, Konrad, 466

VAN CROMBEECK, Jan (dito Crombecius), 407

VAN DER DOES, Marthe, 466

VAN DER HAER (Mlle), 461

VAN DER LAEN, Alexandre, 349

VAN DER SANDT, Maximilien, ver Sandaeus, 158, 269

VAN DER WAEIJEN, Johannes, 465

VAN HELMONT, Jean-Baptiste, 315

VAN LENNEP, Jacques, 86

VAN PRAAG, J. A., 36

VAN PUYVELDE, Leo, 92

VAN RANDENRAEDT, Joanna, 348, 352

VAN SCHOOTE, Jean-Pierre, 187

VAN SCHURMAN, Anna Maria, 461, 462

VAN SCHURMAN, Johann Gottschalck, 461

VANINO, J. B., ver Vannini, Giovanni Battista, 398

VANSTEENBERGHE, Edmond, 165

VAVASSEUR, François, 184

VEIGA, Abraham da, 410

VENDRELL DE MILLAS, Francisca, 37

VERNIÈRE, Paul, 450

VERSCHUEREN, Lucidius, 144, 348, 352

VEYNE, Paul, 26

VIDAL, Daniel, 15, 34

VIDAUD, 347

VIGNAUX, Paul, 141, 199, 254

VILLER, Marcel, 341, 352

VILLIERS, Nicolas, 405, 406, 420, 426, 428

VINCENT D'AGGSBACH, 165

VIRGÍLIO, 23

VITELLESCHI, Muzio, 155, 393, 397, 403, 404, 405, 408, 409, 419, 420, 422, 424, 425, 426, 427, 428, 429, 430, 434, 435, 443, 444, 448, 456

VOVELLE, Michel, 14, 40

W

WALDSEEMÜLLER, Martin, 85

WALLIS, John, 247

WEBSTER, Charles, 15, 245, 247

WEBSTER, John, 195, 247

WEIL, Simone, 40, 41, 74

WEILDER, Ignaz, 374

WEINSTEIN, Donald, 244

WHITE, Alan R., 266

WIESER, Max, 339, 466

WILENSKI, Reginald H., 80

WILKINS, John, 197

WILLIAMS, George Hunstston, 40

WIND, Edgar, 151

WITSIUS, Herman, 465

WITTGENSTEIN, Ludwig, 22, 23

WOLZOGEN, Ludwig, 463, 464, 465

Y

YATES, Frances A., 148, 161, 247

YEPES, Diego de, 309

YVON, Pierre, 450, 459, 463, 465, 466, 467

Z

ZABARELLA, Giacomo, 148

ZONABEND, Françoise, 169

ZUMTHOR, Paul, 80, 83, 153, 235, 283

FORENSE
UNIVERSITÁRIA

www.forenseuniversitaria.com.br
bilacpinto@grupogen.com.br

Impressão e Acabamento: